John Weitz
Hitlers Bankier – Hjalmar Schacht

Aus dem Amerikanischen von
Renate Weitbrecht und Helmut Dierlamm

John Weitz

Hitlers Bankier Hjalmar Schacht

Europa Verlag
München · Wien

Die Deutsche Bibliothek – CIP-Einheitsaufnahme

Weitz, John:
Hitlers Bankier – Hjalmar Schacht / John Weitz.
Aus dem Amerikan. von Helmut Dierlamm und Renate Weitbrecht. –
München ; Wien : Europa-Verl., 1998
Einheitssacht.: Hitler's banker ‹dt.›
ISBN 3-203-84003-0

Originalausgabe:
Hitler's Banker
Little, Brown & Company, Boston, 1997

Lektorat: Cordelia Borchardt

Umschlaggestaltung: Wustmann und Ziegenfeuter, Dortmund

Bildnachweis:
Abbildung 4–19: © UPI/Corbis-Bettmann
Alle weiteren Abbildungen: Privatarchiv John Weitz

Herstellung: Legoprint, Lavis (Tn)
Printed in Italy
ISBN 3-203-84003-0

Für Susan und die Kinder

Inhalt

Danksagung

Ich möchte folgenden Personen meinen herzlichen Dank aussprechen:

Kurt Viermetz
Baronin Christina von Vietinghoff-Scheel
Joyce Hoven
Dr. Hans Huber
Frau Manci Schacht
Mark Lynton
Herlinde Koelbl
Tom Wolfe
Michael M. Thomas
Morley Safer
Michael Mertes
Hans Jürgen und Victoria von Goerne
Gräfin Aline de Romanones
Paul Volcker
Joachim Stresemann
Karola Noetel
Jonathan Kranz

Mein besonderer Dank gilt Roger Donald, der Leute wie Shirer und Manchester und nun auch mich betreute, und Ned Chase, der die Idee hatte.

Einleitung

Die Hitler-Zeit fasziniert und entsetzt nach wie vor. Die Ereignisse, die Hitler auslöste, verblüffen und bestürzen selbst diejenigen, die sie miterlebten. Wie konnte so etwas in Deutschland, dem Land der Dichter und Denker, der Hochburg von Bildung und Kultur, geschehen?

Einige Paladine Hitlers waren von vornehmer Herkunft, doch die meisten waren vor ihrer politischen Karriere Vagabunden und verkrachte Existenzen. Ihre Verherrlichung des Nationalsozialismus und seines Hohepriesters war relativ leicht zu erklären. Doch warum taten sich auch angesehene und erfolgreiche Leute aus gesicherten Verhältnissen auf Gedeih und Verderb mit Hitler zusammen? Was bewog bekannte Industrielle, Großgrundbesitzer, Bankiers, Anwälte, Ärzte und Professoren dazu, sich einer Clique aus primitiven Krawallmachern der Unterschicht und verbitterten Außenseitern aus der Oberschicht anzuschließen?

Der weltberühmte deutsche Bankier Hjalmar Horace Greeley Schacht war so ein Fall. Daß er sich auf Hitlers Seite schlug, schien so befremdlich wie seine Vornamen. Schachts frühe Unterstützung und seine fachliche Kompetenz legitimierten Hitler und halfen ihm später, die vielen Versprechungen, die er dem deutschen Volk machte, auch zu erfüllen.

Im Jahre 1923 wurde der erfahrene Bankier Schacht zum ersten Mal weltbekannt. Als energischer Reichswährungskommissar bremste er die verheerende galoppierende Inflation in der jungen Weimarer Republik, stellte wieder eine gewisse finanzielle Ordnung her und rettete dadurch wahrscheinlich sein Land vor der Anarchie. Im selben Jahr versuchte Hitler, ein politischer Emporkömmling und großmäuliger Agitator, als ersten Schritt zu einer nationalen Revolution die bayerische Regierung zu stürzen. Er landete im Gefängnis.

Zehn Jahre später warb der inzwischen zum deutschen Reichskanzler aufgestiegene Adolf Hitler den berühmten Hjalmar Schacht an und integrierte ihn in die neu aufgebaute Nazi-Hierarchie.

Dieses Buch erzählt Schachts Geschichte.

Hjalmar Schacht

1

Nürnberg, 1. Oktober 1946

Auf einer kleinen Tribüne im Nürnberger Justizpalast stand der neunundsechzigjährige Hjalmar Horace Greeley Schacht, eine hagere, unzugänglich wirkende, grauhaarige Gestalt in einem zerknitterten Geschäftsanzug; sein faltiger Hals ragte aus einem saloppen Sporthemd, das weder zum Anzug noch zur Krawatte paßte. Er blickte in einen großen überfüllten Gerichtssaal. Ein Jahr lang hatte Schacht Tag für Tag zusammen mit einundzwanzig anderen Männern, denen Kriegsverbrechen vorgeworfen wurden, auf der Anklagebank vor der Tribüne gesessen – ganz rechts in der ersten Reihe. Ihr Verteidiger saß direkt unterhalb von ihnen.

In Nachrichtenmagazinen und Tageszeitungen der ganzen Welt waren Fotos von den verwahrlosten gestürzten Gottheiten des Nazi-Olymps erschienen, die wie in die Jahre gekommene Schulknaben auf zwei langen Holzbänken hockten.

Der weltberühmte Bankier Schacht, der zwei Jahrzehnte lang als Reichswährungskommissar und Reichsbankpräsident der ranghöchste Repräsentant Deutschlands auf internationalen Konferenzen gewesen war und später als Reichswirtschaftsminister Hitlers Kabinett angehört hatte, sah den Richtern und ihrer Entscheidung gelassen ins Auge. Das Urteil verkündete das amerikanische Mitglied des internationalen Militärtribunals, der adrette ehemalige Justizminister der Vereinigten Staaten, Francis Biddle.

Er erklärte auf englisch, der Angeklagte Hjalmar Schacht werde von allen gegen ihn erhobenen Anklagen freigesprochen. Damit war Schacht rehabilitiert und ein freier Mann.

Die blecherne Stimme aus seinem Ohrhörer wiederholte überflüssigerweise das Urteil des Gerichts auf deutsch. Schacht, der hervorragend Englisch sprach, brauchte keine Dolmetscher. Auf seinem ledern wirkenden Gesicht mit der Adlernase war keine Spur von Erleichterung oder Freude zu erkennen. Fast zuckte er die Schultern, als täte es ihm leid um die vergeudete Zeit – die des Gerichts und seine eigene. Er nahm das Urteil auf wie der souveräne Sieger einer Salon-Debatte; für ihn stand es von vornherein fest. Er hatte keinen Augenblick lang an seinem Freispruch gezweifelt und sich nie schuldig gefühlt. Die erschütternden Zeugenaussagen, die erdrückenden Beweise für den Massenmord an Zivilisten und Kriegsgefangenen und die grauenvollen Bilder von den befreiten Vernichtungslagern hatten viele seiner Mitangeklagten zweifelsfrei überführt, doch er wußte, daß die Richter ihm keinerlei Mitschuld an diesen bestialischen Verbrechen anlasten würden. Und was die anderen Anklagepunkte betraf – »Teilnahme an der Verschwörung zur Herbeiführung des Krieges« und »Teilnahme an den Vorbereitungsmaßnahmen dieses Krieges« –, so hatte er zwar mitgeholfen, Deutschlands militärische Stärke wiederherzustellen, doch nicht, um die Voraussetzungen für einen Angriffskrieg zu schaffen, sondern um den Frieden zu sichern. Wenn er Fehler begangen hatte, dann aus Patriotismus. Er war, wie fast die ganze Welt, von Hitler getäuscht und verraten und schließlich sogar nach Dachau geschickt worden. Natürlich bewies das Urteil, was er die ganze Zeit behauptet hatte.

Mit einer kleinen höflichen Verbeugung verließ er die Tribüne.

Die zehn Männer, die an diesem Tag vor ihm dort gestanden hatten, befanden sich nicht mehr im Gerichtssaal. Sie waren zum Tod durch den Strang am folgenden Morgen verurteilt worden.

2

Die Friesen

Die Schachts kamen aus Schleswig-Holstein. Die heutigen Badeorte dieser Region waren ursprünglich Fischerdörfer. Die Einheimischen – Friesen – sind hochgewachsene, ernste, reservierte Menschen; viele sind hellblond und blauäugig. Die Friesen wirken so gutmütig wie die berühmten Rinder, die sie züchten. Wie die meisten Menschen, die an nördlichen Meeren leben, reagieren sie selten impulsiv und stellen ihre Gefühle nicht zur Schau. Sie überlegen meist lange und sorgfältig und legen ihren Kurs genau fest, bevor sie in See stechen. Und sie sagen von sich, daß sie lange leben, »wenn sie nicht vorzeitig ertrinken«. Einer von Hjalmar Schachts Vorfahren hatte vierundzwanzig Kinder von vier Frauen und wurde 120 Jahre alt.[1] Zumindest behauptete Schacht das, doch Menschen aus Landstrichen, die von der Seefahrt geprägt sind, neigen zu Übertreibungen und nehmen sich gerne eine gewisse künstlerische Freiheit heraus. Manche Schleswig-Holsteiner sprechen bis heute Plattdeutsch, eine besondere anglo-skandinavische Mundart des Deutschen. Besucher aus anderen Teilen Deutschlands hören das melodiöse Plattdeutsch gern. Doch der beruhigend und freundlich klingende Dialekt der Friesen täuscht. Sie sind harte und entschlossene Menschen. Die flache Landschaft begünstigte von jeher Katastrophen. Viele Fischer ertranken bei schweren Stürmen, und großflächige Überschwemmungen der Küstengebiete löschten ganze Bauernfamilien mitsamt ihrem Vieh aus. Die salzige Nordsee und die Ostsee sind seicht, und ihre Stürme sind tückisch.

Heute streichen die Schleswig-Holsteiner schulterzuckend das Geld ein, wenn reiche Großstädter aus dem übrigen Deutschland kleine Landhäuser mit Reetdächern in Sommerresidenzen für Millionäre verwandeln wollen. Selbst die gutmütigen Holsteinischen Milchkühe sind inzwischen an die Abgase von Ferraris gewöhnt.

Die Friesen wirkten schon immer schwerfällig, doch sie sind auf ihre Art sehr gewitzt und knallharte Händler. Die Rinderzüchter und Milchbauern des Dorfes Büsum, in dem Hjalmar Schachts Vorfahren sich niederließen, waren zähe Verhandlungspartner, die selbst die gewieftesten Viehhändler, von denen die meisten Juden waren, zur Verzweiflung brachten und meist überlisteten. Die christlichen Friesen hatten keine Vorurteile; sie sahen die Dinge nur realistisch und schacherten einfach noch besser.

Der nördliche Teil von Schleswig-Holstein gehörte zuerst zu Dänemark, dann zu Deutschland und nach dem Ersten Weltkrieg wieder zu Dänemark. Die Friesen, die mit den Eigenheiten der Dänen und der Deutschen gleichermaßen gut vertraut waren, blieben gelassen, wenn ihre Herrscher wechselten. Sie betrachteten Könige oder Kaiser sowieso nie als ihre Herren. Respekt bringen sie sich nur untereinander entgegen. An den schön geschnitzten und farbenfroh bemalten Eingangstüren ihrer kleinen Häuser befestigen sie bis heute Schilder mit den Namen beider Ehepartner – nicht »Johansen«, sondern »Peter und Greta Johansen«. Früher redeten die Friesinnen ihre Ehemänner mit dem Nachnamen an. Hjalmars Großmutter aus Friedrichstadt rief ihren Mann, einen dänischen Arzt, immer nur »Schacht!« In Schleswig-Holstein mußten die Frauen den Männern ebenbürtig und starke Persönlichkeiten sein, denn allzu oft wurden sie schon früh Witwen und mußten die Verantwortung für die Familie alleine tragen.

Hjalmars adlige dänische Mutter Constanze, Freiin von Eggers, war so eine starke Frau. Ihr Freiheitssinn war Familienerbe. Ihr berühmter liberaler Vater hatte mitgeholfen, die Leibeigenschaft in Dänemark abzuschaffen. Als Constanze sich in einen Bürgerlichen aus der Mittelschicht verliebte, unternahmen die von Eggers keinen Versuch, diese nicht standesgemäße Verbindung zu verhindern.

Hjalmars Vater William Schacht war Seminarist an der Lehrerschule der Kleinstadt Tondern und der Sohn eines eigenwilligen Landarztes, der Plattdeutsch sprach und all seinen Patienten, ob arm oder reich, sechs Groschen berechnete. Obwohl sein Wartezimmer meist mit armen Bauersleuten und Fischerfamilien überfüllt war, denen er das Honorar oft erließ, gelang es ihm irgendwie, zwölf Kinder zu ernähren. Als Schleswig-Holstein nach dem Deutsch-Dänischen Krieg von 1864 an Preußen fiel, hatte jeder Einwohner, der nicht preußischer Staatsbürger werden wollte, das Recht, seinen Wohnsitz ins Ausland zu verlegen, ohne dadurch seinen persönlichen Besitz zu verlieren.[2] William Schacht beschloß, der Herrschaft der Preußen und ihrer Wehrpflicht zu entfliehen und wie viele andere Schleswig-Holsteiner nach Amerika auszuwandern.

Seine spätere Frau Constanze wollte ihm bald nachfolgen – eine Entscheidung, die zu jener Zeit sehr viel Mut und Unabhängigkeit erforderte. Da junge Damen aus gutem Hause damals nie ohne eine angemessene Eskorte verreisten, wurde die junge Komtesse von einem älteren Bruder und einem Dienstmädchen begleitet. Sie nahmen ein Schiff nach Kopenhagen und brachen von dort aus am Freitag, den 13. Oktober 1871, mit dem kleinen Dampfer *Franklin* nach New York auf. Dieser Freitag, der dreizehnte, sollte seinem Ruf alle Ehre machen. Es sollte eine stürmische Überfahrt voller Schrecken werden. Die *Franklin* traf mit zwei Wochen Verspätung in New York ein, doch Constanze bewahrte die Fassung. Selbst als die Ladung verrutschte, das Schiff Schlagseite bekam und das frische Wasser knapp wurde, blieb sie ruhig und zuversichtlich. Es hieß sogar, auf dem Schiff sei die Cholera ausgebrochen, so daß Constanze und ihre Begleiter sofort unter Quarantäne gestellt wurden, als sie in New York anlegten, und über die Weihnachtsferien an Bord bleiben mußten. Dann durften sie endlich an Land gehen, und am 14. Januar 1872 wurden die ungeduldigen Schachts in der St.-James-Episkopalkirche an der Ecke Fifth Avenue/Madison Street getraut. Der Bräutigam war sechsundzwanzig und die Braut einundzwanzig. Ende desselben Jahres, am 11. Dezember, erwarb William, der in einer deutschen Brauerei arbeitete, die amerikanische Staatsbürgerschaft.

Das frisch eingebürgerte junge Paar war begeistert von seiner neuen Heimat. Der große Held der beiden war der einflußreiche New Yorker Journalist und Politiker Horace Greeley. Der frühe Abolitionist und Liberale Greeley repräsentierte alles, was Constanze und William Schacht schätzten. Sie verschlangen seine Leitartikel in seiner Tageszeitung *New York Tribune*.

In den Jahren nach dem Bürgerkrieg waren die Ressentiments auf beiden Seiten noch sehr tief, doch Greeley forderte eine Amnestie für die besiegten Südstaatler und das Wahlrecht für alle Amerikaner. Er verärgerte viele New Yorker, als er mithalf, die Kaution für den ehemaligen Präsidenten der Konföderierten, Jefferson Davis, aufzubringen. Die Schachts waren begeistert, als Greeley, unterstützt von einer Koalition aus Liberalen, für das Amt des Präsidenten kandidierte. Obwohl er eine schwere Niederlage hinnehmen mußte, blieben William und Constanze Schacht seine glühenden Bewunderer und überzeugte Verfechter seines liberalen Amerikanismus, auch nach ihrer Rückkehr nach Deutschland.

Das erste Kind der Schachts, Eddy, wurde 1872, im Todesjahr Greeleys, in Brooklyn geboren. Leider hatte William Schacht Greeleys berühmten Rat »Go West« nicht befolgt. Er blieb im Osten und arbeitete für verschiedene Firmen, unter anderem für eine Schreibmaschinenfabrik in Ilion, New York, doch er brachte es nicht weit.[3] Er versuchte sogar, in New York City ein Geschäft zu eröffnen, doch auch das klappte nicht. Schließlich mußten die jungen Eltern aufgeben und nach Deutschland zurückkehren. In seinen Memoiren nennt ihr loyaler Sohn Hjalmar positivere Gründe für ihre Heimreise. Er schreibt, Amerika habe damals noch unter den Nachwirkungen des Bürgerkrieges gestanden, während Deutschland sich in einem wirtschaftlichen Aufschwung befunden habe (was stimmte); zudem hätten seine Eltern große Sehnsucht nach Deutschland gehabt (was unwahrscheinlich ist).

Im Jahre 1876 ließen sich die zurückgekehrten Auswanderer in der Kleinstadt Tingleff nieder, die ein kleines Stück nördlich der heutigen dänisch-deutschen Grenze liegt, zwischen der zweiunddreißig Kilometer entfernten Nordsee und der elf Kilometer entfernten Ostsee. William fand Arbeit als Lehrer an einer Privatschule. Das war eine von vielen schlecht bezahlten Stellen, mit denen er sich und seine Familie bis in seine zweite Lebenshälfte hinein über Wasser hielt. Die Schachts befanden sich oft am Rande des Bankrotts.

In der verschneiten Nacht des 22. Januar 1877 kam ihr zweites Kind zur Welt. Sie wollten den Jungen Horace Greeley nennen, doch Großmutter Eggers bestand darauf, den dänischen Namen Hjalmar davorzusetzen, damit er »wenigstens *einen* ordentlichen Namen bekäme«. Aus diesem Kompromiß ergab sich der Name Hjalmar Horace Greeley Schacht. Die ständigen finanziellen Sorgen der Familie prägten den kleinen Hjalmar: Er begann einen lebenslangen Kampf gegen leere Taschen und nahm sich vor, aller Welt zu beweisen, daß die Schachts den von Eggers in jeder Hinsicht ebenbürtig waren.

Schachts multinationale Vornamen irritierten Generationen von Bankiers und Journalisten in vielen Ländern; sie verwirrten in den zwanziger Jahren sogar die Mitglieder der neugegründeten Nationalsozialistischen Deutschen Arbeiterpartei, die zu Anfang eine radikal sozialistische und antikapitalistische Sekte war. Als Schachts Berühmtheit als Reichswährungskommissar ihn zu ihrer Zielscheibe machte, war in einer völkischen Zeitung zu lesen, er »hieße mit richtigem Namen nicht Hjalmar Schacht, sondern *Chajim Schachtel*« und »sei ein Jude aus Mähren«.[4]

Trotz der vielen Rückschläge, die William Schacht in seinem geliebten Amerika erlitten hatte, blieb er ein Amerikaner – dem Paß nach und im Herzen. Wie so viele Norddeutsche liebte er die englischsprachige Welt, in der man Wert auf persönliche Unabhängigkeit legte. Die Schleswig-Holsteiner sympathisierten mit den Hansestädten von Hamburg bis Danzig, deren Bewohner von ihrer Geisteshaltung und ihrem Temperament her mit den Engländern und den Amerikanern weit mehr gemeinsam hatten als mit den Preußen. Ein beliebter Witz, den man sich im Nazi-Deutschland erzählte, wenn die Gestapo nicht zuhörte, lautete: »Welche englische Stadt hat Deutschland je eingenommen? Hamburg!« Bis heute sagen die Hamburger: »Wenn es in London regnet, spannt jeder in Hamburg den Regenschirm auf.«

Der Freiheitssinn der Hanseaten war bei William Schacht stark ausgeprägt, doch ihr Geschäftssinn ging ihm völlig ab. Sein Sohn Hjalmar sollte dieses Defizit später mehr als ausgleichen.

Für die Hanseaten hatten die Preußen eine »Binnenland-Mentalität« und einen engen Horizont. Die Hanseaten liebten das offene Meer und ferne Länder, und sie schätzten auch die Profite, die im zollfreien Welthandel zu machen waren. Sie bewunderten England, doch sie vergötterten Amerika. Ihre größte Handelsflotte war die Hamburg-Amerika-Linie, die von einem der einflußreichsten Bürger Hamburgs, dem jüdischen Kaufmann Albert Ballin, aufgebaut worden war.

Im Gegensatz zu den Preußen verachten die Hanseaten den Landadel. Hamburgs Aristokraten sind die großen Kaufmannsfamilien, die Patrizier. Hanseaten sind stets zuversichtlich, daß eine bessere Zukunft vor ihnen liegt, direkt hinter dem Horizont. Hjalmar Schacht erzählte eine Geschichte von einer alten Friesin, die nur ein winziges Stückchen Butter hatte, mit dem sie nur eine kleine Ecke ihrer Scheibe Brot bestreichen konnte. Trotzdem war sie völlig zufrieden und freute sich bei jedem Bissen von dem trockenen Brot auf den letzten mit der Butter.[5] Menschen aus Schleswig-Holstein hoffen immer auf die Butter in ihrer Zukunft.

Im Jahre 1878 zogen die Schachts mit ihren beiden Söhnen von Tingleff ins weiter südwestlich gelegene Heide, das für seinen Rindermarkt bekannt war. William Schacht arbeitete als Redakteur für die *Heider Zeitung*, und die entschlossene Constanze eröffnete einen Kurzwarenladen, der einigermaßen lief, während die Zeitung ihres Mannes ums Überleben kämpfte. William schrieb oft sarkastische Kommentare und fürchtete sich nicht, die heikelsten lokalpolitischen Probleme aufzugreifen. Bald machte die Zeitung Verluste, und ihr Besitzer beschloß, sich einen anderen Redakteur zu suchen. Doch William Schacht war ein Stehaufmännchen. Wie ein Preisboxer sprang er sofort wieder auf die Füße, wenn er zu Boden geworfen wurde, benommen, aber bereit, sich seinem Schicksal zu stellen. Um 1883 zogen die Schachts erneut um, diesmal nach Husum, das

Hjalmar später mit Storms Worten als »graue Stadt am Meer« beschrieb.[6]

Dort wurde William von einem jüdischen Seifenfabrikanten namens Gold als Betriebsführer eingestellt. Kurze Zeit später ging Gold in Konkurs. Hjalmar fragte sich später, ob sein Vater wohl als Sündenbock für den bevorstehenden Bankrott herhalten mußte, doch er schloß fairerweise auch die Möglichkeit nicht aus, daß sein Vater zum Mißerfolg der Firma beigetragen hatte. Wieder standen die Schachts vor dem Nichts!

So zogen sie noch im selben Jahr erneut um, diesmal in die große Hansestadt Hamburg. Constanze erwartete ein weiteres Kind. Nun war es für William höchste Zeit, seinen unerschütterlichen Stolz aufzugeben. Er nahm eine Stelle als Buchhalter beim Kaffeeimporteur Schmidt-Pauli an. Obwohl der Gerichtsvollzieher den Schachts ständig auf den Fersen war, schafften sie es irgendwie, ihren ältesten Sohn Eddy auf das beste Gymnasium Hamburgs, das Johanneum, zu schicken, auf das auch Hjalmar später überwechselte. Die Familie lebte in einer schäbigen Wohnung im billigen Hinterhaus einer großen, von Arbeitern bewohnten Mietskaserne. Sie schien immer noch vom Pech verfolgt zu sein. Nach einigen Fehlspekulationen auf dem Kaffeemarkt mußte die traditionsreiche und angesehene Importfirma Schmidt-Pauli Konkurs anmelden. Erneut war William Schacht gezwungen, sich nach einer neuen Stelle umzusehen.

Dann fand er endlich den richtigen Arbeitgeber. Er wurde Buchhalter in der deutschen Vertretung der amerikanischen Versicherungsgesellschaft Equitable Life. Das war in gewisser Weise eine Rückkehr in sein Amerika. Equitable beförderte ihn bald und schickte ihn nach Berlin, wo er das neue Hauptbüro leitete. Von da an wehte vom Fahnenmast vor dem Berliner Häuschen der Familie Schacht stets das

Sternenbanner. Nur Constanze führte die skandinavische Tradition fort. Als sie 1887 noch einen Jungen zur Welt brachte, erhielt er auf ihren Wunsch hin den Namen Oluf. Die vielen Entbehrungen und Sorgen schienen spurlos an ihr vorübergegangen zu sein. Sie war nach wie vor eine große Schönheit und eine selbstbewußte Frau, die in der Lage war, ihre Umgebung völlig zu ignorieren. Obwohl sie nun in Deutschland lebte, sprach sie bis zu ihrem Tod in Berlin im Jahre 1937 oft Dänisch. Ihre Selbstsicherheit prägte Hjalmar ebenso stark wie der jahrelange Mißerfolg seines Vaters. Hjalmar sollte seinen Platz in der Gesellschaft, seinen Ruf und seinen Status stets eifersüchtig verteidigen. Obwohl nie darüber gesprochen wurde, bestand eine tiefe soziale Kluft zwischen den adligen von Eggers und den bürgerlichen Schachts, doch die würdevolle Gelassenheit, mit der Constanze alles akzeptierte, was das Schicksal bereithielt, machte ihrem ehrgeizigsten Sohn Hjalmar vieles leichter.

Als die Familie Schacht nach Berlin zog, blieb Hjalmar in Hamburg, um am Johanneum sein Abitur zu machen. Da Eddy bereits in Kiel studierte, wohnte er von nun an bei einer mit den Schachts befreundeten Arztfamilie. Sein Zimmer war komfortabel, und die Tochter des Hauses war ebenso hübsch wie keß. Sie war die erste Frau, der er ernsthafte Gefühle entgegenbrachte.

Erstaunlicherweise berichteten Hjalmars Lehrer vom Johanneum, daß er in Mathematik nie gut gewesen sei, doch das focht ihn nicht an. Er erzählte immer wieder die Geschichte von dem großen Mathematiker, der gebeten wurde, neun durch drei zu teilen. Das Genie griff zu seinem Rechenschieber und antwortete stirnrunzelnd: »Neun geteilt durch drei ist – einen Augenblick bitte – Zwo Komma neun neun neun … sagen wir also: Angenähert drei!«

Hjalmar Schacht führte sein lebenslanges Interesse an der Klassik und den Geisteswissenschaften später auf den Einfluß des Johanneums zurück. Zu seinem Erfolg als Bankier sagte er, dieser Beruf erfordere gesunden Menschenverstand und Kenntnis der Wirtschaft und der Psychologie, vor allem Einsicht in das Wesen des Kredits.[7] Ein Darlehen, so gut abgesichert es auch sein mochte, gewährte man nur dann, wenn man von der Kreditwürdigkeit des Darlehensnehmers überzeugt war. Für Schacht war das Bankgeschäft keine Wissenschaft, sondern eine Kunst.

Die demütigenden Erfahrungen, die Hjalmar als Heranwachsender in Hamburg machte, waren wahrscheinlich der Schlüssel zu einigen seiner späteren Ambitionen. Er liebte seine Eltern und sah, welche Opfer sie für ihre Söhne brachten. Er mußte hilflos zuschauen, wie sie an einem Lebensstil festzuhalten versuchten, der ihrer Herkunft und Erziehung entsprach, und er bemitleidete sie und sich selbst. Die Aussichtslosigkeit ihres Kampfes erfüllte ihn mit Wut und Scham. Das sollte ihm nie passieren.

Manchmal ärgerte Hjalmar die friesische Arroganz seines Vaters. Als er sein heißersehntes Abitur bestanden hatte, telegraphierte er die gute Nachricht noch am selben Tag nach Berlin. Später tadelte ihn sein Vater dafür: »Eine Fünfpfennigpostkarte hätte es auch getan!«[8]

Die Jeunesse dorée der Oberschicht Hamburgs feierte rauschende Feste und traf sich in den exklusiven Segel- und Ruderclubs entlang der Außenalster, die sich fast bis ins Stadtzentrum zieht. Auch heute noch gehen viele Hamburger Anwälte, Geschäftsleute und Studenten vor dem Mittagessen oder nach der Arbeit auf ein Stündchen zum Rudern oder Segeln in »den Club«. Hjalmar konnte es sich nie leisten, einem dieser Clubs beizutreten.

Für die Abschlußfeier im Johanneum mußte er sich von einem Mitschüler die traditionelle weiße Krawatte und einen Frack leihen. All seine Klassenkameraden reisten nach dem Abitur ins Ausland, doch er war mittellos und mußte zu Hause bleiben. Der Geldmangel war für Hjalmar mehr als nur ein Dilemma; er war ein Fluch, und er haßte die dauernden Einschränkungen, die er ihm aufzwang.[9]

Das Jahr 1888 ging als das Dreikaiserjahr in die deutsche Geschichte ein. Innerhalb von wenigen Monaten starben zwei Kaiser – mit dem Tod des ersten hatte man gerechnet, doch der des zweiten kam unerwartet. Ihnen folgte Wilhelm II. auf den Thron, der Deutschland schließlich in den Ersten Weltkrieg schickte. Der junge Kaiser war ein ehrgeiziger Heißsporn, der einen verkürzten linken Arm und mangelnde elterliche Zuwendung in der Kindheit mit protzigen Auftritten kompensierte. Er machte keinen Hehl aus seinen weitreichenden innen- und außenpolitischen Plänen für Deutschland. Die zu lose und freiwillige Koalition aus Deutschlands Königreichen, Herzogtümern und selbständigen Gebieten paßte nicht in sein Konzept. Formell war Deutschland zwar ein vereinigtes Reich, doch jedes Herrschaftsgebiet hatte sich eine gewisse Unabhängigkeit bewahrt. Der Kaiser als König der deutschen Könige war immer noch König von Preußen, das zwei Drittel des Reichs beherrschte. Die Sympathien des katholischen Südens galten dem bayerischen Königshaus der Wittelsbacher. Kaiser Wilhelm II. schien fest entschlossen, sein eigenes Reich zu erobern und anschließend möglicherweise auch noch Gebiete, die nicht zum Deutschen Reich gehörten.

Besonders die norddeutschen Hansehäfen Bremen, Hamburg, Kiel und Danzig waren ihm ein Dorn im Auge. Sie waren Deutschlands einziger Zugang zum offenen Meer, doch sie zahlten keinen Pfennig an das Reich. Die Hanseaten hatten sich immer gegen die Einführung von Importzöllen gewehrt. Sie waren für den freien Handel mit dem Rest der Welt. 1889 kam Kaiser Wilhelm II. nach

Hamburg, um die neue Freihafenanlage einzuweihen. Der mit einer prunkvollen Uniform ausstaffierte neunundzwanzigjährige Monarch legte mit drei symbolischen Hammerschlägen den Schlußstein einer Brücke, doch diese Zeremonie war nicht der eigentliche Zweck seines Besuchs.

Nach langem Zögern gab der Hamburger Senat nun den Wünschen des Kaisers nach und beschloß die Einführung von Importzöllen. Achtzehn Jahre nachdem Bismarck, der »Eiserne Kanzler«, mit viel Geschick alle deutschen Staaten zu einem Reich vereinigt hatte, beugten sich die Hanseaten schließlich den Preußen und gaben ihre Unabhängigkeit auf. Militärischer oder wirtschaftlicher Druck hätte sie nicht in die Knie gezwungen, nicht die Hanseaten. Am Ende waren sie selbst davon überzeugt, der Anschluß an das größere deutsche Reich, Bismarcks Vision, werde ihnen höhere Profite eintragen.

Zusammen mit vielen tausend Menschen war der Schuljunge Schacht zum Hafen gelaufen, um den Kaiser zu sehen. Er war von dem ernsten jungen Mann in der prächtigen Uniform beeindruckt, doch mit der Zeit erkannte er die wahre Bedeutung seines Besuchs. Später schrieb er: »Diese drei Schläge blieben jahrelang in meiner Erinnerung.«[10] Mit dem Idealismus eines Gymnasiasten bedauerte er das Ende des »freien« Hamburg. Hjalmar Schacht blieb sein Leben lang ein »freier Händler«. Selbst während der Hitler-Diktatur kämpfte er gegen alle Einschränkungen des internationalen Handels.

Viele europäische Oberschüler verfolgten damals das politische Geschehen mit leidenschaftlichem Interesse. An deutschen Gymnasien wurde so begeistert über politische Fragen diskutiert wie an amerikanischen High-Schools Sport getrieben wird.

Nachdem es den Hamburger Liberalen, die weiterhin für den »freien Handel« waren, nicht gelungen war, das Bündnis mit den Preußen zu verhindern, begann Schacht die meisten politischen Liberalen zu verachten. Die drei Hammerschläge des Kaisers ließen ihn zu der Überzeugung gelangen, daß Liberale »die Theorie meist richtig sehen, aber in der Praxis selten eine große Gefolgschaft haben«.[11]

Im Jahre 1892 mußte das Johanneum vorübergehend geschlossen werden, weil in Hamburg die Cholera ausgebrochen war.[12] Hjalmars Eltern, die nun in Berlin lebten, schickten ihn zu seinem Großvater, bis die Epidemie unter Kontrolle war. Sechs Wochen lang begleitete der schlaksige Sechzehnjährige den hochgewachsenen, bärtigen Brummbär bei seinen Hausbesuchen. Dr. Schacht lebte seinem Enkel täglich vor, was Pflichtbewußtsein und Anstand waren. Geld bedeutete dem alten Mann sehr wenig. Er lebte nur für seine Patienten. Der junge Hjalmar fand die Haltung seines Großvaters zwar bewunderungswürdig, konnte sie jedoch nicht akzeptieren. Seiner Meinung nach hätte es weder gegen Dr. Schachts Berufsethos verstoßen noch dem Wohl seiner Patienten geschadet, wenn er wesentlich höhere Honorare verlangt hätte. Wenn Hjalmar Schacht später in Erinnerungen an seinen Großvater schwelgte, dann immer mit einer gewissen gönnerhaften Nachsicht. Als die Epidemie vorüber war, kehrte er nach Hamburg und ans Johanneum zurück. Er sollte seinen Großvater nie wiedersehen.

Hjalmars Hamburger Romanze ging bald in die Brüche. Als die Tochter des Arztes, in dessen Haus er wohnte, ihm eröffnete, daß ihre Beziehung zu Ende sei, zog er aus und mietete sich ein billiges Zimmer bei einem Uhrmacher. Er verdiente sich mit Nachhilfeunterricht etwas Geld und konnte sich bald sogar sein erstes Fahrrad leisten.

Im Jahre 1895 besuchte er seine Eltern in Berlin, wo er zum ersten Mal sein neues Brüderchen William zu Gesicht bekam, den ersten Schacht-Sohn, der keinen dänischen

Namen trug. Als Hjalmar auf sein bevorstehendes Studium zu sprechen kam, nahmen seine Eltern an, daß er sich wie Eddy für die Medizin entscheiden würde, doch Hjalmar verspürte keine große Lust, dem Beispiel seines Bruders zu folgen. Möglicherweise hatten ihn die Menschenliebe und Bescheidenheit seines rüstigen Großvaters eher abgeschreckt. Nachdem er auf Eddys Drängen hin halbherzig ein Semester lang einen Einführungskurs für Mediziner an der Kieler Universität besucht hatte, gab er das Fach auf. Doch die Beziehung der beiden stattlichen Brüder blieb eng, wenn auch auf anderem Terrain. Da sie sich sehr ähnlich sahen, vertrat Hjalmar Eddy oft bei Verabredungen.

Studenten wechselten damals häufig die Studienfächer und den Studienort. Auch Hjalmar streckte zwischen 1895 und 1899 »seine Fühler nach allen Richtungen aus«:[13]

Sommer 1895: Kiel; Medizin, Germanistik, Literaturgeschichte;
Winter 95/96: Berlin; Germanistik, Literaturgeschichte, Journalismus;
Sommer 1896: München; Volkswirtschaft und Germanistik;
Winter 96/97: Leipzig; Zeitungswissenschaften, Volkswirtschaft;
Sommer 1897: Berlin; Volkswirtschaft, Rhetorik;
Winter 97/98: Paris; Französisch, Soziologie;
Sommer 1898: Kiel; Volkswirtschaft;
Winter 98/99: Kiel; Volkswirtschaft;
Sommer 1899: Kiel; Doktorarbeit in Volkswirtschaft, Dr. phil.

Obwohl Hjalmar Schacht ganz verschiedene Fächer belegte, tauchte auf seinem Studienplan immer wieder das Fach Volkswirtschaft auf. Nach seinem ersten Semester in Kiel wechselte er auf die Berliner Universität über, wo er sich auf das ganz neue Studienfach Journalismus stürzte. Einige seiner dortigen Studienfreunde gehörten später zu den führenden deutschen Journalisten und Verlegern – zum Beispiel

Monti Jacobs, der spätere Chefredakteur der *Vossischen Zeitung*, Arthur Dix, der spätere Redakteur der *Nationalzeitung*, und der junge Franz Ullstein, der spätere Leiter des Ullstein-Verlags -, die er über eine literarische Studentenverbindung kennenlernte.

Danach wechselte Hjalmar Schacht für ein Semester auf die Münchner Universität über, um sich dort dem Studium der Volkswirtschaft zu widmen. Arthur Dix schickte ein Empfehlungsschreiben an Lujo Brentano, einen der führenden Nationalökonomen jener Zeit, der damals in München lehrte. Der Antimilitarist Brentano, der 1927 den Friedensnobelpreis verliehen bekam, faszinierte seine jungen Studenten, doch Schacht war Antimilitaristen gegenüber stets skeptisch. Als Befürworter des freien Handels mit einem liberalen Hintergrund betrachtete er zwar jede militärische Aktion als Eingeständnis eines Mißerfolgs, doch wie die meisten politischen Realisten seiner Zeit hielt er es für wichtig, daß ein Land militärisch stets gut gerüstet war. Vor dem Atomzeitalter wäre es undenkbar gewesen, daß ein mächtiges Land keine mächtige Armee besitzt (wie heute Deutschland oder Japan). Damals wie heute wurden Staaten als Gegner oder Verbündete betrachtet. Ob ihre Machtbereiche und Märkte zugänglich waren oder nicht, hing von ihrer politischen Kooperationsbereitschaft ab und von der Macht, diese Kooperationsbereitschaft notfalls zu erzwingen. Nach unserer heutigen Vorstellung basiert Macht auf Interkontinentalraketen. Vor oder zwischen den beiden Weltkriegen wurde ein Staat nach der Stärke seiner Armee, nach der Größe seiner Kriegsflotte und schließlich nach der Reichweite seiner Bomber beurteilt. Als Hitler berichtet wurde, daß der Papst gewisse Nazi-Pläne mißbilligte, soll er gefragt haben: »Wie viele Divisionen hat der Papst?« Schachts spätere Ziele waren die Aufhebung des Versailler Vertrages und der Ausbau der deutschen Industrie, besonders des Exporthandels. Die Voraussetzung dafür war seiner Meinung nach ein starkes und mächtiges Deutschland.

Anschließend schrieb sich Schacht auf der Universität von Leipzig ein, wo Professor Karl Bücher Vorlesungen über die große Bedeutung des Journalismus hielt. Um die Jahrhundertwende betrachteten viele die Zeitungen lediglich als ein notwendiges Übel und teilten Bismarcks Auffassung, Journalisten seien Leute, die ihren Beruf verfehlt hatten. Bücher, der eine Zeitlang Redakteur der großen *Frankfurter Zeitung* gewesen war, erläuterte die Bedeutung des Journalismus in einem modernen kulturellen und politischen Kontext. Von da an faszinierten Hjalmar Schacht die Zeitungen – und die Leute, die sie herausgaben oder für sie schrieben.

Sein Vater zeigte sich aufgeschlossen, als er ihm eröffnete, er wolle Journalist werden. Schließlich hatte William Schacht selbst eine Zeitlang als Journalist gearbeitet. Er stellte Hjalmar einem Mann namens Leipziger vor, der *Das kleine Journal* herausgab, und am 1. Februar 1896 begann der neunzehnjährige Student als Volontär bei der kleinen Berliner Zeitung.

Obwohl Hjalmar vom Herausgeber persönlich eingestellt worden war, war der Lokalredakteur der Zeitung skeptisch.

»Haben Sie schon mal was geschrieben?«

Allerdings. Ganze Bände. Er hatte sogar schon etwas veröffentlicht.

»Was haben Sie geschrieben?«

»Gedichte.« Er liebte Gedichte.

»Gedichte?« Der Redakteur war kein bißchen beeindruckt.

Er gab dem Volontär seinen ersten Auftrag: einen zwölfzeiligen Bericht über den Bau einer neuen Brücke. Das war keine sensationelle Meldung. Im von Kanälen und Flußläufen durchzogenen Berlin gab und gibt es unzählige Brücken.

Ständig werden neue gebaut oder alte renoviert. Um dem Ganzen die Banalität zu nehmen, lieferte Hjalmar eine ergreifende, romantische Geschichte über die Spree, das graue Wasser und die darüber kreisenden Möwen ab.

Eine Stunde später lobte ihn der Lokalredakteur: »Für einen Anfänger gar nicht übel. Ganz nette kleine Meldung.« Doch als Schacht seine Geschichte gedruckt sah, stellte er fest, daß kein einziges Wort seiner romantischen Schilderung verwendet worden war. Ein Redakteur hatte eine ganz neue Story erfunden, und sie war gut, so ungern Schacht das zugab. Die alten Hasen von der Zeitung hatten beschlossen, dem jungen Volontär Schützenhilfe zu geben.

Das Kleine Journal war ein Boulevardblatt voller Klatsch- und Skandalgeschichten. Schachts Aufgabe bestand darin, auf Streifzügen durch Berlin Gerüchten und Sensationsmeldungen nachzugehen, die Schattenseiten Berlins auszuleuchten. Der Redakteur, der ihn bei der Brücken-Episode gerettet hatte, beschwor ihn im rauhen Berliner Straßenjargon: »Se missen volkstiemlicher schreiben, Herr Schacht! De Leute intressiert nich, wat Sie denken, sondern wasse selba jerne von sich in der Zeitung lesen. Det missen se schreim!« Hjalmar hörte sich in Kneipen, Cafés, Theatern, Tanzsälen und auf Galaveranstaltungen der großen Gesellschaft nach dem neuesten Klatsch und Tratsch um und berichtete über Unfälle und Katastrophen. Er lernte einen Journalismus der niedersten Form.

Im Herzen blieb Hjalmar Schacht immer ein Journalist. Da er sich auf eine publikumswirksame Berichterstattung verstand, wußte er immer genau, wie er der Presse seine Ideen zu präsentieren hatte. Selbst auf der Höhe seiner arbeitsreichen Karriere brauchte er nie einen Redenschreiber. Auch die Freude am Dichten, die er während seines kurzen Intermezzos als Medizinstudent entdeckt hatte, ging ihm nie verloren; er schrieb auch weiterhin viele Gedanken in Versform nieder. Er gestand sogar, zusammen mit einem Kommilitonen eine Operette geschrieben zu haben, ließ jedoch durchblicken, daß sie weder Strauß noch Lehár beeindruckt hätte.[14]

Berlin um die Jahrhundertwende war eine der bedeutendsten Theaterstädte Europas. Seine vielen Bühnen zeigten Stücke aller Art von Shakespeare bis zur musikalischen Komödie, inszeniert von kreativen neuen Regisseuren wie Max Reinhardt. Hjalmar, der ein begabter Pantomime und Dialekt-Imitator war, entwickelte eine Leidenschaft fürs Theater, die ein Leben lang anhalten sollte.

Im Jahre 1896 lernte er beim Tennisspielen in einem Tennisclub im Berliner Vorort Schlachtensee seine zukünftige Frau kennen. Die zierliche, dunkelhaarige und lebhafte Luise Sowa war die Tochter eines preußischen Polizeikommissars aus Schachts Wohnbezirk. Hjalmar war ein stattlicher Bursche mit den herben Gesichtszügen seiner dänisch-deutschen Vorfahren. Obwohl Luise sich ziemlich sicher war, daß er ihr Ehemann werden würde, entwickelte sich ihre Romanze sehr langsam. Ihre und seine Eltern befürworteten die Verbindung, doch für Hjalmar kam eine Verlobung nicht in Frage, zumindest vorerst nicht. Er studierte noch und hatte nicht die Absicht, Verpflichtungen einzugehen, die er nicht erfüllen konnte. Er erinnerte sich nur zu gut an die katastrophalen Folgen der frühen Heirat seiner Eltern und hatte sich geschworen, daß sein Leben anders verlaufen würde.[15] Im Herbst 1897 ging er nach Paris, um Französisch zu studieren. Auf der Zugfahrt dorthin ließ er sich zu einem Bauernfängerspiel namens Kümmelblättchen überreden und verlor dabei seinen gesamten Monatswechsel bis auf zwanzig Mark. Er schwor sich, nie wieder mit seinem eigenen Geld zu spielen, und blieb diesem Vorsatz sein Leben lang treu. Er mißtraute später jedem Bankier, der auf eigene Rechnung an der Börse spekulierte.[16]

Während Hjalmar in Paris studierte, veröffentlichte Emile Zola in der Pariser Tageszeitung *L'Aurore* seinen berühmten Artikel »J'accuse«, in dem es um die seit drei Jahren schwelende Dreyfusaffäre ging.

Der Artillerie-Hauptmann Alfred Dreyfus, ein französischer Jude, war des Hochverrats angeklagt worden. Trotz seiner Proteste und seines untadeligen Rufs wurde er für schuldig befunden, aus dem Generalstab entlassen und auf die Teufelsinsel verbannt. Die Dreyfusaffäre zog sich jahrelang hin und erschütterte das soziale Gefüge Frankreichs. Emile Zola machte sich mit seiner Attacke gegen die antisemitischen französischen Reaktionäre, die Dreyfus verurteilt hatten, so erbitterte Feinde, daß er nach England fliehen mußte. Schließlich wurde der wirkliche Verräter gefaßt, ein adliger Ungar und Generalstabsoffizier der französischen Armee. Nach Jahren der Schmach und der Schikane wurde Dreyfus schließlich von jeder Schuld freigesprochen und als Major wieder in die Armee aufgenommen.

Hjalmar interessierte diese innenpolitische Angelegenheit Frankreichs nicht sonderlich. Er war überzeugt, daß ein Justizirrtum dieser Art in Deutschland nicht möglich gewesen wäre, und nicht ohne Grund. Seit Bismarck lebten die deutschen Juden in einer Atmosphäre des Wohlwollens und der Sicherheit; viele waren in hohe Positionen aufgestiegen. In einigen deutschen Staaten, wenn auch nicht in Bismarcks Preußen, war es Juden möglich, Offizier zu werden. Niemand kannte die wahren Gefühle des Kaisers gegenüber seinen jüdischen Untertanen, doch er verließ sich auf ihren guten Rat, wenn es um die Finanzen, den Handel oder um Schiffe ging.

In dieser Zeit waren Hjalmars Probleme nicht politischer, sondern privater Natur. Nach seiner Rückkehr nach Berlin erklärte er Luise erneut, daß ihre Hochzeitspläne verschoben werden müßten. Er bereitete sich auf seine Doktorarbeit vor und wollte erst heiraten, wenn er ein sicheres Einkommen hatte. Sie schien ihn zu verstehen, und so beschlossen die beiden, sich eine Zeitlang zu trennen. Doch Luise war ein willensstarkes Mädchen.

In den Häusern der europäischen Mittelschicht galt damals der strenge Sittenkodex von Großbritanniens herrischer kleiner Königin Victoria. Eltern mit einer Tochter im heiratsfähigen Alter verhielten sich oft tyrannisch, und Luises Vater, der korrekte preußische Polizeikommissar, wurde langsam ungeduldig. Anständige junge Damen heirateten, und zwar möglichst früh. Sie warteten nicht auf einen unentschlossenen Heiratskandidaten, der sie am Ende womöglich sitzenließ. Doch die eigenwillige Luise ließ sich nicht beirren. Sie bestand darauf, selbst zu entscheiden, wen sie heiraten wollte, und setzte sich schließlich gegen ihren Vater durch.

Während Luise ihren Kampf ausfocht, kehrte Hjalmar in den Norden an seine Kieler »Heimatuniversität« zurück, um seine Doktorarbeit zu schreiben. Seine erste Unterredung mit dem Dekan war anstrengend. Der Professor unterstellte ihm, er sei nur zurückgekehrt, weil es an der Kieler Universität leichter sei, seinen Doktor zu machen. Zudem wollte Hjalmar im Fach Zeitungswissenschaften promovieren, doch der Dekan weigerte sich, ein Thema aus diesem Gebiet zu akzeptieren. Hjalmar lenkte ein. Er bat den Dekan um Themenvorschläge und hatte Glück. Der Professor führte gerade einen heftigen Disput mit einem Heidelberger Volkswirtschaftler über bestimmte Wirtschaftstheorien. So schlug er Schacht durch die Blume vor, eine Doktorarbeit zu schreiben, die seine Auffassung untermauerte. Dazu würden allerdings Recherchen im Britischen Museum von London nötig sein, da es bei diesem akademischen Streit um die englische Wirtschaft ging. Schacht hatte nichts gegen eine Reise nach England und akzeptierte den

Vorschlag. Er beschloß, mit einem Frachter nach Hull zu fahren, weil das billiger war, von dort aus mit dem Zug nach London weiterzureisen und in London sparsam zu leben. Dann überredete er Kiels führende Tageszeitung, die *Kieler Neueste Nachrichten*, für die er damals Kunst- und Theaterkritiken schrieb, seine Reise zu sponsern. Der Chefredakteur hielt große Stücke auf ihn. Einige seiner kontroversen Artikel über Kunst hatten dem Verleger der Zeitung zwar mißfallen, doch als der mächtige örtliche Kunstverein sich den Ansichten seines jungen Kunstkritikers anschloß, gab er nach.

Schachts erster Besuch im grauen, nebligen, winterlichen London war enttäuschend. Er mietete sich ein Zimmer in einer tristen Pension in der Tottenham Court Road und recherchierte jeden Tag stundenlang in der Bibliothek des Britischen Museums. Nach der Arbeit aß er zu Abend, machte noch einen Spaziergang und ging zu Bett. Während seiner langweiligen Nachforschungen machte er eine unerwartete wissenschaftliche Entdeckung: Er gelangte zu der Überzeugung, daß Daniel Defoes berühmter Abenteuerroman *Robinson Crusoe* in Wirklichkeit »das breite Gemälde einer primitiven Volkswirtschaft ist«.[17] Das war der einzige Lichtblick auf dieser Reise. Schacht sollte später noch oft in die englische Hauptstadt kommen, doch bei diesem ersten Besuch fand er sie trostlos, besonders im Vergleich zu Paris, das ihn auch im Winter fasziniert hatte. Er gelangte zu dem Schluß: »Für einen vierzehntägigen Aufenthalt im Winter ist London der ungeeignetste Platz der Welt.« So war er froh, als er nach Kiel zurückkehren konnte, um seine Arbeit fertigzuschreiben.[18]

Der Titel seiner trockenen Doktorarbeit lautete »Der theoretische Gehalt des englischen Merkantilismus«. Sie war mit diplomatischem Geschick auf die Ansichten seines kampflustigen Dekans zugeschneidert und enthielt viele englische Zitate, teilweise, um Schwächen zu verschleiern, aber auch, um zu beeindrucken. Der schlaue junge Mann erkannte, daß die meisten Menschen, selbst Akademiker, für ein gewisses Maß an Effekthascherei sehr empfänglich sind.

Eine letzte Hürde mußte er noch überwinden. Um zum Doktor ernannt zu werden, mußte er noch eine mündliche Prüfung im Pflichtfach Philosophie bestehen, das er bisher vernachlässigt hatte, da es ihm nicht lag. Er hatte nur rudimentäre Kenntnisse in Philosophie, denn er setzte sich lieber mit praktischen Problemen auseinander als mit Abstraktionen.

Der Prüfer, ein reizender Philosophieprofessor, begrüßte ihn freundlich, und Schacht schaffte es irgendwie, sich durch eine oberflächliche Diskussion über einige große Philosophen und ihre Theorien zu bluffen. Wie an vielen deutschen Universitäten wurde auch in Kiel großer Wert auf die Fähigkeit des Prüflings gelegt, seinen Standpunkt mündlich darzulegen. Schacht, der in offenen Debatten zu brillieren, zu parieren und schlagfertig zu kontern verstand, hätte nichts gegen eine mündliche Prüfung gehabt, wenn das Prüfungsfach nicht gerade Philosophie gewesen wäre. Die Ausbildung an deutschen Hochschulen war nach wie vor humanistisch; »moderne« Fächer wurden nicht ernstgenommen. In Schachts Spezialdisziplinen Volkswirtschaft und Journalismus konnte man damals keinen Doktor machen, nur in klassischen Fächern wie Philosophie. Die Macht der Psychologie erkannte Schacht an, doch er haßte die Abstraktionen der Philosophie und wußte, daß er sich auf unsicherem Boden bewegte. Aber es führte kein Weg an dieser Prüfung vorbei. Sie endete mit einem Dialog, den Schacht folgendermaßen beschrieb:

> Der Prüfer blickte zu einem Schrank in der Ecke des Raumes hinüber und fragte: »Was ist das?«

»Ein Schrank«, sagte ich.

»Gut«, sagte der Professor der Philosophie erleichtert. Ich wußte, was ein Schrank war. Aber nun kam die gefährliche Frage: »Was ist dieser Schrank?«

Wissen Sie, was ein Schrank ist? Ich hatte noch nie darüber nachgedacht. Natürlich benutzte ich einen Schrank, um meine Anzüge hineinzuhängen; aber das war alles, was ich mit ihm anfing. Gedanken hatte ich mir über ihn noch nicht gemacht.

»Nun!« sagte er ungeduldig. »Was ist dieser Schrank?«

Seine Stimme klang gereizt. Ich mußte ihm irgendeine Antwort geben.

»Braun«, sagte ich.

»Was weiter?« fragte er. »Sehen Sie sonst keine Eigenschaft an ihm?«

»Viereckig – das heißt würfelförmig«, sagte ich.

»Was weiter?«

»Hölzern!« sagte ich. Der Philosoph hinter meinem Rücken schnaubte.

»Mann Gottes, Herr Kandidat«, sagte er unwirsch, »räumlich ist dieser Schrank! *Räumlich*!«

Ich sah ihn verständnislos an. Er begann zu lachen, lachte lauter, holte ein Taschentuch aus der Tasche, wischte sich die Augen und machte mit dem Bleistift einen Strich durch seine Notizen.

»Diese Volkswirte«, sagte er ein wenig ergeben; »Was wissen Sie überhaupt aus der Philosophie?«

Oh, einiges wußte ich und zitierte Locke und Hobbes und einiges andere aus meiner Doktorarbeit.

»Na ja, danke, Herr Kandidat.«[19]

Beschämt und völlig unsicher über den Ausgang der Prüfung ging Schacht nach Hause.

Zwei Tage später wurde ihm ein Schreiben von der Universität überbracht. Er war zum Doktor der Philosophie ernannt worden.

Diesmal schickte er nicht voller Stolz ein Telegramm an seine Eltern, sondern brachte die Botschaft persönlich nach Berlin. Der frischgebackene Dr. Schacht zog über den Winter 1899/1900 zu seinen Eltern. Er besuchte ein paar Vorlesungen, doch nun hatte er endlich Zeit zum Faulenzen und sah sich alle neuen Theaterstücke und Operetten an. Er liebte Berlin. Es war »gemütlich, witzig, boshaft und menschlich. Die Toleranz der Preußenkönige hatte der Stadt ein eigenes Gepräge gegeben. Boshafte Zungen behaupteten mitunter, Berlin sei eigentlich gar nicht Deutschland, sondern eine Kolonie von Ausländern – von französischen Hugenotten, holländischen Remonstranten, Ostjuden, polnischen Verschwörern und italienischen Karbonari. Jedenfalls wurde man hier niemals gefragt, ob man ›geborener Berliner‹ sei. Man war da, also war man Berliner.«[20]

Seit der Zeit Friedrichs des Großen waren die preußischen Könige tatsächlich tolerante Männer. Friedrich, der die revolutionären Denker Voltaire und Rousseau an seinen Hof in Potsdam einlud und lieber Französisch als Deutsch sprach, vertrat die Auffassung: »Jeder soll nach seiner eigenen Façon selig werden!« Was gab es an einem König auszusetzen, der Voltaire die Einladung schickte:

P
Venez (*Venez sous P* oder *Venez souper!*)

und die Zusage erhielt:

J-a (*J, grand, a petit,* oder *J'ai grand appétit!*)

Der zweiundzwanzigjährige Hjalmar Schacht paßte gut nach Berlin. Er war bereits zynisch und skeptisch und konnte traditionellen Vorstellungen nichts mehr abgewinnen. Wie die meisten Berliner war er ein Außenseiter, der es zu etwas bringen wollte. Er war realistischer als die meisten Männer seines Alters. Mit dem Heiraten wollte er warten, bis er es sich leisten konnte. In einem Berliner Bierhallen-Schlager hieß es: »Du Baliner Pflanze, denkste denn, ick heirat Dir, weil ick mit Dir tanze!« Er kannte die Tricks, mit denen man sich Vorteile verschaffen konnte; so zitierte er Fußnoten auf englisch, um Eindruck zu schinden, und hatte kein Problem damit, opportunistisch die Auffassung seines Professors zu vertreten, um sich dessen Wohlwollen zu sichern.

Typisch für seine Eltern war der Silvesterabend 1899. Die ganze Familie versammelte sich in der Villa Equitable – wie die Schachts ihr Berliner Haus nannten –, um den Beginn des zwanzigsten Jahrhunderts zu feiern. Zwanzig Minuten vor Mitternacht saßen alle beisammen und tranken William Schachts traditionellen starken, heißen Silvesterpunsch. »Mein Gott, neunzehnhundert«, sagte Constanze Schacht und wandte sich ihrem Mann zu. »Weißt du noch, William, wie wir beide geheiratet haben? Das ist jetzt siebenundzwanzig Jahre her! Was haben wir nicht alles erlebt in dieser Zeit.«[21]

William Schacht nahm die Zigarre aus dem Mund, sah seine Frau an, räusperte sich, schob die Zigarre wieder in den Mund und schenkte allen ein. Dann nahm er die Zigarre erneut aus dem Mund, beugte sich vor, küßte Constanze und streichelte ihre Hand. William Schacht, der alte Rebell und Wanderer, war offensichtlich bewegt. »Ja, *Mudding*« – er benutzte das plattdeutsche Wort für Mutti –, »siebenundzwanzig Jahre. Und nun haben wir schon große Söhne. Einer ist Arzt und der andere Philosoph. Das hätten wir damals auch nicht gedacht ...« Die zwei älteren Söhne waren amüsiert. Sie wußten, wie selten und unfriesisch es war, daß ihr Vater Gefühle zeigte. Man feierte wichtige

Ereignisse nicht mit sentimentalem Getue. Man schickte Postkarten, keine Telegramme. Die beiden jüngeren Söhne machten große Augen. Papa hatte Mama tatsächlich geküßt!

Sie prosteten einander wortlos zu, während draußen Kirchenglocken, Kanonenschläge und laute Rufe das zwanzigste Jahrhundert ankündigten.

Hjalmar Horace Greeley Schachts Kinder- und Studententage waren vorbei. Einer seiner Lehrer am Johanneum hatte, vermutlich mit einer Spur Bosheit, geschrieben: »[Schacht] hält sich zu Höherem berufen.«[22]

Nun war die Zeit gekommen, die Arena zu betreten.

3

Das neue Jahrhundert

Um die Jahrhundertwende assoziierten die meisten Deutschen Preußen mit großem Ehrgeiz, starkem Hegemonialstreben, einiger Arroganz und vor allem mit Macht. Preußen war eine erdrückende Realität, was den meisten Preußen gefiel, viele nicht-preußische Deutsche erzürnte, in London Gereiztheit und Spott hervorrief und in Paris eine weitverbreitete Paranoia schürte. Die Franzosen standen immer noch unter dem Schock der Niederlage, die Bismarcks preußisch gedrillte Deutsche ihnen 1871 zugefügt hatten, und waren beunruhigt über den selbstherrlichen und aggressiven Regierungsstil von Kaiser Wilhelm II..

Es war schon sehr lange her, daß der patriarchalische Preußenkönig Wilhelm I. allen regierenden Monarchen des neunzehnten Jahrhunderts zum Vorbild diente. Der erste preußische Wilhelm war ein Muster an Bescheidenheit und Pflichtgefühl. Er verabscheute alle Demonstrationen von Macht und Reichtum. »Parol' auf dieser Welt ist nichts als Müh' und Arbeit«, schrieb er Fürst Leopold von Anhalt-Dessau. Der Historiker Christian von Krockow bezeichnete seine »Revolution von oben« als eine perfekte Vorbereitung auf das Industriezeitalter.[1]

Im Jahre 1871 verwirklichte Bismarck endlich seinen Traum, aus den deutschen Staaten ein großes Reich mit dem preußischen König als Kaiser zu schmieden. Wilhelm I., der preußischste aller preußischen Könige, klagte unter Tränen: »Morgen ... tragen wir das preußische Königtum zu Grabe!« Er wollte gar nicht deutscher Kaiser werden.[2] Um die Jahrhundertwende aber existierte jenes Preußen der Bescheidenheit, des Pflichtbewußtseins und des Taktgefühls bereits nicht mehr. Wilhelm II. war wie viele Nachfolger großer Führer weder bescheiden noch taktvoll.

Doch etwas vom geistigen Erbe Friedrichs des Großen hatte das achtzehnte und neunzehnte Jahrhundert überdauert. Es herrschte nach wie vor eine gewisse Toleranz Andersdenkenden und Andersgläubigen gegenüber. Wie Schacht feststellte, war das Berlin der Jahrhundertwende ein Sammelbecken für ganz unterschiedliche Menschen und Ideen. Es glommen sogar erste Funken eines sozialen Gewissens auf. In den 1880er Jahren hatte der »Eiserne Kanzler« Fürst Otto von Bismarck die Sozialversicherung eingeführt, was bewies, daß er in mancher Hinsicht ein fortschrittlicher Mann war. Sein Nachfolger, Graf von Bülow, baute das System Anfang des zwanzigsten Jahrhunderts aus. Natürlich vergrößerte er auch Deutschlands Kriegsflotte nach den Wünschen des ehrgeizigen neuen Kaisers Wilhelm II., der England zeigen wollte, daß es nicht nur eine Seemacht gab. Die drei symbolischen Hammerschläge des eleganten jungen Monarchen, den der Schüler Hjalmar an jenem denkwürdigen Tag im Hamburger Hafen bewundert hatte, klangen immer noch nach. Er hatte die verschiedenen deutschen Königreiche und Herzogtümer auf eine gemeinsame Linie eingeschworen, und bald sollten die einzelnen deutschen Armeen mit ihren unterschiedlichen Uniformen eine einzige feldgraue Phalanx bilden. Wilhelm II. schien jedesmal von Minderwertigkeitsgefühlen überwältigt zu werden, wenn er sein Reich mit dem seines im Buckingham-Palast residierenden Onkels Eduard VII. von Sachsen-Coburg verglich.

Er litt auch unter seinem verkürzten linken Arm, den seine schmucken Spezialuniformen geschickt kaschierten. All seine Untertanen wußten um sein Gebrechen, doch keiner wagte es zu erwähnen. Derlei Rücksichten waren von den Briten, die Wilhelm II. »Kaiser Bill« nannten, nicht zu erwarten, daher lebte er in der ständigen paranoiden Angst, sie könnten beleidigende Anspielungen machen.

Im Jahre 1900 sorgte nur die Situation im weit entfernten Südafrika, wo die Buren und die britische Armee um das zukünftige Schicksal der Kapkolonie kämpften, für internationale Aufregung. Die Deutschen ergriffen offen Partei gegen Großbritannien und für die zahlenmäßig unterlegenen »Afrikaner« und ihren Führer »Ohm« Paul Kruger. Die deutschen Zeitungen schlachteten den in Deutschland weitverbreiteten Neid auf die Macht und den Einfluß des britischen Weltreichs weidlich aus. Sie stellten sich enthusiastisch hinter die Buren und berichteten ausführlich über britische Greueltaten. Deutsche Schuljungen verschlangen Abenteuergeschichten über die heldenhaften, alleine kämpfenden Buren und verabscheuten die brutalen Engländer. Die meisten Deutschen waren zutiefst empört, als die britische Kriegsmarine das deutsche Handelsschiff *Bundesrat* auf hoher See anhielt und behauptete, es habe Konterbande für die Buren an Bord. Obwohl die Briten ihre Verdächtigungen schließlich zurücknahmen, löste der Vorfall einen gewaltigen Sturm im journalistischen Wasserglas aus. Als die Buren schließlich kapitulieren mußten, war die Enttäuschung in Deutschland groß. Bis heute weisen revisionistische deutsche Historiker gerne darauf hin, daß Konzentrationslager für Zivilisten während des Burenkriegs von den Briten erfunden wurden.

Viele loyale Untertanen von Wilhelm II. übernahmen dessen mißgünstige, feindselige Haltung gegenüber seinem königlichen Onkel auf dem englischen Thron und entwickelten eine Haßliebe zum »perfiden Albion«, über das der launische Kaiser so oft herzog. Schließlich ging er zu weit. 1908 erklärte er einem Chefreporter der Londoner

Zeitung *Daily Telegraph*: »Das deutsche Volk ist gegen euch. Ich bin für euch.« Im Buckingham-Palast und in Whitehall zog man die Augenbrauen hoch, und im deutschen Reichstag brach völlig unerwartet ein Aufruhr aus. Schließlich war bereits das zwanzigste Jahrhundert angebrochen. Plötzlich wurde über die Frage der Verfassungsmäßigkeit diskutiert. Wieviel Macht sollte ein moderner Kaiser ausüben dürfen? Die Angelegenheit wuchs sich zwar nicht zu einer ernsthaften Krise aus, doch Wilhelm II. hatte eine erste Mahnung erhalten, daß er kein absoluter Herrscher war. Schließlich mußte sein Kanzler von Bülow als Sündenbock herhalten und zurücktreten.

Abgesehen von diesen gelegentlichen Aufregungen herrschte Frieden. Im Jahre 1900 leisteten gebildete junge Männer wie Hjalmar Schacht ihren einjährigen Wehrdienst ab und konzentrierten sich dann auf den Handel. Hjalmar wurde wegen »extremer Kurzsichtigkeit« vom Militärdienst freigestellt. Die deutsche Wirtschaft florierte; alle waren optimistisch, und für die Elite der Universitätsabsolventen war es relativ leicht, einen guten Posten zu finden. Schacht meldete sich auf eine Stellenanzeige in einer Wirtschaftszeitung und wurde kurz darauf zu einer abendlichen Diskussion über wirtschaftliche Fragen eingeladen. Der Diskussionsleiter war ein Mann namens Vosberg-Rekow. Er war der Geschäftsführer einer Organisation, die sich Zentralstelle für die Vorbereitung von Handelsverträgen nannte und von einer mächtigen Gruppe von Exporteuren und Bankiers unterstützt wurde. Schacht war beeindruckt von Vosberg-Rekows Intelligenz und seinem Talent im Umgang mit Menschen. Allerdings stellte er auch fest, daß »sein Ernst und seine fachlichen Kenntnisse nicht ganz auf der gleichen Höhe standen. Aber eine glänzende Suada verdeckte die Oberflächlichkeit«.[3] Vosberg-Rekows Begründung für seine noch am selben Abend getroffene Entscheidung, von allen Bewerbern nur Schacht eine Stelle anzubieten, schien diesen Eindruck zu bestätigen: »Sie sind der einzige Teilnehmer, der zu diesem Abend im Smoking erschienen ist. Ich schätze es, wenn meine Herren etwas auf sich halten und nach außen repräsentieren.«[4]

Hjalmar Schachts Aussagen nach war das die einzige Stellung in seinem Leben, um die er sich bewerben mußte. All seine späteren Arbeitgeber kamen auf ihn zu. Er haßte es, sich vorstellen zu müssen, und gelobte sich, Verhandlungen um einen Posten in Zukunft aus einer Position der Stärke heraus zu führen. Er würde sich nie kompromittieren, weil er das Geld brauchte oder ein Darlehen zurückzuzahlen hatte. Hjalmar Schacht betonte, daß er sich nie Geld lieh – ein seltsamer Grundsatz für einen Mann, der sein ganzes Berufsleben lang Darlehen vergab und aufnahm, Zinsen kassierte und Schulden beglich. Er schien sein Privatleben von Anfang an streng vom Bankgeschäft zu trennen, so wie ein Chirurg seine Schnitte ohne Mitgefühl für die Patienten durchführt. Wahrscheinlich hegte Schacht nie den Wunsch, ein Vermögen anzuhäufen, doch er war fest entschlossen, sich gegen die Art von finanziellen Problemen abzusichern, die er in seiner Jugend erlebt hatte. In seinem Herzen sollte er immer ein Journalist und Publizist bleiben, der sich vor allem wünschte, freie Hand zu haben und keinen Kotau machen zu müssen.

Die Zentralstelle repräsentierte einige der größten Banken, Exportfirmen, Handelshäuser und Reedereien Deutschlands, deren Direktoren im Verwaltungsrat saßen. Unter ihnen befanden sich Emil Rathenau, der Gründer des größten deutschen Elektrokonzerns AEG, Dr. Achelis, der Vorsitzende der großen Reederei Norddeutsche Lloyd, und Georg von Siemens, der Gründer und erste Direktor der Deutschen Bank. Alle waren für den freien Handel und entschieden gegen Einfuhrzölle.

Der junge Dr. Schacht war genau der richtige Mann für diesen Posten und stieg bald zum Leiter dieser Propaganda- und Lobbying-Organisation auf. In seiner Jugend hatte er oft den Ausführungen seines Vaters über die hanseatische Tradition des freien Handels gelauscht, und in seiner Zeit als Sensationsreporter in Berlin hatte er gelernt, wie man Informationen und Ideen publikumswirksam präsentiert. Seine neue Aufgabe bestand darin, eine Propagandakampagne gegen jene deutschen Industriellen und Großgrundbesitzer zu führen, die Schutzzölle gegen gewerbliche und landwirtschaftliche Erzeugnisse aus dem Ausland forderten.

Für sein jugendliches Alter bewies Hjalmar Schacht erstaunlich viel Verständnis für wirtschaftliche Zusammenhänge. Die Direktoren im Verwaltungsrat der Zentralstelle bestärkten ihn in seiner Überzeugung, daß Deutschlands Zukunft durch Erfindungsgeist und eine möglichst hohe Produktivität am besten zu sichern war. Statt sich hinter protektionistischen Barrieren zu verschanzen, sollte es auf »deutsche Kopf- und Handarbeit« setzen. Der Verkauf von fertigverarbeiteten Qualitätsprodukten würde Deutschland wesentlich höhere Gewinne bescheren als der Export von Kohle, Erz und Chemikalien.

Schacht schrieb auch Aufsätze, in denen er sich gegen die Bildung von Kartellen und für die Schaffung von industriellen Trusts aussprach. Seiner Auffassung nach hatten Kartelle den Zweck, die Preise künstlich hochzuhalten, während Trusts die Preise senkten und die Produktivität erhöhten, indem sie solche Betriebe zusammenfaßten, »die sich vertikal mit der Gewinnung und Verarbeitung des gleichen Stoffes vom Rohprodukt bis zum Fertigfabrikat befassen«.[5] In einem seiner Berichte an die Mitglieder der Zentralstelle schrieb er: »Kartell ist Morphium, Trust ist Lebenselixier«.[6] In einem anderen kritisierte er, daß die vielen kleinen kommunalen Elektrizitätswerke überteuerte Energie verkauften.

Diese anspruchsvollen Essays waren eine hervorragende Möglichkeit, sein einflußreiches Publikum zu beeindrucken.

Die Mitglieder des Verwaltungsrates waren äußerst angetan. Schachts Argumente gegen Zölle flossen in viele öffentliche Reden über die Wirtschaft ein und wurden oft von Stammtischpolitikern zitiert – mit dem Ergebnis, daß Freunde ihm ein Mandat für die Reichstagswahlen von 1901 anboten. Schacht lehnte ab, doch ein von ihm vorgeschlagener Kollege errang einen Sitz. Schacht interessierte sich mehr für die Wirtschaft als für die Politik.[7] Wenn er sich in der Wirtschaft erst bewiesen hatte, würde die Politik sicher folgen, dachte er.

Um 1903 genoß der sechsundzwanzigjährige Volkswirtschaftler und Publizist bereits einen hervorragenden Ruf. Er erhielt einige schmeichelhafte Angebote. Besonders ehrenvoll, aber verfrüht war das von Prinz Ernst Günther von Schleswig-Holstein, dem Schwager des Kaisers, der Schacht durch seinen Adjutanten in seine Berliner Stadtwohnung bitten ließ. Schacht wurde in ein von Zigarrenrauch erfülltes Arbeitszimmer geführt, wo sein königlicher Gastgeber ihm gar nicht erst einen Platz anbot, sondern ihn gleich im Stehen bat, sein Privatvermögen zu verwalten. Schacht erklärte ihm, daß ihm für diese Stellung die nötige Qualifikation fehle, und lehnte so höflich wie nur möglich ab. Es muß den armen Jungen aus Schleswig-Holstein mit Stolz erfüllt haben, daß der Prinz von Schleswig-Holstein ihm solch ein Angebot machte, auch wenn er ihn enttäuschen mußte.

Kurz darauf wurde Schacht vorgeschlagen, als Syndikus in eine große süddeutsche Handelskammer einzutreten. Wieder lehnte er ab. Selbst der große alte Emil Rathenau erhielt eine höfliche Absage, als er Schacht aufforderte, für seinen Elektrokonzern zu arbeiten.

Diese schmeichelhaften und verlockenden Angebote waren eine ungeheure Bestätigung, doch Schacht wollte ins

Bankgeschäft. Das Angebot, das er schließlich annahm, kam von einer der erfolgreichsten Institutionen Deutschlands, der Dresdner Bank. Das Vorstandsmitglied Waldemar Müller führte das Einstellungsgespräch. Als sie auf das Gehalt zu sprechen kamen, sagte Schacht, daß er beim Handelsvertragsverein 8800 Mark im Jahr verdiene. Müller war schockiert. Das war mehr, als die Bank ihren Prokuristen zahlte. Da sagte der selbstbewußte Schacht: »Zahlen Sie mir ruhig, was Sie für richtig halten. Nach einem Jahr werden Sie mir doch das zahlen, was ich bisher verdient habe.«[8] Seine Voraussage erfüllte sich. Gegen Ende seines ersten Jahres bei der Bank verdiente er bereits recht gut.

Schacht wurde Leiter der Pressestelle der Dresdner Bank, wo er Prospekte für neue Aktien und Anleihen verfaßte.[9] Da er über journalistische Kenntnisse verfügte und bereits im Handelsvertragsverein Öffentlichkeitsarbeit betrieben hatte, lag ihm diese Aufgabe, bei der es auf die richtige Mischung aus Optimismus und sachlicher Information ankam. Er war in seinem Element, wenn er Konzepte entwarf. Außerdem liebte er das spannende Hin und Her im Bankgeschäft großen Stils, in dem es Raubritter und Piraten gab.

Im Handelsvertragsverein hatte er einige Direktoren der vier großen Banken Deutschlands – der sogenannten D-Banken Deutsche Bank, Diskonto-Gesellschaft, Dresdner Bank und Darmstädter Bank – kennengelernt. Sein neuer Chef in der Dresdner Bank war Eugen Gutmann, der für seinen geschäftlichen Wagemut und Ideenreichtum bekannt war. Er war eine außergewöhnliche Persönlichkeit und ausgesprochen großzügig. Als einer von Schachts ersten Prospekten die Einführung einer großen ausländischen Anleihe erheblich erleichterte, überreichte ihm Gutmann als Anerkennung einen Tausendmarkschein. Das vergaß Schacht nie.[10]

Nun, da die Zeiten vorbei waren, in denen er sich einen Frack borgen mußte, und er bereits mehr verdiente als sein

Vater, kehrte er zu dem Mädchen zurück, das auf ihn warten wollte. Waren er und Luise leidenschaftlich ineinander verliebt? Mit typisch friesischer Zurückhaltung beschränkte Schacht sich auf die Feststellung: »Luise gefiel mir so gut wie am ersten Tag.« 1902 verlobten sie sich, und am 10. Januar 1903, sieben Jahre nach ihrer ersten Begegnung in einem Berliner Tennisclub, heirateten sie. Luise war inzwischen achtundzwanzig; sie war zwei Jahre älter als ihr Bräutigam.

Die Hochzeitsgesellschaft fuhr in einem kleinen Konvoi aus Pferdekutschen zum Standesamt. Unterwegs fiel Schacht plötzlich ein, daß er vergessen hatte, dem Brautführer die Ringe zu geben. Er »drückte den Zylinder aufs Haupt, sprang aus der Kutsche, rannte mit fliegenden Rockschößen« zu dem Wagen, in dem der Brautführer saß, übergab ihm die Ringe und eilte zu seiner Kutsche zurück – sehr zur Belustigung der Passanten. Schacht, der oft als ein äußerst berechnender Mensch beschrieben wurde, leitete seine Schilderung dieses kleinen Zwischenfalls mit den Worten ein: »Impulsiv, wie ich nun einmal bin ...«

Luises Vater war kurz zuvor gestorben. Schacht schilderte Polizeikommissar Sowa als einen Mann, der »jahrelang in der unmittelbaren kaiserlichen Umgebung in Potsdam Dienst getan« und mit der Zeit »eine Art krankhaftes Mißtrauen gegen alle Menschen« entwickelt hatte.[11] Er hatte seine beiden Töchter stets mit Argusaugen bewacht. Hätte er noch gelebt, wäre er ein recht lästiger Schwiegervater geworden.

Im November desselben Jahres brachte Luise ihr erstes Kind zur Welt, ein Mädchen, das den Namen Inge erhielt.

Schacht räumte ein, daß er wohl nicht gerade der ideale junge Ehemann war. Seine Arbeit nahm ihn voll in Anspruch. Frühmorgens fuhr er mit dem Bus oder der Straßenbahn zur Bank, und wenn er abends zurückkehrte, arbeitete er zu Hause weiter. »Ein behagliches bürgerliches Leben zu führen, lag nicht in meiner Natur«, schrieb er. Seine Karriere und seine Arbeit hatten für die Schachts Priorität. Ihre Ehe nahm eine erstaunlich avantgardistische Form an. In einer Zeit, in der die meisten Frauen sich ihren Männern unterordneten oder sie subtil manipulierten, wurde Luise seine Partnerin. Er beschrieb sie als eine »stattliche, sehr repräsentative und schlagfertige Dame«, die ihren eigenen Kopf hatte und ihre Ansichten selbstbewußt vertrat. Die beiden unternahmen Reisen und empfingen Freunde; sie wurden »die Schachts«. Es war »eine sehr kameradschaftliche Ehe«. Im Jahre 1910 wurde ihr Sohn Jens geboren. Kurz darauf bauten sie eine kleine Villa im Berliner Vorort Zehlendorf.

Das Bankgeschäft war Schachts Leidenschaft, doch er hatte noch viel zu lernen. Als Leiter der Pressestelle seiner Bank legte er sich mit der *Berliner Morgenpost* an. Seit einiger Zeit erschienen im Wirtschaftsteil der einflußreichen Zeitung stets abfällige Kommentare, sobald die Dresdner Bank die Ausgabe einer neuen Aktie oder Anleihe ankündigte. Wenn eine große Zeitung ein großes Geldinstitut angreift, wird sie mit Interesse gelesen; vielleicht wollte der Journalist sich auch nur wichtig machen. Gleichzeitig bemühten sich die Anzeigenvertreter der Zeitung jedoch bei Schacht um die Inserate der Bank. Während seiner Zeit im Handelsvertragsverein hatte er viel über die Abhängigkeit der Zeitungen von ihren Inserenten gelernt, die er als einen »Krebsschaden der freien Presse« bezeichnete. Doch er scheute sich nicht, Druck auszuüben, wenn es seinen Zwecken diente.[12] Um der *Morgenpost* eine Lektion zu erteilen, weigerte er sich, weiterhin Anzeigen in der Zeitung zu schalten. Mit diesem groben Verstoß gegen die Gepflogenheiten zwischen angesehenen Banken und großen Zeitungen entfachte er einen Sturm.

Die *Morgenpost* gehörte dem mächtigen Ullstein-Verlag. Als der Verlagsinhaber Louis Ullstein von Schachts drakonischer Maßnahme erfahren hatte, verfaßte er einen Beschwerdebrief an dessen Chef Eugen Gutmann. Ullstein war sehr verärgert über den unverfrorenen jungen Pressechef der Bank, der sich selbstherrlich über die allgemein akzeptierte Geschäftspraxis hinwegsetzte. Schacht wurde in Gutmanns Privatbüro zitiert. Er bat seinen Chef, die Angelegenheit selbst regeln zu dürfen, und kurz darauf saß er im Privatbüro des Pressezars Ullstein und mußte sich Vorträge über die Pressefreiheit anhören. Schacht verteidigte sich mit der Frage, was Herr Ullstein denn tun würde, wenn jemand unter seine Anzeigen auf den Berliner Plakatsäulen: »Kauft die Morgenpost! …« immer setzen würde: »das schlechteste Blatt von Berlin!« Würde er auch dann noch auf diesen Plakatsäulen für teures Geld inserieren? Zögernd räumte der Pressezar ein, daß Schachts Argument etwas für sich hatte, und nach einigen Entschuldigungen Schachts war der Frieden wiederhergestellt. Die Bank inserierte weiterhin in der Zeitung, und deren Kommentare wurden sachlicher.

Danach erhielt Schacht einen ersten Eindruck von der Berliner Börse. Das Gedränge und die hektische Betriebsamkeit, die dort herrschten, der enge Kontakt zwischen den Händlern und ihr überwältigender Zynismus gefielen ihm. Doch die Spekulanten, die nur bestrebt waren, Wertpapiere billig einzukaufen und möglichst rasch und teuer zu verkaufen, verachtete er zutiefst. Schacht spekulierte nie an der Börse und mißtraute sein Leben lang allen, die das taten. Sein Lieblingsbörsenwitz war der von dem Spekulanten, der als der ehrlichste Mensch an der Börse beschrieben wurde: »Er sieht aus wie ein Gauner – und er *ist* auch einer!«[13]

Im Jahre 1905 begleitete Schacht das Vorstandsmitglied Hans Schuster in die Vereinigten Staaten, um die Einzelheiten eines Vertrages zwischen der Dresdner Bank und dem New Yorker Bankhaus J. P. Morgan auszuarbeiten. Schuster war Eugen Gutmanns Schwiegersohn und genoß einen hervorragenden Ruf. Schacht fühlte sich geschmeichelt, daß Schuster sich ihn ausgewählt hatte, unter anderem wegen seiner Englischkenntnisse, die seinen eigenen Aussagen nach allerdings eher dürftig waren. Zum ersten Mal besuchte Schacht das von seinem Vater so geliebte Amerika, den Geburtsort seines Bruders Eddy und die Stadt von Horace Greeley, nach dem seine Eltern ihn benannt hatten. Schacht begleitete Schuster ins Weiße Haus, wo sie von Teddy Roosevelt empfangen wurden. Er besichtigte sogar die Niagara-Fälle und konnte es kaum erwarten, nach seiner Rückkehr William und Constanze Schacht in der Villa Equitable alles zu erzählen.

Am meisten beeindruckte Schacht das im Erdgeschoß gelegene Großraumbüro der Morgan-Bank, in dem es aussah und zuging wie im Stadtbüro einer großen Zeitung. Er verbrachte sieben Tage in dem New Yorker Bankhaus und war fasziniert von dem zwanglosen Arbeitsklima, das dort herrschte. Die Führungskräfte von Morgan waren für ihre Mitarbeiter und für Besucher jederzeit ansprechbar. Schacht lernte John Morgan, den Sohn von J.P., und Thomas Lamont, den späteren Präsidenten der Bank, kennen, mit denen er später noch oft zu tun haben sollte. Doch seine größte Bewunderung galt dem Mann mit der »Cyrano-Nase« und den »gütigen Augen«, dem Senior John Pierpont Morgan.[14]

Im Jahre 1911, nur acht Jahre nach seinem Eintritt in die Dresdner Bank, wurde der vierunddreißigjährige Schacht zum Titulardirektor befördert. Er blieb der Pressechef und Hausökonom der Bank, rückte jedoch gleichzeitig in die Leitung der Filialverwaltung auf.

Bald wurde er in seinen ersten Konkurrenzkampf mit einer anderen Bank verwickelt. Der preußische Staat hatte der Dresdner Bank den streng vertraulichen Auftrag erteilt, die Aktienmehrheit am deutschen Kohlebergwerk Hibernia zu erwerben, um die regelmäßige Versorgung der kohlebetriebenen staatlichen Eisenbahnen mit günstiger Kohle zu sichern. Die Aktien mußten mit äußerster Diskretion in kleinen Paketen aufgekauft werden. Jede Andeutung, daß der Staat Hibernia-Aktien erwerben wollte, hätte bei den anderen Banken sofort einen Kaufrausch ausgelöst. Die Berliner Handelsgesellschaft, eine kleinere Bank, die bereits einige Geschäfte für die Eisenbahngesellschaft abgewickelt hatte, roch den Braten. Ihr Chef Carl Fürstenberg überredete einige andere kleine Banken, ihm dabei zu helfen, große Pakete der noch erhältlichen Hibernia-Aktien zu erwerben. Der Dresdner Bank fiel es leicht, Hibernia-Aktien aufzukaufen, da der preußische Staat ihr die nötigen Mittel zur Verfügung stellte, während ihre kleineren Rivalen das dazu erforderliche Kapital selbst aufbringen mußten. Zu diesem Zweck brachten Fürstenberg und seine Gruppe ihren gesamten Hibernia-Aktienbestand in eine Scheinfirma ein und gaben Anleihen dieser Firma heraus zu einem Zinssatz von vier Prozent. Die Anleihen waren schnell ausverkauft, als sich herumsprach, daß mit dem Erlös Hibernia-Aktien erworben wurden. Die Dresdner Bank erhielt für den Aktienankauf im Auftrag des Staates nur eine Provision, doch Fürstenberg und seinen Partnern brachte die Transaktion an der Börse stattliche Gewinne ein. Fürstenberg war zwar nicht unpatriotisch, doch da er bei dem Geschäft übergangen worden war, sah er keine Veranlassung, auf den preußischen Staat und seinen Freund (und Rivalen) Gutmann von der Dresdner Bank irgendwelche Rücksichten zu nehmen. Schacht, der den schlauen Fürstenberg aus seiner Zeit im Handelsvertragsverein kannte, war beeindruckt.

Der jüdische Carl Fürstenberg war in der ganzen deutschen Finanzwelt für seine witzigen Aussprüche bekannt.

Als jemand ihn einmal mit »Herr Direktor« ansprach, bemerkte er: »Ich bin nicht Direktor, ich halte mir Direktoren.« Auf die Frage, ob er mit dem Adelshaus Fürstenberg verwandt sei, antwortete er: »Nein, das ist die andere Linie.« Und als ihn ein Vertreter des kaiserlichen Hofes aufsuchte und sich erkundigte, ob er lieber mit einem Orden oder mit einem Titel ausgezeichnet werden wolle, bat er um einen Titel. »Was für einen Titel haben Sie sich gedacht?« fragte der Gesandte. Fürstenberg zuckte die Schultern: »Sie können mir nur einen Titel geben – und den können Sie mir nicht geben: Konsistorialrat!« Dieser Titel wurde nur Christen verliehen. Fürstenberg war einer der wenigen Juden in so hohen Positionen, der nicht zum Christentum konvertierte.

Ein anderes Projekt lehrte Schacht die Kunst der Flexibilität. Eine Gruppe Londoner Investoren bildete eine Gesellschaft, um an den Viktoriafällen am Sambesi in Südafrika ein Wasserkraftwerk zu errichten. Sie beauftragte die Dresdner Bank, die technische Durchführbarkeit des Projekts zu prüfen und Vorschläge zu seiner Finanzierung vorzulegen. Die Bank ließ die technischen Probleme von der Allgemeinen Elektrizitätsgesellschaft, kurz AEG, untersuchen, die in ihrem Bericht zu dem Ergebnis gelangte, daß ein Wasserkraftwerk an den Viktoriafällen völlig unrentabel sei; sie schlug statt dessen eine mit Kohle betriebene Dampfturbinenanlage vor, die zu einem Bruchteil der Kosten Strom liefern könne, und verwies auf die großen, ungenutzten Kohlevorkommen am Witwatersrand in Südafrika. Daraufhin gab die Dresdnerbank eine Anleihe zur Finanzierung eines Kohlekraftwerks am Witwatersrand heraus, das dann von der AEG gebaut wurde. Der Sambesi und seine gewaltigen Viktoriafälle blieben unberührt. Schachts Aufgabe bestand darin, den Verkauf der Anleihen anzukurbeln, indem er durch eine Werbekampagne deutsche

Investoren für ein romantisches Pionierprojekt im fernen Südafrika gewann, was ihm auch gelang.

In New York hatte der junge Schacht J. P. Morgan nach seinem Erfolgsrezept gefragt, und der große Bankier hatte geantwortet: »Ich habe stets an die wirtschaftliche Zukunft meines Landes geglaubt.«[15] Es fiel Hjalmar Schacht damals gewiß nicht schwer, sich an J. P. Morgans Rat zu halten, denn in Deutschland herrschte in diesen Jahren Frieden, und die Wirtschaft boomte. Wie viele andere deutsche Bankiers glaubte er fest an die wirtschaftliche Zukunft seines Landes.

Schachts großes Hobby war das Wandern, das damals durch die Wandervogelbewegung zum beliebtesten Volkssport der Deutschen wurde. Schacht wanderte zu jeder Jahreszeit und nicht nur in Deutschland, sondern auch in abgelegenen Winkeln Europas wie Serbien, Bosnien und Herzegowina. Als Schacht auf einer Wandertour durch Sarajewo kam, versprach ihm ein bosnischer Schneider, ihm in zwei Tagen einen Bosniakenanzug anzufertigen, doch das Maßnehmen dauerte Stunden. Während Schacht in Unterhosen in dem zur Straße hin offenen Schneiderladen stand, versammelten sich davor immer mehr Einheimische, die dem Schneider ungebetene Ratschläge erteilten und den hochgewachsenen, dürftig bekleideten Deutschen neugierig musterten. Schachts Geduld und Unbekümmertheit zahlten sich aus. Ein paar Monate später machte er auf dem alljährlichen Berliner Kolonialball in seiner bosnischen Originaltracht mit Tschibuk und Fez eine hervorragende Figur.

Im Jahre 1908 trat Schacht in Berlin in eine altpreußische Freimaurerloge ein. Schon sein dänischer Großvater war Freimaurer gewesen, und sein Vater gehörte einer amerikanischen Loge an. Als Hitler die Freimaurerei später zu einem Todfeind Deutschlands erklärte, der genauso gefährlich sei wie das Judentum, trat Schacht trotzdem nicht aus seiner Loge aus. Sie verhalf ihm im Ausland zu einigen interessanten Kontakten. Nach seinen Abenteuern auf dem Balkan unternahm er eine Wandertour durch die Türkei. Seine Loge hatte ihm Empfehlungsschreiben an einige türkische Freimaurer mitgegeben, die den jungen deutschen Bankier, Wandersmann und Freimaurer mit einigen Revolutionären bekannt machten, die alle Freimauer waren. Sie gehörten den sogenannten Jungtürken an, die später das bereits im Zerfall begriffene Sultanat der Türkei stürzten. Nach seiner Rückkehr aus der Türkei hatte Schacht einen heftigen Malariaanfall. Er ließ sich in Deutschland behandeln und hatte keinen Rückfall mehr. Doch abgesehen von der Malaria brachte er von seinem türkischen Abenteuer viele interessante Eindrücke und einen türkischen Orden mit.

Nach dieser Reise gründete er mit zwei Wanderkameraden eine Deutsch-Türkische Gesellschaft, die sich zum Ziel setzte, die wirtschaftlichen Beziehungen und den kulturellen Austausch zwischen den beiden Ländern durch die Herstellung persönlicher Kontakte zu fördern. Im Jahre 1911 wurde die Gesellschaft gebeten, eine Gruppe von vierzig Türken zu betreuen, die eine Informationsreise durch Deutschland machte. Den Höhepunkt dieser Reise bildete ein Flug in einem der großen neuen Luftschiffe des Grafen Ferdinand von Zeppelin. Es war Schachts erster Flug, der angesichts der vielen Abstürze in der Geschichte lenkbarer Luftschiffe schon etwas Mut erforderte. Es war auch das erste Mal, daß er für einen deutschen Orden vorgeschlagen wurde. Der für die Türkei zuständige Ministerialdirektor im Auswärtigen Amt war so erfreut über den Erfolg der Informationsreise, daß er die Verleihung des Kronenordens dritter Klasse an Schacht beantragte, doch der Handelsminister war dagegen. Er fand den vierunddreißigjährigen Schacht zu jung für eine so hohe Auszeichnung. Während der folgenden bürokratischen Querelen schlug das Außenministerium verschiedene, weniger hohe Orden vor, bis der verärgerte Schacht schließlich erklärte, er würde jeden Orden ablehnen.[16]

Nach einer Kindheit voller Entbehrungen und Hindernisse hatte Schacht gelernt, mit Schwierigkeiten umzugehen. Oft schien er fähig, den Stürmen des Lebens mit friesischer Standfestigkeit und Anpassungsgabe zu trotzen, so kritisch die Lage auch aussah. Schachts Privatleben verlief jedoch nicht so reibungslos wie sein beruflicher Aufstieg. In der kameradschaftlichen Ehe der Schachts begann es bald zu kriseln. In seinen Memoiren erklärt Schacht mit einer gewissen Großzügigkeit, Luise hätte »von ihrem Vater jene preußische Beamtenenge geerbt, die mitunter zu Pedanterie werden kann«, während er dazu erzogen wurde, »diplomatisch vorzugehen und anderen Menschen gegenüber nachsichtig zu sein«.[17]

Aus Schachts bruchstückhafter Beschreibung von Luise könnte man auch herauslesen, daß sie für seine menschlichen Schwächen wenig Verständnis aufbrachte. Einigen Zeitgenossen zufolge besaß Schacht ein Auge für die Damen. Auch bei der Auswahl seiner Geschäftspartner und Freunde war er nicht so zimperlich wie Luise. Schließlich war die Finanzwelt kein Wohltätigkeitsverein. Luise hielt an einem strengen bürgerlich-preußischen Sittenkodex fest und war, wie die teutonische Königin Viktoria von England, häufig *»not amused«*. Hinter Schachts äußerst korrekter Erscheinung verbarg sich ein überraschend gefühlvoller Mann. Hinter Luises Erscheinung verbarg sich nichts.

Schacht mußte in seiner Ehe zwar immer mehr Kompromisse eingehen, doch ansonsten schien sein Leben den gewünschten Verlauf zu nehmen. Zwei seiner Brüder hatten weniger Glück. Eddy, der Arzt, heiratete eine Schwedin, hatte Kinder mit ihr und ließ sich dann von ihr scheiden. Mit brüderlicher Nachsicht erklärte Schacht, daß Eddy es »mit der Erziehung seiner Söhne nicht allzu genau genommen« habe, so daß er sie schließlich übernahm. Besonders angetan war er von Eddys ältestem Sohn Sven, der ein begabter Schriftsteller wurde.

Oluf, einer der beiden jüngeren Brüder Schachts, führte als Ingenieur in Kamerun und Südafrika ein abenteuerliches Leben, bis er sich mehrere Tropenkrankheiten zuzog und nach Deutschland zurückkehren mußte. Seine Gesundheit verschlechterte sich rapide. Eines Tages hielt er seinen Wagen am Rande einer Landstraße an und setzte sich in den Straßengraben. Minuten später starb er an einem Herzinfarkt. Danach übernahm Hjalmar Schacht auch die Verantwortung für Olufs drei Kinder. Er war ein Mann, der das Wort »Verantwortung« sehr ernst nahm. Seine Eltern hatten ihm vorgelebt, was es bedeutete. Trotz ihrer chronischen finanziellen Probleme hatten sie ihn auf teure Schulen geschickt und stets gut für ihn gesorgt.

Bei Hjalmar Schacht wurde aus Verantwortung eine Religion, eine mit Arroganz erfüllte Lebensaufgabe; sie war wahrscheinlich der Schlüssel zu seinem Wesen. Viele seiner Handlungen wurden von den vielfältigen Pflichten und »höheren Aufgaben« bestimmt, die er sich selbst auferlegte, und er nahm oft große Risiken auf sich, um seine Ansicht durchzusetzen. Schon als junger Mann betrachtete er sich als eine starke Persönlichkeit und als Patrioten, der wußte, was politisch richtig oder falsch war. Es läßt sich darüber streiten, ob Schachts Haltung überheblich oder eher moralisch konsequent war; jedenfalls war er sich zeitlebens meist absolut sicher, daß sein Weg, Schachts Weg, der richtige war.

Ihm wurde oft Ehrgeiz vorgeworfen, doch er fand nichts Schlimmes daran, ehrgeizig zu sein. »… als ob das ein Fehler wäre. Ich habe immer den großen Ehrgeiz gehabt, etwas zu leisten, und zwar nicht nur für meine eigene Person, sondern vor allem für das Gemeinwohl. Diesen Ehrgeiz habe ich auch nie verborgen …«[18]

4

Weltkrieg

Am 28. Juni 1914 wurden der österreichische Thronfolger Franz Ferdinand und seine Gemahlin auf einer Fahrt durch Sarajewo in einem offenen schwarzen Wagen erschossen. Sie hatten der Hauptstadt Bosniens, das damals zum Vielvölkerstaat Österreich-Ungarn gehörte, einen Besuch abgestattet, um Flagge zu zeigen. Der Attentäter war ein bosnischer Serbe namens Gavrilo Princip, der die Großmacht Österreich haßte. Das Attentat war bedauerlich und verabscheuungswürdig, doch in Berlin betrachtete man es als eine lokale Angelegenheit, als eine Eskalation der Ressentiments der bosnischen Serben gegen die Österreicher. Die bosnischen Serben, für die Wien ihre Heimat einfach annektiert hatte, rechneten mit der Solidarität der Bevölkerung des benachbarten Königreichs Serbien. Diese mochte mit den bosnischen Serben sympathisieren, doch hatte sie tatsächlich die Schwarze Hand, die serbische Widerstandsbewegung in Bosnien unterstützt? Oder genauer gesagt, hatte die serbische Regierung von deren Plan, den österreichischen Thronfolger und seine Gemahlin zu ermorden, gewußt, ihn womöglich befürwortet oder sogar aktiv unterstützt? Die Österreicher hegten den starken Verdacht, daß die serbische Regierung hinter den Mördern stand. Doch Baron Friedrich von Wiesner, den Wien zur Untersuchung der Umstände des Attentats nach Bosnien schickte, fand keinerlei Beweise, die diesen Verdacht bestätigt hätten.

Dieses tragische Ereignis löste die politischen Krisen und Verwicklungen aus, die zum Ersten Weltkrieg führten.

Zunächst schien »Sarajewo«, wie das Attentat später umschrieben wurde, für die loyalen Untertanen von Kaiser Wilhelm II. kein Grund zur Sorge zu sein. Schließlich war ihr aufstrebendes Deutsches Reich mächtig und sicher und ziemlich weit weg von all diesen undurchsichtigen Problemen der Österreicher auf dem Balkan. In Berlin sagten die meisten Menschen nur schulterzuckend, daß solche Dinge auf dem Balkan ständig vorkämen. Gewiß würde der Kaiser sich nicht in den Konflikt zwischen dem Kleinstaat Serbien und den Österreichern hineinziehen lassen, deren Reich seiner Meinung nach in einem bedauerlichen Zustand und bereits im Zerfall begriffen war. Die Franzosen schickten zur Sicherheit eine Gesandtschaft in die Zarenhauptstadt St. Petersburg, die die Russen ersuchte, einen Angriff Österreichs auf Serbien, einen »Schützling« Rußlands, zu verhindern.

Zuerst schien alles unter Kontrolle, doch dann überschlugen sich plötzlich die Ereignisse. Unter der Oberfläche belasteteten starke Ressentiments die Beziehungen zwischen den europäischen Staaten. Einige lechzten danach, in den Krieg zu ziehen, andere wurden dazu gezwungen. Die Entscheidungen für oder gegen einen Krieg wurden von ein paar wenigen Monarchen gefällt, teilweise aus einer Laune oder einer Fehleinschätzung der Lage heraus, und von deren Untertanen widerstandslos akzeptiert.

Zar Nikolaus versuchte ein riesiges, von Aufständen erschüttertes, anachronistisches Land zu regieren, das während der Industriellen Revolution ins Hintertreffen geraten war. Kaiser Franz Joseph von Österreich bemühte sich verzweifelt, einen auseinanderbrechenden Vielvölkerstaat zusammenzuhalten, dessen Völker sich von ihren Herren in Wien befreien wollten. Großbritannien, die mächtigste Nation der Welt, fühlte sich durch ein aggressives Deutschland und einen maßlos ehrgeizigen deutschen Kaiser herausgefordert. Und Frankreich hatte die Niederlage, die Preußen ihm 1870/71 zugefügt hatte, noch nicht verwunden.

Niemand wartete ab. Jeder wollte handeln oder fühlte sich verpflichtet, sofort zu reagieren. Innerhalb weniger Tage stellten die Österreicher den Serben ein Ultimatum, gegen das die Russen Einspruch erhoben, da die Serben unter ihrem Schutz standen, und die Franzosen sicherten den Russen ihre Unterstützung gegen die Österreicher zu. Die Briten versuchten in letzter Sekunde eine Friedenskonferenz zu organisieren, doch die Österreicher waren nicht verhandlungsbereit. Daraufhin ersuchten die Briten die Russen, sich nicht einzumischen.

Die deutsche Regierung sah immer noch keine Notwendigkeit, die Lage zu erörtern. Der Kaiser wollte sich aus der ganzen Sache heraushalten. Dann, am 28. Juli, erklärte Österreich, das den Verlust Bosniens befürchtete, Serbien den Krieg.

Die Russen hatten entlang der Grenze zu Deutschland Truppen aufgezogen, was die Deutschen als eine Provokation empfanden.

Schließlich erhob der Kaiser wütend die Faust. Deutschland verkündete den »Zustand drohender Kriegsgefahr« und forderte die Russen auf, ihre Truppen von der Grenze zurückzuziehen. Die Franzosen waren nicht zu der Zusage bereit, im Falle einer militärischen Auseinandersetzung zwischen Deutschland und Rußland neutral zu bleiben. Sie standen auf Rußlands Seite.

Dann forderten die Briten von den Deutschen die Zusicherung, daß die kaiserlichen Truppen im Falle eines Krieges mit Frankreich nicht in Belgien einmarschieren würden, die ihnen jedoch verweigert wurde.

Am 1. August um 3.55 Uhr machten die Franzosen mobil.

Um 4.00 Uhr machten die Deutschen mobil.

Um 7.00 erklärte Deutschland Rußland den Krieg, da die

Russen ihre Truppen nicht von der deutschen Grenze abgezogen hatten.

Dann marschierten die Deutschen in Luxemburg und Belgien ein, um gegebenenfalls einen Präventivschlag gegen die französische Flanke führen zu können.

Am 3. August erklärte Deutschland Frankreich den Krieg.

Am 4. August erklärte Großbritannien Deutschland den Krieg.

Bald waren alle in den Konflikt verstrickt. Komplizierte Verträge und Bündnisse wurden ins Spiel gebracht. Japan erklärte Deutschland den Krieg. Die Türken und ihr zerfallendes Osmanisches Reich schlugen sich auf die Seite der Deutschen. Die Italiener ergriffen gegen die Österreicher Partei, die Bulgaren gegen die Franzosen und die Briten. Bald waren auch Rumänien, Portugal und China in den Krieg verwickelt, und 1917 traten die Vereinigten Staaten in den Krieg ein. 1918 hatten selbst Peru, Guatemala, Nicaragua, Costa Rica, Haiti und Honduras Deutschland den Krieg erklärt.

Außer einigen wenigen Politikern auf allen Seiten hatte niemand geahnt, geschweige denn befürchtet, daß die Ereignisse in Sarajewo einen Weltkrieg auslösen würden, doch als er ausbrach, zogen alle mit großem Enthusiasmus in die Schlacht. Die Franzosen dürsteten nach Rache für ihre demütigende Niederlage im Deutsch-Französischen Krieg von 1871. Die Briten sahen ihre Chance gekommen, den Deutschen zu zeigen, wer die Weltmacht war. Der Zar hoffte, der Krieg würde sein Land wieder vereinen und dramatische soziale Umwälzungen verhindern. Er wollte auch beweisen, daß Rußland sich seit der verheerenden Niederlage, die Japan ihm 1904 in Port Arthur zugefügt hatte, verändert hatte. Und die türkischen Emire dachten, sie könnten ihr ausgedehntes, im Zerfall begriffenes Reich im Nahen Osten festigen.

Kaiser Wilhelm II. und seine Deutschen waren davon überzeugt, daß sie nichts zu fürchten hatten. Schließlich stand auf den Koppelschlössern ihrer Uniformen: »Gott mit uns«.

Gott war mit allen. Tedeums erklangen, während in vielen Ländern junge Männer aus großen Kathedralen strömten, um ins Feld aufzubrechen, bestärkt in der Überzeugung, daß ihre spezielle nationale Gottheit ihnen Tapferkeit und eine sichere Hand verleihen würde. In einem oft gespielten alten deutschen Kavallerielied hieß es: »Sitz auf! Sitz auf! Im Felde, da ist doch der Mann noch was wert!«

Niemand begriff, welches Grauen ein moderner Weltkrieg bedeutete. Im amerikanischen Bürgerkrieg und im Deutsch-Französischen Krieg hatte es einige erbitterte Schlachten gegeben, doch niemand hätte sich die Hölle vorstellen können, die auf die Soldaten wartete, den jahrelangen zermürbenden Stellungskrieg, die Giftgaseinsätze, Panzerschlachten und Luftkämpfe und die Millionen von Toten.

Im Jahre 1913 hatte Schacht eine Broschüre zum vierzigjährigen Jubiläum der Dresdner Bank vorbereitet. Darin beschrieb er die rapide Entwicklung Deutschlands von einer Agrargesellschaft zu einer führenden Industrienation mit einer hochmodernen, weltweit operierenden Handelsflotte, niedrigen Staatsschulden und hochbezahlten Industriearbeitern. Die deutsche Bevölkerung war zwischen 1870 und 1910 von rund vierzig auf rund sechzig Millionen Menschen angewachsen. Er nannte auch einige interessante Zahlen, die zeigen sollten, daß Deutschland nicht übermäßig aggressiv war, sondern weniger Geld in die Rüstung investierte als Frankreich oder Großbritannien (einundzwanzig Mark pro Kopf der Bevölkerung im Vergleich zu siebenundzwanzig Mark in Frankreich und zweiunddreißig Mark in Großbritannien). Als Sohn eines Mannes, der 1870 aus Deutschland ausgewandert war, sah er im drastischen Rückgang der Auswanderungsrate einen Grund zu großem Optimismus. Und er war stolz auf Deutschlands »freundliche« Kolonialpolitik. Die deutsche Kolonialwirtschaft habe »niemals irgendwelchen imperialistischen Zwecken gedient«. Seinen Aussagen nach umfaßte die Schutztruppe, die in den deutschen Kolonien die Ordnung aufrechterhielt, nie mehr als 6000 Mann. Außerdem betonte er, daß »Eingeborene der deutschen Kolonien« nie als Soldaten eingesetzt wurden, während die Briten und die Franzosen einheimische Soldaten zwangen, in ihren Kriegen im Ausland mitzukämpfen. Das war ein recht bequemer Standpunkt, denn Deutschland hatte nur kleine Kolonien und und konnte deshalb nur kleine Armeen aus einheimischen Kolonialtruppen aufstellen.

Schacht behauptete, Deutschland sei aufgrund seines Erfolgs und des Neids anderer europäischer Staaten in eine gewisse Isolation geraten. Großbritannien habe »an einem fein gesponnenen Netz von Bündnissen und Abmachungen« gewirkt, um sich vor deutscher Konkurrenz zu schützen, während Frankreich Rußlands Aufrüstung finanziert habe. Doch trotz gewisser Spannungen sei er davon überzeugt gewesen, daß es zu keinem Krieg kommen würde. Einige seiner Argumente schienen so gefällig und diplomatisch formuliert wie die Doktorarbeit, mit der er sich einst das Wohlwollen seines Professors sicherte. Doch er gab die Meinung der meisten einflußreichen Persönlichkeiten Deutschlands wieder. Offensichtlich täuschten sich alle.

Deutschlands Soldaten sollten ihre mehrfarbigen preußischen, württembergischen, bayerischen und hessischen Uniformen bald mit feldgrauen Einheitsuniformen vertauschen und von Berlins Unter den Linden und der Münchner Maximilianstraße aus erhobenen Hauptes in den Krieg ziehen. In den Läufen ihrer Gewehre steckten Blumen, und hübsche Mädchen streuten Blütenblätter auf ihren Weg. Im Felde, da ist doch der Mann noch was wert!

5

Brüssel 1914/15

Deutsche Truppen marschierten blitzschnell in Belgien und Luxemburg ein. Im Oktober 1914 wurde Schacht, den die Armee vom Militärdienst zurückgestellt hatte, von der Dresdner Bank beurlaubt und nach Brüssel beordert, wo er als Zivilist in der Bankabteilung der deutschen Militärregierung arbeiten sollte. Sie wurde von einem ehemaligen Mitglied des Reichsbankdirektoriums namens von Lumm geleitet, und Schacht wurde einer seiner Assistenten.

Der deutsche Generalgouverneur in Belgien war Generalfeldmarschall Colmar von der Goltz, Goltz-Pascha. Dieser türkische Titel war ihm verliehen worden, als er auf Bitte der türkischen Regierung die verlotterte Armee des Sultanats neu organisierte. Schacht hatte den Generalfeldmarschall seinerzeit über seine Deutsch-Türkische Gesellschaft kennengelernt und ihn gebeten, vor seinen türkischen Gästen, die Goltz-Pascha bewunderten, eine Rede zu halten.

Gleich nach seiner Ankunft in Brüssel sah sich der standesbewußte Schacht einem Angriff auf seinen Stolz ausgesetzt, gegen den er sich wie üblich höflich, aber entschlossen zur Wehr setzte. Er ging davon aus, daß er als Mitglied von Lumms Beraterstab seine Mahlzeiten in der deutschen Offiziersmesse einnehmen würde. Doch als er um einen entsprechenden Ausweis bat, erklärte ihm Lumm, der stets in seiner Majorsuniform herumstolzierte, daß bloße Zivilisten keinen Zutritt zur Offiziersmesse hätten. Schacht hielt seine Wut im Zaum und bat ruhig um die Erlaubnis, den Generalgouverneur persönlich sprechen zu dürfen.

Lumm war aufgebracht über dieses Ansinnen. Ein unbedeutender Zivilist aus der Bankabteilung wollte einen Generalfeldmarschall belästigen? Er fand die Idee geradezu lächerlich, doch schließlich erlaubte er Schacht, es zu versuchen. Vielleicht würde der kurzsichtige junge Bankier dann eine Lektion erhalten. Schacht schickte dem Generalgouverneur seine Visitenkarte, wurde sogleich ins Hauptquartier von Goltz-Pascha gebeten und sehr liebenswürdig empfangen. An diesem Abend saß Schacht als Goltz-Paschas Gast in der Offiziersmesse, auf dem Ehrenplatz zur Rechten des Generalfeldmarschalls. Dadurch wurde er Lumm natürlich nicht sympathischer.

Eroberer nehmen sich, was sie wollen. In Belgien verfuhren die Deutschen nach der historischen Methode; sie requirierten einfach alles, was ihnen gefiel. Doch nun sollten die Finanzberater der Militärregierung ein anderes, geregelteres Verfahren einführen, um die Besatzungskosten, die die Belgier an die Deutschen zu zahlen hatten, einzutreiben. Diese befremdliche, grausame Praxis war bis zum Zweiten Weltkrieg bei allen militärischen Besetzungen üblich. Die Eroberten mußten an ihre Eroberer Tribut zahlen.

Lumm beschloß, diese militärische Erpressung der besetzten Belgier durch die Einführung einer speziellen Besatzungwährung besser zu organisieren. Das neue Besatzungsgeld sollte einen reibungslosen Zahlungsverkehr zwischen beiden Seiten gewährleisten und weitere willkürliche Requisitionen durch die Armee verhindern, denn ordnungsgemäß verbuchte finanzielle Transaktionen waren Lumm im besetzten Belgien praktisch unmöglich, solange jeder deutsche General, Oberst oder Major nach Belieben gegen formlose Quittungen zehn Pferde, ein Grundstück oder eine Tonne Kohle beschlagnahmen konnte.

Bald kam es erneut zu Unstimmigkeiten zwischen Lumm und seinem Assistenten. Schacht wies seinen Chef darauf hin, daß die belgische Regierung mit ihren Goldreserven und Gelddruckplatten nach England geflohen war[1] und daß belgisches Geld aufgebracht werden mußte, um seine neue Besatzungswährung zu stützen. Er schlug vor, die neue Währung durch eine Anleihe anzusichern, die die neun belgischen Provinzen gemeinsam ausschreiben sollten – eine ungewöhnliche Finanzierungsmethode, die Schachts Improvisationstalent bewies. Lumm war äußerst skeptisch (und wahrscheinlich auch neidisch auf Schacht), bis schließlich eine von den belgischen Gouverneuren unterzeichnete Schuldverschreibung über 480 Millionen belgische Francs vorlag, die problemlos eingelöst werden konnte. Nun konnte man die deutschen Truppen in der neuen Besatzungswährung bezahlen und so unterbinden, daß sie sich einfach nahmen, was sie wollten.

Damit begann ein düsteres Kapitel in Schachts Karriere, das ihn noch lange verfolgen sollte. Schacht behauptete später, die Deutsche Bank habe sich einen sehr erheblichen Posten dieser neuen Noten aushändigen lassen, um sie über ihre Filiale in Brüssel mit Gewinn in deutsches Geld umzutauschen. Kurz darauf bat ihn die Dresdner Bank, sein ehemaliger Arbeitgeber, »für sie doch auch einen Posten belgischer Noten zu beantragen, damit sie im Verkehr mit ihren belgischen Kunden nicht ins Hintertreffen geriete«. Schacht wußte, daß es für deutsche Banken sehr profitabel war, die stark unterbewertete Besatzungswährung zu benutzen, doch er fand nichts Anstößiges daran, der Dresdner Bank diese Bitte zu erfüllen. Schließlich war sie der Deutschen Bank ja bereits anstandslos gewährt worden.

Da Schacht sich seinen Chef von Lumm inzwischen zum erbitterten Feind gemacht hatte, warf dieser ihm daraufhin ungebührliches Verhalten vor. Schacht hätte als Angestellter der Militärregierung seine Position nicht dazu ausnutzen dürfen, seinem ehemaligen Arbeitgeber hohe Gewinne zuzuschanzen, erklärte der brüskierte Lumm und teilte Schacht mit, daß er gefeuert sei.

Es gibt noch andere Versionen dieser Geschichte. Im Jahre 1923, als Schacht für das Amt des Reichsbankpräsidenten vorgeschlagen wurde und das Reichsbankdirektorium seine Eignung nach dem üblichen Verfahren überprüfte, kam »die Brüsseler Affäre« erneut zur Sprache. Anscheinend fand am 6. Juli 1915 (vor Schachts Entlassung) eine Untersuchung statt, in der Schacht beschuldigt wurde, »weit hergeholte« Erklärungen[2] für seine Handlungen abzugeben, die der »Verschleierung« dienten und »einen Mangel an Offenheit« erkennen ließen.[3] Andere fanden, Lumm habe »aus einer Mücke einen Elefanten gemacht«.[4]

Schachts einflußreicher Freund von der Goltz konnte in dieser Angelegenheit nichts für ihn tun. Er befand sich zu dieser Zeit bereits wieder in der Türkei und kommandierte eine türkische Armee, die den Einheiten des britischen Generals Townsend gehörig zusetzte. Von der Goltz war einer der wenigen Militärs, die Schacht vorbehaltlos bewunderte. Er starb 1916 in der Türkei an Typhus. Dr. Eddy Schacht, der in der Armee des Generalfeldmarschalls als Stabsarzt diente, wurde mit der Rückführung von Goltz-Paschas Leichnam nach Deutschland beauftragt.

Im Jahre 1916, nach dem unerfreulichen Ende seines Einsatzes in Brüssel, kehrte Schacht nach Berlin zurück, wo, wie in vielen anderen europäischen Hauptstädten, allmählich die Lebensmittel knapp wurden. Die Schachts legten sich eine Milchziege und einen Gemüsegarten zu.

Schachts Gegner (von denen es unter den Historikern viele gibt) behaupten, daß er kurz nach seiner Rückkehr in die Zentrale der Dresdner Bank gefeuert wurde. Das ist eher unwahrscheinlich, denn schließlich hatte er dem Unternehmen durch seine angeblichen Manipulationen in Brüssel zu stattlichen Gewinnen verholfen. Seine eigene

Erklärung für sein Ausscheiden aus der Dresdner Bank im Jahre 1916 erscheint stimmiger. Kurz nachdem Schacht seine Arbeit wiederaufgenommen hatte, gab ihm sein Chef Eugen Gutmann zu verstehen, daß er Aussichten habe, bald in den Vorstand gewählt zu werden. Als gegen Ende des Jahres nichts darauf hindeutete, daß dies in absehbarer Zeit geschehen würde, erkundigte sich Schacht bei Eugen Gutmann, ob er noch mit der Beförderung rechnen könne. Sein Chef eröffnete ihm verlegen, daß ein Vorstandsmitglied, und zwar sein eigener Sohn Herbert, gegen seine Ernennung Widerspruch eingelegt habe. Daraufhin suchte Schacht Herbert Gutmann auf, der ihm gestand: »Wenn Sie in den Vorstand kommen, Dr. Schacht, dann fürchte ich, daß Sie mir sehr bald die Konsortialgeschäfte aus der Hand nehmen werden.« Er meinte Gemeinschaftsgeschäfte mehrerer Großbanken, sogenannte *joint ventures*.

Schachts eigenen Aussagen nach erwiderte er Herbert Gutmann: »Wenn Sie Angst haben, lieber Herbert, dann bin ich schon draußen« und reichte noch am selben Tag seine Kündigung ein. Eugen Gutmann soll später zu seinen Kollegen gesagt haben: »Daß ihr den Schacht habt gehen lassen, war eine große Dummheit.«

Luise Schacht, die nie eine fügsame Ehefrau war, reagierte ungehalten auf die ihrer Meinung nach überstürzte Entscheidung ihres Mannes. »Was willst du jetzt machen?« fragte sie. »Du brichst immer Brücken hinter dir ab, ohne zu wissen, wohin der neue Weg führt.«

Er tat ihre Beschwerden mit einem Schulterzucken ab. »Liebes Kind«, dozierte er, »die Hauptsache ist nicht, ob man materielle Vorteile oder Nachteile hat, sondern ob man seine Eigenart behält.«[5]

Er erklärte ihr, daß er sich über seine berufliche Zukunft nicht die geringsten Sorgen mache und sich zunächst einmal zum Militär melden werde. Er ließ sich tatsächlich beim

Wehrkreiskommando registrieren. Rechnete er damit, daß das wahrscheinlich eine leere Geste bleiben würde? Er konnte sich keineswegs sicher sein, daß man ihn erneut ablehnen würde. Er war zwar so kurzsichtig wie eh und je, doch um 1916 begann die deutsche Armee auch Männer anzuwerben, die nach dem Musterungsbescheid körperlich nicht voll tauglich waren, da der Stellungskrieg im Westen immer mehr Soldaten verschlang. Schacht war nicht aus Feigheit gegen den Krieg, sondern aus Vernunftsgründen. Für ihn bedeutete Krieg Verschwendung und Mißerfolg, und wahrscheinlich betrachtete er sich – und jeden anderen intelligenten und begabten jungen Mann – als zu wertvoll, um als Kanonenfutter verschwendet zu werden. Seine Verachtung für den Krieg verdeutlichte sein Nachruf auf seinen Sohn Jens (der im Zweiten Weltkrieg starb). Er beschrieb ihn als einen verantwortungsbewußten und intelligenten jungen Mann, dessen Tod ein großer Verlust war. »Aus ihm wäre ein hervorragender Wirtschaftsführer geworden.«[6]

Schacht konnte es sich nie erlauben, offen gegen den Krieg zu sein. Während beider Weltkriege kam es in Deutschland einem Verrat gleich, von etwas anderem zu sprechen als von einem »Heldentod«, und wenn ein Mann im Krieg sein Leben ließ, dann opferte er es für sein Vaterland. Obwohl Schacht von seinem Denken her seiner Zeit oft voraus war, blieb er in seinem Handeln oft in deutschen Konventionen gefangen.

Er blieb nicht lange im ungewissen, ob er bald eine Uniform tragen würde oder nicht. Noch bevor die Militärärzte Gelegenheit hatten, ihr sachkundiges Urteil abzugeben, wurde Schacht bereits ins Bankgeschäft zurückgerufen. Wer eine hohe Position in der Regierung, in der Industrie oder in einer Bank bekleidete, wurde automatisch vom Militärdienst zurückgestellt. Es hatte sich inzwischen herumgesprochen, daß Schacht aus der Dresdner Bank ausgeschieden war. Er erhielt ein Angebot von einer kleineren Bank mit dem hochtrabenden Namen Nationalbank, die auf Konsortialgeschäfte, *joint ventures* mit anderen Banken, spezialisiert war. Solche Geschäfte kamen gewöhnlich durch die Initiative starker Persönlichkeiten zustande. Der Präsident der Nationalbank, Julius Stern, war so eine starke Persönlichkeit, und als er völlig unerwartet starb, geriet die Bank in eine Krise. Sie hielt Schacht aufgrund seiner überzeugenden Ausstrahlung und seiner guten Ideen für einen würdigen Nachfolger, und er nahm das gute Angebot an.

Ein paar Tage später fragte ihn Karl Friedrich von Siemens, ob er nicht Finanzdirektor beim Siemens-Konzern werden wolle. Schacht hätte diesen Posten eigentlich dem in der Nationalbank vorgezogen, doch das Angebot kam zu spät; er hatte der Nationalbank schon zugesagt.

Luise Schacht hatte sich unnötig Sorgen gemacht. Ihr neununddreißigjähriger Mann war offensichtlich sehr gefragt und hatte allen Grund zur Zuversicht. In der deutschen Finanzwelt betrachteten ihn viele als einen Mann mit Zukunft. Schacht betrieb nie offen für sich selbst Werbung, doch all die Jahre über wurde jede seiner Leistungen irgendwie bekannt, viel diskutiert und hoch gelobt.

Er sollte seine Fähigkeit, andere Banken für eine Zusammenarbeit zu gewinnen, bald unter Beweis stellen. Eines Tages suchte ihn ein Vertreter des sogenannten Fürstenkonzerns auf, den der Fürst Hohenlohe-Öhringen zusammen mit dem Fürsten Fürstenberg gegründet hatte. Die Fürsten waren es leid gewesen, dem Aufstieg der neureichen Industriellen tatenlos zuzusehen, und hatten deshalb über die Deutsche Bank viel Geld in Industrieaktien investiert. Inzwischen hatten sie jedoch 90 Millionen Mark verloren und wollten ihr Portefeuille nun lieber Schachts Nationalbank anvertrauen. Schacht, dessen Bank nur ein relativ kleiner Fisch im großen Bankgeschäft war, wollte seine

Beziehungen zu den mächtigen D-Banken nicht gefährden. Daher suchte er sogleich den Direktor Mankiewitz der Deutschen Bank auf, der das fürstliche Portefeuille bisher verwaltet hatte. Er teilte ihm mit, daß der Fürstenkonzern mit ihm Kontakt aufgenommen habe, weil er sich von der Deutschen Bank trennen wolle. Er habe sich gedacht, daß es der Deutschen Bank unter diesen Umständen wahrscheinlich lieber wäre, wenn das Portefeuille ihres ehemaligen Kunden in Zukunft von einer Bank verwaltet würde, die mit den früheren Finanzberatern der Fürsten engen Kontakt halten würde. Die Deutsche Bank war zufrieden. Schachts Nationalbank gelang es, durch den Verkauf bestimmter Wertpapiere und vermutlich auch durch einige profitable Neuanlagen das Portefeuille der Fürsten einigermaßen auszugleichen. Schacht blieb während seiner Transaktionen ständig mit der Deutschen Bank in Verbindung.

Während Schacht sich von früh bis spät dem Bankgeschäft widmete, das trotz gelegentlicher Ärgernisse seine große Leidenschaft war, eskalierte der Krieg immer weiter. Die einzigen klaren Siege erzielten die Deutschen 1914 und 1915 gegen die schlecht ausgerüsteten und schlecht geführten russischen Truppen. Das Oberkommando über die deutschen Truppen hatten Generalfeldmarschall Paul von Hindenburg, der sich schon im Pensionsalter befand, und sein gewiefter junger Generalstabschef Erich Ludendorff. Ihre Siege bei Tannenberg in Ostpreußen und an den Masurischen Seen machten aus dem farblosen alten Hindenburg einen Nationalhelden und verhalfen dem ehrgeizigen Spieler Ludendorff zu Macht und Einfluß. Ludendorff entsprach dem Bild des Durchschnittsdeutschen von einem echten Soldaten. Er genoß bei den meisten Deutschen bald mehr Autorität als der Kaiser oder dessen Kanzler. Ihm hörten sie zu; ihm glaubten sie vertrauen zu können. Der Kaiser zog sich aus dem Geschehen zurück; ab und zu meldete er sich zwar zu Wort und tat so, als sei immer noch er der Oberbefehlshaber hinter den Kulissen, doch in Wirklichkeit lag das Schicksal des deutschen Volkes bis zum katastrophalen Ende des Krieges in den Händen von Ludendorff, den Generalfeldmarschall Paul von Hindenburg, der »Held von Tannenberg«, voll unterstützte. Der Kaiser, sein Kanzler und das Kabinett führten nur noch ein Schattendasein.

Im September 1915 hatte der Zar seinem unfähigen Verwandten, dem Großfürsten Nikolai Nikolajewitsch, den Oberbefehl über die russischen Streitkräfte entzogen und selbst das Kommando übernommen, was sich als eine schlechte Entscheidung erwies. Wie die meisten Russen aus den unteren Schichten hegten auch die Soldaten der großen, vernachlässigten russischen Armee einen tiefen Groll gegen das zaristische Regime. Abgesehen vom Adel und der reichen *haute bourgeoisie* wurden nach und nach alle Schichten der russischen Gesellschaft, von den Intellektuellen und Akademikern bis hin zu den ärmsten Bauern von der schwelenden Revolte erfaßt. Ludendorff und das deutsche Oberkommando waren entschlossen, die wachsende Unruhe in Rußland auszunutzen und zu fördern. Mit ihrer ausdrücklichen Erlaubnis kehrte Rußlands einflußreichster Revolutionär Wladimir Uljanow (Lenin) über Deutschland aus seinem Schweizer Exil nach Rußland zurück. Wegen dieser offensichtlichen deutschen Unterstützung hielten einige Russen ihn für einen deutschen *agent provocateur*. Andere sahen in ihm ihren Retter. Die russische Revolution kam allmählich in Gang. Sie ging von der bürgerlichen Mittelschicht aus und verlief zunächst recht zivilisiert, eher nach dem amerikanischen Muster von 1776 als nach dem französischen von 1789, doch dann entwickelte sie sich zu einem blutigen Aufstand.

Der Zar, der trotz der angespannten Lage immer noch das Kommando führte, versuchte durch einen letzten riskanten Vorstoß ins polnische Galizien den Druck auf die in Frankreich kämpfenden Alliierten zu vermindern, doch seine Armee wurde vernichtend geschlagen. Das Ergebnis war der in Brest-Litowsk unterzeichnete Friedensvertrag. Damit war der Krieg für Rußland beendet. Das freute die russischen Revolutionäre aller Lager, denen sich nun immer mehr abgekämpfte russische Soldaten und arbeitslose Matrosen anschlossen.

Da Rußland nun keine militärische Bedrohung mehr darstellte, wandte Ludendorff seine Aufmerksamkeit wieder den Franzosen und den Engländern zu, die entgegen seinen Plänen immer noch nicht kapituliert hatten. Er trieb seine Truppen immer massiver in den Fleischwolf an der Westfront. Der »Westen«, wo selbst minimale Siege nur unter größten Verlusten erkämpft wurden, entwickelte sich zu einem Begriff, den jeder Deutsche täglich hörte oder benutzte. Die damalige Situation wurde von Erich Maria Remarque in seinem Antikriegsroman *Im Westen nichts Neues* realistisch beschrieben. Die meisten deutschen Befehlshaber hatten ihre Siegesgewißheit und ihre Illusionen über den Krieg inzwischen verloren, nur Ludendorff nicht, und er hielt die Zügel immer noch fest in der Hand. Nun trieb er Deutschland in einen unbeschränkten U-Boot-Krieg in der Hoffnung, die Briten auf ihren Inseln aushungern zu können. Das bedeutete Krieg mit den Vereinigten Staaten, doch deren militärische Schlagkraft wurde von der Obersten Heeresleitung und der Admiralität als gering abgetan. Der deutsche Admiral Capelle meinte, die Wirkung von Amerikas Kriegseintritt wäre ohnehin »gleich Null«.[7]

Mehr als zwei Jahre lang bestimmte die machtvolle Persönlichkeit Ludendorffs alle Entscheidungen. Für ihn konnte Deutschland nur gewinnen oder zugrunde gehen. Mehrere Möglichkeiten zu Friedensverhandlungen – unter der Bedingung, daß die Deutschen sich aus Belgien zurückzogen und den U-Boot-Krieg einstellten – wurden von Ludendorff hochmütig ignoriert. Die Reichsregierung bestand nur noch dem Namen nach. Auf der Seite der Alliierten war die Situation genau umgekehrt. In Großbritannien und in Frankreich hatten die politischen Führer, David Lloyd George und Georges Clemenceau, die volle Kontrolle über ihre militärischen Befehlshaber und die Kriegsführung.

Ludendorff hatte sich völlig verrechnet. 1917 schickten die Vereinigten Staaten Truppen in die Schlacht bei Ypern. Den deutschen U-Booten gelang es nicht, Großbritannien durch die »Hungerblockade« zur Kapitulation zu zwingen, und Paris blieb französisch. Der deutsch-russische Friedensvertrag trug wenig zur Erleichterung des Kampfes im Westen bei. Am 21. März 1918 startete Ludendorff seine letzte, verzweifelte Großoffensive – mit 750.000 Mann und 6.000 Kanonen auf einer Front von 60 Kilometern in der Nähe der Marne. Sie brachte nicht den erhofften Durchbruch. Nach einem letzten erfolglosen Angriff der Deutschen Anfang Juli war alles vorbei. Nichts war mehr übrig. Keine Munition, kein Proviant, kein Kampfeswille.

Am 8. August 1918 teilte Ludendorff, der die Verantwortung nun schleunigst loswerden wollte, dem sonst meist übergangenen Kaiser mit, daß man nicht mehr hoffen dürfte, »den Kriegswillen unserer Feinde durch kriegerische Handlungen zu brechen«. Damit waren Ludendorffs Macht, die Herrschaft des Kaisers und Deutschlands Krieg zu Ende. Die Rachegefühle der Gegenseite schlugen sich schließlich in dem 1921 in Versailles unterzeichneten Friedensvertrag nieder, der in Deutschland das Versailler Diktat genannt wurde und schließlich den nächsten Weltkrieg heraufbeschwören sollte.

Hjalmar Schacht verfolgte das Kriegsgeschehen, ohne sich dadurch von seiner täglichen Arbeit ablenken zu lassen. Da er über die Fähigkeit des Journalisten verfügte, zwischen den Zeilen zu lesen, war er sich der wahren Bedeutung der Ereignisse wahrscheinlich eher bewußt als die meisten seiner Kollegen, die sich durch die unentschuldbar beschönigenden Lageberichte der Heeresleitung zu einem völlig unbegründeten Optimismus verleiten ließen. Die Deutschen wähnten sich sicher, weil noch kein einziger ausländischer Soldat deutschen Boden betreten hatte. Trotz der Lebensmittelknappheit, der langen Gefallenenlisten und der Scharen von Verwundeten, die von den Berliner Bahnhöfen aus in die Hospitäler transportiert wurden, sagten sich die Menschen, daß das eben der hohe Preis jedes Krieges sei. Die meisten Deutschen ließen sich bis Ende 1917 von den beschwichtigenden Worten ihrer vermeintlichen Kriegsexperten Ludendorff und Hindenburg einlullen. Was der Kaiser oder die Mitglieder der Reichsregierung zu sagen hatten, interessierte kaum jemanden.

Schacht brachte seine Empörung über das, was tatsächlich vor sich ging, oft auf eine seltsam kaufmännische Art zum Ausdruck. Im privaten Kreis lobte er Deutschlands Gegner, insbesondere die Briten, weil sie den Schwerindustriellen, die an einem Krieg am meisten verdienten, hohe Steuern auferlegten, und verurteilte deutsche Kriegsgewinnler, die keine Steuern zu zahlen brauchten. Einer von Schachts Helden war der Generaldirektor der Hamburg-Amerika-Linie, Albert Ballin, über den er folgende Geschichte erzählte: Während eines Besuchs in Kopenhagen beobachtete Ballin eine Gruppe deutscher Schieber, die die illegale Verschiffung teurer Luxus-Nahrungsmittel nach Deutschland arrangierten. Auf die Frage, wie hoch er den Umfang ihrer Geschäfte einschätze, antwortete er: »Ich taxiere, zusammen dreißig Jahre Zuchthaus.«

Der Jude Albert Ballin war ein großer Patriot. Schacht besuchte ihn 1916 in seinem Hamburger Büro. Beide verurteilten den »Zerstörungswahnsinn des Krieges«, doch

Ballin war optimistischer als Schacht. »Sie werden sehen, Herr Schacht, die wirtschaftliche Überlegung wird siegen. ... Wenn diese Prüfung vorüber ist, werden die Kaufleute wieder zu Wort kommen. Die Politiker können nicht so von Sinnen sein, daß sie das Elend des Krieges verewigen.« Ballin war auch davon überzeugt, daß der Haß und die Rachegefühle, die sich im Krieg ansammelten, »durch gemeinschaftliche wirtschaftliche Arbeit einigermaßen wettgemacht werden« konnten. Seiner Meinung nach galt es, »deutsche Leistung in internationaler wirtschaftlicher Zusammenarbeit zum Wohle des menschlichen Fortschritts einzusetzen«. Das war die hanseatische Einstellung, die Schacht aus seiner Jugend kannte. Doch »Ballin behielt mit seinem Glauben nicht recht«, stellte Schacht später mit Bedauern fest. Alles, was dem »jüdischen deutschen Patrioten« heilig war, sein geliebtes Deutschland eingeschlossen, schien verloren. Nach dem katastrophalen Ende des Krieges beging er Selbstmord.

Ballin war einer der beiden Männer, die zwischen 1914 und 1918 großen Einfluß auf Schacht hatten. Der andere war August Thyssen, dessen Talent im Umgang mit Krediten den Kreditexperten Schacht beeindruckte.

August Thyssen, der »Kreditmeister« der deutschen Industrie, war ein kleiner, bescheidener Mann mit einem weißen Spitzbart. Er häufte das größte Vermögen Deutschlands an, indem er anderen zu zeigen versuchte, wie man jenes Vertrauen aufbaut, das die Grundvoraussetzung für jeden Kredit ist. Als junger Mann hatte Schacht im Rahmen seiner Arbeit für den Handelsvertragsverein die Vorzüge vertikal aufgebauter Industriebetriebe gepriesen. Thyssen war »ein konsequenter Vertreter des vertikalen Betriebsaufbaus, in dem von der Kohle und dem Erz bis zum verfeinerten Eisenartikel alles in aufeinanderfolgenden Fabrikationsgängen gefertigt wurde«.

Thyssen war ein Genie im kreativen Einsatz von Krediten: viele seiner größten Geschäfte wickelte er nicht in harter Währung, sondern über formlose, teilweise schwer leserliche Schuldscheine ab. Gelegentlich bereiteten Thyssens Methoden seinen Geldgebern Probleme. Einmal sprach ihn ein besorgter Bankier während einer gemeinsamen Autofahrt an: »Herr Thyssen, wir haben so sehr viel von Ihrem Notgeld in unseren Kassen. Was soll eigentlich daraus werden?« Thyssen verfiel in tiefes Schweigen und schien die ganze Fahrt über angestrengt nachzudenken. Beim Aussteigen wandte er sich an den Bankier und sagte: »Sie haben ganz recht, was soll daraus werden?«[8]

Als Schacht ins Bankgeschäft einstieg, rückte sein Interesse an der Politik zwar in den Hintergrund, doch es war weiterhin vorhanden. Um 1905, als junger Pressechef der Dresdner Bank, hatte er losen Kontakt zu einem Politiker namens Friedrich Naumann, dem Kopf eines politischen Zirkels, der sich Nationalsozialer Verein nannte. Naumanns etwas utopisches, großbürgerliches Konzept von sozialer Gerechtigkeit beinhaltete unter anderem eine Art Gesellschaftsvertrag mit der Arbeiterklasse, mit dem er den Marxisten und ihren Versprechungen zuvorkommen wollte. Naumanns Theorien sprachen Schacht zwar an, doch letzten Endes fand er sie unrealistisch.

Schachts nächste politische Liaison ging tiefer. Während des Krieges schloß er sich in Berlin dem politischen Zirkel »Club von 1914« an. Dessen Mitglieder waren junge, demokratisch gesinnte Geschäftsleute und Angehörige der höheren Berufsstände, denen der Aufstieg der radikalen Linken Sorge bereitete. Als Deutschland mit wehenden Fahnen immer tiefer ins Verderben lief, hielten sie die Zeit für gekommen, politisch aktiv zu werden.

Vielleicht kam ihr Entschluß zu spät. Die Katastrophe bahnte sich bereits an. Am 3. November 1918 meuterten

Matrosen der deutschen Hochseeflotte in ihrem Heimathafen Kiel. Zur gleichen Zeit rief eine größere Gruppe linker Soldaten, der Spartakus-Bund, den Aufstand aus. Die Regierung führte damals noch der letzte kaiserliche Kanzler, Prinz Max von Baden, der trotz seines Adelstitels an die Demokratie glaubte. Am 9. November verkündete er die Abdankung des Kaisers, der sich daraufhin wütend und verbittert ins holländische Exil zurückzog. Selbst der alte Hindenburg hatte den Kaiser gedrängt, den Thron zu verlassen. Wilhelm II. verzichtete zwar auf den Titel und den Thron des deutschen Kaisers, doch als König von Preußen dankte er seltsamerweise nicht ab; vielleicht hoffte er noch auf irgendein Wunder. Er machte alles und jeden, von den Juden bis zu den Kommunisten, für Deutschlands Niederlage verantwortlich. Einige Mediziner hielten ihn für paranoid.

Am 11. November war das deutsche Oberkommando gezwungen, im Speisewagen eines französisches Zuges, der auf einer Lichtung in der Nähe von Compiègne stand, einen unwürdigen Waffenstillstand zu unterzeichnen.

Das war das Ende von Deutschlands Krieg, der auch großes Leid über die Familie Schacht brachte. Oluf starb an einer Krankheit, die er sich während des Krieges zugezogen hatte, und William, das Nesthäkchen, fiel in der furchtbaren Materialschlacht an der Somme.

Viele deutsche Monarchisten und Reaktionäre weigerten sich, die Niederlage als eine vollendete Tatsache zu akzeptieren. Sie beharrten darauf, daß die deutsche Armee nie auf dem Schlachtfeld geschlagen worden sei; in Wahrheit hätten ihr ein Gruppe Linksradikaler, marxistische Agenten, und Kriegsgewinnler in Berlin einen Dolchstoß in den Rücken versetzt. Während Deutschlands radikale Linke eine Revolution nach russischem Vorbild androhte, gründeten frustrierte ehemalige Offiziere das Freikorps bewaffnete »Selbstschutzeinheiten«, die bereit waren, Berlin zu besetzen, um die linken »Meuchelmörder« zu eliminieren. Anfang 1920 marschierte eine dieser Freikorpseinheiten unter der Führung eines ehemaligen hohen Beamten namens Wolfgang Kapp tatsächlich ins Zentrum Berlins.

Der sogenannte Kapp-Putsch wurde von der Berliner Arbeiterschaft vereitelt, die einen Generalstreik ausrief und Kapp zwang, mit dem Flugzeug aus Berlin zu fliehen. Im Jahre 1919 wurde in Weimar die erste deutsche Republik gegründet, und die neugewählte Regierung nahm unter höchst schwierigen äußeren Bedingungen ihre Arbeit auf.

Am Tage des Waffenstillstands versammelten sich Schacht und einige andere Mitglieder des Clubs von 1914 in einer Berliner Wohnung und gründeten die Deutsche Demokratische Partei. Die DDP war ihre politische Antwort auf die Exzesse der Linken und der Rechten. Sie waren für ein parlamentarisch regiertes Deutschland und gegen die Wiedereinsetzung der diskreditierten Hohenzollern-Monarchie oder die Brutalität eines marxistischen Regimes. Und sie waren überzeugt, daß ihre neue DDP vernünftige, konservative, aber undogmatische Lösungen anzubieten hatte.

Ein bekannter Zeitungsverleger namens Theodor Wolff verfaßte den Gründungsaufruf und las ihn den versammelten Anwälten, Verlegern, Geschäftsleuten und anderen zukünftigen Mitgliedern der Partei vor. Er begann mit den Worten: »Wir sind Republikaner ...«

Da wandte Schacht seltsamerweise ein: »Das kann ich nicht unterschreiben. Ich bin Monarchist.«

Die anderen waren völlig verblüfft, bis Schacht klarstellte, daß er nicht an eine Wiedereinsetzung der Hohenzollern-Kaiser dachte, sondern an eine parlamentarische Monarchie, die sich in Großbritannien und anderen Ländern als eine gute Regierungsform erwiesen habe. Schließlich einigten sie sich auf die Formulierung: »Wir stellen uns auf den Boden der Republik ...«

Demokratie war für Schacht keine Ideologie, sondern ein Regierungssystem. In seinen Memoiren schrieb er: »Demokratie ist Weltanschauung nur insoweit, als sie bedeutet, daß nach dem Beschluß der Wählermehrheit regiert werden muß. … Die politische Auffassung der Mehrheit kann wechseln und wechselt erfahrungsgemäß.«[9]

Da er seine Memoiren lange nach dem Zweiten Weltkrieg verfaßte, sollten diese Ausführungen vielleicht erklären, warum er die Nazis akzeptierte. Es ist ein häufig vorgebrachtes Argument, daß im Wahlergebnis von 1932, das den Reichspräsidenten zwang, Hitler zum Kanzler zu ernennen, »die politische Auffassung der Mehrheit« zum Ausdruck kam. Tatsächlich konnte sich nach dem Weimarer Mehrparteiensystem eine Partei auch dann durchsetzen, wenn sie nicht die absolute Mehrheit errang. Dazu reichten schon 35 Prozent der Stimmen, wenn keine der anderen Parteien ein besseres Ergebnis erzielte. Gewöhnlich suchte sich die Partei, die die meisten Stimmen erhalten hatte, zur Verstärkung einen Koalitionspartner. Das war der demokratische Weg, und Hitler sagte in *Mein Kampf* voraus, er würde an die Macht kommen, indem er das Parlament benutzte, um das Parlament auszuschalten.

Obwohl Schacht eine politische Partei mitbegründet hatte, wurde er kein Politiker, sondern beschränkte sich darauf, in ein paar Reden die DDP und ihr Programm vorzustellen. Unter anderem sprach er auf einer Versammlung des reaktionären Deutschen Offiziersbundes. Er spürte die Feindseligkeit, die ihm entgegenschlug, als er begann: »Meine Damen und Herren! Ich spreche als Vertreter der DDP. Das ist, wie Sie sicherlich wissen, die Partei des *Berliner Tageblatts* … , die Partei des jüdischen Großkapitals … , die Partei der Goldenen Internationale.« Auf jede dieser Selbstbezichtigungen reagierte das Publikum mit lauten Beifallsbekundungen.

Dann fuhr Schacht fort: »Sehen Sie, meine Damen und Herren, ich habe diese törichten Worte vorausgeschickt, um festzustellen, vor welchem Publikum ich hier spreche ...« Schachts Aussagen nach war sein Publikum »verblüfft und auch wohl etwas beschämt« und hörte ihm von da an aufmerksam zu.

Schachts direktes politisches Engagement sollte eine vorübergehende Nebenbeschäftigung bleiben, obwohl er oft seine Beziehungen und Fähigkeiten als Bankier einsetzte, um seine wichtigsten politischen Ziele voranzutreiben. Bei Schacht blieben das Bankgeschäft und seine ganz persönliche Vorstellung von Patriotismus stets eng miteinander verknüpft.

Die Atmosphäre, in der die neugeborene Weimarer Republik ihre ersten Atemzüge machte, war durch den Versailler Vertrag vergiftet. Der deutsche Historiker Golo Mann, der als Hitler-Gegner 1933 emigrierte und keineswegs in dem Ruf steht, reaktionäre Ansichten zu vertreten, beschrieb die Bedingungen des Versailler Vertrages als »ein ungeheueres Instrument zur Unterdrückung, Ausräuberung und dauernden Beleidigung Deutschlands ... es verlor ein Zehntel seiner Bevölkerung – wovon etwa die Hälfte deutsch als Muttersprache hatte –, ein Achtel seines Gebietes, den größten Teil seiner Eisenerze und einen beträchtlichen seiner Kohlen« sowie »die Kolonien; man nahm sie dem Besiegten nicht, weil er besiegt war, sondern weil er durch seine Barbareien sich jeglichen Kolonialbesitzes als unwürdig erwiesen hatte.«

Deutschlands Lokomotiven, Schiffe und Fernkabel wurden requiriert. Sein Heer und seine Marine wurden auf die Größe von Polizeitruppen reduziert, das Rheinland wurde von den Franzosen fünfzehn Jahre lang als »Pufferzone« besetzt gehalten, das an Bodenschätzen reiche Saargebiet wurde von Deutschland abgetrennt, und alljährlich mußten

Unsummen als »Reparationen« an die Sieger gezahlt werden. Mindestens ebenso schwer zu verkraften war der (nach deutschem Empfinden) infame Artikel 231 des Versailler Vertrages,in dem es hieß, daß Deutschland sich zur Alleinschuld an diesem Krieg bekenne. Obwohl diese Klausel rein rhetorisch war, richtete sie einen unermeßlichen Schaden an, da viele Deutschen, Liberale wie Konservative, die darin aufgestellte Behauptung für unwahr hielten.

Präsident Wilson, der einzige unter den Alliierten, der mit der Stimme der Vernunft sprach, wurde von seinem isolationistischen Kongreß unter Druck gesetzt, so daß die Vereinigten Staaten nie in den Völkerbund eintraten. Ihre Beteiligung hätte diesen anämischen Vorläufer der UNO möglicherweise zu einem sehr viel wirkungsvolleren Instrument gemacht. Viele vernünftige Deutsche fühlten sich getäuscht, weil sie an einen Friedensvertrag auf der Grundlage von Wilsons konstruktiven Vierzehn Punkten geglaubt hatten und statt dessen die brutalen Bedingungen der Alliierten akzeptieren mußten. Und die Mehrheit der Deutschen verzieh den Mitgliedern der Reichsregierung nie, die den Versailler Vertrag, wenn auch zögernd und mit großem Widerwillen, unterzeichnet hatten. Als die Weimarer Republik den Versailler Vertrag akzeptierte, war ihr Schicksal besiegelt.

Friedrich Ebert, der erste Präsident der Weimarer Republik, mußte eine Krise nach der anderen bewältigen. Im Oktober 1919 schmiedete eine von den Franzosen unterstützte Gruppe rheinländischer Separatisten Pläne für eine autonome rheinische Republik. Eberts Kanzler und sein Kabinett traten zurück, weil sie den Versailler Vertrag nicht ratifizieren wollten, so daß Ebert ein neues Kabinett zusammenstellen mußte, das bereit war, sich mit den unangenehmen Bedingungen der Alliierten auseinanderzusetzen. Matthias Erzberger, der diesem neuen Kabinett vorstand, wurde kurz darauf von Rechtsradikalen ermordet. Innerhalb eines Jahres traten drei Reichskanzler mitsamt ihren Kabinetten zurück, aus eigenem Entschluß oder gezwungenermaßen.

Schacht wurde gebeten, als Sachverständiger mit einer deutschen Delegation nach Holland zu reisen. Sie hatte die undankbare Aufgabe, in Den Haag mit einer Kommission der Alliierten über deutsche Reparationen zu verhandeln. Schacht sollte einen Vorschlag unterbreiten, wie verschiedene Chemikalien und Rohstoffe an die Sieger geliefert werden konnten. Er war fassungslos über die »geradezu mittelalterliche Arroganz«, die die Mitglieder der alliierten Kommission an den Tag legten. Wenn im Verhandlungsraum nicht genug Stühle vorhanden waren, mußten die deutschen Delegierten während der langen Sitzungen stehen. Trotz der ängstlichen Warnungen seiner deutschen Kollegen beschwerte Schacht sich schließlich wütend bei dem alliierten General, der der Versammlung vorsaß: »Wir sind in den schlechtesten Hotels untergebracht, erhalten eine miserable Verpflegung, werden am Ausgehen gehindert, in unserer Bewegungsfreiheit beschränkt und müssen uns die Verhandlungen mit unseren alliierten Partnern stehend anhören.«

Die Antwort war ein Vorgeschmack auf das, was noch kommen sollte. Der General zuckte nur die Schultern und sagte frostig: »Sie scheinen zu vergessen, daß Ihr Land den Krieg verloren hat.«[10]

Schacht war bestürzt, daß Deutschland nach dem verlorenen Krieg und der Furcht vor einer kommunistischen Revolution nun von einem neuen Schreckgespenst verfolgt wurde: den harten und maßlosen Reparationsforderungen der Alliierten. Sie trugen seiner Meinung nach mit zu der Krankheit bei, die kurz darauf ausbrach: die Inflation.

6

Der große Augenblick

Im Jahre 1920 war Hjalmar Schacht ein bekannter junger deutscher Bankier. Ende 1923 war er weltberühmt und wurde in Bankkreisen oft als Genie bezeichnet.

Sein plötzlicher Aufstieg begann mit der Inflation in Deutschland. 1921 sprach man noch von einer »schleichenden«, dann von einer »trabenden« und 1923 schließlich von einer »galoppierenden« Inflation. Bis heute läßt schon allein das Wort »Inflation« große Nationen erzittern, und jedes moderne Land hat wirtschaftliche Kontrollmechanismen eingerichtet, um einer solchen Entwicklung vorzubeugen.

Selbst die hartgesottensten unter den heutigen Finanzpolitikern bekommen immer noch Alpträume, wenn sie in alten Zeitungen oder Wochenschauen Bilder von Deutschen sehen, die mit Schubkarren voller Papiergeld losziehen, um ein Brot zu kaufen, oder von Reichsmark-Banknoten, die mit immer mehr Nullen überdruckt wurden – aus 10 wurden 1.000, dann 10.000, dann 1.000.000 und schließlich 1.000.000.000.000. Sobald heutzutage der Vorsitzende des amerikanischen Zentralbankrats eine geringfügige Erhöhung des Diskontsatzes verkündet, heißt es, er sei ein »*initiative killer*«. Doch er kann nicht anders. Unbewußt reagiert er auf das atavistische Echo einer finanziellen Katastrophe, die sich vor einem dreiviertel Jahrhundert in einem anderen Land ereignete. Das Wort Inflation ist inzwischen ein Druckmittel, das seine Wirkung nie verfehlt, eine Drohung mit dem Schwarzen Mann, die von Politikern in fast jeder Wahlrede benutzt wird. Eine niedrige Inflationsrate ist eine ebenso rühmliche Leistung wie ein ausgeglichener Staatshaushalt oder eine positive Handelsbilanz.

Die »galoppierende« Inflation, die Währungskrise apokalyptischen Ausmaßes, die 1923 über Deutschlands Wirtschaft hereinbrach, wurde für Hjalmar Schacht zum Sprungbrett ins Pantheon des internationalen Bankgeschäfts.

Zu einer Inflation kommt es, wenn eine Regierung Papiergeld drucken läßt, ohne die Deckung dieser Noten mit soliden Werten gewährleisten zu können. Im neunzehnten Jahrhundert und zu Beginn des zwanzigsten war Gold der international anerkannte Wertmaßstab. Eine Banknote garantierte, daß die darauf ausgewiesenen Mark, Pfund oder Francs ihren Gegenwert in Gold wert waren. Ihr Wert änderte sich nur mit den Schwankungen des Goldpreises auf dem internationalen Markt. Von diesem Goldstandard hingen die Finanzmärkte der ganzen Welt ab. (In den dreißiger Jahren koppelten einige führende Nationen aus Gründen der Flexibilität ihre Währungen vom Goldstandard ab und stützten sie statt dessen mit ihrer zukünftigen Produktivität oder anderen international anerkannten Werten.)

Wenn ein Land Papiergeld drucken läßt, ohne daß der auf den Banknoten ausgewiesene Betrag solide gedeckt ist, verliert die Währung an Wert und wird »aufgebläht« wie ein mit heißer Luft gefüllter Ballon. Der konservative Hjalmar Schacht war immer ein Verfechter des Goldstandards als »Wertmaß« im internationalen Zahlungsverkehr.

Durch die ruinösen Folgen des verlorenen Krieges hatte die Mark im Verhältnis zu anderen westlichen Währungen die Hälfte ihres Wertes eingebüßt. Als die Reichsregierung mit dieser geschwächten Mark nun auch noch hohe Reparationen zahlen und eine dezimierte Industrie wieder aufbauen mußte, ließ sie in ihrer Panik immer mehr Papiergeld drucken, damit die Arbeitgeber ihre Arbeiter und die Fabriken ihre Lieferanten bezahlen konnten. Als diese nicht mehr solide gedeckte Reichsmark im Verhältnis zu anderen ausländischen Währungen immer schwächer wurde, kauften deutsche Raffkes (wie die Berliner diese »Inflationsgewinnler« nannten) mit geliehenem ausländischen Geld und ausländische Plünderer mit ihren Dollars, Francs und Pfund in Deutschland alle Ländereien, Häuser, Fabriken und Geschäfte auf, die sie bekommen konnten. Der Wert dieser Grundstücke und Immobilien vervielfachte sich täglich – ja sogar stündlich –, da der Wert der Mark unaufhörlich sank. Viele deutsche Raffkes, die Zugang zu ausländischen Geldquellen hatten, machten in der Inflationszeit ein Vermögen.

Die deutschen und ausländischen Inflationsgewinnler wurden immer reicher, während die rechtschaffenen Bürger Deutschlands mit einem Schlag mittellos waren. Ihre Sparkonten wurden innerhalb von wenigen Wochen wertlos. Was nutzte es da noch, daß man im Laufe eines arbeitsamen Lebens stattliche 100.000 Mark zusammengespart hatte? Mit diesem Betrag konnte man nun nicht einmal mehr eine Monatsmiete bezahlen. Das grundsolide Bürgertum – das Rückgrat der deutschen Gesellschaft – wurde ruiniert. Doch auch die Arbeiterschaft blieb nicht verschont. Fabrikarbeiter, deren Löhne in astronomische Höhen stiegen, mußten feststellen, daß die Riesensummen nicht einmal für das Allernötigste reichten. Der Preis einer Mahlzeit konnte sich verdoppeln, während man sie einnahm.

Warum ließ die deutsche Regierung immer mehr Geld drucken? Manche vertreten die Auffassung, daß der Regierung der ersten deutschen Republik, die auf keine demokratische Tradition zurückblicken konnte, die Erfahrung fehlte und die Stärke, rechtzeitig zu beschließen: »Jetzt werden keine neuen Markscheine mehr gedruckt.« Reichsbankpräsident Rudolf Havenstein, der den Banknotenumlauf zu kontrollieren hatte, schien den Überblick verloren zu haben.

Andere stellten die These auf, einige mächtige Männer in der deutschen Regierung hätten Deutschland absichtlich in diese finanzielle Katastrophe schlittern lassen, um die Last von Versailles abzuschütteln. Sie hofften, daß den Alliierten klarwerden würde, daß ein bankrottes Deutschland keine Reparationen mehr zahlen konnte, doch ihr Plan geriet außer Kontrolle.[1] Der Durchschnittsdeutsche verkraftete diese Roßkur nicht.

Angesichts dieser verzweifelten Lage sahen viele deutsche Geschäftsleute in dem Angebot der neuen kommunistischen Führer Rußlands, wieder Handelsbeziehungen mit Deutschland aufzunehmen, einen Hoffnungsschimmer, eine hervorragende Gelegenheit. Im April 1922 traf sich Außenminister Walter Rathenau mit den Sowjets im italienischen Badeort Rapallo, um ein gegenseitiges Handelsabkommen zu unterzeichnen. Zwei Monate später wurde er von einer Gruppe rechtsradikaler Ex-Offiziere ermordet, für die die »Judensau« Rathenau sein Land verraten hatte, indem er sich auf Verhandlungen mit den Roten einließ. Rathenau war eine der herausragenden Führungspersönlichkeiten Deutschlands, ein Mann, der einen guten und sicheren Posten im AEG-Imperium seines Vaters aufgegeben hatte, um seinem Land zu dienen.

Im Januar 1923 warf der französische Premierminister Poincaré, der jähzornigste unter den Vertretern der Siegermächte, Deutschland vor, seinen Reparationsverpflichtungen absichtlich nicht im vereinbarten Umfang nachzukommen, und ließ eigenmächtig das Ruhrgebiet besetzen – Deutschlands Kohlenrevier und das Zentrum seiner Stahlindustrie. Unterstützt vom deutschen Reichskanzler Wilhelm Cuno organisierten sich die Bewohner des Ruhrgebiets und leisteten passiven Widerstand. Diese Kampagne bedeutete für einige Fabrikanten der Region zwar einen herben Rückschlag, doch dafür florierten andere deutsche Industriebetriebe. Da sie für die Produkte, die sie exportierten, stabile Devisen erhielten, die Löhne dagegen in entwerteten Reichsmark ausbezahlten, erzielten sie immens hohe Profite, während für die Arbeiter der tägliche Existenzkampf immer härter wurde, da die Kaufkraft des verdienten Geldes ständig sank. Das soziale Gefüge Deutschlands begann sich aufzulösen, und viele befürchteten einen kommunistischen Aufstand.

Am 8. November 1923 versuchten Ludendorff, der Hauptverantwortliche für Deutschlands Schicksal während des Krieges, und Adolf Hitler, der Kopf der kleinen, aber lautstarken Nationalsozialistischen Partei, in Bayern die Regierung zu übernehmen, um anschließend mit ihrer rechten Anhängerschar nach Berlin zu marschieren, doch die Münchner Polizei schlug den Putsch mit ein paar Gewehrsalven nieder. In der Gerichtsverhandlung gegen die Putschisten wurden Hitler und sein Helfer Rudolf Hess zu milder Festungshaft in der Festung Landsberg verurteilt; Ludendorff wurde nur verwarnt und anschließend auf freien Fuß gesetzt. Normalerweise standen auf Hochverrat lange Gefängnisstrafen, doch die rechtslastige bayerische Regierung ließ Milde walten.

Kurz vor Kriegsende war Jakob Goldschmidt in den Vorstand von Schachts gutgehender, konservativer Nationalbank eingetreten. Schacht erklärte, er und sein älterer Kollege Wittenberg hätten nach dem Ausscheiden des dritten Vorstandsmitglieds dessen Geschäftsbereich mitübernehmen müssen, daher habe er zu ihrer Entlastung dringend eine neue Führungskraft gesucht. Ein Mitglied des Aufsichtsrats überredete ihn dazu, Goldschmidt den Platz im Vorstand einzuräumen. Goldschmidt hatte als junger jüdischer Bankangestellter aus einer Kleinstadt in der Nähe von Hannover angefangen und es bis zum Teilhaber der Bankfirma Schwarz, Goldschmidt und Co. gebracht. Er war ein außerordentlich erfolgreicher Börsianer mit dem Ruf eines Spekulanten und Spielers. In der unbeständigen Inflationszeit konnte er seine Talente voll entfalten und war ganz in seinem Element. Einige hielten ihn für einen kühnen Visionär, andere für einen Gauner, der nur an schnellen Profiten interessiert war. Jedenfalls sollte der neue Mann im Vorstand den Kurs der Nationalbank und damit auch den weiteren Verlauf von Hjalmar Schachts Karriere entscheidend mitbestimmen. Es ist unwahrscheinlich, daß der stets wachsame Schacht, der Spekulanten verabscheute, nichts über Goldschmidt und seine Aktivitäten an der Börse wußte, doch zu seinem Entsetzen begann Goldschmidt sofort, Anteile an Firmen aufzukaufen, um sie als Kunden zu gewinnen.

Schacht vertrat die Auffassung, daß das damit verbundene Risiko für die Bank und ihre Kunden, mit deren Geld die Aktien erworben wurden, zu groß sei, doch er wurde zum ersten Mal überstimmt. Der Aufsichtsrat der Bank hielt das neue Vorstandsmitglied für einen fähigen, dynamischen Mann mit guten Ideen und hatte keinerlei Bedenken gegen seine umfangreichen Spekulationsgeschäfte. Goldschmidt wurde sogar mit Nathan Rothschild verglichen.[2]

Schachts einst so ruhige und solide Nationalbank mischte nun im ganz großen Geschäft mit. Der umsichtige Schacht, der es stets vorzog, leer zu verkaufen und seine Risiken so gering wie möglich zu halten, sah sich plötzlich in seinem eigenen Reich herausgefordert. Um Schachts Worte zu gebrauchen: »Es stellte sich bald heraus, daß das Temperament und leider auch die bankpolitische Auffassung Goldschmidts der meinigen völlig entgegengesetzt waren.«[3] Auch der auffällige persönliche Stil Goldschmidts mißfiel dem reservierten Schacht, und es gab sicher viele Augenblicke, in denen seine lange unterdrückte Abneigung gegen diesen »Viehhändler«, den prototypischen Juden seiner friesischen Kindheit, durchbrach.

Als hätte Schacht sich rechtfertigen wollen, erwähnte er in seinen Memoiren, daß sich in den Jahren nach dem Krieg sehr viele Juden aus Osteuropa in Berlin niederließen. Allerdings brachte er seine Aversion gegen diese jüdischen Neuankömmlinge nicht direkt zum Ausdruck, sondern versteckte sich diplomatisch hinter einem langen Bericht des Berliner Polizeipräsidenten. Letzterer war zwar nicht unbedingt ein Antisemit, aber über den Zustrom von Tausenden verarmter Flüchtlinge aus russischen und polnischen Ghettos alles andere als erfreut. Sie sprachen nur Jiddisch, jene jüdische Variante der deutschen Sprache des Mittelalters, die mit hebräischen Ausdrücken durchsetzt ist und (für Deutsche) wie schwer verständliches deutsches Kauderwelsch klingt. Nicht nur ihre eigentümliche Sprache, deren monotone Melodie orientalisch anmutete, sondern auch ihre Lebensweise, ihr Verhalten, ihre ungestutzten Locken und ihre langen schwarzen Kaftane brandmarkten sie als Außenseiter. Für Schacht wurde aus dem Bericht des Polizeipräsidenten deutlich, daß diese ostjüdischen Immigranten, von denen sich viele mit Schwarzmarktgeschäften über Wasser hielten, »nicht nur in Deutschland«, sondern auch in anderen westeuropäischen Ländern »Ärgernis erregten«.[4]

Vermutlich betrachtete Schacht auch Goldschmidt als so einen jüdischen Schieber. Er erzählte von einer Fehlspekulation, die Goldschmidt in solche Aufregung versetzte, daß er zu ihm sagte: »Um Gottes willen, Goldschmidt, behalten Sie die Ruhe. Situationen wie die augenblickliche können nicht mit jüdischer Hast, sondern nur mit arischem Sitzfleisch gemeistert werden.«[5] (Es sollte an dieser Stelle allerdings erwähnt werden, daß im Europa der zwanziger Jahre solche offenen Anspielungen auf religiöse Prototypen durchaus üblich waren. Deutsche Juden taten ihrerseits bestimmte waghalsige Unternehmungen als *goyim naches* – christliche Torheiten – ab und warfen sich manchmal ebenfalls gegenseitig »jüdische Hast« vor.)

Unbeeindruckt von Schachts Einwänden setzte der selbstbewußte Goldschmidt seine kühnen Pläne durch. Zuerst überredete er den Aufsichtsrat der Nationalbank zu einer Fusion mit der Deutschen Nationalbank von Bremen, dann zu einer Fusion mit der großen Darmstädter Bank, einer der alten D-Banken. Die so entstandene Großbank, die Danatbank genannt wurde, war eine mächtige Institution. Die alten Aufsichtsratsmitglieder der Nationalbank waren begeistert, doch Schacht war entsetzt. Er befürchtete Spekulationsgeschäfte noch größeren Ausmaßes.[6] Goldschmidt versicherte dem Aufsichtsrat, daß es nun an der Zeit sei, sich auf größere Geschäfte zu konzentrieren, und daß ihr erhöhtes Kapital diese Umstellung erleichtern würde.

Ende 1922 hatte Schacht seine Führungsposition eindeutig eingebüßt, und seine täglichen Auseinandersetzungen mit Goldschmidt wurden immer lauter. Schacht war zu konservativ, um Goldschmidts riskante Spekulationen zu billigen, und zu eitel, um sich von jemandem beiseite drängen zu lassen, den er als einen ungebildeten Emporkömmling betrachtete. Ihre offenen Dispute sorgten in Bankkreisen für Gesprächsstoff.[7]

Als hätte Schacht den Unterschied zwischen sich und Goldschmidt deutlich machen wollen, unternahm er in dieser Zeit halb private, halb geschäftliche Reisen nach Paris und London, auf denen er jede Gelegenheit nutzte, die Rolle des inoffiziellen Botschafters zu spielen. Er erklärte seinen ausländischen Kollegen, daß hohe Reparationsforderungen ein »volkswirtschaftlicher Unsinn« seien, und warnte sie vor der Gefahr, die von der Inflation in Deutschland ausging, und vor einem möglichen Staatsbankrott. Die französischen und britischen Bankiers zeigten Verständnis für seine Argumente, doch sie konnten die Bedingungen des Versailler Vertrages nicht ändern. Zuvor hatte Schacht in Berlin bereits den jungen amerikanischen Anwalt John Foster Dulles kennengelernt, der die amerikanische Delegation während der Versailler Friedenskonferenz beraten hatte und später Außenminister der Vereinigten Staaten werden sollte. Dulles war von Schacht beeindruckt, konnte oder wollte sich aber nicht in Washington für ihn einsetzen.

Im Herbst 1923 eskalierte die Krise, die die außer Kontrolle geratene Inflation in Deutschland ausgelöst hatte. Im ganzen Land brachen Aufstände der Rechten und der Linken aus; der niedergeschlagene Hitler-Ludendorff-Putsch in München war nur einer davon. Schacht war ein Patriot, aber kein Narr. Er wußte, daß jeder führende Bankier damit rechnen mußte, mit einer aufgebrachten Menschenmenge konfrontiert zu werden. Er bezeichnete Deutschland als ein »Pulverfaß« und einen »Hexenkessel«.[8] Wen konnte der Mann von der Straße schließlich für seine Geldnöte verantwortlich machen, wenn nicht die Finanzleute? Schacht schickte Luise und die Kinder zur Sicherheit ins schweizerische Lausanne. Seine inzwischen zwanzigjährige Tochter Inge schrieb sich an dortigen Universität ein, und Jens erhielt Gelegenheit, auf einer Privatschule sein Französisch zu verbessern. Was Luise von diesem Umzug in die Schweiz hielt, ist nicht bekannt, doch möglicherweise war er sogar ihre Idee. Sie schien politisch inzwischen viel weiter rechts zu stehen als ihr Ehemann und befürchtete vielleicht eine kommunistische Revolution. Nun konnte Schacht sich für jede Krise wappnen, ohne um die Sicherheit seiner Familie fürchten oder sich mit Luises Angst vor einer Machtübernahme durch die Roten auseinandersetzen zu müssen. Vielleicht war es ihm sogar peinlich, wenn seine Frau im Kreise seiner überwiegend demokratischen Geschäftspartner ihre reaktionären Ansichten äußerte.

Einer der bemerkenswertesten Politiker der Weimarer Zeit war der gemäßigte, links von der Mitte stehende Gustav Stresemann. Am 12. August 1923 löste er Wilhelm Cuno als Kanzler ab. Cuno, der seit Ballins Selbstmord Generaldirektor der Hamburg-Amerika-Linie war, kehrte in seine Reederei zurück. Die beiden vordringlichsten Aufgaben Stresemanns waren die Beilegung des Konflikts mit den Franzosen wegen der Besetzung des Ruhrgebiets, in dem die Deutschen immer noch passiven Widerstand leisteten, und die Bekämpfung der Inflation. Er bemühte sich zunächst, die Bewohner des Ruhrgebiets dazu zu bewegen, ihren passiven Widerstand gegen die Franzosen aufzugeben, doch dann rückte die Inflation in den Vordergrund.

Viele Vorschläge wurden unterbreitet. Einen besonders interessanten Plan legten die Großgrundbesitzer vor. Zu den wenigen Deutschen, die von der Inflation profitiert hatten, gehörten die Bauern. Ihre landwirtschaftlichen Erzeugnisse waren inflationssicher, und nach dem deutschen Gesetz konnten sie feste Kosten wie Mieten oder Schulden wie Hypotheken in Reichsmark bezahlen, deren Wert durch die Inflation täglich sank. Um seine Solidarität mit den Bauern unter Beweis zu stellen, schlug der einflußreiche rechte Reichstagsabgeordnete Karl Helfferich, der unter dem Kaiser Finanzminister gewesen war, die Einführung einer neuen Währung, der Roggenmark, vor, die mit Deutschlands gesamter Roggenernte gedeckt werden und daher inflationssicher sein sollte. Damit wäre die Währung den Interessenvertretern der Landwirtschaft in die Hände gespielt worden, die die üblichen Roggenpreisschwankungen hätten in Grenzen halten können. Der Vorschlag wurde von den Politikern des linken Flügels sofort abgeschmettert. Schließlich einigte man sich darauf, die wertlos gewordene Reichsmark und das von diversen Industriebetrieben ausgegebene »Notgeld« durch eine neue Mark zu ersetzen. Sie sollte Rentenmark heißen und theoretisch mit dem gesamten Grundbesitz des deutschen Staates gedeckt sein, der wiederum gegen Deutschlands verbleibende Goldreserven verpfändet werden würde. Es war eine Notlösung, weil niemand den tatsächlichen Wert des staatseigenen Grundbesitzes schätzen konnte, doch es war ein erster Schritt in Richtung Währungsstabilität. Mit einem ähnlichen System war bereits während der Französischen Revolution der Franc stabilisiert worden. Die Idee stammte vom sozialistischen Finanzminister Rudolf Hilferding, einem klugen Kopf, dem die Planung allerdings mehr lag als die Durchführung. Daher ersetzte ihn Stresemann bald durch den weniger kreativen, aber dafür energischeren Hans Luther.

Dann gelang es dem Kanzler, den Reichstag dazu zu bringen, ihm in allen Währungsangelegenheiten völlige Entscheidungsfreiheit einzuräumen. Die neue Rentenmark sollte von einer neugeschaffenen sogenannten Rentenbank gedruckt und von der Reichsbank ausgegeben werden. Dem Rentenmark-Plan lag wie dem Roggenmark-Plan die Absicht zugrunde, irgendeine Deckung für eine nur in streng begrenzten Mengen ausgegebene neue Währung zu schaffen. Die entwertete alte Währung und das privat ausgegebene Notgeld würden zu einem festen, an den US-Dollar gebundenen Wechselkurs in diese neue Währung umgetauscht werden. Und um den Devisenspekulationen der Raffkes ein Ende zu setzen, sollten keine Kredite mehr gewährt werden. Gleichzeitig würden zur Sanierung des Haushalts notgedrungen Hunderttausende von Regierungsangestellten entlassen werden müssen – eine harte Maßnahme.

Die meisten Pläne und Gesetze zur Bekämpfung der Inflation waren inzwischen verabschiedet; nun mußte die Stresemann-Regierung nur noch jemanden finden, der stark und konsequent genug war, um sie durchzusetzen.

Hjalmar Schachts großer Augenblick kam am Morgen des 12. November 1923, als der neue Finanzminister Hans Luther ihn zu einer »dringenden Besprechung« ins Ministerium bat.

Schachts Assistent Müßigbrodt, der hinter seinem Rücken Fleißigkuchen genannt wurde, fragte seinen Chef, ob er seine rote Tasche brauche, in der er sonst immer die wichtigsten Unterlagen mitnahm. »Danke, Müßigbrodt, heute geht es auch ohne rote Tasche«, antwortete Schacht. Er war sich ziemlich sicher, daß es bei der Unterredung um den neugeschaffenen Posten des Reichswährungskommissars gehen würde. Er hatte gehört, daß Luther ihn bereits zwei anderen Bankiers angeboten hatte, doch beide hatten abgelehnt.

Luther kam gleich zur Sache und fragte Schacht, ob er an dem Posten interessiert sei. Schacht stellte die naheliegende Frage: »Herr Luther, warum machen Sie das nicht selber?« Luther behauptete, er sei überlastet.

Dann erkundigte sich Schacht: »Warum haben die Herren, die Sie vor mir gefragt haben, abgelehnt?«

Luther überraschte diese Frage nicht. »Sie haben sich beide wohl nicht getraut. Der eine von ihnen ist naiv genug gewesen, das Amt annehmen zu wollen, wenn die praktische Einführung der Rentenmark erfolgt sei. Aber gerade um die Einführung handelt es sich.«

»Warum lassen Sie die Währungsreform nicht von der Reichsbank durchführen?« fragte Schacht daraufhin.

»Herr Schacht, Sie wissen doch ganz genau, daß der Reichsbankpräsident … sich mit der Reichsregierung und mit dem Reichspräsidenten nicht besonders gut steht.« Das stimmte. Ebert hatte bereits versucht, den Reichsbankpräsidenten Rudolf Havenstein zum Rücktritt zu bewegen, doch der Reichsbankpräsident wurde auf Lebenszeit ernannt. Außerdem war bekannt, daß der rechtskonservative Havenstein sich den Deutschnationalen Karl Helfferich (den Urheber des Roggenmark-Plans und ehemaligen Finanzminister des Kaisers) als Nachfolger wünschte. Nicht erwähnt wurde die Tatsache, daß Havensteins Schwäche ein Grund für die Inflation war. Schließlich zierte seine Unterschrift die Milliardennoten und Billiardenausweise der Reichsbank.[9] Zum Schluß wurden sie nur noch auf einer Seite bedruckt, um Zeit zu sparen, und die Bankangestellten benutzten die leere Rückseite als Schmierpapier, da sie keine Funktion mehr hatte.

Schacht wußte, daß es langfristig keine andere Alternative gab, als die Mark mit Gold zu decken, doch gleichzeitig sah er die Notwendigkeit einer sofortigen Notlösung wie der Rentenmark ein. Keiner verstand besser als Schacht, wie wichtig es war, ein Konzept zu haben, auch wenn er die Rentenmark für eine »unmögliche Konstruktion« hielt. Er bat Luther um ein paar Tage Bedenkzeit, doch Luther schüttelte den Kopf: »Sie müssen sich heute entscheiden.« So kritisch war die Lage.

Daraufhin ließ Schacht sich zusichern, daß er völlig freie Hand und »unter Umgehung der Ministerien« direkten Kontakt mit der Reichsregierung haben würde. Er forderte im Grunde diktatorische Vollmachten, die Luther ihm versprach, wenn er bis zum Abend zusagte.

Schacht kehrte sofort in die Danatbank zurück und berief eine Sondersitzung ein, auf der er den Direktoren mitteilte, daß er sich entschlossen habe, aus dem Vorstand auszutreten und Luthers Angebot anzunehmen.

Schachts Aussagen nach war nichts Wahres an dem Gerücht, daß er von der Danatbank eine hohe Abfindung erhielt. Keine Seite bedauerte die Trennung. Schachts Kollegen waren seine konservative Einstellung, seine mangelnde Risikobereitschaft und seine ständigen Auseinandersetzungen mit Goldschmidt inzwischen leid. Und Schacht war froh, endlich alle Verbindungen zu dem gefährlichen Spekulanten Goldschmidt abbrechen zu können.

Er trat sein Amt als Reichswährungskommissar am 13. November 1923 an, vier Tage nach dem gescheiterten Hitler-Ludendorff-Putsch in München.

Einer anderen Version zufolge hatte Goldschmidt bei Schachts Ernennung zum Reichswährungskommissar die Finger im Spiel. Angeblich leistete Goldschmidt inzwischen die gesamte innovative Arbeit in der Danatbank, während Schacht keine neuen lukrativen Geschäfte mehr abwickelte, sondern sich darauf beschränkte, die neue Unternehmenspolitik und die Expansionspläne der Bank offen zu kritisieren, so daß er allmählich zu einer kostspieligen Belastung wurde. Daher soll Goldschmidt sich bei Luther und Stresemann für Schachts Ernennung zum Reichswährungskommissar eingesetzt haben. Wenn Schacht dieses Amt übernahm, konnte die Danatbank ihn von ihrer Gehaltsliste streichen und über ihn nützliche Kontakte zum Finanzministerium herstellen. Solch eine raffinierte Intrige wäre Goldschmidt zwar zuzutrauen gewesen, doch gegen diese zynische These spricht, daß Schacht sich nie über eine Intrige gegen ihn beschwerte, und er war nicht der Mann, der einen Groll verbarg.

Am 13. November, dem Tag, an dem Schacht seine Arbeit als Stresemanns Währungsretter antrat, ermächtigte Reichspräsident Ebert den Reichskanzler dazu, Maßnahmen zur Lösung anderer, ebenso drängender Probleme, wie den Widerstand an der Ruhr, zu ergreifen, ohne die Zustimmung des Parlaments abzuwarten.

Diese Vollmachten konnte der Reichspräsident dem Reichskanzler nach der Weimarer Verfassung in Ausnahmesituationen vorübergehend erteilen. Zuerst geschah das nur selten, doch als die Probleme der Republik sich häuften, immer öfter.

Der neue Reichswährungskommissar machte sich sofort ans Werk. Er bezog zusammen mit seiner langjährigen Sekretärin Clara Steffeck ein kleines Zimmer im Finanzministerium, das von einem durchdringenden Karbolgeruch erfüllt war, da es bisher den Putzfrauen als Abstellkammer gedient hatte. Von diesem seltsamen Ort aus sollte Schacht nun also Deutschland und seinen Ruf als eine große Nation retten. Er begab sich zum Personalchef und kündigte ihm an, daß er Fräulein Steffeck mitbringen würde. Nach einer Diskussion über sein Gehalt und das seiner Sekretärin teilte er dem fassungslosen Regierungsrat mit, daß er auf sein Gehalt verzichten würde; dafür sollte seine Sekretärin sechshundert Mark im Monat erhalten, denn soviel hatte sie in der Bank verdient. Das war die Summe, die für den Posten des Reichswährungskommissars insgesamt veranschlagt worden war.

Schacht hatte die Strategie, nach der er die Inflation bekämpfte, zwar nicht selbst entworfen, doch durch seine kompromißlose und konsequente Umsetzung des Rentenmark-Plans wurde er als »der Bankier, der sein Land rettete« weltberühmt. Am 15. November 1923 wurden die Druckerpressen angehalten und auf die neue Rentenmark umgestellt. Für eine Rentenmark mußte man eine Billion (1.000.000.000.000) alte Reichsmark hinblättern; wem dieser Wechselkurs nicht paßte, der konnte es ja lassen.[10] Wer Grundstücke besaß, konnte eine auf Rentenmark ausgestellte Anleihe zu vier Prozent erwerben, die zu fünf Prozent kündbar bar, obwohl über die Laufzeit der Anleihe keine genauen Angaben gemacht wurden. Es kam zu einem heftigen Kampf mit den Spekulanten. Skrupellose Raffkes hatten verzweifelten Menschen alles abgekauft, was sie besaßen (nicht nur Häuser und Grundstücke, sondern auch Kleidung, Schmuck oder Lebensmittel – »Tausend Dollar für deine Villa, keinen Pfennig mehr! Das ist mein letztes

Angebot!«) Sie hatten sich ausländisches Geld geborgt, für ihr Kapital hohe Zinsen gezahlt und beim Verkauf ihrer »Beute« hohe Spekulationsgewinne erzielt, doch gegen den neuen, knallharten Reichswährungskommissar hatten sie keine Chance. Deutsche, die noch Sachwerte besaßen, faßten wieder Mut und boten sie nicht mehr zu Schleuderpreisen an. Am 20. November hatten die meisten Spekulanten bereits kapituliert.

Der Kampf mit der deutschen Exportindustrie dauerte etwas länger. Sie hatte praktisch nur minimale Steuern bezahlt, da sie diese in entwerteten Reichsmark entrichtet hatte. Doch nun galt für die Rentenmark wieder der alte Wechselkurs von vier Mark zwanzig für einen US-Dollar. Die Exporteure hatten absolut nicht damit gerechnet, ihre Schulden in stabiler Währung begleichen zu müssen. Nun mußten sie alles mit den verdienten Devisen bezahlen. Am Ende sahen sie, wenn auch widerstrebend, den Sinn von Schachts drakonischen Vorschriften ein und tauschten ihr Notgeld – die selbst ausgegebenen Währungen, in denen sie ihre Schulden beglichen und ihre Arbeiter bezahlten – in Rentenmark um. Sie waren durch ihre Exporte zwar in den Genuß von Devisen gekommen, doch sie brauchten auch einen einheimischen Markt, der nicht vorhanden war, solange der deutsche Durchschnittsbürger pleite war. Das Notgeld war für die Bevölkerung der eindeutige Beweis, daß »jedermann seine eigene Notenbank« sein konnte.[11] Doch nicht, solange Schacht im Amt war!

Inzwischen gab es wieder Sachen für zwei oder drei Mark zu kaufen. 1924 erschien in der New Yorker Zeitung *Saturday Evening Post* ein Artikel von Isaac Marcosson über Schacht, in dem es hieß, hinter der Rentenmark stehe nichts als die eiserne Entschlossenheit des Währungskommissars, sie zu einer stabilen Währung zu machen.[12] Schacht sagte, er habe versucht, deutsches Geld knapp und wertvoll zu machen.[13] Er bewies wieder einmal, daß Kredit oft eher eine Frage der Psychologie als der Vernunft ist.

Während seines Kampfes für eine stabile Währung hatte Schacht seinen angeborenen friesischen Humor oft bitter nötig, und er schätzte Menschen, die die Dinge von der heiteren Seite zu nehmen verstanden. Der berühmte Bankier Carl Fürstenberg, der für seine markigen Sprüche bekannt war, hörte einmal jemanden witzeln, daß eine der großen D-Banken ihr Verwaltungsgebäude um zwei Stockwerke erhöht habe, weil die vielen Nullen immer mehr Raum bräuchten. Da bemerkte er trocken: »Ich habe immer angenommen, bei der Diskontogesellschaft sitzen die Nullen im ersten Stock.« Dort befanden sich die Direktionsräume.

Clara Steffeck wurde einmal von Reportern gefragt, was der Reichswährungskommissar denn eigentlich den ganzen Tag getan habe.

Sie antwortete: »Was er getan hat? Auf seinem Stuhl gesessen und [Zigarren] geraucht hat er in dem dunklen Zimmer des Finanzministeriums, in dem es nach alten Putzlappen roch. Briefe gelesen? Nein, Briefe hat er nicht gelesen. Briefe geschrieben? Nein, Briefe geschrieben hat er nicht. Telefoniert hat er viel nach allen Richtungen und nach allen deutschen und internationalen Stellen, die mit Geld und Devisen zu tun hatten ... Dazu hat er geraucht. Gegessen haben wir in der Zeit wenig. Meistens fuhren wir erst spät, oft mit der letzten Vorortbahn dritter Klasse nach Hause. Sonst hat er nichts getan.«[14]

Einige grausame Maßnahmen, zu denen Stresemann und sein Nachfolger gezwungen waren, erleichterten Schacht seine Aufgabe erheblich. Zwischen dem 1. Oktober 1923 und dem 31. März 1924 entließ die deutsche Regierung 397.000 Beamte, Arbeiter und Angestellte; dadurch wurden 421 Millionen Mark eingespart.[15] Hinzu kamen drastische Steuererhöhungen.

Nur eine Woche nach Schachts Ernennung zum Reichswährungskommissar starb Reichsbankpräsident Havenstein. Reichskanzler Stresemann schlug sofort Schacht für das Amt vor, um zu verhindern, daß es Havensteins Wunschnachfolger, dem Deutschnationalen Karl Helfferich, übertragen wurde. Doch die Mitglieder des Reichsbankdirektoriums sprachen sich sofort geschlossen gegen Stresemanns Kandidaten aus. In einem Schreiben vom 17. Dezember 1923 teilten sie dem Reichskanzler mit, daß sie Herrn Dr. Schacht aufgrund seiner mangelnden Erfahrung auf dem Spezialgebiet des Notenbankwesens für ungeeignet hielten. Sie fügten hinzu, daß wegen seiner »Probleme« in Brüssel im Jahre 1916 auch moralische Bedenken gegen ihn bestünden. Es gebe zwar keinen Beweis für eine unehrenhafte Handlung Schachts, doch der Verdacht reiche aus. Der Präsident der offiziellen Bank des Landes müsse eine absolut makellose Vergangenheit haben. Der einflußreiche Bankier Paul von Schwabach hatte am 17. Dezember auf einer Sitzung des Zentralausschusses der Reichsbank den Antrag gestellt, »durch Beschluß auszusprechen, daß der Zentralausschuß den Herrn Dr. Schacht für die Stellung des Reichsbankpräsidenten nicht für geeignet halte«. Zweiundzwanzig Mitglieder stimmten gegen Schacht, nur drei waren für ihn.[16]

Trotz dieses massiven Widerstands gegen Schacht wurde er am 22. Dezember 1923 zum Reichsbankpräsidenten ernannt. Er war der Mann, den die linken Abgeordneten im Reichstag und die Gewerkschaften wollten; auch den Liberalen war er lieber als der rechte Helfferich. Doch ausschlaggebend war, daß er Reichspräsident Friedrich Eberts Favorit war.

Ebert und Schacht führten an diesem Tag ein relativ kurzes und offenes Gespräch. Ebert fragte Schacht, was er davon hielte, Präsident der Reichsbank zu werden. Schacht, der wußte, daß Eberts Regierung liberal und demokratisch war, sagte, daß er kein Sozialdemokrat sei und an private Initiative glaube. Ebert winkte ab: »... darauf kommt es meines Erachtens in diesem Falle gar nicht an ... Die Frage ... ist die, ob Sie sich zutrauen, das Werk der Stabilisierung endgültig durchzuführen.«

Schacht antwortete: »Herr Reichspräsident, ich habe die Mittel und Wege meiner Stabilisierungspolitik genau durchdacht und sorgfältig geprüft. Ich habe zu mir selber das Vertrauen, daß ich das Stabilisierungswerk erfolgreich beenden kann. Auch können Sie sich darauf verlassen, daß ich alle meine Kraft und mein ganzes Können dafür einsetzen werde.«[17] Das sollte nicht das letzte Mal sein, daß Schacht einem Staatsoberhaupt zu verstehen gab, daß er seine Ansichten zwar nicht teilte, der ihm übertragenen Aufgabe jedoch gewachsen war.

Vom 22. Dezember 1923 an war Schacht Reichswährungskommissar und Reichsbankpräsident in einer Person. Er wurde wie sein Vorgänger auf Lebenszeit ernannt. Innerhalb weniger Wochen war er praktisch Deutschlands Wirtschaftsdiktator geworden. Er konnte an allen Sitzungen des Kabinetts teilnehmen, brauchte jedoch nicht dessen Zustimmung zu seinen Entscheidungen.

Weniger erfolgreich als Stresemanns Maßnahmen gegen die Inflation waren seine Bemühungen, die Ruhr-Rebellen zur Aufgabe ihres passiven Widerstands gegen die französische Besetzung zu bewegen, so daß sich sein Plan, Verhandlungen mit Poincaré aufzunehmen, zerschlug. Am 23. November 1923 trat er zurück und wurde durch Wilhelm Marx, einem gemäßigten Mitglied der katholischen Zentrumspartei, ersetzt. Stresemann übernahm das Portefeuille des Außenministers.

Schachts Leben hatte sich grundlegend verändert. Er beschrieb sein Privatleben in dieser Zeit als glücklich.

Schließlich hatte er eine Familie, Freunde und ein gepflegtes, behagliches Heim. Er behauptete sogar, daß er seine »geschäftlichen Sorgen mit gleichverantwortlichen Kollegen teilen« konnte. »Kurz, hätte mich nicht der brennende Drang beseelt, meinem Volke zu helfen, so hätte ich mein Leben wahrscheinlich verhältnismäßig ruhig und angenehm zu Ende geführt«, resümierte er.

Doch trotz dieser scheinbaren Harmonie gab es in Schachts Ehe Anzeichen einer zunehmenden Entfremdung. Luise und die Kinder waren immer noch in der Schweiz, und Schacht behauptete, das sei der Grund gewesen, warum er seine Frau vor seinem Ausscheiden aus der Danatbank nicht um ihre Meinung bat. Er schrieb: »Mit meiner Frau in Lausanne konnte ich mich nicht aussprechen. Ich konnte sie nur kurz von meinem Entschluß in Kenntnis setzen. So mußte ich auch ihren Rat entbehren.« Vielleicht dachte er an ihre verärgerte Reaktion, als er das letzte Mal eine Arbeit aufgegeben hatte, ohne sie vorher um Rat zu fragen, als er hinzufügte: »Der Weg in die Einsamkeit begann für mich.«

Doch gleich nach seiner Ernennung zum Reichswährungskommissar rief er Luise an. Nachdem er sie vor vollendete Tatsachen gestellt hatte, setzte er sich in den Zug und fuhr in die Schweiz, wo die Familie in ihren beiden Pensionszimmern eine Weihnachtsfeier improvisierte. Schacht erinnerte sich, daß sie ihr Zusammensein »so harmonisch wie nur möglich machten«.[18] Dann kehrte er nach Berlin zurück, und seine Frau kam am 27. Dezember mit den Kindern nach. Vermutlich führte er einige lebhafte Diskussionen mit seiner alles andere als sanftmütigen Luise, auch wenn er keine erwähnt.

7

Der Held

Nun war es für den neuen Reichswährungskommissar und Reichsbankpräsidenten an der Zeit, zur nächsten Phase überzugehen, als solide Deckung für die Mark eine Goldreserve aufzubauen (statt auf den eher imaginären Wert der Rentenmark zu vertrauen) und anschließend die Reparationen herunterzuhandeln. Schacht mußte die Regierungen der Siegermächte davon überzeugen, daß Deutschland sich am Abgrund befand. Die Inflation war zwar vorläufig zum Stillstand gebracht, doch er mußte die Illusion zerstören, daß nun alles wieder in Ordnung war und daß die Reparationszahlungen schon eingehen würden.

Bevor Schacht aus seiner Abstellkammer im Finanzministerium in die Präsidentensuite in der Reichsbank umzog, stattete er seiner zukünftigen Nummer zwei, einem traditionsbewußten Mitglied des preußischen Kleinadels namens von Glasenapp, einen Besuch ab. Er fragte ihn, ob die Reichsbank bereits irgendwelche Pläne für die Wiedereinführung der Goldwährung erarbeitet habe. Wie erwartet erhielt er zur Antwort, daß keine Pläne dieser Art vorlägen. Er teilte von Glasenapp mit, daß er als ersten Schritt zu seinem Ziel, die Mark wieder an einen Goldstandard zu binden, sofort eine Reise nach London unternehmen würde.

Schacht schilderte auch seine erste Besprechung mit den Mitgliedern des Reichsbankdirektoriums, die nach seiner Rückkehr aus London stattfand. Da er wußte, wie vehement sie sich seiner Ernennung widersetzt hatten, teilte er ihnen auf einer Sitzung mit, daß er es verstehen würde, wenn sie es vorzögen, nicht unter ihm zu arbeiten. Eine halbe Stunde später verkündete von Glasenapp als ihr Sprecher, daß alle Direktoren in der Reichsbank bleiben und loyal mit ihm zusammenarbeiten wollten.

Schachts erstes und wichtigstes Ziel, eine vorläufige Stabilisierung der Währung, schien erreicht. Das Berlin von 1923 war wild, zynisch und schwer zu beeindrucken, doch Schacht war ein Held. Auf den Varietébühnen und Straßen Berlins wurde damals ein Liedchen geträllert:

Wer hat die Rentenmark gebracht?
Der Retter, er heißt Hjalmar Schacht.

Nun mußte er aus der Rentenmark eine solide gedeckte Währung machen, indem er sie an das Gold band. Er ließ über die deutsche Botschaft in London anfragen, ob Montagu Norman, der Präsident der Bank von England, bereit sei, sich sofort in London mit ihm zu treffen, wenn möglich, um den 30. Dezember 1923 herum. Er war sich bewußt, daß seine Bitte um einen Termin zwischen den Feiertagen seinen englischen Kollegen möglicherweise verärgern würde, nahm dieses Risiko jedoch in Kauf. Umgehend erhielt er die freundliche Antwort, daß sein Besuch sehr willkommen sei. Auf Kosten der Reichsbank reiste er sogleich mit Clara Steffeck per Zug und Schiff nach London.

Als der Zug am Silvesterabend um 20 Uhr im Londoner Liverpool-Street-Bahnhof einfuhr, wartete zu Schachts freudiger Überraschung Montagu Norman auf dem Bahnsteig, um ihn persönlich zu empfangen. Norman sagte zur Begrüßung, er sei sehr erfreut, daß Schacht seiner Einladung so schnell gefolgt sei, und bat seinen Kollegen von der Reichsbank, ihn am Neujahrstag um elf Uhr morgens in der Bank von England zu besuchen. Als Schacht sein Erstaunen darüber zum Ausdruck brachte, daß Norman bereit war, sich an einem Feiertag mit ihm zu treffen, sagte Norman, daß er ihn gerne »so bald wie möglich« sprechen würde und sich darauf freue. »Ich hoffe, daß wir Freunde werden.«[1]

Der Botschaftsrat der deutschen Botschaft, Dufour-Feronce, der auch zu Schachts Empfang erschienen war, versicherte ihm, daß Montagu Norman sehr begierig darauf sei, eine enge Arbeitsbeziehung mit dem neuen Präsidenten der Reichsbank aufzubauen.

Schacht war sich schmerzlich bewußt, wie entscheidend dieses Treffen sein würde. Die Mark war nur notdürftig stabilisiert, die deutsche Wirtschaft noch geschwächt, und die Alliierten hatten soeben ein von Charles Dawes geleitetes Komitee aus Finanz- und Wirtschaftsexperten gebildet, das den Zusammenhang zwischen Deutschlands Wirtschaft und seiner Fähigkeit, Reparationen zu zahlen, untersuchen sollte. Seine erste Sitzung sollte am 14. Januar in London stattfinden. Der Amerikaner Dawes war ein Tausendsassa, ein Multitalent; fast alles, was er anfaßte, wurde zum Erfolg. Er war ein angesehener Bankier, der es im Krieg bis zum General gebracht hatte, eine charmante, charismatische Persönlichkeit, Nobelpreisträger und außerdem Vizepräsident der Vereinigten Staaten. Schachts Gespräche mit Norman standen unter dem Vorzeichen der von Deutschland mit Spannung und Sorge erwarteten Erkenntnisse des Dawes-Komitees.

So befand sich Schacht verständlicherweise in einer angespannten, ernsten Stimmung, als er im luxuriösen Carlton-Hotel in Mayfair abstieg, wo gerade ein rauschender Silvesterball stattfand. Schacht war sonst kein Partymuffel, aber an diesem Abend war ihm nicht danach zumute, sich unter die fröhliche Menge zu mischen, die in eleganten Abendkleidern und Fracks den Jahreswechsel feierte.

Die Gespräche, die Schacht in den drei folgenden Tagen mit Montagu Norman führte, waren ein voller Erfolg. Schacht erklärte Norman, daß er nicht auf die Vorschläge des Dawes-Komitees und die Ergebnisse der anschließenden Verhandlungen warten könne, da die Zeit dränge. Statt dessen gewann er Norman für seinen Plan, mit Hilfe der Bank von England eine neue Golddiskontbank einzurichten, die teilweise über Deutschlands spärliche Goldreserven, hauptsächlich jedoch von britischen Investoren kapitalisiert werden sollte. Schacht legte ein überzeugendes Konzept vor. Die Bank würde vorzugsweise der deutschen Exportindustrie Kredite gewähren. So würde Deutschland Devisen verdienen und die Investitionen der Bank von England in die Golddiskontbank innerhalb von drei Jahren zurückbezahlen können. Da das Startkapital relativ niedrig sein würde (200 Millionen Pfund), könnten weitere Anteile an der Bank auf dem Londoner Geldmarkt an britische Investoren verkauft werden, denn die Bank würde das gesamte Kapital in Pfund Sterling aufbringen und auch alle Kredite in Pfund Sterling vergeben. Die Geschäfte der Golddiskontbank würden über die Reichsbank abgewickelt werden. Nach einem Tag Bedenkzeit und einer Konferenz der Mitglieder des Direktoriums und des Verwaltungsrates akzeptierte die Bank von England Schachts Vorschlag. Montagu Norman bot ihm sogar einen Kapitalisierungskredit zu nur fünf Prozent Zinsen an (in Deutschland waren damals zehn Prozent üblich). Das war eine von Hjalmar Schachts Meisterleistungen der Überredungskunst, doch sie war nur möglich, weil es Normans Überzeugung nach von internationalem Interesse war, daß die deutsche Wirtschaft sich erholte.

Beim Lunch mit den Direktoren der Bank verhielten sich alle Anwesenden Schacht gegenüber unbefangen, kollegial und ausgesprochen freundlich. Als er in den Wagen stieg, der ihn zum Bahnhof bringen sollte, schneite es heftig. Da griff Norman nach einer Decke, die auf dem Vordersitz lag, und reichte sie Schacht. Das war der Beginn einer langen Freundschaft; der englische Bankier wurde später sogar der Patenonkel eines Enkelkinds von Schacht.

Montagu Norman hielt es für opportun, die Dawes-Gruppe, die zu dieser Zeit in Paris zusammentraf, von dem Golddiskontbankplan in Kenntnis zu setzen, und Schacht erstattete dem Komitee am 21. Januar 1924 Bericht.[2] Nach anschließenden Unterredungen mit dem Gouverneur der Bank von Frankreich, Robineau, und Frankreichs sozialistischem Präsidenten Millerand suchte Schacht Premierminister Raymond Poincaré in seinen Amtsräumen am Quai d'Orsay auf.

Schachts Schilderung der Ereignisse zufolge war alles etwas komplizierter. Dem Besuch bei Poincaré ging ein typisch Schachtscher Fauxpas voraus. Jean-Louis Barthou, der Vertreter Frankreichs auf der Dawes-Konferenz, sagte zu Schacht, er könne doch nicht »beim Präsidenten der Republik vorsprechen, den Chef der Regierung aber ignorieren«. Schacht erwiderte, er würde Poincaré gerne besuchen, wenn er dazu aufgefordert würde. Barthou versicherte ihm, daß Poincaré ihn unbedingt sprechen wolle, doch Schacht bestand auf einer Einladung. Zwei Tage später gab er nach, bat um einen Termin bei Poincaré und machte sich auf den Weg zum Quai d'Orsay. Als Poincaré ihn dort eine halbe Stunde lang in einem Vorzimmer warten ließ, bat Schacht einen Diener, ihm seinen Mantel und seinen Hut zu bringen und Poincaré zu bestellen, daß er leider nicht länger hätte warten können. Er war schon auf der Straße angelangt, als zwei befrackte Diener, die ihm nachgeschickt worden waren, ihn ersuchten, zurückzukehren. Die anschließende Unterredung zwischen Schacht und Poincaré verlief in frostiger Atmosphäre. Schachts Aussagen nach erklärte er Poincaré, daß Deutschland die Reparationen nur mit Warenexporten bezahlen könne, doch Poincaré bestand auf Geldanweisungen. Schließlich brach Schacht die Unterredung mit den Worten ab: »Es tut mir leid, daß ich unter diesen Umständen mir von einer Fortsetzung unserer Unterhaltung nichts versprechen kann. Ich verlasse dieses Zimmer mit sehr viel weniger Hoffnung, als ich beim Eintreten gehabt habe.«[3]

Angeblich sagte Poincaré später, Schacht sei »der erste Deutsche, der ihm klar gesagt hätte, was Deutschland wolle, und der erste Mensch, der eine Unterredung mit ihm abgebrochen habe«. Für Schacht war es eine Genugtuung, endlich einmal sagen zu können, was er dachte, da Poincarés Verhalten ihn in seiner Eitelkeit und in seinem Stolz als deutscher Patriot gekränkt hatte. Die *New York Times* vom 24. Januar 1924 berichtete nüchtern: »Premierminister Poincaré empfing heute nachmittag Dr. Schacht, den Präsidenten der deutschen Reichsbank, und unterhielt sich mit dem deutschen Finanzexperten ausführlich über deutsche Finanzfragen und die Arbeit des [Dawes-] Expertenkomitees.«

Kein Wunder, daß Robert Long in einem Artikel vom 1. August 1924 für das Londoner Magazin *Fortnightly Review* schrieb: »Er [Schacht] ist heute Deutschlands prominentester Mann, nicht nur zu Hause, sondern auch bei internationalen Verhandlungen, obwohl er nie im diplomatischen Dienst war. Er ist der einzige Deutsche, dem die britische und die amerikanische Finanzwelt Gehör schenkt.«

Als das Dawes-Komitee zögerte, den Golddiskontbankplan als eine erste konkrete Maßnahme zur Lösung des Reparationsproblems in die Tat umzusetzen, wandte Schacht eine Taktik an, auf die er später noch öfter zurückgreifen sollte: Er ging an die Öffentlichkeit. In einer Rede, die er in Königsberg vor Wirtschaftsjournalisten und Bankiers hielt, machte er die Verzögerungstaktik des Dawes-

Komitees für alle drohenden Katastrophen verantwortlich. Dieselben Argumente hatte er bereits während eines privaten Treffens der deutschen Delegation in einem Pariser Hotelzimmer vorgebracht, an dem auch der deutsche Finanzminister und Außenminister Gustav Stresemann teilnahmen. Ein Delegationsmitglied schilderte, wie Schacht »in seinem harten Friesisch« erklärte: »Wir können die Bedingungen nicht akzeptieren. Wir können sie nie erfüllen.« Schacht war der einzige, der Protest anmeldete.[4] Alle anderen Mitglieder der von Stresemann geleiteten Delegation wollten einen Weg finden, die leidigen Reparationsverpflichtungen zu erfüllen.

Schließlich zeigte Schachts Königsberger Rede Wirkung. Er genoß inzwischen großes Ansehen, und da die Dawes-Gruppe nicht den Eindruck entstehen lassen wollte, sie treibe Obstruktionspolitik, gab sie ihre Zustimmung zu den Maßnahmen, die zur Gründung der Golddiskontbank erforderlich waren.

In London war es Schacht auch gelungen, einen Plan zu vereiteln, der die Autorität der Reichsbank ernsthaft bedroht hätte. Eine Gruppe rheinländischer Industrieller wollte mit französischer Unterstützung eine unabhängige rheinische Notenbank gründen. Ihr Wortführer war der Reichstagsabgeordnete und Großindustrielle Hugo Stinnes, der im Krieg die deutschen Truppen ausgerüstet hatte. Die französische Regierung hatte die Bank von England um Unterstützung gebeten, und Montagu Norman hatte Schacht gefragt, was er von diesem Projekt halte. Die rheinische Bank war Teil eines französischen Planes, das Rheinland von Deutschland abzuspalten. Da die Deutschen schon zweimal über den Rhein nach Frankreich einmarschiert waren, wollten die Franzosen aus dem Rheinland einen kontrollierbaren Pufferstaat machen. Am 21. Oktober 1923 war eine provisorische Rheinische Republik ausgerufen worden, die jedoch weder Berlin noch London und Washington anerkannten.

Schacht überzeugte Norman davon, daß eine Einschränkung der Währungssouveränität der Reichsbank zu diesem kritischen Zeitpunkt gefährlich wäre, und unmittelbar vor seiner Abreise aus London teilte die Bank von England den Franzosen mit, daß sie an dem Rheinland-Projekt nicht interessiert sei.

Am 31. Januar 1924 brach die sogenannte neue Rheinische Republik nach der Ermordung ihres vorläufigen Präsidenten Heinz zusammen, doch der Plan einer rheinischen Notenbank wurde weiterverfolgt. Die Rheinländer waren aufgebracht, als die Bank von England ihnen die Zusammenarbeit verweigerte. Sie fühlten sich von ihrem Berliner Kontaktmann, dem preußischen Staatssekretär Bracht, getäuscht, und sie ahnten, daß Schacht ihren Plan mißbilligte und in London alles getan hatte, um ihn zu durchkreuzen. Es gelang ihnen, Bracht »abzuschießen«, doch Schacht ließ sich nicht so leicht ausschalten. Nach seiner Rückkehr aus London wurde er sofort in die Reichskanzlei gebeten, wo ihn Reichskanzler Marx und einige von Hugo Stinnes angeführte Vertreter der rheinländischen Industrie erwarteten. Die Rheinländer beschuldigten ihn wütend, mit seiner geplanten deutsch-englischen Golddiskontbank das Schicksal der deutschen Währung in fremde Hände zu legen. Schacht versicherte ihnen, daß die Kapitalisierung der Bank in Form eines einfachen Darlehens erfolgen würde, das innerhalb von drei Jahren zurückgezahlt werden könne, und daß die Reichsbank die volle Kontrolle über das Projekt behalten würde. Reichskanzler Marx entschied sich schließlich gegen die wütenden Rheinländer. Ohne die Zustimmung des Reichstags konnte Schacht sein Vorhaben jedoch nicht in die Tat umsetzen. Es folgte ein Gefecht mit dem erzkonservativen Finanzexperten und Reichstagsabgeordneten Karl Helfferich, der gegen Schachts Golddiskontbankplan war, aber keine Einwände mehr erhob, als er hörte, daß die Zinsen für das britische Darlehen nur fünf Prozent betragen sollten.

Das neue Gesetz wurde vom Reichstag verabschiedet, und am 13. März 1924 ging Schachts Traum in Erfüllung. Über die neugegründete Golddiskontbank konnte die Reichsbank die Übergangswährung Rentenmark und damit auch die zukünftige Währung Deutschlands an Gold binden und so stabilisieren.

Schacht kommentierte die Niederlage der Rheinländer mit einem lakonischen Gedicht:

Des Rheinlands Wut ist glutentfacht,
teils gegen Bracht, teils gegen Schacht.
Bracht ist schon abgeschossen,
Schacht ist noch unverdrossen.[5]

Er rächte sich auch an den Mitgliedern des Zentralausschusses der Reichsbank, die sich seinerzeit – mit überwältigender Mehrheit – gegen seine Ernennung ausgesprochen hatten. Er berief kurzfristig eine Sitzung im prunkvollen Kaisersaal der Reichsbank ein. Im hochformellen Cutaway und gestreifter Hose warteten sie an dem langen Konferenztisch auf ihn. Er erschien im normalen Geschäftsanzug, nickte einigen ihm bekannten Herren zu, nahm seinen Platz am Kopfende des Tisches ein und verkündete: »Meine Herren, ich habe die Ehre, Sie als Ihr neuer Präsident zu begrüßen. Es ist mir natürlich bekannt, daß Sie mit wenigen rühmlichen Ausnahmen sämtlich gegen meine Bestallung zum Reichsbankpräsidenten gestimmt haben. Diese Tatsache ist mir bei meinem Besuch in London zu Anfang dieses Monats von erheblichem Nutzen gewesen, weil das Ausland daran erkannt hat, daß die bisher betriebene Währungspolitik der

Reichsbank *einem grundsätzlichen Wandel* unterliegen wird. Sie werden über diese Politik im Verlauf der nächsten Wochen und Monate selber zu urteilen Gelegenheit haben. Für heute möchte ich damit unsere Sitzung beschließen, falls nicht einer der Herren noch etwas zu sagen hat.« [Hervorhebung des Autors][6]

Die drei Mitglieder, die seinerzeit für Schacht gestimmt hatten, schmunzelten vergnüglich, als Schachts früherer Hauptwidersacher, ein sehr bekannter Berliner Bankier, um das Wort bat und dem neuen Präsidenten versicherte, daß der Zentralausschuß geschlossen hinter ihm stehe und loyal mit ihm zusammenarbeiten werde.

In der von Friedrich dem Großen gegründeten Reichsbank erinnerte alles noch an die Kaiserzeit – von den vielen Dienern in marineblauen Livreen mit roten Krägen und vielen goldenen Knöpfen bis hin zu den mit Polstersesseln und wuchtigen Schreibtischen möblierten Büros, an deren holzgetäfelten Wänden Ölporträts hingen. Schacht schätzte die Atmosphäre, die in dem »kaiserlichen Institut« herrschte, da er in diesem steifen Ambiente seinen zwanglosen friesischen Stil besonders eindrucksvoll demonstrieren konnte. Er betonte, daß er »für jedermann in der Bank, von der Putzfrau und den Büroburschen angefangen, zu sprechen war«. Er war stolz auf seinen stets aufgeräumten Schreibtisch, auf dem, abgesehen von einer kleinen Bronzestatuette des Bankgründers, keine Nippsachen herumstanden. Er verlangte Pünktlichkeit und ließ auch selbst niemanden in einem Vorzimmer warten. Er führte den zeitsparenden telegraphischen Überweisungsverkehr ein – ein revolutionärer Sprung in die Zukunft.

Die Schachts zogen in die geräumige Präsidentenwohnung im düsteren roten Reichsbankgebäude in der Jägerstraße. Die Privatgemächer und die Büroräume des Präsidenten grenzten aneinander, so daß zwischen Schachts

Privat- und Berufsleben eine ständige Verbindung bestand. Fräulein Steffeck verwaltete seine Arbeitszeit. Und Luise plante sein gesellschaftliches Leben. Sie ließ Theaterkarten oder Logenplätze in der Oper reservieren, veranstaltete Musikabende mit bekannten Künstlern, organisierte Tanzparties für ihre Kinder und gab Diners für ausländische Diplomaten und Bankiers (an die sich geschäftliche Gespräche anschlossen). Zum Bekanntenkreis der Schachts gehörten auch Reichspräsident Ebert und seine Frau, ein warmherziges und unprätentiöses Paar. Er war gelernter Sattler. Als Frau Ebert einmal bewundernd von einem Bild Giottos aus der Florentiner Pitti-Galerie sprach, fragte ein versnobter adliger Gast, ob und wann sie das Bild denn gesehen habe. Die deutsche First Lady antwortete ruhig lächelnd: »Als ich meine Herrschaft auf ihrer Reise nach Italien als Jungfer begleitete.«

Luise gewöhnte sich bald an solche gelegentlichen Fauxpas in ihrem neuen demokratischen Umfeld. Eines Abends besuchte der päpstliche Nuntius Pacelli (der spätere Papst Pius XII.) die Schachts und streckte einem ihrer Dienstmädchen die Hand hin, damit sie seinen Bischofsring küssen konnte. Das robuste, protestantisch erzogene Mädchen aus Ostpreußen ergriff prompt die Hand des eleganten Kirchenmannes und schüttelte sie kräftig.

Das Dawes-Komitee setzte inzwischen seine eigenen Vorstellungen von der neuen Golddiskontbank durch. Sie war nicht das exklusive *joint venture* der Reichsbank und der Bank von England, das Schacht vorschwebte. Der Aufsichtsrat der neuen Bank bestand aus sieben Deutschen und aus sieben Ausländern. Das flüssige Kapital der Bank sollte stets 400 Millionen Goldmark betragen und je zur Hälfte in Deutschland und im Ausland aufgebracht werden.[7] Kredite sollten deutsche Industriebetriebe nur für den Import von Rohstoffen erhalten, die später als Fertigwaren wieder ausgeführt wurden. Ein Teil der Einkünfte aus diesen Exporten sollte zur Zahlung der Reparationen verwendet werden.[8] Das entsprach zwar nicht Schachts Plan, doch zumindest konnte er über die neue Bank die wacklige Rentenmark endlich zu einer stabilen Goldwährung machen.

Schacht war sich vollauf bewußt, daß eine große Schlacht bevorstand. Die Alliierten würden ihre Reparationsforderung von 225 Milliarden Goldmark schließlich aufgeben müssen. Schacht und viele andere fanden diese Summe völlig utopisch, und etliche Finanzexperten aus dem Dawes-Komitee waren inzwischen zu demselben Urteil gelangt. Für Schacht war der Plan, den das Komitee Deutschland unterbreitete, das beste Angebot, das im Augenblick zu erwarten war, aber nur ein erster Schritt zur Beendigung eines Zustands, den er als finanzielle Sklaverei empfand.

Der vollständig ausgearbeitete Dawes-Plan wurde am 16. August 1924 unterzeichnet und am 29. August 1924 vom Reichstag ratifiziert. Er sah vor, daß Deutschlands Reparationszahlungen sich von 1924 bis 1928 schrittweise von 1 Milliarde Goldmark auf 1,75 Milliarden Goldmark pro Jahr erhöhen würden. Danach sollte der jährliche Betrag auf 2,5 Milliarden Goldmark steigen. Deutschland würde ein ständiger offener Kredit von 800 Millionen Goldmark gewährt werden, der durch deutsche Einfuhrzölle und Steuern abgesichert werden sollte. Der Rückzug Frankreichs aus dem Ruhrgebiet innerhalb eines Jahres war ebenfalls Bestandteil des Planes.

Es gab immer noch einige Spekulanten, die nun mit der neuerdings solide gestützten Rentenmark handelten. Um ihnen das Handwerk zu legen, verfügte Schacht am 5. April 1924 kurzfristig einen Stopp aller Reichsbankkredite. Diese Maßnahme löste unter den Spekulanten eine Panik aus und ruinierte einige schwächere, neugegründete Unternehmen, was Schacht vermutlich als eine gesunde Katharsis betrachtete. Es war das zweite Mal seit seiner Zeit als Reichswährungskommissar, daß man ihn eine Zeitlang als Unternehmensvernichter beschimpfte, doch damit müssen resolute Notenbankchefs auch heute noch dann und wann rechnen.

In einem Interview mit dem Wirtschaftsjournalisten Isaac F. Marcosson, das am 4. Oktober 1924 in der *Saturday Evening Post* erschien, argumentierte Schacht, die Hauptursachen für den deutschen Kapitalmangel seien die Erschöpfung der Reserven durch den Krieg, die Reparationsleistungen und die Beschlagnahme von Gütern im Ruhrgebiet. Durch staatliche Sparmaßnahmen allein könne dieser Kapitalmangel nicht behoben werden. Die einzige Lösung bestehe darin, deutsche Industrieaktien, Anleihen und andere langfristige Investitionen für ausländische Kapitalanleger attraktiv zu machen. Er habe versucht, vor dem Inkrafttreten des Dawes-Plans Ordung im Haus zu schaffen. Die Rentenmark sei nur eine Übergangslösung, sozusagen eine Brücke zwischen dem Chaos, das Ende vergangenen Jahres in Deutschland geherrscht habe, und dem Aufschwung, den das im Dawes-Plan vorgesehene internationale Darlehen in Deutschland bewirken würde. Jeder aufrechte Deutsche habe den Dawes-Plan von Anfang an befürwortet, da er die Reparationen und den Wiederaufbau Deutschlands von der Politik trenne und dem Land wieder auf die Beine helfen würde. Hier habe sich der amerikanische Einfluß durchgesetzt. Nach dem Inkrafttreten des Dawes-Planes würde Deutschland wieder seinen alten Platz als eine konstruktive Kraft in der Weltwirtschaft einnehmen.

Der Journalist war beeindruckt, doch andere hielten es wohl eher für eine clevere Taktik Schachts, eine politische Verbeugung vor Dawes zu machen und Reparationszahlungen nicht prinzipiell abzulehnen. Schacht konnte schon immer gut mit der Presse umgehen, doch diesmal sollte seine Botschaft bis ins Weiße Haus dringen, da Charles

Dawes soeben als Kandidat für das Amt des Vizepräsidenten aufgestellt worden war. In einem früheren Interview (vom 14. Juni 1924) hatte Schacht T. Ybarra von der *New York Times* erklärt, die Nominierung von General Dawes für das Amt des Vizepräsidenten der Vereinigten Staaten sei ein ausgesprochen positives Signal für Menschen in aller Welt, die eine Lösung der europäischen Probleme anstrebten.

Die alte Reichsbank wurde nach dem für die Golddiskontbank entworfenen Modell der gemeinsamen Verwaltung umorganisiert. Die Reichsbankaktien befanden sich nach wie vor in privater Hand, doch ab dem 30. August 1924 unterstand die Bank nicht mehr ihrem deutschen Direktorium und der deutschen Regierung. Ein aus sieben deutschen und sieben ausländischen Mitgliedern bestehender Generalrat wurde gebildet. Schacht wurde zum Vorsitzenden dieses internationalen Aufsichtsgremiums ernannt und blieb Reichsbankpräsident. Er begrüßte den neuen multinationalen Einfluß. Er hoffte, seine ausländischen Kollegen würden ihn in seinem Kampf gegen »leichtfertige«, kurzfristige Auslandskredite unterstützen.

Die immer engeren Beziehungen zwischen dem angeschlagenen Deutschland und der amerikanischen Bankwelt brachten Vorteile, aber auch Probleme mit sich. Die Amerikaner befanden sich damals mitten in ihrer Jazz-Age-Euphorie. Ihr Optimismus und ihre Investitionswut waren kaum zu bremsen. Und wo war das Geld besser angelegt als im redlichen, hart arbeitenden Deutschland, dem dieses Finanzgenie Hjalmar Schacht den Weg wies? In amerikanischen Wirtschaftszeitungen und Börsenblättern erschienen ständig schmeichelhafte Artikel über »den Mann, der Deutschland rettete«. Leider boten die amerikanischen Banken nur Obligationen mit kurzer Laufzeit an, also genau die Kredite, deren Inanspruchnahme Schacht als leichtsinnig und opportunistisch kritisierte.

Schacht konnte die Situation nur unter Kontrolle behalten, solange die Reichsbank der wichtigste Kreditvermittler blieb. Doch nun wurde jedes Unternehmen, jede Stadt und jede Kommune in Deutschland zu einem potentiellen Kunden amerikanischer Banken. Als die Wall Street sich richtig auf diesen neuen Markt eingeschossen hatte, wurden notleidenden Städten in ganz Deutschland beliebig viele kurzfristige Auslandsanleihen angeboten. Schacht konnte kaum am Berliner Luxushotel Adlon vorbeigehen, ohne von irgendeinem ausländischen Finanzagenten angesprochen zu werden, der Anlageobjekte für seine Kunden suchte.

Am 3. November 1924 hielt Schacht in Kiel, wo er einst studierte, eine Rede vor einer Versammlung von Liberalen und erhielt stürmischen Applaus, als er erklärte, nur durch eine ehrliche demokratische Politik lasse sich die Kriegsschuldlüge zerstören und die Erholung Deutschlands erreichen. Doch dann nahm er seine Zuhörer ins Gebet und prangerte die blinde Jagd nach ausländischen Anleihen und Krediten an, die wegen der kostspieligen Intervention überflüssiger Finanzagenten eine unerträgliche Verwirrung auslösen würden.[9]

Damit begann eine typisch Schachtsche Aufklärungskampagne. Er warnte bei jeder Gelegenheit eindringlich davor, in einer Zeit, in der alle Reserven an »harter« Währung gebraucht würden, um die Zahlungsbedingungen des Dawes-Plans zu erfüllen, im Ausland Kapital für öffentliche Renommierprojekte wie Sportstadien, Theater, Opernhäuser oder Parks aufzunehmen. Im Ausland geliehenes Geld sollte nur zur Ankurbelung der Wirtschaft und der Produktion von Exportgütern benutzt und nicht für unnötigen Luxus verschwendet werden. Fußballstadien und Symphoniehallen könne man sich im Augenblick einfach nicht leisten. Wie von Schacht erwartet, verärgerten seine Ermahnungen viele gewählte Politiker, die ihre Wähler hofieren wollten, indem sie etwas Glanz und Freude in ihr entbehrungsreiches Leben brachten.

Schacht bemühte sich bei seinen Verhandlungen mit der Dawes-Gruppe von Anfang an um eine enge Zusammenarbeit mit dem ständigen amerikanischen Vertreter und Reparationsagenten Parker Gilbert. Er versuchte Gilbert von der Notwendigkeit zu überzeugen, die Kapitalmenge, die über kurzfristige amerikanische Anleihen nach Deutschland gelangte, zu kontrollieren. Selbst Industriekonzerne wie Daimler-Benz, I.G. Farben oder die Vereinigten Stahlwerke kurbelten mit Hilfe direkter amerikanischer Kredite nicht den Export gegen harte Währung, sondern die Produktion von Konsumgütern für den einheimischen Markt an.[10]

In seinem 1968 veröffentlichten Buch *1933* führte Schacht ein merkwürdiges Beispiel für einen Mißbrauch von leicht erhältlichen Auslandskrediten an. Die meisten halten die deutschen Autobahnen für eine Erfindung Hitlers. Doch in Wirklichkeit wurde die erste Autobahn, die Avus zwischen Berlin und Wannsee, bereits 1921 mit Hilfe ausländischer Kredite gebaut. Diese Schnellstraße war im Grunde reiner Luxus; sie machte lediglich die Pendelfahrten zwischen der Innenstadt und dem wohlhabenden Vorort kürzer und bequemer. Damals rollten fast nur Luxuswagen – von Mercedes, Horch oder Packard – die Avus entlang. Glücklicherweise wurden auf ihm auch einige internationale Grand-Prix-Autorennen veranstaltet, die Berlins Prestige erhöhten und viel Geld in die Stadt brachten. Schacht wies darauf hin, daß sich im Jahre 1925 selbst Konrad Adenauer, der damals Oberbürgermeister von Köln war, durch die leicht erhältlichen, kurzfristigen Auslandsanleihen dazu verführen ließ, eine Autobahn zu planen.[11]

Trotz aller Warnungen Schachts brachten die Weimarer Politiker nicht den Mut auf, die Aufnahme kurzfristiger Auslandskredite für öffentliche Projekte, die nur den Zweck hatten, ihren Wählern das Leben angenehmer zu machen, zu verbieten. In den zügellosen zwanziger Jahren waren die Leute – nicht nur in Deutschland, sondern auch in anderen Teilen der Welt – schwer von Maßnahmen zu überzeugen, die einen Verzicht auf Komfort bedeuteten. Die Frage war, ob man jetzt auf Pump gut leben oder lieber in der Hoffnung auf eine bessere Zukunft sparen und seine Schulden abbezahlen sollte. Und viele lebten nach dem Motto: »Laß dir's heute gutgehen. Wer weiß, was morgen ist?« Besonders in Berlin war Schacht ständig von Leuten umgeben, die das Leben heute genießen wollten.

Berlin war mit seinem schnellen Geld und seinen Geschäftemachern, seinen Theatern, Varietébühnen und Nachtklubs, dem Jazz und dem Dadaismus, seiner experimentellen Architektur und seiner blühenden Kino- und Kunstszene, seinen Gangstern und Drogenhändlern und seinen Scharen ausländischer Touristen inzwischen zum Zentrum der internationalen Avantgarde geworden. Doch hinter der schillernden Fassade lauerten das Elend der vergessenen Kriegsveteranen und Kriegsversehrten, die Verzweiflung der ruinierten Mittelschicht und der Spott über alle traditionellen Werte und patriotischen Gefühle. Im übrigen Deutschland hielten viele Berlin für ein übles, exotisches Sodom.

Schlimmer war jedoch, daß die deutsche Industrie den Protektionismus bald von seiner anderen, bitteren Seite kennenlernte – als sein Opfer. Nach einem vielversprechenden Anfang sahen sich viele deutsche Exporteure plötzlich mit Handelsschranken konfrontiert, mit denen das Ausland seine Industrien vor der deutschen Konkurrenz zu schützen begann. Schachts Ruhm als heldenhafter deutscher Bankier war noch nicht verblaßt, doch die deutsche Wirtschaft war inzwischen in hohem Maße vom Wohlstand Amerikas abhängig, was bald zu ernsthaften Problemen führen sollte.

8

Veränderungen

Millionen Menschen kannten Hjalmar Schacht von Zeitungsfotos, die auf den vielen internationalen Konferenzen aufgenommen worden waren. Der große hagere Mann mit dem Zwicker auf der hohen Adlernase, dessen graues Haar nach Art der Militärs vom Mittelscheitel aus streng nach hinten gekämmt war, war leicht zu erkennen. Sein schmaler Kopf thronte stets auf extrahohen gestärkten Stehkrägen, die an einen General aus der alten Kaiserzeit in Zivil erinnerten. Sie wurden sein Erkennungszeichen, zusammen mit den obligatorischen Zigarren. Auf internationalen Treffen von Finanzexperten war Schacht stets der einzige »Mann mit Stehkragen und Zigarre« und daher unverwechselbar. Im Winter trug er am liebsten Chesterfields mit Pelzkrägen und graue Homburgs. Unter seinem linken Arm klemmte stets eine rote Ledermappe, die die wenigen Unterlagen enthielt, die er während seiner endlosen internationalen Diskussionsrunden benötigte. Es war dieselbe rote Mappe, die er an jenem Tag, an dem ihm das Amt des Reichswährungskommissars angeboten wurde, nicht zu seiner Unterredung mit Finanzminister Luther mitnehmen wollte. Viele Unternehmer, Bankiers und Politiker der zwanziger Jahren trugen Zwicker, und die meisten bedeutenden Männer rauchten Zigarren, doch die gestärkten Stehkrägen, Schachts Markenzeichen, sah man nach dem Krieg kaum noch.

Es ist schwer zu glauben, daß Schacht nicht bewußt war, welchen Eindruck er erweckte. Es gefiel ihm offensichtlich, wenn die Leute bei seinem Anblick sagten: »Da ist er, das ist

Schacht!« oder »Da kommt Schacht!« Er vermittelte das perfekte Image des Finanzgenies, des Wirtschaftsgenerals, des Patriarchen, der sein verunsichertes Land fest bei der Hand nahm und durch den Sturm führte. Schachts Erscheinungsbild änderte sich nie. Er blieb dem Stil, den er sich Anfang der zwanziger Jahre zulegte, sein Leben lang treu.

Am 28. Februar 1925 starb der allgemein bewunderte Reichspräsident Ebert. Mit ihm verlor Schacht einen seiner frühen Förderer, doch inzwischen hatte er sich in Deutschland und in der Welt einen sicheren Platz erobert.

Im Frühjahr 1925 nahm sich Schacht einen lange aufgeschobenen Urlaub. Die Schachts hatten beschlossen, eine Mittelmeerkreuzfahrt zu machen,und vier Plätze auf einem Dampfer einer Schiffahrtsgesellschaft reserviert, die Schachts altem Widersacher Stinnes gehörte. Die ganze Familie ging in Genua an Bord und fuhr von dort aus nach Sizilien, Ägypten, Griechenland und Spanien. Schacht fühlte sich an seine Wandervogel-Zeit erinnert und führte mit seiner einundzwanzigjährigen Tochter Inge und seinem fünfzehnjährigen Sohn Jens lebhafte Diskussionen über die Geschichte Siziliens, Ägyptens und Griechenlands. Seine Beziehung zu den Kindern scheint auf eine unbeholfene, spröde Art herzlich gewesen zu sein. Seine friesische Zurückhaltung wird in all seinen Äußerungen über Inge und Jens deutlich. Hjalmar Schacht konnte jeden Menschen mit Humor und Distanz betrachten, nur seine Familie nicht. Sie blieb offenbar von seinem sonst so kritischen Blick verschont.

Nach seiner Rückkehr nach Berlin machte Schacht dem ehemaligen Generalfeldmarschall Paul von Hindenburg seine Aufwartung, der inzwischen in den Reichspräsidentenpalast eingezogen war. Der barsche alte »Held von Tannenberg« war mit einer knappen Mehrheit zu Eberts Nachfolger gewählt worden.

Schacht war inzwischen ein so berühmter und angesehener Mann, daß ein findiger Musikverleger, der irgendwie in den Besitz des Operettenmanuskripts aus Schachts Studienzeit gelangt war, ein Lied daraus veröffentlichte; unter dem Titel stand »Text von Hjalmar Schacht«.[1] Das war allerdings nicht im Sinne des Reichsbankpräsidenten. Für solche Albernheiten war im Leben eines Retters der Nation kein Platz, daher verhinderte Schacht die Weiterverbreitung des Liedchens. Doch in seinen Memoiren schilderte er diese Episode mit einem gewissen, halb sarkastischen, halb sentimentalen Humor. In der *New York Times* vom 6. März 1926 war die Schlagzeile zu lesen: DR. SCHACHT BEDAUERT GEDICHT.

Anfang 1926 kaufte Schacht das Landgut Gühlen. Es lag siebzig Kilometer nördlich von Berlin, in der Nähe des Dorfes Neuruppin. Damit erfüllte er sich seinen Jugendtraum von einem Anwesen auf dem Land. Das von Wiesen, Wäldern und Seen umgebene Gühlen wurde sein Zufluchtsort, über den er schrieb:

Keine Sorge so schwer,
daß sie Gühlen nicht teilt.
Keine Wunde so tief,
daß sie Gühlen nicht heilt.
Kein Angriff so scharf,
daß ihm Gühlen nicht wehrt.
Keine Freude so groß,
daß sie Gühlen nicht mehrt.[2]

Schacht hatte sich mit seinen radikalen Methoden viele Feinde gemacht. Er war ein kampflustiger Mann, dem noch viele Gefechte bevorstanden, daher brauchte er »eine Burg, auf die er sich zurückziehen konnte«.

Was die Scharmützel mit der Umgebung anging, so

wurde zum Beispiel ein Mann namens Roll zu einer Geldstrafe von 750 Mark verurteilt, weil er Hjalmar Schacht »einen Schwindler« genannt hatte. Er behauptete, er habe nur die Worte eines Journalisten wiederholt, der Schacht als »Henker der deutschen Wirtschaft« bezeichnet hatte. Roll vertrat eine große Gruppe von Leuten, die vor dem Krieg 1000-Mark-Staatsanleihen erworben hatten, die nun wertlos waren. Es kam zu einer sehr turbulenten und lauten Verhandlung. Der Gerichtssaal füllte sich mit Rolls Anhängern, und Schacht mußte schließlich durch die Hintertür in Sicherheit gebracht werden.[3]

Später verklagte Schacht einige Leute wegen Verleumdung und Beleidigung. Er war beschuldigt worden, vor jedem Kreditstopp einige befreundete Bankiers zu warnen und ihnen durch diesen »Insider-Tip« schnelle Profite zu ermöglichen, doch ihm konnte nichts bewiesen werden.

Schacht schien ohne Streit nicht leben zu können. Obwohl er Bewunderung für Dawes und die Ziele des Dawes-Plans zum Ausdruck gebracht hatte, erklärte er Journalisten immer wieder, Deutschland könnte seine Zahlungsverpflichtungen nur erfüllen, wenn es die verlorenen Kolonien zurückerhielte. Sie würden Rohstoffe liefern und wären ein wichtiger Ausgleich für einen Bevölkerungsüberschuß.[4] Diese Äußerungen lösten Entrüstung aus, obwohl Schacht den Verlust der Kolonien früher schon als Argument angeführt hatte. Später wurde daraus eine Waffe, die er in seinem Kampf gegen Reparationszahlungen stets bereithielt.

Im September 1926 wurde Deutschland in den Völkerbund aufgenommen – acht Monate nach seinem Antrag auf Mitgliedschaft. Der Völkerbund war schwach und sein Arsenal an wirtschaftlichen Sanktionen fragwürdig, doch die damalige Regierung der Weimarer Republik hielt Deutschlands Beitritt für ein politisches Muß.

Trotz aller Warnungen Schachts blieb es verlockend, mit Hilfe kurzfristiger amerikanischer Kredite alle möglichen öffentlichen und privaten »Luxusprojekte« zu verwirklichen, und mit einem Teil des geliehenen ausländischen Geldes wurde an der Börse spekuliert. Schacht befürchtete, die Kontrolle über die Mark zu verlieren. Parker Gilbert, der amerikanische Reparationsagent des Dawes-Komitees, schien ihm völlig recht zu geben. Deutschland zahlte die Reparationen mit geliehenem Geld, und Spekulanten kauften mit aufgenommenem Kapital in großem Umfang Wertpapiere auf Einschuß. Die Berliner Börse boomte natürlich. Schacht sah sich gezwungen, den Trick zu wiederholen, mit dem er bereits 1923 Spekulationsgeschäfte unterbunden hatte. Am 11. Mai 1927 teilte die Reichsbank den Handelsbanken mit, daß sie ihre Reserven für zu gering halte. Zwei Tage später, am 13. Mai – dem »Schwarzen Freitag« –, verfügte Schacht einen Stopp aller Reichsbankkredite. Diese Maßnahme beschwor eine erneute Finanzkrise herauf, auf die die Börse mit einem Kurssturz reagierte. Schacht wurde von der Geschäftswelt und einigen Politikern heftig angegriffen. Er und seine Frau waren an jenem Freitagabend zu einer Gesellschaft eingeladen. Neben ihm saß eine reiche Frau, die sich bei ihm beklagte, daß er sie ein Vermögen gekostet habe. Sie mußte all ihre Aktien mit großem Verlust verkaufen. Es stellte sich heraus, daß es sich durchweg um gut fundierte Aktien handelte. Schacht fragte, warum sie diese ausgezeichneten Papiere denn nicht halten konnte. Sie erklärte ihm, sie habe sie auf Kredit gekauft und hätte Geld nachschießen müssen, das sie jedoch nicht hatte. Da zitierte Schacht schulterzuckend einen alten Spruch, den er von der New Yorker Börse kannte: »Wer verkauft, was nicht sein eigen, muß zahlen oder ins Kittchen steigen.«

Schacht sorgte dafür, daß der Amerikaner Parker Gilbert für die Krise mitverantwortlich gemacht wurde, doch der reagierte keineswegs eingeschüchtert auf den Vorwurf, er habe zu große Mengen ausländischer Währung als Reparationszahlungen ins Ausland transferiert und dadurch in Deutschland eine Kreditkrise ausgelöst. Er erklärte: »Die Deutschen werden keine Reduzierung ihrer im Dawes-Plan festgelegten Zahlungen erreichen, denn sie haben Wertpapiere auf Einschuß gekauft, zu einem Kurs, der weit über ihrem tatsächlichen Wert lag, und nun müssen sie sie mit Verlust verkaufen, wenn die Banken ihr Geld zurückfordern. Genau das ist in anderen Ländern auch schon passiert. Es könnte sogar in den Vereinigten Staaten passieren.«[5] Diese Äußerung Gilberts schien nur zu prophetisch.

Schachts radikale Maßnahme hatte den erhofften Erfolg. Danach floß viel weniger geliehenes Kapital an die Börse und in öffentliche Projekte, die die Wähler bei Laune halten sollten. Doch die Deutschen übten sich nicht lange in Enthaltsamkeit. Da die deutsche Wirtschaft florierte, sahen sie nicht ein, warum sie sich einschränken sollten, und begannen nach einer Weile wieder vermehrt Auslandskredite aufzunehmen. Im November 1927 kritisierte Schacht in einer Rede in Bochum erneut mit scharfen Worten die Aufnahme von Darlehen zur Finanzierung von Luxus.[6] Viele verärgerte Politiker argumentierten, diese »leichtsinnigen« Investitionen würden die Moral der Bevölkerung heben, und versuchten zu beweisen, daß sie in Wirklichkeit lohnend waren. Schließlich verlangten Opernhäuser und Eisbahnen auch Eintritt.

Da Auslandskredite so leicht erhältlich waren, konnten die Reparationszahlungen problemlos und fristgerecht geleistet werden, was Schacht allerdings keineswegs beruhigte. Die Deutschen lebten zwar gut, doch ihre Wirtschaft war verpfändet; ihr ganzer Wohlstand hing vom Ausland ab. Als genauer Beobachter der amerikanischen Szene mißtraute Schacht der Spekulationswut der Amerikaner.

Eine Krise an der Wall Street würde in Deutschland eine Katastrophe auslösen.

Abgesehen von finanziellen Erwägungen gab es jedoch noch andere Argumente gegen die Reparationszahlungen. Im Laufe der Zeit wuchs in Deutschland der Unmut über den Versailler Vertrag. Stresemanns »Erfüllungspolitik« war vergessen. Schacht hatte zwar mit dem Dawes-Komitee zusammengearbeitet, doch er fand Reparationen nie gerecht. Für ihn war die Behauptung, Deutschland sei allein für den Krieg verantwortlich gewesen, unwahr und unhaltbar. Und etliche einflußreiche Persönlichkeiten teilten diese Meinung. Am 18. September 1927 weihte der neue Reichspräsident Paul von Hindenburg im ostpreußischen Tannenberg ein Denkmal ein, das an seinen Sieg über die Russen erinnern sollte. In seiner Rede bestritt er Deutschlands Alleinschuld am Ersten Weltkrieg und verurteilte den Artikel 231 des Versailler Vertrages. In Paris, London und Washington lösten Hindenburgs Äußerungen Bestürzung aus, doch in Deutschland erhielt er viel Beifall.

Inzwischen hatten viele Deutsche den sorglosen amerikanischen Lebensstil übernommen, vor allem die Berliner. Mit Lindberghs begeistert gefeiertem Flug über den Atlantik war selbst in Deutschland das Jazz-Zeitalter angebrochen. Das Amerika der Prohibitionszeit exportierte eine »Zum-Teufel-mit-morgen-Haltung«, die Deutschland ruinierte und eine orientierungslose Mittelschicht ansprach. Mit amerikanischen Dollars und amerikanischer Lebensfreude stürzte sie sich ins wilde Berliner Nachtleben.

Schacht war durchaus nicht so prüde, wie er wirkte. Er kannte die dunkle Seite des Lebens aus seiner Zeit als Sensationsreporter in Berlin. Trotz seiner gestärkten Stehkrägen war er nicht steif, sondern konnte ausgesprochen witzig und schlagfertig sein. Doch als konservativer Finanzmann erkannte er, auf welch enormes Risiko die Deutschen sich einließen. Wie konnten sie ihre Zukunft von Amerika abhängig machen, wenn in New York inzwischen selbst Taxifahrer mit riskanten Effektendifferenzgeschäften das große Geld zu machen versuchten. Er war sich sicher, daß der amerikanische Boom bald ein jähes Ende haben würde, und führte immer heftigere Kämpfe mit Politikern, die bedenkenlos Auslandskredite aufnahmen. Jedesmal, wenn sie sich über die geschäftstüchtigen Finanzagenten New Yorker Banken Geld liehen, warf er ihnen vor, um die Gunst der Wähler zu buhlen statt sie vor Schaden zu bewahren.

Amerika befand sich immer noch im Höhenflug, doch Westeuropa geriet bereits ins Trudeln. In Großbritannien, von einem Generalstreik im Mai 1926 in eine schwere Krise gestürzt, klopfte die Labour Party an die Tür der Downing Street Nr. 10. Der Streik der englischen Bergarbeiter hatte die Nachfrage nach deutscher Kohle vorübergehend erhöht, doch inzwischen wurde keine mehr gebraucht.

In Frankreich herrschten ähnlich instabile Verhältnisse. Der Franc war mittlerweile nur noch zwei amerikanische Cents wert. Ein Kabinett löste das andere ab, doch keinem gelang es, den französischen Staatshaushalt auszugleichen. Eine Abwertung des Franc lag in der Luft, ein billiger Trick, um alte Schulden in abgewerteter Währung begleichen zu können.

Die Sowjetunion vereinnahmte inzwischen eine kleine Republik nach der anderen und wurde immer mächtiger. Im Jahre 1926 kam Joseph Stalin an die Macht, der den Einfluß der Sowjetunion auf wirtschaftlichem wie auf militärischem Gebiet nach einem rigorosen Plan systematisch auszubauen begann. Der russische Bär schien unberechenbar. Für die westlichen Demokratien verwandelte sich der Kommunismus von einer inneren in eine äußere Bedrohung.

Was würde geschehen, wenn das amerikanische Kartenhaus in sich zusammenfiele, Großbritannien politisch nach links rückte und Frankreich in eine tiefe wirtschaftliche und politische Krise geriete? Im privaten Kreis erklärte Schacht immer häufiger, er würde alles ihn seiner Macht Stehende tun, um eine Einstellung der Reparationszahlungen zu erreichen.[7] Er klagte, daß sich Deutschland nach dem Ende des Kaiserreichs in viele kleine Länder, Gemeinden, Bezirke und Provinzen aufgelöst habe, deren politische Vertreter miteinander darin wetteiferten, wer am meisten »für das Volk« tat.[8] Durch solche Äußerungen verlor er Freunde in hohen Kreisen.

Im Jahre 1923 hatte er sich durch seine scharfe Kritik an Jakob Goldschmidts gefährlicher Expansionspolitik die Sympathien seiner Kollegen in der Danatbank verscherzt. Fünf Jahre später galt seine Sorge nicht mehr einer Bank, sondern einem Land. Erneut setzte er sich dem Zorn von Freunden und Geschäftspartnern aus, indem er auf seinem konservativen Standpunkt beharrte. Er ging lieber auf Nummer Sicher und betrachtete die Zukunft als einen schmalen, nur undeutlich vorgezeichneten Pfad. Er war nur dann bereit, Risiken einzugehen, wenn er sich gute Erfolgschancen ausrechnete und sein Rückzug gesichert war. Wenn er erst einmal davon überzeugt war, daß er gewinnen konnte, war er kaum noch von seinem Kurs abzubringen, doch sobald er erkannte, daß er sich falsch entschieden hatte, zog er sich sofort zurück.

Gelegentlich unterlief allerdings selbst Hjalmar Schacht ein Fauxpas. Am 20. Februar 1926 berichtete das Berliner Büro von Associated Press, Schacht sei »ins Fettnäpfchen getreten«. Er hatte zu einer Frau gesagt, sie solle sich in Zukunft auf einen neuen Hut pro Jahr beschränken. »Nun schreiben Frauen Leserbriefe an Zeitungen, in denen sie ihm vorwerfen, auf Mitgliedern des weiblichen Geschlechts herumzuhacken«, hieß es in der Pressemeldung. Die Frauen wollten wissen, wie hoch Schachts Bezüge und seine Reisespesen seien, und fragten: »Wieviele Hüte leistet sich denn Frau Schacht pro Jahr?«

Diesen Zwischenfall erwähnte er in seinen Memoiren nicht.

Im Juni verließ Schacht die DDP, die demokratische Partei, die er am Tage des Waffenstillstands zusammen mit Freunden aus dem »Club von 1914« gegründet hatte.[9] Als Grund für seinen Austritt gab er an, daß die Partei »in der Frage der Fürstenenteignung ... das Grundgesetz des individuellen Eigentums angriff«, doch diese angebliche Meinungsverschiedenheit war wohl eher ein Vorwand. Offensichtlich hielt Schacht die Zeit für gekommen, sich von Deutschlands linksliberalem Establishment zu distanzieren und sich nach politischen Alternativen umzusehen. Sein Vertrauen in die Funktionsfähigkeit des republikanischen Regierungssystems schwand allmählich.

Doch zunächst bot sich ihm noch eine letzte Chance, seinen Ansichten Ausdruck zu verleihen. Im Sommer 1927 nahm er in New York an einer weiteren internationalen Konferenz führender Bankiers über die finanzielle Situation in Europa teil. Die Hauptthemen waren der neue Wohlstand in Deutschland, die amerikanischen Investitionen in deutsche Obligationen und Deutschlands Fähigkeit, Reparationen zu zahlen. Es sah so aus, als könnten diese Zahlungen problemlos geleistet werden, doch Schacht warnte, daß Deutschlands scheinbare Zahlungsfähigkeit eine Seifenblase sei, die sehr schnell zerplatzen könne. Wenn kein amerikanisches Kapital mehr nach Deutschland floß, würden die Reparationszahlungen eingestellt werden müssen. Parker Gilbert schloß sich erneut seiner Einschätzung der Lage in Deutschland an; auch andere äußerten die Befürchtung, daß Deutschlands Wohlstand nur ein Wohlstand auf Pump war.

Das Jahr 1928 verging mit den Vorbereitungen für eine weitere internationale Konferenz von Finanzexperten über die Reparationen, die im Frühjahr 1929 in Paris stattfinden sollte. Sie wurde als Young-Konferenz bekannt, da der angesehene amerikanische Anwalt und Präsident von General Electric, Owen D. Young, den Vorsitz führte. Young war als Mitglied des Dawes-Komitees bereits mit der Reparationsproblematik vertraut.

Schacht leitete die deutsche Delegation, die sich im Februar 1929 zur Eröffnungssitzung im neuen Pariser Luxushotel Georges V einfand. Am langen Konferenztisch saßen die Amerikaner Owen Young und John Pierpont Morgan, Schachts früheres Idol, sowie Vertreter Großbritanniens, Frankreichs, Belgiens, Italiens und Japans. Schachts Partner waren der Industrielle Albert Vögler von den Vereinigten Stahlwerken und die Bankiers Carl Melchior aus dem Hause Warburg und Karl Blessing von der Reichsbank. Die Deutschen quartierten sich im Hotel Royal Monceau ein. Sie waren in vier Limousinen angereist, die ihnen von Mercedes-Benz zur Verfügung gestellt worden waren. Paul Schmidt, der Chefdolmetscher des deutschen Außenministeriums, begleitete die Delegation als Beobachter. Von ihm stammen die folgenden Beschreibungen einiger Konferenzteilnehmer.

John Pierpont Morgan war ein ruhiger Mann, der am Verhandlungstisch unbeholfen wirkte, weil er wenig sagte, doch dieser Eindruck täuschte. Die Stärke Morgans lag im persönlichen Gespräch von Mann zu Mann, in den Verhandlungspausen oder in der Hotelbar. Moreau, der Gouverneur der Bank von Frankreich, war das getreue Sprachrohr von Poincaré. Auch der belgische Bankier Francqui blieb bei seiner unversöhnlichen anti-deutschen Haltung. Die Italiener wurden von Alberto Pirelli aus der Pirelli-Reifen-Dynastie vertreten. Die beiden japanischen Delegierten saßen die ganze Konferenz über nur schweigend und lächelnd da. »Die markanteste Gestalt am Verhandlungstisch war aber zweifellos der deutsche Sachverständige, Reichsbankpräsident Dr. Schacht. Mit einem natürlichen Selbstbewußtsein saß er, lässig zurückgelehnt, in seinem Sessel und verfolgte, durch den Kneifer seine Kollegen scharf ins Auge fassend, die Verhandlungen ... Er sprach ausgezeichnet Englisch, und ich lernte in ihm bei diesen und späteren Verhandlungen den besten internationalen Unterhändler kennen, der mir auf deutscher Seite in meiner langen Tätigkeit begegnet ist. Infolge seiner größeren Erfahrung im Umgang mit Ausländern und insbesondere mit Angelsachsen übertraf er in seiner Verhandlungskunst sogar noch Stresemann.«[10]

Sisley Huddleston, der ebenfalls an der Konferenz teilnahm, zeichnete ein interessantes Bild von Schacht: »Ein vehementer, intoleranter Mann; reizbar und dogmatisch; ungehalten über die fragwürdigen Berechnungen von Zahlenjongleuren. Die taktloseste, aggressivste und jähzornigste Person, die mir im öffentlichen Leben bisher begegnet ist. Doch er hatte im Grunde recht. Er wußte, daß Owen Young einen ›Erfolg‹ vorweisen wollte; und so holte er aus ihm heraus, was er konnte.«[11]

Ein Foto der Konferenzteilnehmer aus der *Saturday Evening Post* zeigt, daß damals der Bowler in Mode war. Selbst Schacht trug eine Melone. Und J.P. Morgan führte sein eigenes Sondermodell vor, eine Mischung aus einem Bowler und einem Zylinder.

Obwohl die Verhandlungen manchmal hart und oft ermüdend waren, vernachlässigte Schacht seine genußfreudige Seite nicht. Er beklagte sich bitter über den »fürchterlichen Fraß« im Royal Monceau und siedelte für acht Tage zur gastronomischen Erholung nach Versailles über. Und abends besuchte er das Chez Marianne oder die Casanova-Bar, zwei Nachtlokale am Montmartre, meist in Begleitung von Madame Eliat, der attraktiven, fünfunddreißigjährigen

Frau des Pariser Vertreters der Deutschen Bank. Sie unternahmen auch lange Spaziergänge durch den Bois de Boulogne und die Parks von Versailles und Compiègne. Schacht erwähnte noch einen charmanten griechischen Playboy namens Nicolaides, mit dem er ebenfalls öfters ausging. Madame Eliats Ehemann war offenbar nie dabei.

Im Gästebuch des Chez Marianne steht unter dem Datum 26. April 1929 ein typisch Schachtsches Gedicht, diesmal in französischer Sprache:

Voilà ce que je pense
à cette conférence
on a perdu balance
j'ai cassé ma lance
et je n'ai plus de confiance
mais je garde l'espérance.

Was ich von dieser Konferenz halte?
Nun, man hat die Balance verloren.
Ich habe meine Lanze zerbrochen,
mein Vertrauen ist dahingeschwunden –
aber ich bewahre die Hoffnung in meinem Herzen.[12]

Der Einfluß des deutschen Außenministers Stresemann war die ganze Konferenz über spürbar. Der stämmige, kahlköpfige Stresemann, der aussah wie ein deutscher Universitätsprofessor, war der berühmteste deutsche Staatsmann der Nachkriegszeit. Für ihn war die Erfüllung der finanziellen Verpflichtungen, die Deutschland im Versailler Vertrag auferlegt worden waren, eine Frage der nationalen Ehre. Er hatte sich ganz dieser »Erfüllungspolitik« verschrieben, so schmerzhaft sie auch sein mochte. Sie würde die übrige Welt beruhigen und ihr beweisen, daß Deutschland wieder ein verläßlicher Partner in der internationalen Staatengemeinschaft war. Und es war ihm bereits gelungen, viele ausländische Skeptiker zu überzeugen.

Im Jahre 1925 hatte Stresemann mit dem französischen Premierminister Aristide Briand in Locarno einen Nichtangriffspakt ausgehandelt, und aufgrund seines hohen Ansehens wurde Deutschland in den Völkerbund aufgenommen. Im Jahre 1926 erhielt er zusammen mit Briand den Friedensnobelpreis. Als 1929 die Young-Konferenz begann, war Stresemann bereits schwer nierenkrank, doch er bestand darauf, im Amt zu bleiben, bis Deutschland auch diese letzten Schritte zu normalen internationalen Beziehungen zurückgelegt hatte. Der Erfolg der Young-Konferenz war ihm ein großes Anliegen.

Die Beziehung zwischen Stresemann und Schacht war von gegenseitigem Respekt, aber auch von gegenseitigem Unverständnis geprägt. Stresemann war großzügiger als Schacht, wenn es um öffentliche Investitionen ging, die zur Verbesserung der Lebensqualität der deutschen Bevölkerung beitrugen, doch er war kein Verschwender. Als der preußische Staat sich die Renovierung der Berliner Staatsoper vierzehn Millionen geliehene Mark kosten ließ, beklagte Stresemann diese Unmäßigkeit im privaten Kreis, während Schacht sie öffentlich anprangerte.[13]

Stresemann glaubte fest an seine »Politik der Erfüllung«, während der zynische Schacht, der einst den Dawes-Plan befürwortet und mit dem Dawes-Komitee relativ bereitwillig zusammengearbeitet hatte, mit sehr gedämpftem Enthusiasmus an der Eröffnungsitzung der Young-Konferenz teilnahm. Die Verhandlungen begannen mit einem schlechten Omen. Am 19. April starb unerwartet Lord Revelstoke, einer der einflußreichsten britischen Delegierten, der für seinen Takt und seine diplomatische Vorgehensweise bekannt war.

Ein kurzer Artikel aus der *New York Times* vom 2. Dezember schien auf einen Richtungswechsel Schachts schließen zu lassen:

STREIT ÜBER DEUTSCHE REPARATIONEN DEMENTIERT

Die Berichte, nach denen es zwischen Dr. Stresemann, dem Außenminister, und Dr. Schacht, dem Reichsbankpräsidenten, Meinungsverschiedenheiten über die Fähigkeit Deutschlands, Reparationen zu zahlen, gegeben haben soll, entbehren jeglicher Grundlage, wurde heute offiziell erklärt.

Gerüchte über einen Streit wurden am Freitag von der nationalistischen Presse verbreitet.

In den demokratischen Zeitungen wurde angedeutet, daß mit dieser Geschichte offenbar zu verstehen gegeben werden sollte, daß Dr. Stresemann versöhnlicher war als Dr. Schacht.[14]

Die Geschehnisse während der Young-Konferenz sollten sich als ein Schlüssel zu Schachts politischer Zukunft und seiner Haltung zur Demokratie erweisen. Ein weiterer in der *New York Times* erschienener Bericht über den Verlauf der Verhandlungen war mit der ominösen Schlagzeile überschrieben:

REPARATIONSEXPERTEN DEMENTIEREN DROHENDEN ABBRUCH

Dr. Hjalmar Schacht, der Leiter der deutschen Delegation, der immer noch selbstgefällig auf ihren Vorschlag wartet, als wäre er ein Gläubiger, der seinen Schuldnern Bedingungen diktieren kann ...[15]

Die Vertreter der Alliierten auf der Young-Konferenz waren davon überzeugt, das Richtige zu tun, doch Schacht hegte große Zweifel. Er wußte, daß viele Deutsche aller politischen Schattierungen die Reparationen als völlig ungerecht und eine Form wirtschaftlicher Versklavung empfanden;

selbst ihr hochgeschätzter Präsident hatte den Artikel 231 des Versailler Diktats bereits verurteilt.

Ein persönlicheres politisches Problem waren für Schacht die feindseligen Äußerungen des Industriellen und Politikers Alfred Hugenberg, die ihn zutiefst beunruhigten. Der Chefideologe des immer einflußreicheren rechten Flügels im Reichstag hatte angedeutet, Schacht verrate Deutschland.

Im April begann die nächste Phase der Young-Konferenz. Wahrscheinlich wollte Schacht gar nicht erst den Eindruck aufkommen lassen, er sei ein Kompromißler und Schwächling; jedenfalls tat er etwas recht Untypisches. Ohne sich wie üblich vorher abzusichern und Rückzugsmöglichkeiten zu schaffen, schlug er am 17. April 1929 einen gefährlichen Kurs ein. Er konfrontierte die Konferenz mit einem provokanten Memorandum, das Bedingungen enthielt, die für die Vertreter der Alliierten einfach unannehmbar waren. Darin hieß es unter anderem, Deutschland könne die auf den vorangegangenen Sitzungen veranschlagten Reparationssummen nur zahlen, wenn es seine früheren Kolonien zurückerhielte; die Kolonien würden der deutschen Industrie Rohstoffe liefern, die sie für die Produktion von Exportgütern benötige. Eine noch befremdlichere Forderung betraf den sogenannten polnischen Korridor, den Deutschland nach dem Versailler Vertrag als Zugang zur Ostsee an Polen abtreten mußte und der nun Ostpreußen vom übrigen Deutschland trennte. Auch dieses Gebiet müsse Deutschland zurückerhalten, damit es wieder direkt mit landwirtschaftlichen Produkten aus Ostpreußen versorgt werden könne.

Im höchst unwahrscheinlichen Fall, daß diese radikalen Vorschläge angenommen worden wären, hätte Schacht sich als Deutschlands größter Nachkriegsheld feiern lassen können.

Er hatte hoch gespielt und verloren. Das Memorandum hätte beinahe zum Abbruch der Verhandlungen geführt. Die Reichsregierung war außer sich. Schacht hatte sich angemaßt, Außenpolitik zu betreiben, ohne sich mit Stresemann abzustimmen.

Um die Situation zu retten und sich von Schachts Memorandum zu distanzieren, akzeptierte Stresemanns Kabinett am 3. Mai einstimmig die Vorschläge Youngs und forderte Schacht auf, das gleichfalls zu tun. Der Industrielle Vögler legte am 21. Mai sein Amt als Sachverständiger der deutschen Delegation aus Protest gegen eine bestimmte Bedingung des Planes nieder und kehrte nach Deutschland zurück.[16] Schacht war wütend, denn bis zu seinem vermessenen und unerwarteten Memorandum hatten er und Vögler alle Punkte gemeinsam ausgearbeitet. Seiner Meinung nach hatte Vögler in letzter Minute Angst bekommen, den Plan zu unterzeichnen.[17]

Schachts Manöver gefährdete das Vertrauen zu Deutschland, das Stresemann in jahrelanger Arbeit so mühsam wiederhergestellt hatte. Nur das Entgegenkommen Owen Youngs rettete die Konferenz. Um das Gesicht zu wahren, mußte Schacht kapitulieren, und zwar möglichst schnell. Am 7. Juni akzeptierte er die vom Young-Komitee angebotenen Bedingungen und »übernahm die volle Verantwortung« für den Plan.[18] Die Konferenz, die mit einem Todesfall begonnen hatte, endete mit einem weiteren seltsamen Omen: Unmittelbar nach der feierlichen Unterzeichnung des Planes fingen die schweren Vorhänge des Sitzungssaales Feuer.

In Deutschland war Schacht nun Angriffen von allen Seiten ausgesetzt. Die Reichsregierung nahm ihm übel, daß er selbstherrlich mit dem Schicksal des Landes gespielt hatte. Hugenberg und seine Anhänger warfen ihm vor, Deutschland einer jahrzehntelangen wirtschaftlichen Sklaverei ausgeliefert zu haben. Am 28. Juni mußte Schacht einer Gruppe führender Persönlichkeiten aus Handel und Industrie, der unter anderem Krupp und Thyssen angehörten, Rede und Antwort stehen.[19] Sie kritisierten ihn heftig, weil er nicht wie Vögler einfach gegangen war.

Eine detaillierte biographische Skizze des Reichsbankpräsidenten, die im Sommer 1929 im einflußreichen New Yorker Magazin *Review of Reviews* erschien, zeigt einen ernüchterten Schacht. Am Abend nach den Verhandlungen wurde er gefragt, ob er mit den Ergebnissen zufrieden sei.

»Sie fragen mich, ob ich zufrieden bin?« antwortete Schacht. »Wie kann ein Mann mit sich zufrieden sein, wenn das Resultat monatelanger Diskussionen die Bitte an seine Regierung ist, 37 Jahre lang 500.000.000 Dollar im Jahr zu zahlen?«[20]

Der Young-Plan sah die Gründung einer neuen Institution, der Bank für Internationalen Zahlungsausgleich, vor. Sie würde ihren Sitz in Basel haben und von den Notenbankpräsidenten aller beteiligten Länder geleitet werden. An diese Bank sollte Deutschland bis in das Jahr 1988 deutlich verringerte Jahresraten entrichten. In den ersten sechsunddreißig Jahren würden sie sich jedes Jahr erhöhen, doch Beträge über 660 Millionen Mark konnten mit zwei Jahren Aufschub bezahlt werden. Schacht behauptete, er habe die Idee zu dieser Bank gehabt und Young habe ihm zu ihr gratuliert: »Sie haben mir eine wundervolle Idee gegeben.« Er nannte die neue Bank »meine Bank für Internationalen Zahlungsausgleich«.

Die Zahlungsbedingungen des Young-Plans waren wesentlich vorteilhafter als die des Dawes-Plans, nach dem die Deutschen 1,7 Milliarden Mark im Jahr zu zahlen hatten, die sie im Moment mühelos aufbrachten. Offensichtlich hatten die Konferenzteilnehmer sich zumindest einige Warnungen Schachts aus dem Jahre 1927 zu Herzen genommen.

Im August 1929 trafen sich alle Außenminister der beteiligten Länder, um den Young-Plan zu ratifizieren. Die Franzosen erklärten sich nun endlich bereit, ihre Truppen aus dem Rheinland zurückzuziehen. Stresemann hatte trotz eindringlicher Warnungen seiner Ärzte auch an dieser Konferenz teilgenommen. Kurz darauf starb er.

Eine Restschuld aus dem Young-Plan besteht bis heute. Am 6. Januar 1995 stand im Wirtschaftsteil der *New York Times*, daß die letzten Zinszahlungen für die Anleihe, die das Deutsche Reich nach dem Young-Plan erhielt, von der deutschen Bundesregierung Anfang des einundzwanzigsten Jahrhunderts abgeschlossen werden würden.

Schacht brauchte dringend eine Besinnungspause. Er war ungewöhnlich verunsichert. Einen letzten Schlag erhielt sein Ego, als er seiner Frau in den tschechischen Kurort Marienbad nachreiste und sie ihm schon vom Bahnsteig aus entgegenrief: »Du hättest niemals unterzeichnen dürfen!«[21]

Im Oktober 1929 hielt der zukünftige Verwaltungsrat »seiner« Bank für Internationalen Zahlungsausgleich in Baden-Baden seine erste Konferenz ab. Den Vorsitz führte der New Yorker Bankier Jackson Reynolds; sein Stellvertreter war Melvin Taylor von der First National Bank of Chicago. Am 29. Oktober, ein paar Tage nach dem Beginn der Sitzungen, kam es zum New Yorker Börsenkrach.

Am darauffolgenden Morgen sprach Schacht Reynolds beim Frühstück im Speisesaal ihres Hotels an: »Sie machen gar kein fröhliches Gesicht. Was ist Ihnen passiert?«

»Haben Sie nicht die Depeschen aus New York gelesen?« erwiderte Reynolds.

»Natürlich, aber das wird Sie doch nicht sehr tangieren.«

»Es tangiert mich leider sehr, da ich mit großen Beträgen an der New Yorker Börse engagiert bin.«

Dann erschien Taylor, der andere amerikanische Bankier. Er strahlte über das ganze Gesicht. Als Schacht ihn fragte, ob er auch von der Finanzkrise betroffen sei, sagte Taylor: »Betroffen bin ich überhaupt nicht. Als ich mich von New York zu einem mehrwöchigen Aufenthalt in Europa verabschiedete, habe ich als vorsorglicher Mann meine sämtlichen Papiere verkauft.«[22] Taylor und Schacht wurden gute Freunde und unternahmen viel zusammen. An Taylors Geburtstag mokierte sich Schacht in einem englischen Gedicht mit leicht teutonischem Einschlag über die amerikanischen Prohibitionsgesetze:

Yankee Doodle, guard your wit,
Yankee Doodle Dandy,
Don't think it fair to prohibit
Black Forest Cherry Brandy.

Yankee, werde nicht unwirsch,
Yankee Doodle Dandy,
Verbiete nie Schwarzwälder Kirsch,
»Black Forest Cherrybrandy«.[23]

Als Schacht nach vier heiteren Wochen in Baden-Baden nach Berlin zurückkehrte, fand er heraus, daß die Reichsregierung inzwischen mit der polnischen Regierung über bestimmte Beträge verhandelt hatte, die Deutschland nach dem Young-Plan als Entschädigung für das im Versailler Vertrag an Polen abgetretene Staatseigentum erhalten sollte. Schacht war empört über dieses einseitige Abkommen mit Polen; schließlich hatten er und »seine« Delegation auf der Young-Konferenz für jede Klausel hart gekämpft. Zudem war er, der ehemalige Leiter dieser Delegation, nicht einmal über die beabsichtigten Änderungen unterrichtet worden. Das war seine Chance, Boden zurückzugewinnen. Am 6. Dezember 1929 machte er seinem Ärger über die »Torheit« und »Bosheit« der Reichsregierung in einem an den Kanzler gerichteten Memorandum Luft, das er auch an die Presse gab. Es war eine weitere Bombe Schachts, die die Spannungen zwischen ihm und der Reichsregierung noch mehr verschärfte. Doch ihre feindseligen Reaktionen schüchterten Schacht nicht ein. Als Finanzminister Hilferding mit einer amerikanischen Bank ein Darlehen aushandeln wollte, weigerte sich Schacht, es über die Reichsbank zu verrechnen. Er bot Hilferding statt dessen einen Kredit in Reichsmark an – zu bestimmten Bedingungen, die in einem entsprechenden Gesetz festgeschrieben werden sollten. Hilferding und sein Staatssekretär hielten »eine solche Einmischung des Reichsbankpräsidenten in die Reichspolitik für unerträglich« und traten aus Protest zurück. Das von Schacht erzwungene neue Gesetz erhielt den ironischen Namen »Lex Schacht«. Hilferding, der Jude war, sollte Jahre später in einem Pariser Gefängnis Selbstmord begehen, nachdem Marschall Pétains Vichy-Franzosen ihn an die Gestapo ausgeliefert hatten.[24]

Schachts Fehde wurde durch ein familiäres Ereignis unterbrochen. Seine Tochter Inge gab ihre Verlobung mit dem jungen Legationssekretär im Auswärtigen Amt Hilger van Scherpenberg bekannt, dessen Familie aus Holland stammte. Am 12. Januar 1930 gaben die Schachts in der luxuriösen Präsidentenwohnung der Reichsbank eine große Verlobungsparty.

Am darauffolgenden Morgen brach Schacht in aller Frühe nach Den Haag auf, wo der im August 1929 ratifizierte Young-Plan von den Außenministern aller beteiligten Länder unterzeichnet werden sollte. An dieser Konferenz nahmen gleich drei deutsche Kabinettsmitglieder teil: Stresemanns Nachfolger Julius Curtius, der als Außenminister die Delegation leitete, Innenminister Joseph Wirth und der neue Finanzminister Paul Moldenhauer. Schacht beschwerte sich sofort bei ihnen, daß die geplanten Änderungen den ursprünglichen Young-Plan erheblich verschlechtern würden. Zu den Zugeständnissen, die er kritisierte, gehörte eine sehr gewunden und höflich formulierte Zusatzklausel, in der sich die Alliierten das Recht vorbehielten, »in dem höchst unwahrscheinlichen Fall, daß Deutschland seinen Teil des Vertrages nicht erfüllen sollte«, Sanktionen gegen Deutschland zu verhängen, allerdings nur als äußerstes Mittel. Dies war ein offensichtlicher Kompromiß zwischen den eher germanophilen und den germanophoben Delegationen. Schacht drohte damit, auf seinen Sitz im Verwaltungsrat der neuen Bank für Internationalen Zahlungsausgleich zu verzichten. Diese Drohung hatte er bereits in einem privaten Brief an J.P. Morgan vom 31. Dezember 1929 geäußert, der am 4. Januar 1930 von einer englischen Zeitung veröffentlicht worden war und in Berlin Empörung ausgelöst hatte.[25] Am 20. Februar 1930 telegraphierte Schacht Owen Young, daß er beabsichtige, als Präsident der Reichsbank zurückzutreten. Dadurch verschärfte er die Krise weiter, denn Young gab die Information an die deutsche Botschaft in Washington weiter, die sie nach Berlin telegraphierte.[26] Nach einer verspäteten AP-Meldung vom 8. März reagierte Schacht mit einem sofortigen Dementi: »Nur Reichspräsident von Hindenburg wußte von meinen Rücktrittsabsichten.«[27]

Moldenhauer beschwor Schacht: »Sie wissen, welche Schwierigkeiten für die Regierung durch Ihre Haltung entstehen. Darf ich Ihnen nicht einmal nahelegen, ob Sie es nicht für richtiger halten, vom Amt als Reichsbankpräsident freiwillig zurückzutreten.«

Schacht war kampfbereit. »Herr Moldenhauer, freiwillig werde ich aus meinem Amt sofort zurücktreten, wenn der Reichspräsident mir den Rücktritt nahelegt; keineswegs aber nur auf den Wunsch einer vorübergehenden Regierung hin.« Moldenhauer versuchte sofort, über Otto Meißner, den Staatssekretär des Reichspräsidenten, Verbindung mit Hindenburg aufzunehmen, doch ohne Erfolg.

Schacht war so enttäuscht über die Ergebnisse der Young-Konferenz, daß er am 3. März in einem Brief an Hindenburg seinen Rücktritt ankündigte. Am 6. März legte er dem Reichspräsidenten in einem längeren Gespräch seine Gründe noch einmal ausführlich dar. Hindenburg schrieb Schacht noch am selben Tag, daß er seine Entscheidung zutiefst bedauere, und bat ihn, die Gründe für seinen Rücktritt geheimzuhalten, »da solche Bemerkungen aus so prominentem Munde zu einer schweren Gefährdung unserer Wirtschaft durch Kapitalflucht und Krediterschwerung führen müßten.«[28]

Am 7. März gab Schacht seinen Rücktritt bekannt. Er wahrte in seiner Begründung die Zurückhaltung, um die ihn der Reichspräsident gebeten hatte, doch später bedauerte er, daß der wahre Grund für sein Ausscheiden, seine Entrüstung über den verpfuschten Young-Plan, auf diese Weise nicht bekannt wurde.

Der Abschied von der Reichsbank fiel Schacht nicht leicht. In seinen Memoiren zitiert er aus dem ungewöhnlich gefühlvollen Brief, mit dem sein Vater ihm am 22. Oktober 1924 zu seiner Ernennung zum Reichsbankpräsidenten gratuliert hatte. An diesem Tag hatte der sonst so steife und barsche William Schacht geschrieben: »Ich freue mich ebenso wie Mama, diesen Tag noch erlebt zu haben. Wir sind stolz auf dich und wünschen Dir, daß Du die Früchte Deines Fleißes zu Deiner eigenen Freude noch recht lange genießen mögest.«[29] Schacht bewahrte diesen Brief sorgfältig auf.

Einer Lehrmeinung nach trat Schacht zurück, weil er die deutsche Katastrophe voraussah, die dem New Yorker Börsenkrach folgen sollte, und Distanz zu den Ereignissen gewinnen wollte. Falls Schacht tatsächlich beschloß, sich abzusetzen, bevor die Krise ausbrach, dann vermutlich deshalb, weil er sie seiner Meinung nach nicht verursacht hatte. Aus welchem Grund Schacht auch zurücktrat, er gab seinen Posten jedenfalls nicht auf, ohne sich vorher finanziell abzusichern.

Nach Aussagen des Historikers Norbert Mühlen handelte er eine Abfindung von drei Jahresgehältern aus – das waren dreimal 360.000 Reichsmark.[30] Schachts Platz in der Reichsbank und in der Bank für Internationalen Finanzausgleich nahm am 3. April 1930 der ehemalige Finanzminister Hans Luther ein, der Mann, der ihn seinerzeit angeworben hatte.

Einen interessanten Einblick in das Leben von Hjalmar und Luise Schacht gibt das Tagebuch von Bella Fromm, der damaligen Gesellschaftskolumnistin der renommierten *Vossischen Zeitung*:

12. FEBRUAR 1930

Silberhochzeit im Hause eines Großbankiers: übertrieben protzig. Viele Berühmtheiten waren dadurch zum Erscheinen veranlaßt worden, daß man ihnen versprochen hatte, andere Berühmtheiten wären ebenfalls zugegen. Reichsbankpräsident Schacht mit Gattin anwesend. Sie schmückt ihren Busen, oder besser gesagt, läßt ihn noch mehr hervortreten durch ein kostbares Hakenkreuz in Rubinen und Diamanten, vorausgesetzt, daß ihr dies in politischer oder gesellschaftlicher Hinsicht opportun erscheint. Obgleich Schacht seine gegenwärtige hohe Stellung Gönnern wie Professor George Bernhard, dem Chefredakteur der *Vossischen Zeitung*, Bankier Jacob Goldschmidt und anderen Nichtariern zu verdanken hat, verschmäht er es nicht, das Hakenkreuz zu seinem Zeichen zu machen, wenn er glaubt, daß es seinen Zwecken dienen kann. Heute abend sagte er zu mir: »Warum den Nationalsozialisten nicht eine Chance geben? Sie erscheinen mir ziemlich schneidig.«

Sie fuhr fort: »Schacht gehörte einst zur liberalen Partei. Er war ein überzeugter Republikaner, der dann konservativ wurde. Ist der Nationalsozialismus sein nächster Schritt?«[31]

Wie viele, die Gesellschaftskolumnen schreiben, führte auch Bella Fromm eine spitze Feder. Doch sie war eine glühende deutsche Patriotin, die bereits von der Regierung ausgezeichnet worden war. Obwohl sie Jüdin und eine erklärte Nazi-Gegnerin war, gelang es ihr, nach der Machtergreifung Hitlers noch fünf Jahre lang bei der Zeitung zu bleiben. Ihre freundschaftlichen Beziehungen zu den ausländischen Diplomaten in Berlin schützten sie vor Pressezar Goebbels' Zorn.

Im August 1938 erkannte sie schließlich, daß ihre Position unhaltbar war und daß es Zeit wurde, ihr geliebtes Berlin zu verlassen. Ihre Überfahrt nach Amerika war bereits gebucht und ihre Habe gepackt, als die Behörden ihr in letzter Minute Schwierigkeiten wegen des Transfers ihres eher bescheidenen Vermögens ins Ausland machten. In ihrer Not erinnerte sie sich an ein Versprechen, das Schacht ihr einmal gegeben hatte, und »sandte ihm ein S.O.S.«. Schacht sorgte sofort dafür, daß ihr Fall von der Reichsdevisenstelle umgehend geregelt wurde. Ohne seine Intervention hätte sie Deutschland nicht verlassen können, denn die amerikanische Regierung verlangte von Einwanderungswilligen einen Nachweis ihrer Zahlungsfähigkeit.[32]

Schacht zog sich auf sein Landgut Gühlen zurück, um sich etwas Ruhe zu gönnen und sich anschließend neuen Aufgaben zuzuwenden. Die *New York Times* berichtete am 11. März in einem Leitartikel über Schachts Rücktritt, würdigte seine Leistungen und gelangte zu dem Schluß: »Dr. Schacht scheint den falschen Augenblick gewählt zu haben, um auf die falsche Weise das Falsche zu tun.«[33] Doch Schacht hatte nicht vor, sich völlig aus dem öffentlichen Leben zurückzuziehen.

9

Abendessen mit dem Teufel

Die Landschaft, in der Schachts Landsitz Gühlen lag, war mit ihren Kiefernwäldern, Wiesen und Seen typisch für den nördlich von Berlin gelegenen Teil Brandenburgs. Das Anwesen wurde zwar bewirtschaftet, doch es warf keine großen Gewinne ab. Schacht war genaugenommen ein Gutsbesitzer, der Milchkühe hielt und Schweine züchtete. Seine Milch war die beste, und seine Ferkel waren sehr gefragt, doch er gab erstaunlicherweise unumwunden zu, daß die Einkünfte aus der Landwirtschaft verglichen mit seinen Investitionen sehr gering waren. Obwohl er behauptete, Gühlen und seine Spaziergänge durch die ausgedehnten Wälder und Wiesen der Umgebung hätten ihn immer wieder gestärkt und ihm Ruhe und Zufriedenheit verliehen, erzählte seine Tochter Inge, er sei »wie ein eingesperrter Löwe unruhig durch Haus und Garten von Gühlen gestreift«. Auch die Außenwelt war sich sicher, daß sie Schacht wiedersehen würde. Sein angeblicher Rückzug aufs Land sollte – mit vielen Unterbrechungen – drei Jahre dauern.

In seinen Memoiren schrieb Philip Snowden (der an Schachts letzter Young-Konferenz teilnahm), daß Schacht »die deutsche Delegation terrorisierte«, und bezeichnete ihn als einen »Mann von grenzenlosem Ehrgeiz«.[1] Viele gewannen den gleichen Eindruck. So jemand setzte sich nicht vorzeitig zur Ruhe.

Am 26. März 1930 war im einflußreichen amerikanischen Politmagazin *Outlook* zu lesen: »In Deutschland kursieren Gerüchte, daß Dr. Schacht hofft, Reichspräsident Hindenburgs Nachfolger zu werden. ... Er übte [letzten Sommer und Herbst] weiterhin Kritik am Young-Plan, um sich bei den Nationalisten in Deutschland einzuschmeicheln.«

Der politische Journalist C.H. Lambert schrieb am 22. März 1930 in der New Yorker Zeitung *The Nation & Athenaeum*: »Dr. Schacht erklärt, daß er sich auf sein Landgut zurückzieht, doch es ist keineswegs sicher, daß er dort lange bleiben wird. Er ist der Held der gemäßigten konservativen Parteien. Viele sagen ihm politische Ambitionen nach ...«

Schacht drückte sich folgendermaßen aus: »In der Tat wollte ich mich natürlich nicht in Gühlen vergraben, sondern habe immer wieder über die Frage nachgedacht, was ich als einfacher Privatmann zur Lösung des deutschen Problems beitragen könnte. Die Welt mußte erkennen, daß die Reparationslast, die man Deutschland aufgebürdet hatte, nicht nur die deutsche Volkswirtschaft, sondern notgedrungen den ganzen Welthandel ruinierte. Als sich mir die Gelegenheit durch mehrere Einladungen aus dem Auslande bot, habe ich dieser Aufklärungsarbeit eine Reihe von Vorträgen gewidmet.«[2] Sie führten ihn zuerst nach Bukarest, dann nach Bern, Kopenhagen und Stockholm und schließlich nach Amerika. Das Thema war immer Deutschland, seine Schwierigkeiten durch den Versailler Vertrag und die Gefährdung der finanziellen und wirtschaftlichen Stabilität in Deutschland und der Welt durch die Reparationen.

Der Domino-Effekt des New Yorker Börsenkrachs erschütterte das Gefüge der deutschen Wirtschaft. Deutschland war durch umfangreiche amerikanische Investitionen von der Wall Street abhängig, doch nach dem Börsenkrach wollten die Amerikaner so schnell wie möglich aussteigen. Viele amerikanische Investoren waren bankrott, und ihre Investitionen befanden sich in den Händen von Konkursverwaltern. Schacht hatte Deutschlands demokratische Politiker oft genug gewarnt. Sie hatten sich im Ausland Geld geliehen, um sich bei ihren Wählern einzuschmeicheln, und nun bekamen sie die Rechnung präsentiert.

Viele Wähler fühlten sich von ihren demokratischen und liberalen Volksvertretern getäuscht und wechselten ins Lager der Rechtskonservativen über. Die Wirtschaftskrise bewirkte einen landesweiten Rechtsruck. Zum ersten Mal wurde Hitlers Nazi-Bewegung ein bedeutsamer Faktor. Bei den Wahlen am 14. September 1930 errangen die Nazis 109 Sitze im Reichstag. Bisher waren sie nur mit zwölf Abgeordneten vertreten gewesen.[3] Die Deutschnationale Volkspartei der konservativen Rechten aus der Mittel- und Oberschicht erhielt 41 Mandate, und der sogenannte Landbund, ein Bündnis aus wohlhabenden adligen Großgrundbesitzern, Monarchisten und Reaktionären, errang 19 Sitze. Das hieß, daß von insgesamt 577 Reichstagsabgeordneten nun immerhin 167 aus dem rechten Lager kamen. Nach dem Weimarer Mehrparteiensystem brauchte eine Partei oder Koalition nicht die absolute Mehrheit, um die Macht zu übernehmen, sondern nur mehr Stimmen als jede andere; eine mächtige Koalition aus rechten Parteien hätte Reichspräsident Hindenburg also zwingen können, Hitler an der Regierung zu beteiligen. Und die demokratische Opposition würde nun vielleicht die Kommunisten hofieren müssen, die es von 54 auf 77 Abgeordnete gebracht hatten.

Schacht war an diesem 14. September wählen gegangen und anschließend nach England aufgebrochen, von wo aus er nach Amerika weiterreisen wollte. Als er in London eintraf, erfuhr er die Ergebnisse der Reichstagswahl. Es ist unwahrscheinlich, daß er sich von den Nazis, einer Horde von Proleten und Krawallmachern, angezogen fühlte. Doch ihr fanatischer Nationalismus machte sie zu potentiellen Verbündeten der rechtskonservativen Parteien, die er inzwischen favorisierte. Abgesehen davon konnte er den unerwarteten Wahlerfolg der Nazis in seinen Vorträgen als ein Alarmzeichen für die kritische Lage in Deutschland anführen und seinen kapitalistischen Zuhörern gleichzeitig mit dem deutlich gestiegenen Einfluß der Kommunisten im Reichstag Angst machen.

Da Schacht mehr über dieses neue politische Phänomen erfahren wollte, las er auf seiner Überfahrt nach Amerika Adolf Hitlers *Mein Kampf*. Den Stil des Buchs empfand er als »einen Angriff auf die deutsche Sprache«, doch der Inhalt fesselte ihn stellenweise. Er räumte ein, daß der Autor »Scharfsinn« bewies.[4]

Wie Schachts Geschichte 1930 weiterging, läßt sich mit einigen Schlagzeilen amerikanischer Zeitungen und Magazine aus diesem Jahr erzählen. Er gehörte inzwischen zur Prominenz der internationalen Politik, und seine eigenwilligen politischen Aktivitäten hatten die Aufmerksamkeit von politischen Journalisten aus aller Welt erregt.

DR. SCHACHTS TOCHTER HAT GEHEIRATET

BERLIN, 23. April (AP) – ... sie heiratete heute hier in Berlin Hilger von [sic] Scherpenberg aus der Deutschen Botschaft in London. Außenminister Julius Curtius und andere prominente Persönlichkeiten nahmen an den Feierlichkeiten teil. [In Wirklichkeit war Hilger holländischer Abstammung und hieß mit Nachnamen van Scherpenberg].

SCHACHT KOMMT IM AUGUST [nach New York]

BERLIN, 19. Juni (AP) – ... auf Einladung amerikanischer Interessenverbände ... es geht bei diesem Besuch um die Entwicklung der deutschen Exporte.

REICHSBANKER KOMMT

[*New York Times*] 4. August – ... im Herbst zu einer Vortragsreise [nach Amerika], verkündete gestern das Institute of International Education.

SCHACHT HÄLT KEINE VORTRÄGE

[*New York Times*] BERLIN, 11. August – »Es handelt sich um eine rein private Reise, die keinen beruflichen oder geschäftlichen Zweck hat …« Dr. Schacht bestritt, daß er eingeladen wurde, eine Reihe von Vorträgen zu halten. »Ich verstehe nichts vom Spiel der Politik und habe nicht die Absicht, darin einzusteigen.«

LUTHER ÄUSSERT SICH ZUVERSICHTLICH ÜBER DEN KAPITALMARKT

SCHACHT ÜBT SCHARFE KRITIK AN POLITIKERN

[*New York Times*] BERLIN, 13. August – »… Das wichtigste aller Probleme ist jedoch, Arbeit für die Menschen zu finden.«

SCHACHT WIRD DIE VEREINIGTEN STAATEN BESUCHEN

[*New York Times*] 17. August – … Der bedeutende, hochkontroverse Dr. Schacht wird uns einen weiteren Besuch abstatten. Er bestreitet, daß er kommt, um Vorträge zu halten …

SCHACHT FORDERT STUNDUNG DER KRIEGSSCHULD

[*New York Times*] 3. Oktober – … Mittagessen im Hotel Astor. »… Diese Unzufriedenheit versuchte Hitler in eine virulente antisemitische Bewegung umzuwandeln, was ihm nicht gelang. Es war eine Protestwahl gegen den Versailler Vertrag und nicht gegen die Juden, die ihm diesen großen Wahlsieg bescherte.«

SCHACHT EINGETROFFEN, SIEHT IM FASCHISMUS EINE WARNUNG

MOKIERT SICH ÜBER DIE FURCHT VOR HITLER

[*New York Times*] 3. Oktober – »… die überraschend hohen Stimmengewinne der Faschisten sind als Zeichen einer Revolte des deutschen Volkes gegen die Behandlung zu werten, die es durch die Allierten erfuhr …«

»Die Verhältnisse in Deutschland sind überhaupt nicht besorgniserregend …«

»Wenn das deutsche Volk erst hungert, wird es noch viel mehr Hitlers geben …«

»Sie scheinen Hitler ernst zu nehmen. Warum sollten die Deutschen es nicht tun?«

... begleitet von Frau Schacht und Sohn Jens, der in den Vereinigten Staaten das Bankgeschäft lernen soll ... er ist Gast des Council of Foreign Relations und soll an der Columbia University sprechen ...

DAS DEUTSCHE REICH WIRD ALLE KREDITE ZURÜCKZAHLEN, SAGT SCHACHT

[*New York Times*] 10. Oktober – ... Mittagessen im New York Bond Club ... »Investoren, die Deutschland seit dem Krieg Geld geliehen haben, brauchen keine Angst zu haben ...«

SCHACHT SPRICHT IN YALE

[*New York Times*] NEW HAVEN, Connecticut, 14. Oktober – »... kooperative Hilfe in Europa ...«

SCHACHT TRIFFT STIMSON, BESTREITET JEDOCH, DIE REPARATIONEN ANSPRECHEN ZU WOLLEN

[*New York Times*] WASHINGTON, 18. Oktober – ... er verbrachte eine halbe Stunde beim Außenminister. Mr. Stimson wird morgen ein Mittagessen für ihn geben ... er soll Präsident Hoover vorgestellt werden und wird wahrscheinlich Finanzminister Mellon einen Besuch abstatten ...

SCHACHT PROPHEZEIT DEUTSCHLANDS EINSTELLUNG DER REPARATIONSZAHLUNGEN UND WIDERSTAND GEGEN ENTWAFFNUNGSBESTIMMUNG

[*New York Times*] 21. Oktober – ... Einstellung aller deutschen Reparationszahlungen, falls andere Länder Deutschland nicht helfen, seinen Außenhandel auszubauen ... Widerstand »irgendeiner deutschen Regierung« gegen die Entwaffnungsbestimmung des Versailler Vertrages zu erwarten, falls die alliierten Länder ihren Teil der vertraglichen Abmachungen nicht erfüllen und abrüsten

... um das Publikum zu beruhigen, versicherte er, daß Deutschland als Land keine Gewalt ausüben würde. »Der Nazismus ist eine absolut verfassungsmäßige Bewegung. In Deutschland ist nichts geschehen, was man als eine Überschreitung der Grenzen der Verfassung bezeichnen könnte.« ... er hatte eine Auseinandersetzung mit John Foster Dulles, der der inzwischen aufgelösten Reparationskommission angehörte ...

GESPRÄCHE ÜBER REPARATIONSMORATORIUM IN 3 HAUPTSTÄDTEN

SCHACHT IN VERHANDLUNGEN

Eiltelegramm von Carlisle MacDonald an die *New York Times*:

PARIS, 21. Oktober – ... Berichte aus Washington heute eingetroffen ... in Anbetracht der Anwesenheit Dr. Schachts in Washington wurde diesen Berichten ungewöhnlich hohe Bedeutung zugemessen ...

DEUTSCHE NUN GEGEN STUNDUNG DER SCHULD

KRITIK AN SCHACHTS ANSICHTEN

Sonderbericht von Edwin L. James an die *New York Times*.

BERLIN, 5. November – ... es herrscht ein hohes Maß an Uneinigkeit über die Äußerungen Schachts, die von vielen als unklug betrachtet werden.

Er eröffnete eine Pressekonferenz, indem er den Vereinigten Staaten unaufgefordert Ratschläge zur Bekämpfung ihrer Wirtschaftskrise gab, mit denen er sich bei den amerikanischen Journalisten nicht gerade beliebt machte. Professor Steven Duggan, der Vortragstermine an einigen Universitäten arrangiert hatte, schlug ihm während eines Mittagessens in New York vor, sich mit den regional unterschiedlichen Ansichten der Amerikaner vertraut zu machen, bevor er Ratschläge erteilte. Schacht »lief sofort rot an und stieß hervor: ›Dr. Duggan, wenn Sie mir diktieren wollen, was ich in meinen Vorträgen sagen soll, werde ich das nächste Schiff nach Hause nehmen!‹« Duggan beschwichtigte ihn und erklärte, daß er die Redner nur auf die unterschiedlichen Verhältnisse in den

> einzelnen Teilen des Landes hinweisen wollte. Er sagte ihm nicht, daß Paul Warburg, der ebenfalls an dem Mittagessen teilnahm, ihn gedrängt hatte, Schacht zu mehr Zurückhaltung zu raten, denn, so Warburg, »Schacht war in Amerika, um für Deutschland Geld zu leihen, und würde nichts erreichen, falls er nicht leisere Töne anschlug.«[5]

Schacht hielt Vorträge in New York, Philadelphia, Baltimore, Boston, Cincinnati, Los Angeles, San Francisco und in New Haven an der Yale University; er wiederholte immer wieder, daß Deutschland die im Young-Plan festgelegten Reparationen nicht leisten könne, falls dem Land kein Zahlungsaufschub gewährt würde, und wies auf die »Gefährdung des Friedens und der Stabilität in der Welt« hin.

Schachts Aussagen nach schlief er in fünfzig Tagen in zweiundvierzig verschiedenen Betten, »wovon zweiundzwanzig auf den Pullman-Schlafwagen entfielen«. Und er bekam auf seiner Vortragsreise durch Amerika fast täglich dasselbe Menü aus »Chicken and Icecream« serviert und beklagte sich darüber.[6] Am 26. November meldete die *New York Times* schließlich: DR. SCHACHT IST NACH DEUTSCHLAND ABGEREIST.

Ein routinemäßiger Tagesbericht über die Passagierliste eines ausgelaufenen Schiffes, des deutschen Liniendampfers *Columbus*, nannte Schacht zusammen mit so prominenten Persönlichkeiten wie Prinzessin Erik von Dänemark, die vor ihrer Hochzeit Lois Booth hieß und die Erbin eines mit kanadischem Holz verdienten Vermögens war, und einem berühmten amerikanischen Schriftsteller irischer Herkunft, der sich auf dem Weg zur Nobelpreisverleihung befand, doch in der Schlagzeile wurde nur sein Name erwähnt.

Schachts Aufklärungsfeldzug war noch nicht zu Ende.[7] Gleich nach der Ankunft der *Columbus* in Bremen erklärte er während eines Mittagessens, das die Handelskammer von

Bremen zu seinen Ehren gab, Amerika sei die einzige Hoffnung auf eine Revision des Young-Plans. Er legte seine Ansichten auch ausführlich in einem Artikel für den *Yale Review* dar, der in der Ausgabe vom 30. Dezember 1930 veröffentlicht wurde.

Jens blieb in Amerika, um ein einjähriges Praktikum in der First National Bank of Chicago zu absolvieren, das Schachts Freund Melvin Taylor arrangiert hatte.

Ein amerikanischer Verleger bot Schacht an, die Ansichten, die er während seiner Vortragsreise zum Ausdruck gebracht hatte, zu veröffentlichen, und Schacht erklärte sich sofort einverstanden. Der Titel des Buches lautete: *Das Ende der Reparationen*. Es erschien zuerst in New York und im März 1931 auch in Deutschland. Kurz darauf brachte ein Londoner Verleger, der die amerikanische Version sprachlich unannehmbar fand, das Buch »in englischer Sprache« heraus. Es erhielt eine hervorragende Kritik im *New York Times Book Review* vom 12. Juli 1931. Der Kritiker nannte es »die eindrucksvollste und überzeugendste Anklage des Reparationssystems, die bisher formuliert wurde.« Schacht versprach dem neuen Reichskanzler Heinrich Brüning das erste deutsche Exemplar. Der gemäßigte Katholik und Ex-Offizier Brüning wurde von Hindenburg zum Reichskanzler ernannt, um die Republik zu stabilisieren, die sich mitten in einer schweren Wirtschaftskrise befand. Hindenburg schien zu erkennen, welche Gefahr vom Aufstieg der Rechtsradikalen, aber auch der Linksradikalen ausging, und hoffte, daß es Brüning gelingen würde, beide in Schach zu halten.

Mit dem Jahr 1931 begann das letzte chaotische Kapitel in der Geschichte der kampfbereiten, aber dem Untergang geweihten Weimarer Republik. Von nun an sollte ein Kanzler nach dem anderen ernannt und ein Kabinett nach dem anderen gebildet werden. Obwohl Schacht Brüning bewunderte, geriet er bald erneut in Konflikt mit der Reichsregierung. Während eines Aufenthalts in Stockholm wurde er von einem Journalisten gefragt: »Was würden Sie tun, Herr Schacht, wenn Sie morgen Reichskanzler würden?« Seine Antwort lautete: »Ich würde noch am selben Tage die Zahlung der Reparationen einstellen.« Die Regierung in Berlin griff ihn sofort heftig an, doch tatsächlich wurden die Zahlungen schon dreieinhalb Monate später durch das Hoover-Moratorium vorläufig beendet.

Im Dezember 1930 lernte Schacht bei einem Abendessen im Hause seines alten Freundes Emil Georg von Stauß, einem Vorstandsmitglied der Deutschen Bank, Hermann Göring kennen.

Der siebenunddreißigjährige Göring war Hitlers Nummer zwei und einer der wenigen Nazis, die für Leute wie Schacht gesellschaftlich akzeptabel waren. Göring war intelligent, gebildet und in guten Verhältnissen aufgewachsen. Einen großen Teil seiner Kindheit hatte er im Schloß seines adligen jüdischen Großvaters verbracht. Im Ersten Weltkrieg hatte er sich als Kampfflieger Deutschlands höchsten militärischen Orden erworben, den *Pour le Mérite*, der auch Blauer Max genannt wurde und ein »Sesam öffne dich« zur besseren Gesellschaft war. Göring war mit einer schönen, aber unheilbar kranken schwedischen Adligen verheiratet. Daß jemand wie er sich den Nationalsozialisten anschloß, war bestenfalls mit der Enttäuschung, Bitterkeit und Wut zu erklären, die viele ehemalige Kriegshelden damals empfanden. Nach dem Krieg hatte er in Dänemark und Schweden als Pilot gearbeitet, bis er bei einem Absturz schwer verletzt wurde. Er mußte mit Morphium behandelt werden, von dem er bald abhängig wurde. Hitler lernte er in den frühen zwanziger Jahren kennen. Er bewunderte ihn maßlos, beteiligte sich an dem Putschversuch der Nazis in München 1923 und wurde dabei verwundet.

Schacht nutzte die Gelegenheit, einen der führenden

Nazis kennenzulernen, und empfand den Abend als durchaus angenehm und gepflegt. Während des Essens entspann sich eine angeregte Unterhaltung über den bedrohlichen Zustand der deutschen Wirtschaft, auch wenn Göring von diesem Thema nicht allzu viel zu verstehen schien. Schacht behauptete, daß an diesem Abend von einem »unverträglichen oder unerträglichen politischen Radikalismus« nichts zu spüren gewesen sei.[8] Görings Lebensstil war damals, verglichen mit seinen notorischen späteren Exzessen, noch bescheiden und einfach.

Bald darauf lud Göring Hjalmar und Luise Schacht zu einem Abendessen in seine Wohnung ein, bei dem Karin Göring die Gastgeberin spielte. Göring hatte Schacht angekündigt, daß er an diesem Abend Gelegenheit haben würde, Adolf Hitler kennenzulernen. Diese erste Begegnung mit dem zukünftigen Führer Deutschlands fand am 5. Januar 1931 statt.

Die Wohnung der Görings im Vorort Wilmersdorf, in dem überwiegend Angehörige der Mittelschicht lebten, war komfortabel und gut bürgerlich eingerichtet. Das Abendessen, zu dem auch der Industrielle Fritz Thyssen und Dr. Joseph Goebbels erschienen, war betont einfach. Die sehr attraktive Frau Göring, die sich offensichtlich bei schlechter Gesundheit befand, mußte sich danach auf einer Couch ausruhen.

Hitler traf erst nach dem Abendessen ein, in einer Nazi-Parteiuniform. Schacht betonte, daß er »natürlich und bescheiden« wirkte und sich nicht anmerken ließ, daß er der Führer der zweitgrößten politischen Partei Deutschlands war. Allerdings stellte er, wie später noch viele andere, bald fest, daß man bei einem Gespräch mit Hitler kaum zu Wort kam. Göring und Goebbels schwiegen, und Schacht begnügte sich damit, Hitlers Monologen zu lauschen, »da ich nicht gekommen war, um Hitler meine politischen und wirtschaftlichen Ansichten zu verkaufen ... Was mir Eindruck machte, war die absolute Überzeugung dieses Mannes von der Richtigkeit seiner Auffassungen und die Entschlossenheit, diesen Auffassungen praktische Geltung zu verschaffen.« Er war »ein echter Fanatiker« und »ein geborener Agitator«. Über den Inhalt der Unterhaltung berichtete Schacht wenig, doch er verwies Hitler an den Wirtschaftsjournalisten Dr. Walther Funk, der Hitler später die Grundprinzipien der Wirtschaftswissenschaft erklärte.[9]

In den darauffolgenden Wochen drängte Schacht Reichskanzler Brüning und andere Politiker immer wieder, die Nazis baldmöglichst in eine Regierungskoalition hineinzunehmen. Er beharrte darauf, daß nur auf diesem Wege »ein totaler Übergang der Macht in die Hände dieser radikalen Rechtsbewegung vermeidbar« sei, und versuchte die Regierungsvertreter davon zu überzeugen, daß eine Regierungsbeteiligung der Nationalsozialisten eine Chance sei, sie »in geordnete Bahnen zu lenken«.[10]

Die Wirtschaft rutschte in eine immer tiefere Depression, und die Brüning-Regierung reagierte immer gereizter auf Schachts Kritik. Selbst eine führende New Yorker Zeitung überschrieb einen Leitartikel über Schacht mit der Schlagzeile: »Deutschlands Unruhestifter«.[11] Reichskanzler Brüning tat, was er konnte, um die Wirtschaft anzukurbeln, doch ohne durchschlagenden Erfolg. Bald war er gezwungen, mit Hilfe des unglückseligen und gefährlichen Artikels 48 zu regieren, mit Notverordnungen des Reichspräsidenten, die ihn vorübergehend von der Zustimmung des Reichstags unabhängig machten.

Inzwischen kursierten alle möglichen Gerüchte über Schachts Treffen mit Hitler. Im Frühjahr 1931 wurde Schacht von der amerikanischen Journalistin Dorothy Thompson gefragt, wer »bei den Nazis denn Deutschland jemals durch die Finanz- und Wirtschaftsklippen steuern könne«. Angeblich antwortete er mit großer Sicherheit »Ich«[12] und sagte außerdem zu ihr: »Nein, die Nazis können nicht regieren, aber ich kann durch sie regieren.«[13]

Welche politischen Ambitionen Schacht auch verfolgt haben mag, George Messersmith, der ehemalige amerikanische Konsul in Berlin (1930–1934), sagte jedenfalls während der Kriegsverbrecherprozesse in Nürnburg aus: »Es besteht kein Zweifel, daß er [Schacht] den Ehrgeiz hegte, Reichspräsident zu werden.«[14]

Am 11. Mai 1931 meldete die größte Bank Österreichs, die Österreichische Kreditanstalt der Rothschilds, Konkurs an. Sie war der erste in einer Reihe von Dominosteinen. Bald standen auch bedeutende deutsche Banken kurz vor der Zahlungsunfähigkeit.

Am 14. Juli, dem französischen Nationalfeiertag, kursierte in Paris ein wildes Gerücht, demzufolge Schacht im Begriff war, Deutschlands Diktator zu werden. Es hieß, er sei dabei, sich die finanzielle Kontrolle über das Land anzueignen, um Brüning aus dem Amt zu drängen. Die Geschichte schien glaubwürdig, denn zufällig besuchte gerade der britische Außenminister Arthur Henderson die französische Hauptstadt, um sich dort mit dem französischen Außenminister Aristide Briand und mit Premierminister Pierre Laval zu treffen. Und der amerikanische Außenminister Stimson und seine Frau waren ebenfalls auf dem Weg nach Paris. Henderson sollte anschließend zu Gesprächen mit seinem Premierminister und deutschen Regierungsvertretern nach Berlin weiterreisen.[15] Die Lage erschien äußerst kritisch.

Die Erklärung für die Reisen dieser prominenten Staatsmänner war in Wirklichkeit recht banal, doch es dauerte eine gewisse Zeit, bis diese Gerüchte um Schacht verstummten. Der Auslöser des ganzen Wirbels war vermutlich ein dringender Anruf aus der Reichskanzlei, den Schacht am Abend des 11. Juli in Gühlen erhielt. »Kommen Sie sofort nach Berlin!« wurde er im Auftrag Brünings gedrängt. Irgendwie hatte die Öffentlichkeit von diesem Anruf erfahren.

Schacht hatte sich geweigert, sofort in die Hauptstadt zu eilen, sich dann aber bereit erklärt, am darauffolgenden Abend in der Reichskanzlei zu erscheinen. Dort fand er zwei Gruppen vor, die in zwei verschiedenen Räumen aufgeregt diskutierten. Die eine bestand aus Bankiers, die andere aus Ministern. Alles, was Schacht vorausgesagt hatte, war eingetroffen. Plötzlich hatten die Banken, allen voran Jacob Goldschmidts risikofreudige Danatbank, fast keine Devisen- und Goldreserven mehr. Nicht nur die Banken waren pleite, auch Stadtverwaltungen und Industriebetriebe mit Auslandsschulden waren unfähig, ihre Kredite zurückzuzahlen. Auf einer früheren Konferenz deutscher Bankiers in Dresden hatte Schacht vor genau dieser Gefahr gewarnt und der Reichsbank empfohlen, durch ein sofortiges Moratorium die Rückzahlung von Auslandsschulden zu unterbrechen. Die Reichsbank hatte sich geweigert. Sie hatte argumentiert, daß es die ausländischen Schuldner beruhigen würde, wenn die Zahlungen weiterliefen, doch Schacht hatte ihnen versichert, daß dann erst recht ein Sturm auf Deutschlands letzte Devisenreserven einsetzen würde.

Auf der Krisensitzung vom 12. Juli in der Reichskanzlei vertrat er die Auffassung: Der Gierige, der ungenügend abgesicherte Darlehen vergibt, um besonders hohe Zinsen zu kassieren, trägt mindestens ebensoviel Verantwortung wie der Schuldner. Er gab den ausländischen Kreditgebern die Schuld. Daher fand er ein Moratorium, eine Stundung aller fälligen Auslandsschulden, legitim und fair. Um Jacob Goldschmidts Danatbank aus der Klemme zu helfen, plädierte Schacht dafür, den kleinen Gläubigern sofortige Zahlungen zu garantieren und mit den großen Gläubigern langfristige Rückzahlungspläne auszuhandeln.

Erneut wurde Schachts Vorschlag abgelehnt. Die Vertreter des Finanzministeriums und der Reichsbank waren sich einig, daß eine Zahlungseinstellung dem Ansehen des Reiches großen Schaden zufügen würde. Schacht fuhr nach Gühlen zurück.

Dort rief ihn Brüning am darauffolgenden Tag an und bat ihn, Reichskommissar für die Banken zu werden. Schacht protestierte, daß die Aufgabe, die er ihm übertragen wolle, in den Bereich des Reichsbankpräsidenten falle. Daraufhin fragte ihn Brüning: »Was hätte denn nach Ihrer Ansicht die Reichsbank tun sollen?«

Schacht antwortete, die Reichsbank müßte die übrigen Banken zusammenrufen und sie zur Stützung der Danatbank verpflichten. Ob die Danatbank liquidiert werden sollte oder nicht, könne später noch entschieden werden. Doch den Posten eines Bankenkommissars lehnte er weiterhin ab.

Daraufhin wurde Hindenburgs Staatssekretär Meißner nach Gühlen geschickt, der Schacht im Auftrag des Reichspräsidenten bat, das Amt zu übernehmen. Doch da Schacht sich noch daran erinnerte, daß Hindenburg seine Reaktion auf die Auseinandersetzungen mit der Regierung über den Young-Plan als »Fahnenflucht« bezeichnet hatte, lehnte er Hindenburgs Angebot höflich ab und blieb in Gühlen.

Angeblich beschwor Jakob Goldschmidt mit einer Fehlspekulation die Bankenkrise herauf, die all diese hektischen Aktivitäten auslöste. Die Danatbank, die mehrere Großunternehmen finanzierte, war bereits bis über die Ohren verschuldet, als er zwei Brüder namens Lahusen zu einem Frühstück ins Berliner Restaurant Hiller einlud. Die Lahusen-Brüder besaßen große Wollkämmereien und Kammgarnspinnereien. Goldschmidt überredete sie dazu, zu expandieren. Er soll ihnen einen 50-Millionen-Kredit der Danatbank »geradezu aufgedrängt« haben.[16]

Die Lahusen-Brüder, die die Nazis finanziell unterstützten, erwiesen sich als Betrüger. Sie wurden wegen Unterschlagung angeklagt und inhaftiert. Die Danatbank erlitt einen Verlust von 23 Millionen Mark, den sie verkraftet hätte, wenn sie nicht bereits völlig überschuldet gewesen wäre. Goldschmidt bemühte sich verzweifelt um die Unterstützung der anderen »D-Banken«, doch ohne Erfolg, da die meisten von ihnen ebenfalls Gläubiger der Lahusen-Brüder waren.

Die Danatbank meldete Konkurs an und wurde bald von der alten Dresdner Bank übernommen, was allerdings nur mit Hilfe der Reichsbank möglich war. Deren neuer Präsident Luther eilte nach London, Paris und Brüssel, um den benötigten Kredit zu beschaffen. Schließlich lieh die Bank für Internationalen Zahlungsausgleich in Basel der Reichsbank 400 Millionen Mark zu vier Prozent Zinsen, und Deutschland verlor eine Menge Geld.

Am 20. September 1931 werteten die Briten zum Entsetzen der internationalen Finanzwelt das Pfund ab, und einen Tag später gaben sie den Goldstandard auf. Schacht riet Luther in einem privaten Gespräch, sofort nach London zu fahren und die Bank von England dazu zu überreden, alle Schulden Deutschlands in abgewertete Pfund umzuwandeln.

Im Oktober 1931 beschloß Hjalmar Schacht schließlich, den Rat, den er Anfang 1930 der Gesellschaftskolumnistin Bella Fromm gegeben hatte, zu befolgen und den Nazis eine Chance zu geben. Wie viele von Schachts Schritten hatte auch dieser weitreichende Folgen, auch wenn er seine Risiken in Grenzen hielt und sich nicht wirklich festlegte.

Ehrgeiz und Machtwillen brachten den rechten Industriellen Alfred Hugenberg dazu, eine Versammlung der sogenannten Nationalen Opposition zu organisieren, an der Hugenbergs Deutschnationale Volkspartei, der Stahlhelm, der Landbund aus adligen Großgrundbesitzern und Monarchisten und die Nationalsozialistische Deutsche Arbeiterpartei teilnahmen. Da er diese Großkundgebung in dem schönen kleinen Kurort Bad Harzburg im Harzgebirge veranstaltete, wurde sie als die Harzburger Front bekannt. In seiner Arroganz glaubte Hugenberg, daß er bei diesem Ereignis den Ton angeben würde.

Es erschienen viele prominente Gegner des demokratischen Weimarer Systems: Dutzende von Industriellen, unter anderen Fritz Thyssen, viele adlige Großgrundbesitzer, vier Prinzen (darunter zwei Söhne des letzten Kaisers), eine Schar Herzöge, Grafen und Barone sowie sechzehn ehemalige Generäle.

Und Hjalmar Horace Greeley Schacht war auch da. Er war von einem Vertreter der Deutschnationalen Partei gebeten worden, ein wirtschaftspolitisches Referat zu halten.

Die Anfangszeilen eines Leitartikels der *New York Times* schildern das Ereignis:

> BAD HARZBURG, 11. Oktober – Vor einem Hintergrund, der von den alten kaiserlichen Farben, paradierenden Stahlhelmen und Faschisten und einer ungehemmten Flut nationalistischer Reden beherrscht wurde, schworen sich Adolf Hitler und Dr. Alfred Hugenberg, die Anführer der Faschisten und Nationalisten in Deutschland, politische Kameradschaft und erklärten der Brüning-Regierung den Krieg.

Die Veranstaltung mit ihren martialischen Paraden und Reden machte Hugenberg schnell klar, wo er wirklich stand. Es war Adolf Hitler, der die Szene beherrschte und die Menge fesselte. Seine SA-Sturmtruppen in den braunen Hemden waren überall, und die Nazi-Bewegung gewann durch ihre Beteiligung an der Harzburger Front neues Ansehen und neue Anhänger. Die Stadt Harzburg war den Nazis freundlich gesonnen und erlaubte ihnen, ihre Uniformen zu tragen, die in weiten Teilen Deutschlands verboten waren.

Die Rede Schachts, der stets behauptete, unpolitisch zu sein und keiner Partei anzugehören, löste in der politischen Welt ein starkes Echo aus. Schließlich hatte er sein Publikum gewarnt, die Brüning-Regierung verheimliche die Tatsache, daß Deutschland bankrott sei, und die Reichsbank stelle Deutschlands Schulden als geringer und ihre Reserven als größer und stabiler hin, als sie in Wirklichkeit seien. Und er gab zu verstehen, daß Deutschlands völliger finanzieller Zusammenbruch nur vermieden werden könne, wenn die Politiker seine Ratschläge befolgten. Seine Rede wurde von vielen besonnenen Deutschen als ein verantwortungsloser Akt des Verrats empfunden. Ein Telegramm des amerikanischen Auslandskorrespondenten Guido Enderis aus Berlin scheint die Reaktion vieler kurz und treffend zu beschreiben: »Es wird allgemein bedauert, daß ein Finanzmann von internationalem Renommee sich aus politischen Ambitionen heraus – so die vorherrschende Meinung – zu einer solchen Entgleisung hinreißen ließ.«[17]

Die kommunistischen Abgeordneten im Reichstag reagierten wesentlich schärfer. Sie stellten den Antrag, Herrn Hitler, Dr. Hugenberg, Dr. Schacht und einige andere sofort des Hochverrats anzuklagen. Sie beschuldigten sie, eine neue Inflation zu planen (um das Land zu destabilisieren); Schachts Rede sei dazu der Auftakt.

Reichsfinanzminister Hermann Dietrich wollte Schacht zwar nicht des Landesverrats anklagen, argumentierte jedoch, daß jemand, der bis vor kurzem eine so hohe Position innehatte wie Schacht, derartige Äußerungen, die weltweit Nervosität auslösen mußten, nicht hätte machen dürfen. Er räumte ein, daß einige von Schachts Zahlen stimmten, doch aus dem Zusammenhang gerissen hätten sie eine besonders schädliche Wirkung.

Trotz der chaotischen politischen Verhältnisse in Deutschland blieb Berlin eine Hochburg der Phantasie und der Künste. Auf den Titelseiten der Tageszeitungen verkündeten breite Schlagzeilen besorgniserregende Neuigkeiten, doch auf den Innenseiten erschienen Berichte und Kommentare über Max Reinhardts außergewöhnliche Bühnenproduktionen, die umstrittene *Dreigroschenoper* von Kurt Weill und Bert Brecht, die Aktivitäten der Dietrich und der Garbo, die schauspielerische Leistung von Conrad Veidt in *Das Kabinett des Dr. Caligari*, über Gropius, Mendelsohn und andere Bauhaus-Architekten, die Bücher von Mann und Zweig, die Bilder von Grosz, Tucholsky und Dix und die Konzerte von Bruno Walter und Furtwängler. Berlin schäumte über vor Kreativität, Talent und Witz. Eigentlich hätten die deutschen Geschäftsleute, Industriellen und Freiberufler den Gürtel enger schnallen müssen, doch sie dachten nicht daran, auf ihre Mercedes-Limousinen, ihre Landhäuser, ihre vornehmen Tennisclubs und ihren Urlaub im Ausland oder in den exklusiven Ferienorten Deutschlands zu verzichten. Sie glaubten nach vierzehn Jahren Demokratie, daß Arbeitslosigkeit, Straßenschlachten, uniformierte rechtsradikale Schläger und ein gelegentlicher saftiger Finanzskandal zum modernen Leben gehörten.

Inzwischen lag die Arbeitslosigkeit bei sechs Millionen, und immer mehr Deutsche hatten nicht genug zu essen.

Schacht kannte die Welt der gutsituierten Oberschicht Deutschlands. Er pflegte seine gesellschaftlichen Kontakte und wurde oft um Rat gefragt. Ihn umgab immer noch die Aura des Finanzgenies; sein guter Ruf war durch nichts zu erschüttern, teilweise, weil man sich noch an seine heroischen Leistungen in den zwanziger Jahren erinnerte, und teilweise, weil er für die erst nach seinem Rücktritt ausgebrochene Wirtschaftskrise nicht mitverantwortlich gemacht werden konnte. Zwar verfolgten viele Liberale seine politischen Aktivitäten inzwischen mit Mißtrauen, doch auf Abendgesellschaften war er weiterhin ein gerngesehener Gast. Schließlich war Schacht ein Geldmann, und es galt *Pecuniam non olet* (Geld stinkt nicht). Zudem war es taktisch klug, sich mit einem »zivilisierten Menschen«, der Kontakte zur politischen Rechten zu haben schien, gut zu stellen. Die Republik geriet offensichtlich ins Wanken, und wer wußte schon, wer in nächster Zeit an die Regierung kommen würde. Natürlich nicht die Nazis. Sie waren zu »proletarisch«. In Berlin wurden sie »Beefsteaks« genannt, weil sie außen braun und innen rot waren. Soll Hindenburg, als er zum ersten Mal die Nazifahne mit dem Hakenkreuz sah, nicht gesagt haben, es sei »zuviel Rot« darin?

In dieser Zeit ließ Schacht auf zahlreichen Abendgesellschaften amüsante und wenig schmeichelhafte Bemerkungen über die Braunhemden fallen. Sie schienen ihn offenbar mehr zu brauchen als er sie. Wenn seine Frau dabei war, schlug er natürlich etwas leisere Töne an. Luise Schacht verehrte den Mann mit dem seltsamen Haarschnitt und dem Chaplin-Schnauzer. Alle zuckten die Schultern. Was konnte man von der Tochter eines preußischen Polizeikommissars schon anderes erwarten?

Eigentlich hatte Schacht im Anschluß an seinen umstrittenen Auftritt in Harzburg einen Kurzurlaub mit seiner Frau im Südtiroler Meran geplant, doch als am darauffolgenden Morgen die Schlagzeilen verkündeten SCHACHT INS AUSLAND GEFLOHEN!, nahm er, um keinen falschen Eindruck entstehen zu lassen, den nächsten Eilzug zurück nach Berlin. Als der Zug in Nürnberg hielt, erhielt Schacht von ein paar einheimischen Reportern die neuesten Berichte über die ärgerliche Reaktion der Regierung auf seine Rede. Schacht blieb gelassen. Er bestritt jede Verbindung zu den Nazis und sagte, er habe Verständnis für Finanzminister Dietrich, den er sehr schätzte; doch er stand zu seiner Rede.

Für Schacht endete das Jahr 1931 höchst unerfreulich. Auf einer Fahrt von der Ostsee nach Berlin mit seinem Sohn Jens hatte er einen Unfall, bei dem er ernsthaft verletzt wurde. In der Nähe des mecklenburgischen Städtchens Waren geriet der Wagen in voller Fahrt auf Glatteis und überschlug sich. Der Fahrer und Jens blieben unverletzt, doch der bewußtlose Schacht mußte in eine an der Landstraße gelegene Schmiede getragen werden, wo ein einheimischer Arzt seine Wunden verband, bevor er in das kleine Warener Krankenhaus gebracht wurde. Er hatte eine schwere Gehirnerschütterung, eine Gehirnblutung und ein paar gebrochene Rippen und konnte fast drei Wochen lang die Beine nicht richtig bewegen. So humpelte er an Weihnachten 1931 auf Krücken herum und blieb vorerst in Gühlen.

1932 war das Jahr, in dem Deutschland seine schwerwiegendsten Entscheidungen für das kommende Jahrhundert treffen sollte. Brüning regierte mit Notverordnungen nach dem Artikel 48. Er verbot den Nazi-Braunhemden, ihre Uniformen zu tragen (die eigentlich nicht braun, sondern lohfarben waren), und beraumte für den 13. März eine Reichspräsidentenwahl an.

Alle jene in Berlin, London, Paris und New York, die Hitler als ein vorübergehendes Phänomen abgetan hatten, erlebten eine böse Überraschung. Und Schacht stellte mit Genugtuung fest, daß sein politischer Instinkt ihn nicht getäuscht hatte. Inzwischen war Hitler, der unscheinbare, aber zielstrebige Mann, den er in Görings Wohnung kennengelernt hatte, der Mann der Stunde; vielleicht würde er das zukünftige Schicksal Deutschlands entscheidend mitbestimmen. Die Wahlergebnisse waren eine Sensation.

Paul von Hindenburg erhielt 18.651.497 Stimmen.

Adolf Hitler, der dreiste Emporkömmling, erzielte sage und schreibe 11.300.000 Stimmen.

Ernst Thälmann, der Kandidat der Kommunisten, lag mit nur 4.983.341 Stimmen weit hinter ihm.

Nach der Weimarer Verfassung reichte Hindenburgs Ergebnis nicht für seine Bestätigung im Amt aus. So mußte er eine demütigende Stichwahl abwarten, die drei Wochen später stattfand. Er bekam die erforderliche Mehrheit zwar knapp zusammen, doch die Nazis konnten ihr Ergebnis auf 13,4 Millionen Stimmen ausbauen.[18] Hindenburg war wütend, weil er diesen Wahlsieg einer Koalition mit den ungeliebten Sozialdemokraten verdankte; er verachtete Liberale. Und er war empört über diesen unverschämten »böhmischen Gefreiten«, der es gewagt hatte, gegen ihn anzutreten. Daher weigerte er sich monatelang, Hitlers Beteiligung an der Regierung auch nur in Erwägung zu ziehen.

Brüning, der die Voraussetzungen für Hindenburgs knappen Wahlsieg geschaffen hatte, fiel beim Reichspräsidenten in Ungnade, als er ein Gesetz vorschlug, nach dem der Staat bestimmte bankrotte ostpreußische Güter übernehmen und das Land an Kleinbauern verteilen sollte. Angesichts der katastrophalen Wirtschaftslage schien das eine vernünftige Maßnahme. Doch Brüning hatte nicht mit dem starken Zusammenhalt zwischen den preußischen Junkern gerechnet. Hindenburg war einer von ihnen und wollte von Brünings Vorschlag nichts wissen.

Und das war noch nicht alles. Zu seinem achtzigsten Geburtstag im Jahre 1927 hatte Hindenburg, der bis dahin nicht viel Land besessen hatte, von seinen adligen ostpreußischen Freunden und »einer dankbaren Nation« ein großes Anwesen in Ostpreußen, das Gut Neudeck, geschenkt bekommen. Es wurde seinem Sohn Oskar überschrieben, um Erbschaftssteuern zu umgehen, was kaum jemand wußte.

Dann war da noch der Skandal um die Osthilfe, die umfangreichen Subventionen, mit denen die deutsche

Schwerindustrie die ostpreußische Landwirtschaft seit 1930 unterstützte, um in Ostpreußen »einen Konsumgütermarkt aufzubauen«. Ein großer Teil des Geldes floß in die Taschen von einigen der reichsten Großgrundbesitzer Deutschlands, die damit in Monte Carlo spielten oder Jachten, Sportwagen und Pferde kauften.

Im Jahr 1932 erhielten zum Beispiel 12.000 ostpreußische Kleinbauern Hilfsgelder in Höhe von 69 Millionen Mark, während eine Gruppe von 722 reichen ostpreußischen Großgrundbesitzern 60 Millionen Mark unter sich aufteilte.[19] Obwohl viele ihrer Güter heruntergewirtschaftet, vernachlässigt oder bankrott waren, verteidigten sie ihr Land gegen den »Agrarbolschewismus« des Herrn Brüning.

Bald darauf tauchte Schachts Name zum ersten Mal in einem konkreten Zusammenhang mit der politischen Führung auf: General Kurt von Schleicher schlug ihn dem Reichspräsidenten als potentiellen Nachfolger Brünings vor. Schleicher, ein politisch sehr aktives Mitglied des militärischen Establishments, war seit 1931 ein enger politischer Berater Hindenburgs. Der Reichspräsident schätzte Schleicher, der wie er Preuße war, doch der »politische« General war auch ein weltgewandter und gebildeter Mann. Er überbrückte die Kluft zwischen Hindenburgs provinzieller preußischer Art und den Vorstellungen der Berliner Internationalisten, doch er zog es vor, hinter den Kulissen zu bleiben.

In der Not ernannte der Reichspräsident schließlich Franz von Papen zum neuen Reichskanzler. Papen war ein Mitglied des Landadels, ein schlanker, redegewandter Ex-Offizier, der Tweedsachen und den Reitsport liebte, und ein politisches Faktotum. Er war mit einer reichen Erbin verheiratet, hatte eine Zeitlang als Diplomat in der Türkei und in den Vereinigten Staaten gelebt und Hindenburg von Anfang an unterstützt.

Im Juni 1932 stellte der neue Reichskanzler sein neues Kabinett vor, das sofort das Kabinett der Barone genannt wurde, da so viele der Minister Adlige waren. Als versöhnliche Geste gegenüber Hitler hob Papen das Verbot der Naziuniformen auf. Dann versuchte er mit einer neuen Notverordnung des Präsidenten zu regieren. All seine Bemühungen, die Arbeitslosigkeit zu senken und die Industrie zu sanieren, waren zwar völlig erfolglos, doch auf internationaler Ebene gelang es ihm, die von Brüning eingeleitete Politik erfolgreich zu Ende zu führen. Am 9. Juni 1932 unterzeichnete er in Lausanne das Abkommen, das das Reparationsproblem endgültig beendete.

Es war zu wenig und kam zu spät. Bei den Reichstagswahlen am 31. Juli errangen Hitlers Nazis 230 Sitze; damit waren sie mehr als doppelt so stark im Reichstag vertreten wie bisher. Nun konnte man Hitler bei der Regierungsbildung nicht länger übergehen. Das Problem war, wie man seinen radikalen Einfluß in Grenzen halten sollte, wenn er erst Minister oder gar Reichskanzler war.

Schacht betonte immer wieder, daß die deutsche Demokratie zu diesem Zeitpunkt trotz des besorgniserregenden Wahlergebnisses noch intakt gewesen sei. Hitlers Wahlsiege, predigte Schacht, waren Ausdruck der Verzweiflung von Millionen Deutschen und nicht das Ergebnis irgendwelcher üblen Machenschaften.

Wie reagierte er auf diese neue politische Realität?

»Was mich … veranlaßte, aus meiner bis dahin geübten Reserve herauszutreten, waren die Erfahrungen, die ich in meinen gelegentlichen Unterhaltungen mit den nationalsozialistischen Wirtschaftspolitikern gemacht hatte. Wenn Männer wie Gottfried Feder und Röwer die Bank- und Währungspolitik in die Hand bekommen würden, so sah ich ein Scheitern der Wirtschaftspolitik … voraus.«[20]

Feder und Röwer gehörten zu den frühen Finanzberatern

Hitlers. Schacht zögerte nicht, Hitler in einem Memorandum auf die Tücken der antikapitalistischen Theorien von Feder und Röwer hinzuweisen, die veraltet seien, da sie aus dem Jahre 1923 stammten und die Partei sich inzwischen verändert habe. Schließlich würde Hitler die Unterstützung der Industrie und anderer Kapitalisten brauchen. Hitler müssen diese *denunciamenti* gefallen haben. Er förderte Kontroversen zwischen seinen Paladinen und Beratern. So stellte er sicher, daß keiner seiner Helfer sich je unersetzlich fühlte. Einen anderen nationalsozialistischen Finanzexperten namens Wilhelm Keppler konnte Schacht eher akzeptieren. Keppler, der ein kleines Chemiewerk besaß, war ein langjähriger Berater Adolf Hitlers und sein Verbindungsmann zur Schwerindustrie.

Allerdings hatte Keppler bisher nicht viel erreicht. Nur Thyssen unterstützte die Nazis offen und großzügig. So wandte Keppler sich an Schacht, der sich bereit erklärte, ihm zu helfen. Kepplers Parteispendenaktionen wurden über den sogenannten Keppler-Kreis organisiert, dem Männer wie Vögler aus der Stahlindustrie und Karl Helfferich, Schachts einstiger Widersacher und neuester Verbündeter, angehörten und dem sich nun auch Schacht anschloß, denn er spürte den Umschwung des politischen Pendels und wollte nicht abseits stehen. Viele führende Industrielle hielten nach wie vor Distanz zu Hitler. Der Kohle-und-Eisen-Magnat Friedrich Flick leistete eine symbolische Spende von 50.000 Mark an die NSDAP und unterstützte den Wahlkampf Hindenburgs mit 1,8 Millionen Mark. Von Papen traf sich am 7. Januar 1933 mit Stahlkönig Gustav Krupp, stieß jedoch auf Widerstand.[21] Die Bosse von I.G. Farben, Bosch und Siemens hatten ebenfalls Vorbehalte gegen Hitler.

Am 29. August 1932 versicherte Schacht Hitler brieflich seiner »unveränderlichen Sympathie« und riet ihm dringend, sich wirtschaftspolitisch nicht festzulegen: »Bringen

Sie möglichst *kein* detailliertes Wirtschaftsprogramm.« Sein Schlußsatz lautete: »Sie können auf mich zählen als Ihren zuverlässigen Helfer.« Er unterschrieb den Brief »mit einem kräftigen Heil«.[22]

Von Papen ließ sich auf das Wagnis ein, den Reichstag aufzulösen und für den 6. November Neuwahlen anzuberaumen. Die Nazis verloren 34 Sitze, die Kommunisten gewannen 11 hinzu. Die Verluste der Nazis waren für die Demokraten keine große Beruhigung; doch die Gewinne der Kommunisten reichten aus, um Hindenburg davon zu überzeugen, daß Hitler an der Regierung beteiligt werden müsse, um zu verhindern, daß der Einfluß der Kommunisten weiter wuchs. Die tiefe Enttäuschung des Nazi-Propagandachefs Goebbels über die verlorenen Mandate kam in einem Eintrag aus seinem Tagebuch vom 21. November deutlich zum Ausdruck, doch er tröstete sich damit, daß Schacht »absolut unseren Standpunkt« vertrat und »ganz konsequent zum Führer« stand. Tatsächlich sagte Schacht am 24. November zu einem Reporter der *Nordwestdeutschen Zeitung*: »Wird Hitler jetzt nicht Kanzler, dann wird er es in vier Monaten.«[23]

Von Papen war machtlos gegen den zunehmenden Extremismus von rechts und links und gab auf. Er wurde jedesmal niedergeschrien, wenn er im Reichstag das Wort zu ergreifen versuchte. Schließlich mußte er, wie sein Vorgänger Brüning, zurücktreten, und Hindenburg versuchte es mit einer letzten Taktik, bevor er die Regierung dem »Gefreiten« Hitler überließ. Er bat seinen Freund Schleicher, die graue Eminenz der letzten Tage der Weimarer Republik, der neue Reichskanzler zu werden. Schleicher war alles andere als begeistert, doch Hindenburg wußte, daß er »sein letztes Pferd im Stall« war. Schacht hielt Schleicher für »blutleer, aber berechnend«, für einen Mann »ohne Seele, allein von … Intelligenz geführt«. Er vermutete richtig, daß

Schleicher sich wider bessere Einsicht dazu durchgerungen hatte, aus dem politischen Schatten herauszutreten.[24]

Nach seiner Ernennung zum Reichskanzler am 3. Dezember 1932 faßte Schleicher den verzweifelten Plan, die Führung der NSDAP zu spalten. Er wandte sich an Gregor Strasser, einen Ex-Offizier des Ersten Weltkriegs, der zu den frühesten Kampfgenossen Hitlers gehörte. Gregor Strasser und sein Bruder Otto hatten den Nationalsozialismus immer als eine sozialistische Arbeiterbewegung betrachtet, doch Hitler betonte inzwischen immer stärker seine nationalistischen und klassenübergreifenden Ziele. Otto Strasser trat schließlich aus der Partei aus. Gregor blieb Mitglied, doch sein Einfluß und die Zahl derer, die seine Auffassung teilten, verringerten sich Jahr für Jahr.

Schleicher wollte dem frustrierten Gregor Strasser das Amt des Vizekanzlers anbieten, um Hitlers Autorität zu untergraben. Er erzählte Schacht von seinem Plan, doch der warnte ihn, die eiserne Parteidisziplin, die Hitler aufrechterhalte, nicht zu unterschätzen. Er sah keine Chance, die Nazi-Partei zu spalten. Schachts Aussagen nach hatte Schleicher nur »überlegen dazu gelächelt. Bald darauf lächelte er nicht mehr.«[25]

Zwischen 1931 und 1932 hatte Reichspräsident Hindenburg 102 Notverordnungen unterzeichnet. Schleicher war der letzte demokratische Reichskanzler, der mit Hilfe des Artikels 48 der Weimarer Verfassung regierte, doch über den Reichstag hatte auch er keine Kontrolle mehr. Die 230 Nazi-Abgeordneten kamen stets als geschlossene Truppe in Uniformen und Schaftstiefeln hereinmarschiert. Die meisten anderen Abgeordneten empfanden sie als eine tyrannische Horde von Maulhelden, doch sie repräsentierten fast 13,5 Millionen Deutsche. Um zu verdeutlichen, welche Anziehungskraft Hitler auch auf Nicht-Nazis ausübte, wies Schacht darauf hin, daß die NSDAP 1932 nur 810.000 Mitglieder hatte.[26] Offensichtlich waren nicht alle, die Hitler wählten, Nazis. Schacht schrieb, es sei Hindenburg gewesen, der Hitler schließlich »hoffähig« gemacht habe – ein unverständlicher Vorwurf, denn schließlich konnte der Reichspräsident eine so mächtige Partei nicht einfach ignorieren. Tatsächlich schrieb Hindenburgs Staatssekretär Otto Meißner am 24. November 1932 im Namen des Reichspräsidenten einen Brief an Hitler, in dem er ihm darlegte, aus welchen Gründen es schwierig oder fast unmöglich sein würde, ihn zum Reichskanzler zu ernennen; sein Hauptargument war, »daß ein von Ihnen geführtes Präsidialkabinett sich zwangsläufig zu einer Parteidiktatur ... entwickeln würde«.

Hitler antwortete mit einem ausführlichen, sorgfältig durchdachten und formulierten Brief, der alle Einwände des Reichspräsidenten entkräftete. Der Historiker Joachim Fest nennt Quellen, nach denen dieses Antwortschreiben Hitlers, das den weiteren Verlauf der Ereignisse mitbestimmte, von Hjalmar Schacht im Berliner Hotel Kaiserhof aufgesetzt worden sein soll.[27]

Kurz darauf begannen die letzten Verhandlungen, die die Ära von Adolf Hitler einleiteten. Der elegante Versager von Papen war zwar nicht mehr im Amt, aber immer noch machthungrig. So ernannte er sich selbst zum geheimen Vermittler zwischen den konservativen Nationalisten und dem immer noch unentschlossenen Hindenburg auf der einen Seite und dem inzwischen fordernd und entschlossen auftretenden Hitler auf der anderen. Am 16. Dezember 1932 hielt Papen im exklusiven rechtsorientierten Herrenklub in Berlin eine Rede, die zum Ergebnis hatte, daß für den 4. Januar 1933 ein Treffen im Haus des rechten Bankiers Kurt von Schröder in Köln vereinbart wurde. Die Nationalsozialisten würden durch Adolf Hitler, Rudolf Heß, Heinrich Himmler und ihren Finanzberater Wilhelm Keppler, der Schröder kannte, vertreten sein. Mit Hindenburgs stillschweigendem Einverständnis sollte Papen sich auf dem Kölner Treffen mit den Nazis auf einen für beide Seiten akzeptablen Weg einigen, Hitler an der Regierung zu beteiligen, ohne ihm allzuviel Macht einzuräumen. Am Neujahrstag hatte der tief abergläubische Hitler den durch seine Bühnenauftritte berühmten deutschen Hellseher Jan Erik Hanussen in sein Berchtesgadener Landhaus eingeladen, um ihn über die bevorstehende Konferenz zu befragen. Hanussens Prophezeiungen beruhigten ihn:

> *Doch in drei Tagen – aus drei Ländern,*
> *Wird durch die Bank sich alles ändern!*
> [Schröder war Bankier]
> *Und dann am Tag vor Monatsende*
> *Stehst Du am Ziel und an der Wende!*
> [Das Ziel wird am 30. Januar erreicht]

Nun sah Hitler dem bevorstehenden Treffen mit Zuversicht entgegen.

Der hintergangene Schleicher erfuhr durch seinen stets gut informierten Zahnarzt von dem geplanten Treffen. Letzterer beauftragte einen in Köln lebenden Freund, einen ehemaligen Offizier, es heimlich zu fotografieren. Als der wütende Schleicher Hindenburg schließlich mit dem Beweis seiner Treulosigkeit konfrontierte, sagte der Generalfeldmarschall mit einem müden Seufzer: »Lieber junger Freund, ich werde bald da oben sein. Von dort aus kann ich mir ja ansehen, ob ich recht gehandelt habe oder nicht.«[28]

10

Hitlers Bankier

Wie lautete Hitlers politisches Erfolgsrezept? Schacht sagte, das sei kein Geheimnis gewesen. Es lautete: »Armut und Arbeitslosigkeit«.

Wer war dieser Hitler, der verhinderte österreichische Künstler, der einsame und schweigsame Infanterist, der es nie weiterbrachte als bis zum Gefreiten, weil sein Kommandeur ihn für unfähig hielt, Menschen zu führen?

Nachdem Hitler zu seiner tiefen Enttäuschung ein Platz an der Wiener Kunstakademie verweigert worden war, trieb er sich längere Zeit in der Wiener Bohème herum. Dann verließ er seine österreichische Heimat und zog in sein geliebtes Deutschland. Er war ein begeisterter Anhänger des Pangermanismus, der im riesigen Vielvölkerstaat Österreich die Ersatzreligion der elitären und chauvinistischen »germanischen« Österreicher war. Als der Krieg ausbrach, meldete Hitler sich zur deutschen Armee und kämpfte in einem bayerischen Regiment mit. Er wurde verwundet und verlor bei einem Gasangriff vorübergehend das Augenlicht, erholte sich jedoch wieder. Schließlich wurde ihm das Eiserne Kreuz erster Klasse verliehen (eine seltene Auszeichnung für einen Gefreiten). Tief verbittert und enttäuscht über Deutschlands Niederlage und Kapitulation ließ er sich nach dem Krieg in München nieder, wo er als antikommunistischer Vertrauensmann für die reaktionäre Münchner Reichswehr arbeitete. Er kam schnell mit nationalistischen, antikommunistischen und antisemitischen Kreisen in Kontakt und trat der kleinen extremistischen

Deutschen Arbeiterpartei bei, die sich später, um ihre reaktionäre und patriotische Ausrichtung deutlich zu machen, in Nationalsozialistische Deutsche Arbeiterpartei, kurz NSDAP, umbenannte.

Außenstehenden fiel Hitler als ein zielstrebiger Fanatiker auf, in dessen Leben es keine Frauen, keine echte Freundschaft und keine bayrische Gemütlichkeit zu geben schien und der weder trank noch rauchte; auch aus Geld schien er sich nichts zu machen. Er lebte nur für die Politik und nutzte jede sich bietende Gelegenheit, einem staunenden Publikum seine ehrgeizigen Pläne für Deutschland darzulegen. In Cafés, in Bierhallen und anderswo verkündete er anderen Unzufriedenen sein Evangelium von einem großen Land, das vom Kaiser verraten wurde, von den Kommunisten und dem »Weltjudentum« einen Dolchstoß in den Rücken erhielt, zu Unrecht beschuldigt wurde, den Krieg verursacht zu haben, durch den Versailler Vertrag verstümmelt, durch ruinöse Reparationen gelähmt, von den Schwächlingen der Weimarer Republik verraten und von internationalen Profitmachern und Betrügern ausgebeutet wurde und durch die Inflation verarmte. Hitlers Rezept lautete: »Schluß mit den Debatten und dem Geschwätz im Reichstag; die Menschen hungern und sind arbeitslos. All jene, die vom Elend ihrer ruinierten Landsleute profitierten, dürfen nicht länger geschützt werden; Deutschland muß wieder eine Weltmacht werden; es ist Zeit, die Ketten von Versailles abzuschütteln, um den Deutschen ihre Würde zurückzugeben. Der Wiederaufbau des Landes und seiner Wehrmacht ist der einzig richtige Weg, ihnen Arbeit und Brot zu verschaffen.«

Teil seines Programms war auch, »Deutschland zu seinen arischen Wurzeln zurückzuführen und Nichtarier von Entscheidungen auszuschließen, die das Schicksal und die Kultur des Landes betrafen«.

In seinem Manifest *Mein Kampf* schrieb Hitler, Deutschland könne sich glücklich schätzen, ihn gefunden zu haben, und er schätze sich glücklich, Deutschland gefunden zu haben. Er allein würde Deutschland zu seiner einstigen Größe zurückführen. Die Deutschen seien geborene Führer, und Deutschland habe das Recht und die Pflicht, den ihm gebührenden Platz unter den führenden Nationen der Welt einzunehmen. Die Demokratie sei ein falsches Ideal, ein zerstörerisches System, das eine Nation zwinge, im Schneckentempo der Mehrheit vor sich hin zu kriechen, statt mit der Schnelligkeit ihrer geborenen Führer nach vorne zu preschen. Die von der Mehrheit gewählten demokratischen Führer würden die Wünsche und Meinungen der trägsten und dümmsten Staatsbürger vertreten. Die Zügel der Macht sollten stets in den Händen der fähigsten Staatsbürger liegen, so wie alle Unternehmen die Besten und Intelligentesten zu ihren Führern auserkoren. Wirtschaftsführer und Befehlshaber von Armeen würden nicht demokratisch gewählt. Auch Entscheidungen, von denen das Schicksal des Landes abhing, könnten nicht von allen gemeinsam, sondern nur von einem Führer getroffen werden. Jeder Staatsbürger würde nur ihm allein verantwortlich sein, und er würde seinerseits der ganzen Nation verantwortlich sein.

Die Bevölkerung Deutschlands setze sich aus Gruppen unterschiedlicher Herkunft zusammen. Die meisten seien von deutschem oder »artverwandtem« Blut. Es gäbe allerdings auch Gruppen von »minderwertigem« Blut, die sich nicht mit den ersteren vermischen dürften; dennoch könne es ihnen erlaubt werden, innerhalb der Gemeinschaft zu leben.

In den ursprünglichen Fassungen der offiziellen Manifeste und Gesetze der Nazis hieß es, »die Juden würden nicht daran gehindert, ihren Lebensunterhalt zu verdienen, doch [aufgrund ihres minderwertigen Blutes] müsse ihnen jeder Einfluß auf deutsche Angelegenheiten entzogen werden«. Die bösartigeren Attacken gegen jüdische Mitbürger folgten erst später und gipfelten schließlich in der Endlösung.

André François-Poncet, der von 1931 bis 1938 als französischer Botschafter in Berlin lebte und als einer der scharfsinnigsten Chronisten dieser Zeit galt, beschrieb Hitler folgendermaßen:

> Das erste [Gesicht Hitlers] war von tiefer Blässe ... Ausdruckslose, ein wenig vorstehende Augen, die traumverloren blickten ... ein undurchsichtiges Gesicht, beunruhigend wie das eines Mediums oder Nachtwandlers.
>
> Das zweite war angeregt, von lebhafter Farbe, leidenschaftlich bewegt. ... Heftigkeit lag darin, Wille zu Macht, Auflehnung gegen jeden Zwang, Haß für den Gegner, zynische Verwegenheit, wilde Energie ... ein Gesicht, von Sturm und Drang gezeichnet, ein unnatürliches Gesicht.
>
> Das dritte war das eines alltäglichen Menschen, der naiv, bäuerisch, plump, gewöhnlich, leicht zu ergötzen ist, der in lautes Lachen ausbricht und sich dabei auf die Schenkel schlägt ...
>
> Wenn man mit Hitler sprach, erlebte man manchmal nacheinander diese drei Gesichter.
>
> Wenn Hitler sich so in einen Vortrag oder in eine Schmährede stürzte, durfte man nicht daran denken, ihn zu unterbrechen ... Das dauerte eine viertel, eine halbe oder dreiviertel Stunde. Dann plötzlich ... verstummte [er], schien erschöpft. ... Das war der Augenblick, Einwendungen zu erheben ... Und wenn man dann ein Wort finden konnte, das ihn bewegte, ... erhellte ein Lächeln seine finsteren Züge.
>
> Sicher ist, daß er nicht normal war. Er war von krankhaftem Wesen ... eine Gestalt, wie sie Dostojewski zeichnete, ein »Besessener«.

Als Österreicher von Geburt, brachte er Deutschland eine außergewöhnliche und leidenschaftliche Verehrung entgegen.

Hitlers Phantasie war wildromantisch. Er nährte sie mit Elementen, die er ein wenig überall zusammengelesen hatte. ... Aus den Schriften von H.S. Chamberlain, Gobineau, Möller van den Bruck, Nietzsche, Spengler ... stieg schließlich vor seinem Geist das Traumgebilde eines Deutschland auf, das die Größe des alten Heiligen Römischen Reiches deutscher Nation wieder aufrichten sollte für eine Rasse, die, von allen Schlacken gereinigt, eine Herrenrasse darstellt ... er war nicht nur von Wagners Musik begeistert, ... er lebte in seinem Werk.

Man irrt jedoch, wenn man glaubt, daß dieser Mensch, der in Visionen lebte, nicht auch Sinn für die Wirklichkeit besaß. Er war ein durchaus kalter Realist und ein gründlicher Rechner. Obwohl träge und unfähig, sich einer geregelten Arbeit hinzugeben ... , ließ er sich über alle Dinge mündlich Bericht erstatten ... Er wußte über alles Bescheid, was im Reiche vorging, kannte die Maßnahmen seiner Mitarbeiter, denen er jedoch große Handlungsfreiheit ließ. ... Er hat um die schlimmsten Verbrechen und Ausschreitungen gewußt, er hat sie geduldet oder gewollt. ... [Er hatte] eine plötzliche und unerbittliche Entschlußkraft, ... ein inneres Gefühl, das ihn vor Gefahren warnte ... Er war mit seinem Volk wie durch geheime Fühler verbunden ... Er konnte so seine Propaganda mit ebenso viel Sicherheit wie Zynismus und einer unverhohlenen Verachtung für die Masse leiten. ... Er wußte den Gegner einzuschläfern bis zum Augenblick, da er sich seiner entledigen wollte, und während er einen Vertrag unterzeichnete, erwog er bereits die Art, wie er sich ihm entziehen könne.

Es ist unwahrscheinlich, daß Schacht wußte, was für ein Mensch Adolf Hitler war. Das wußten bestenfalls ein paar Alte Kämpfer. Jeder hatte schon alle möglichen Geschichten und Gerüchte über Hitler gehört, doch kaum jemand verstand diesen Mann wirklich. Selbst seinen ältesten politischen Verbündeten gelang es nur selten, seinen Panzer zu durchbrechen. Er hatte keine echten Vertrauten. Es gab nur einen Mann, der ihn duzte, Ernst Röhm, doch der sollte bald auf Befehl seines alten Freundes hingerichtet werden.

Schacht blieb Hitler gegenüber zurückhaltend. Im August 1932 schloß er einen Brief an Hitler mit »Heil«, weil er den Nazi-Führer für einen unerfahrenen Neuling hielt und ihm Mut machen wollte. Es war eine gönnerhafte Geste der Solidarität, kein Versuch, sich bei Hitler einzuschmeicheln. Als Schacht sich entschlossen hatte, mit Hitler zusammenzuarbeiten, wollte er nicht für ein Nazi-Faktotum gehalten werden. Er versuchte, Distanz zu wahren. Bezeichnenderweise sprach er Hitler mit »Herr Hitler« und später mit »Herr Reichskanzler« an, statt die obligatorische Anrede »Mein Führer« zu benutzen. Im Notfall griff Schacht im Umgang mit dem schwierigen Diktator zwar gelegentlich auf das caesarenhafte Nazi-Protokoll zurück, doch es klang oft ironisch, wenn er bei Besprechungen oder in Briefen das offizielle Nazi-Vokabular benutzte.

Empört über die Verhältnisse in Deutschland, die er als die Bilanz von vierzehn Jahren Demokratie betrachtete, verschrieb er sich dem Nationalismus, verdammte das Versailler Diktat und vertrat ausgesprochen chauvinistische Ansichten über das kulturelle Leben im avantgardistischen Berlin. Doch so wie Schacht empfanden damals die meisten deutschen Konservativen, nicht nur die Nazis. Viele bezeichneten ihn als einen Opportunisten, weil er der Demokratie den Rücken kehrte und Hitler unterstützte, doch Schacht hielt stets an seinen konservativen Überzeugungen fest, so gefährlich das manchmal auch für ihn sein mochte, selbst während der Nürnberger Prozesse. War er zu sehr von sich eingenommen oder ein kompromißloser Patriot? Vermutlich von beidem etwas.

Die meisten Leute, die eng mit Hitler zusammenarbeiteten, gewöhnten sich mit der Zeit an seine chaotische, willkürliche und unkonventionelle Art. Er stand spät auf, schaffte es selten, pünktlich zu sein, zwang seinen Besuchern seine Gesundheitsticks und seine Enthaltsamkeit auf und nötigte seine Gäste, ihm bis in die frühen Morgenstunden aufmerksam zuzuhören, bis sein Gefolge vor Müdigkeit und Langeweile glasige Augen bekam. François-Poncets nachträgliches Urteil ist das Fazit vieler Stunden in Hitlers Nähe; Schachts damaliger Eindruck von Hitler beruhte auf einer einzigen persönlichen Begegnung in Görings Wohnung und ein paar Reden, die er größtenteils im Radio hörte oder in der Tagespresse las. Er wußte auch einiges über Hitlers Weltanschauung, da er *Mein Kampf* gelesen hatte. Doch wahrscheinlich glaubte der zynische Schacht, daß Hitlers umstrittenste Äußerungen lediglich propagandistische Übertreibungen waren und daß die Zeit und die Erfahrung ihn bald eines Besseren belehren würden.

In einer Beziehung besteht eine seltsame Parallele zwischen Hitlers Ansichten und denen Schachts. Als Bankier hatte Schacht jahrzehntelang engen beruflichen Kontakt zu jüdischen Bankiers, Journalisten, Geschäftsleuten und Politikern. Einige davon, zum Beispiel Eugen Gutmann, Monti Jacobs und Franz Ullstein, hatten ihn gefördert und waren Freunde geworden. Später gelang es Schacht, bestimmte Juden zu schützen und ihnen auf ähnliche Weise zu helfen wie Bella Fromm. Niemand hätte Schacht vorwerfen können, persönliche Antipathien gegen Juden zu hegen oder ihre Gesellschaft zu meiden, doch er hatte seine eigenen Vorstellungen über ihren Platz in der deutschen Gesellschaft.

Er schrieb, er »habe es im Interesse der Juden selber immer für verfehlt erachtet, daß die kulturellen Schlüsselstellungen gerade von den Juden so eifrig erstrebt wurden«.

> Kultur wurzelt in Religion, und die Religion der Deutschen ist die christliche. Eine Kultur, die nur auf Vernunft, auf Erkenntnis aufbauen wollte, würde sich ihrer Seele berauben. Es ist der Unterschied von Kultur und Zivilisation, daß die letztere der Seele entbehrt. ... In einem christlichen Staat darf die Kulturpolitik keinesfalls Nichtchristen ausgeliefert sein, seien sie nun Juden, Mohammedaner oder Buddhisten. [Doch] in allen anderen Tätigkeiten soll der Jude sich genau so bewegen dürfen wie die übrigen Staatsbürger. Ihm gebührt die gleiche christliche Nächstenliebe, Achtung und Hilfe wie allen anderen Mitmenschen.[1]

So war Schacht – zweifellos im Gegensatz zu seinem amerikanischen Vater – auch der Auffassung: »Religion kann nicht Privatsache sein. In der Form der Kirche ist sie Grundlage jeder staatlichen Gemeinschaft.«[2]

Ab der ersten Woche des Jahres 1933 stand bereits fest, daß Hitler zum Reichskanzler ernannt werden würde. Hitler saß am längeren Hebel. Papen hatte dem Reichspräsidenten zwar versichert, daß er einen Weg finden würde, Hitler unter Kontrolle zu behalten, doch selbst Hindenburg muß gewußt haben, daß das bloßes Wunschdenken war. Am Abend des 22. Januar fand in der Vorstadtvilla des wohlhabenden, international tätigen Geschäftsmannes Joachim von Ribbentrop, der Hitler gelegentlich in außenpolitischen Angelegenheiten beriet, ein letztes, entscheidendes Treffen zwischen Hitler, Göring und dem juristischen Berater der Nazis, Wilhelm Frick, auf der einen Seite und Papen, Hindenburgs Sohn Oskar und Staatssekretär Meißner auf der anderen Seite statt, das streng geheim gehalten wurde. Ribbentrops Chauffeur trug keine Uniform, als er Papen abholte, und der Hausdiener der Familie wurde vorher weggeschickt.

Die beiden Parteien wurden sich handelseinig; allerdings erst, nachdem Hitler und Oskar von Hindenburg sich zwei

Stunden lang in einem Nebenzimmer beraten hatten. Als sie wieder auftauchten, war der jüngere Sohn Hindenburgs mehr als bereit, seinem Vater vorzuschlagen, Hitler so bald wie möglich zum Reichskanzler zu ernennen. Es wurde mehrfach die Vermutung aufgestellt, daß Hitler die Hindenburgs bei dieser Unterredung mit ihrem Steuersparmanöver im Zusammenhang mit ihrem Gut Neudeck erpreßte und einen Skandal um die in Verruf geratene Osthilfe androhte. Wenn dem so war, dann gelang es ihm jedenfalls nicht, den Reichspräsidenten völlig einzuschüchtern. Hindenburg setzte durch, daß dem in letzter Minute zusammengestellten Kabinett einige besonnene und vertrauenswürdige Männer angehörten, und beendete damit kurz vor der Vereidigung alle Streitigkeiten über Portefeuilles. Papen sollte für seine Vermittlungsbemühungen mit dem Amt des Vizekanzlers belohnt werden.

Am 30. Januar 1933, einem kalten und stürmischen Tag mit Schneeschauern, wurde Adolf Hitler morgens kurz nach 11.15 Uhr von Reichspräsident Hindenburg vereidigt. Der alte Mann, der auf preußische Pünktlichkeit Wert legte, war verstimmt, weil Hitler und sein Gefolge eine Viertelstunde zu spät kamen. Papens Frau sah die zukünftigen Herrscher Deutschlands durch den winterlichen Garten zwischen der Reichskanzlei und dem Präsidentenpalast zu der Zeremonie marschieren und sagte, vor Kälte und Aufregung zitternd, zu Alexander Stahlberg, einem von Papens jungen Adjutanten: »Oh mein Gott, oh mein Gott, ich habe Angst!« Sie hatte allen Grund dazu.

Der Rest von Hitlers Gefolge wartete ungeduldig am Lieblingstreffpunkt der Nazi-Bonzen, dem Berliner Luxushotel Kaiserhof, das gegenüber der Reichskanzlei lag. Endlich erblickten sie Hitler auf der Straße. Die Zeremonie war offenbar vorüber. Konnte es sein, daß etwas schiefgelaufen war? Er machte ein todernstes, finsteres Gesicht. Als er schließlich in der Eingangshalle des Hotels eintraf und alle ihn umringten, hatte er Tränen in den Augen. Ihr Traum war wahr geworden. Er war Reichskanzler!

Schacht hatte auf das richtige Pferd gesetzt.

Sein Frontenwechsel kam nicht unerwartet, sondern hatte sich schon lange angekündigt. Am 16. Oktober 1932 hatte er im Rahmen eines Vortrags gesagt: »Man nahm uns unsere Ehre, unsere Moral, unser Selbstbestimmungsrecht, all unsere höchsten Werte, das innere Licht, durch das eine Nation lebt.«[3]

Bella Fromm schrieb am 14. November 1932 in ihr Tagebuch:

> Es scheint aber, daß es jetzt überall Verräter gibt. Was mich daran erinnert, daß ich heute früh in der Halle des Kaiserhofs zufällig Hjalmar Schacht getroffen habe. Die Leute, die dort herumlungerten, grüßten ihn mit erhobenem Arm und »Heil Hitler!« Ich hatte ihn dabei ertappt, wie er mit seinem berühmten hohen Umlegekragen, ziemlich unsauberer Weste u.s.w. auf dem Weg zum Führer war. Er lächelte mir verlegen zu. Ich möchte wissen, was er dort will. Sicherlich nichts, was für anständige Leute etwas Gutes bedeutet.

Und in einer Pressemeldung vom 22. November aus Berlin hieß es: »Heute abend erklärte er [Schacht] in einem Interview, der Nazi-Führer sei der einzige geeignete Mann für das Amt des Reichskanzlers.«[4]

Schacht behauptete, er habe Hitler in den ersten Wochen nach seinem Amtsantritt nur einmal gesehen, allerdings in einem außergewöhnlichen Augenblick. Er sei zufällig in dem Zimmer gewesen, von dem aus Hitler seine erste Radioansprache an das deutsche Volk hielt. Der neue Reichskanzler bat seine Landsleute: »Gebt mir vier Jahre Zeit.« Danach würden sie ihr Land nicht mehr wiedererkennen. Auf Schacht wirkte Hitler innerlich erschüttert, schwer bedrückt von der Last der Verantwortung, die er übernommen hatte. »Das konnte keine bloße Schauspielerei sein, das war echt«, schrieb er. Dieser Eindruck bestärkte ihn in der Hoffnung, »daß dieser Mann auf den rechten Weg zu bringen sei«.

Zu manchen Maßnahmen, die die Nazis bald darauf ergriffen, hätte Schacht Hitler wohl kaum geraten. Am 22. Februar wurde die SA, die Sturmtruppe in den braunen Hemden, auf Anweisung Görings als »Hilfspolizei« eingestellt. Von da an herrschte auf Deutschlands Straßen der Terror; gewalttätige Übergriffe waren bald an der Tagesordnung. Gewerkschaftsbüros wurden durchwühlt und in Brand gesteckt; Fußgänger, die nicht den Nazi-Gruß entboten, wenn eine SA-Truppe vorbeimarschierte, wurden tätlich angegriffen. Demokratische Politiker wurden eingeschüchtert und bedroht. Alle, die »jüdisch« aussahen – darunter auch portugiesische, griechische, türkische und brasilianische Konsulatsbeamte und Militärattachés in Zivil –, mußten damit rechnen, bei hellichtem Tag zusammengeschlagen zu werden. Etliche leitende Polizeibeamte gerieten in Gewissenskonflikte. Viele deutsche Polizisten sympathisierten zwar mit der politischen Rechten, waren aber nichtsdestotrotz gesetzestreue Staatsdiener.

In einer Pressemeldung vom 10. März aus Berlin hieß es, »hitzige Nazi-Gangster« hätten die Berliner Börse gestürmt und die Entlassung der Chefs gefordert; außerdem seien verschiedene jüdische Geschäfte überfallen worden. In dem Bericht wurde auch erwähnt, daß neue Einfuhrzölle auf Eier und Käse eingeführt wurden, auf die die Holländer und die Dänen, die in großem Umfang Milchprodukte exportierten, wahrscheinlich mit Vergeltungsmaßnahmen reagieren würden. »Die Proteste der Vereinigung Hamburger Exporteure und des Deutschen Industrie- und Handelstags waren vergeblich.«[5] Sicher mißbilligte der Freihändler Schacht den ostentativen Protektionismus der Nazis und fühlte sich an seine ersten Kämpfe als Leiter des Handelsvertragsvereins erinnert. Hitler brauchte wahrlich seine Hilfe, um auf den rechten Weg zu finden.

Hitler war nun zwar Reichskanzler, doch um die altmodischen Konservativen in seinem Kabinett, die Hindenburg ihm aufgezwungen hatte, durch Nazis ersetzen zu können, brauchte er eine überwältigende Mehrheit im Reichstag. Nur Hermann Göring und der neue Innenminister Wilhelm Frick waren Gefolgsleute Hitlers. Die übrigen Kabinettsmitglieder waren Konservative oder Rechte, aber keine Rechtsradikalen oder Nazis. Hitler hatte sogar Alfred Hugenberg, seinen rechtskonservativen Rivalen von Harzburg, als Wirtschaftsminister akzeptieren müssen. Ihn und altgediente Chargen wie den Außenminister Konstantin von Neurath, ja selbst den nazifreundlichen Kriegsminister Werner von Blomberg wollte er nun loswerden. Es gab nur einen Weg, mit einem Nazi-Kabinett die totale Kontrolle zu erlangen. So setzte Hitler alles auf eine Karte, löste den Reichstag auf und kündigte für den 5. März 1933 Neuwahlen an.

Doch vor der Wahl mußten die Finanzen geregelt werden. Schachts Schilderung der Ereignisse zufolge lud Göring ihn und einige führende Industrielle am 25. Februar ins Reichstagspräsidentengebäude ein (Görings neue Residenz, die nach seinem Einzug aufwendig renoviert wurde). Der Historiker Heinz Höhne beschreibt Schachts Rolle bei diesem Treffen etwas anders: »Am 20. Februar empfing Göring, eifrig assistiert von dem ehemaligen Reichsbankpräsidenten Hjalmar Schacht, … 25 führende Industrielle …« Göring erklärte seinen Gästen, wie wichtig es sei, daß sie sich an der Finanzierung dieses entscheidenden Wahlkampfs beteiligten, und versicherte ihnen, »daß die Wahl am 5. März die letzte sicherlich innerhalb zehn Jahren, voraussichtlich aber in hundert Jahren sei«.[6]

Er brauchte sie nicht mehr zu überzeugen. Sie hatten ihren Widerstand gegen Hitler inzwischen aufgegeben. Ihr Wortführer Gustav Krupp, der vier Wochen davor eine Einladung Thyssens zu einer Diskussion mit Hitler über die nationalsozialistische Bewegung abgelehnt hatte, erhob sich nun und erklärte im Namen der ganzen Gruppe, der neue Reichskanzler könne mit ihrer vollen Unterstützung rechnen.

Gastgeber Göring verließ den Raum. Sogleich rief Schacht gutgelaunt: »Und nun, meine Herren, an die Kasse!«[7] Rasch hatte Schacht drei Millionen Mark für den bevorstehenden Wahlkampf Adolf Hitlers zusammen. Als ihm später vorgeworfen wurde, Spenden für den Wahlfonds der Nazis gesammelt zu haben, behauptete er, er habe nur auf Hitlers Bitte hin als Kassenverwalter fungiert. Göring hatte recht gehabt. Nach der Wahl vom 5. März sollten in Deutschland tatsächlich jahrelang keine demokratischen Wahlen mehr stattfinden.

Zwei Tage nach dieser Veranstaltung wühlte ein Ereignis die Gemüter auf, das man als ein Schlüsselereignis bezeichnen kann. Am Abend des 27. Februar 1933 wurde das gewaltige Reichstagsgebäude, das deutsche Parlament in Berlins altem kaiserlichen Bezirk, in Brand gesteckt und zerstört. Nur die Außenmauern blieben stehen.

Es existieren zahllose Theorien darüber, wer das Feuer legte. Meist wurden die Nazis beschuldigt, den Reichstag angezündet zu haben, um das nationale Forum der Weimarer Republik ein für allemal zu zerstören. Ein kleines SA-Kommando soll sich mit Brandsätzen durch einen alten Geheimtunnel zwischen dem Reichstagspräsidentenpalais, Görings neuer Residenz, und dem Reichstagsgebäude in den Sitzungssaal geschlichen haben.

Die Nazis behaupteten, sie hätten den Brandstifter in dem brennenden Gebäude geschnappt. Es handelte sich um einen geistig verwirrten holländischen Kommunisten namens Marinus van der Lubbe, der angeblich von bulgarischen kommunistischen Agenten mit den passenden Namen Dimitrow, Popow und Tanow angestiftet wurde.

Viele Experten wiesen diese Behauptung mit dem Argument zurück, das gewaltige Feuer, das sich sofort über das ganze Gebäude ausbreitete, könne unmöglich von nur einem Mann gelegt worden sein. Die Umstände des Brandes sind bis heute nicht geklärt.

Möglicherweise wurde er vom Potsdamer Polizeipräsidenten Graf Wolf von Helldorf, einem Schützling Görings, organisiert, doch dieser wurde 1944 hingerichtet, weil er in eine Verschwörung gegen Hitler verwickelt war. Oberbranddirektor Walter Gempp wurde sofort verhaftet und kurz darauf in seiner Zelle erschossen aufgefunden. Es kam das Gerücht auf, daß der berühmte Hellseher Hanussen, der Hitler vor den Verhandlungen in Köln Erfolg prophezeit hatte, den bedauernswerten van der Lubbe für seinen Freund Helldorf »rekrutiert« hätte. Wenige Wochen nach dem Brand wurde Hanussen im Grunewald ermordet aufgefunden.[8]

Die Antwort auf die legitime Frage *Cui bono?* lautet eindeutig: Hitler. Er stellte den Brand als den Beginn eines kommunistischen Aufstands hin und forderte sogleich unbeschränkte Vollmachten, angeblich »zum Schutze des Staates«.

Bereits am 20. Januar hatte er unter Berufung auf eine Notverordnung in Preußen fünftausend und im Rheinland zweitausend Menschen verhaften lassen, die auf der schwarzen Liste der Nazis standen.

Am 28. Februar, dem Tag nach dem Brand, wurden weitere, von Frick aufgesetzte Notverordnungen erlassen, die umfangreiche Polizeiaktionen gegen die Kommunisten ermöglichten.

In dieser Zeit entstand die Geheime Staatspolizei, die Gestapo (zu Anfang lautete die Abkürzung Gestapa – für »Geheimes Staatspolizeiamt«). Die Kommunistenjagd entwickelte sich zu einer Jagd auf alle, die gegen die Nazis waren; eine neue Form der willkürlichen Festnahme und Inhaftierung wurde ersonnen: die sogenannte Schutzhaft. Das war der Anfang vom Ende der persönlichen Freiheit in Deutschland.

Schacht räumte später ein, daß Goebbels und Göring »an der Planung und Durchführung des Brandes« wahrscheinlich »leitend beteiligt« waren, blieb jedoch dabei, daß Hitler selbst nichts mit der Sache zu tun hatte, sondern »vom Reichstagsbrand überrascht wurde«.[9]

Mittlerweile hatten die Nazis bei den Wahlen vom 5. März 43,9 Prozent der Stimmen erreicht. Das war zwar ein großer Erfolg, aber nicht der überwältigende Wahlsieg, den Hitler gebraucht hätte, um alle mißliebigen Minister durch Nazis ersetzen zu können. Doch nun hatte er einen Propagandaminister: Joseph Goebbels. Hindenburg hatte nach viel gutem Zureden der Einrichtung des neuen Ministeriums für Volksaufklärung und Propaganda zugestimmt. Goebbels ersann eine raffinierte Taktik, um den Zorn der Rechtskonservativen, die Hitler durch diese Wahl hatte loswerden wollen, zu besänftigen. Er erfand den »Tag von Potsdam«. Die bei Berlin gelegene, traditionsreiche Garnisonstadt Potsdam war als ehemalige königliche und kaiserliche Residenz die emotionale Hauptstadt Preußens. Goebbels organisierte einen feierlichen Staatsakt in der alten Garnisonskirche von Potsdam, in der ganze Generationen preußischer Soldatenfamilien Andacht gehalten hatten. Auch das Datum war mit Bedacht gewählt: Der 21. März war der Jahrestag der Gründung des zweiten

Deutschen Reiches durch Bismarck. Der »Tag von Potsdam« war ein groß angekündigtes Ereignis mit Militärparaden und Marschmusik und ein Tribut an die reaktionärsten Kreise Deutschlands. Die Zeitungen waren überfüllt mit Fotos, auf denen Hitler im zivilen Cut dem großen und stattlichen alten Reichspräsidenten Hindenburg, der seine Feldmarschalluniform und all seine Orden angelegt hatte, mit einer tiefen Verbeugung die Hand reichte. Auch die kaiserliche Familie war anwesend, doch der nun im Exil lebende ehemalige Kaiser fehlte. Für den abwesenden Monarchen war eigens ein Ehrenplatz freigelassen worden, vor dem Hindenburg sich respektvoll verneigte. Die militärische Atmosphäre, die prächtigen Uniformen, die dröhnende Marschmusik und die kaiserlichen Fahnen vermittelten vielen Rechten aus der Oberschicht den Eindruck, daß die Hitler-Bewegung eine Wiedereinführung der Monarchie nicht grundsätzlich ablehnte und bereit war, Adlige in ihren braunen Schoß aufzunehmen. Es war »ein historischer Händedruck zwischen dem alten und dem neuen Deutschland«, verkündete Goebbels Propagandamaschine.

Der ganze Schwindel schien das konservative Establishment zu beruhigen.

Die Nazis der alten Schule machten zwar keinen Hehl daraus, daß sie alle Reaktionäre fast ebenso tief verachteten wie sie die Kommunisten und die Juden haßten, doch es war offensichtlich, daß der Führer den Alten Kämpfern[10] aus den Münchner Zeiten nicht mehr soviel Aufmerksamkeit schenkte wie früher.

Hitler zeigte sich auch von seiner pragmatischen Seite, als er Hjalmar Schacht zum ersten Mal in die Reichskanzlei bestellte. Schließlich war Schacht kein Parteimitglied. Obwohl er seine Bereitschaft, Hitler behilflich zu sein, bereits unter Beweis gestellt hatte, mißtrauten ihm die meisten Nazi-Bonzen. Sie betrachteten ihn als einen Kollaborateur der jüdischen Bankiers.

Es war Mitte März 1933.

»Herr Schacht, wir sind uns sicherlich darüber einig, daß es für die neue nationale Regierung zur Zeit nur eine wirklich dringende Aufgabe geben kann, das ist die Beseitigung der Arbeitslosigkeit. Dazu gehört der Einsatz eines sehr großen Geldbetrages. Sehen Sie außer der Reichsbank eine Möglichkeit, diesen Geldbetrag aufzubringen?«[11]

Schacht erwiderte, er halte es ebenfalls für dringend notwendig, die Arbeitslosigkeit zu beseitigen, doch ohne die Reichsbank sei das kaum möglich. Als Hitler daraufhin wissen wollte, welche Summe er voraussichtlich von der Reichsbank benötigen würde, antwortete Schacht ausweichend.

»Herr Reichskanzler, ich kann Ihnen wirklich keine Summe nennen. Meine Auffassung geht dahin, daß ... die Reichsbank so viel zur Verfügung stellen muß wie notwendig sein wird, um auch den letzten Arbeitslosen von der Straße zu bringen.«

Dann stellte Hitler die entscheidende Frage:

»Würden Sie bereit sein, die Leitung der Reichsbank wieder zu übernehmen?«

Später erinnerte sich Schacht an seine Reaktion: Das Angebot kam von einem Kanzler, »mit dessen weltanschaulicher Propaganda und mit dessen politischen Kampfmethoden, ja auch mit dessen Einzelhandlungen ich vielfach nicht einverstanden war. Sollte ich solche Bedenken ausschlaggebend sein lassen, oder sollte ich meine Kraft für die Rettung von sechseinhalb Millionen Arbeitslosen einsetzen?« Abgesehen davon ahnte Schacht natürlich, daß Hitler zuvor bereits mit Luther gesprochen hatte, der seit Schachts Rücktritt Reichsbankpräsident war, doch offenbar hatten ihn Luthers Antworten nicht zufriedengestellt. Schacht sagte zu Hitler, daß er es »nicht sehr fair« fände, den derzeitigen Reichsbankpräsidenten aus dem Amt zu drängen, doch Hitler versicherte ihm, daß er bereits eine andere Verwendung für Luther habe. Da entschloß sich Schacht auf der Stelle.

»Wenn die Sache so liegt, dann bin ich bereit, das Amt des Reichsbankpräsidenten wieder zu übernehmen.« Und »am 17. März 1933, fast genau drei Jahre nach meinem freiwilligen Rücktritt, trat ich das Amt des Reichsbankpräsidenten wieder an.«

Schacht betonte, daß er es »nicht aus persönlichem Ehrgeiz, nicht aus Übereinstimmung mit der Nationalsozialistischen Partei, nicht aus Gewinnsucht« tat, sondern »einzig und allein aus dem brennenden Interesse für die Wohlfahrt der breiten Massen unseres Volkes«.[12]

Er begnügte sich mit einem Jahresgehalt von sechzigtausend Mark, einem Bruchteil dessen, was er früher verdient hatte. Er »hatte die Absicht, den Parteibonzen damit ein Beispiel zu geben«, räumte jedoch ein, daß ihm das nicht gelang.

Am 23. März stimmte der Reichstag, der nun in der prunkvollen Berliner Krolloper zusammentrat, einem Bündel von Notverordnungen zu, die Hitler »zum Schutz von Volk und Staat« forderte – dem sogenannten Ermächtigungsgesetz, das buchstäblich alle Grundrechte aufhob. Die Versammlungs-, die Meinungs-, die Informations-, die Presse- und die Religionsfreiheit, das Beschwerderecht, die Freizügigkeit, die Unverletzlichkeit der Wohnung und die Freiheit der Person, also der Schutz vor willkürlicher Verhaftung, wurden in einer einzigen, dramatischen Parlamentssitzung auf einen Schlag aufgegeben. Schacht verfolgte die Sitzung als Zuschauer von der Tribüne aus. Er sah in der Zustimmung zum Ermächtigungsgesetz den Beginn der Diktatur. Sie kam für ihn einem Selbstmord der gemäßigten Parteien Deutschlands gleich, die tatsächlich innerhalb eines Jahres aufgelöst werden sollten. Die eingeschüchterten und überstimmten Gemäßigten erhoben kaum Protest. Manche hofften sogar, diese Verordnungen würden dem Mann am Ruder seine schwierige Aufgabe erleichtern. Otto Wels, der Vorsitzende der Sozialdemokratischen Partei, die einst die wichtigste Stütze des alten demokratischen Regierungssystems war, sagte an diesem brutalen Tag: »Das Volk erwartet positive Leistungen. Es wartet auf durchgreifende Maßnahmen gegen das furchtbare Wirtschaftselend ...«[13]

Die Weimarer Republik hatte tapfer gegen alle Widrigkeiten angekämpft. Um nicht unter den enorm hohen Reparationslasten zusammenzubrechen, hatte sie sich finanziell vom Westen abhängig gemacht. Doch als dann eine schwere Wirtschaftskrise über den Westen hereinbrach, war ihr Schicksal besiegelt.

Die Demokratie hatte in Deutschland noch keine tiefen Wurzeln geschlagen, daher wurde der Verlust der Grundrechte, die die Weimarer Verfassung garantierte, von vielen Deutschen nicht als gravierend empfunden. Schacht fällte ein hartes Urteil: »Die Demokratie schaufelte sich selber das Grab.«

Der Nazi-Terror nahm zu. Am Samstag, den 1. April, versperrten SA-Trupps in vielen Städten Deutschlands die Eingänge jüdischer Geschäfte, schmierten Davidsterne und antisemitische Parolen auf die Schaufenster und grölten: »Deutsche, kauft nicht bei Juden!« Das war nicht nur ein Boykott, sondern ein landesweiter Aufruhr. Nichtsdestotrotz schrieb die New Yorker Wochenzeitung *Business Week*: »Offenbar erkennt die Hitler-Regierung die potentiellen Bumerang-Effekte ihrer Kampagne. Gut unterrichtete Kreise in Berlin erwarten einen allmählichen Rückgang chauvinistischer Aktionen gegen die Juden.«[14]

Schacht muß, wie alle Deutschen, die Exzesse und die gewalttätigen Ausschreitungen, die Grausamkeit, Brutalität und Pöbelhaftigkeit der Nazis selbst miterlebt haben. Auf deutschen Straßen wurde damals jeder früher oder später mit ihren üblen Methoden konfrontiert.

Am 10. Mai wurden auf Anweisung Goebbels vor Universitäten in ganz Deutschland Zehntausende von Büchern verbrannt, die die Nazis als »undeutsch« betrachteten. In Berlin wurde das neuheidnische Kultfeuer in der Mitte des großen Platzes vor der Oper entfacht. Vierzigtausend Berliner lauschten Goebbels pathetischen Ausführungen über den deutschen Geist und die ihm gemäße Literatur und sahen zu, wie unter anderem Werke von Sigmund Freud, Ernest Hemingway, Jack London und Deutschlands großem jüdischen Dichter Heinrich Heine in Flammen aufgingen.

11

Die Aufgabe

Anfang 1933 waren ungefähr 6,5 Millionen Deutsche arbeitslos, die nur eine minimale Arbeitslosenunterstützung erhielten. In Deutschland lebten damals 65 Millionen Menschen, von denen 30 Millionen im arbeitsfähigen Alter waren. Weltweit lag die Arbeitslosenrate bei 24 Millionen.

Im April 1933 berichtete die New Yorker Wochenzeitung *Business Week*, daß die Deutsche Reichsbahn, die nach dem Dawes- und dem Young-Plan in ein selbständiges Wirtschaftsunternehmen umgewandelt worden war, wieder der Reichsregierung unterstellt werden sollte. Weiterhin hieß es in dem Artikel: »In Geschäftskreisen wird allgemein angenommen, daß Dr. Schacht, der neue Präsident der Reichsbank, weitgehend für die Gestaltung dieses Programms verantwortlich ist, und daß er in Anbetracht seiner generellen Einigkeit mit Hitler bei der Formulierung der Wirtschafts- und Finanzpolitik der Reichsregierung eine führende Rolle spielen wird.«

Schacht wußte, daß Deutschland im Grunde ganz auf sich allein gestellt war. Der neue Führer des Landes hatte dem deutschen Volk große Versprechungen gemacht, die er nun erfüllen mußte. Er vertraute darauf, daß Schacht ihm dabei half; und Schacht wußte, daß ihm das nur gelingen würde, wenn Adolf Hitler ihm freie Hand und volle Rückendeckung gab. Einige Maßnahmen würden so radikal und unverschämt sein, daß sie sich nur mit Unterstützung eines Diktators durchführen ließen, der dafür sorgte, daß die Partei sich nicht einmischte, daß das Kabinett keine Schwierigkeiten machte, daß die Banken keine Einwände erhoben und daß die Presse keine Kritik übte. Hitler würde ihn auch gegen Vorwürfe aus dem Ausland verteidigen müssen, denn einige Maßnahmen gegen ausländische Gläubiger würden Außenminister von Neurath und seinen Diplomaten das Leben nicht gerade leichtmachen.

Schacht sah sich mit einem riesigen Berg öffentlicher und privater Auslandsschulden und hohen Zollmauern gegen deutsche Exporte konfrontiert. Zudem waren der Dollar, das Pfund und der Franc – die wichtigsten ausländischen Währungen – stark abgewertet worden, wodurch sich die deutschen Exporte verteuerten und die Importe verbilligten, dabei waren die Devisenreserven der Reichsbank bereits so gut wie erschöpft.

Die deutsche Industrie litt unter dem Preisverfall auf dem inländischen Markt und einem Mangel an verfügbarem Kapital für Investitionen. Vor allem mußte jedoch die allgemeine Euphorie, die Hitlers Machtübernahme auslöste, aufrechterhalten werden, nicht nur der Hybris der Nazis wegen, sondern auch um der wirtschaftlichen Zukunft des Landes willen. Zur Sicherheit wurden erst einmal die Gewerkschaften abgeschafft, und am 17. Mai wurde eine Verordnung gegen Streiks und Aussperrungen erlassen. Innerhalb eines halben Jahres sollte eine neue riesige Arbeiterorganisation, die Deutsche Arbeitsfront, geschaffen werden, die allerdings lediglich Regierungsentscheidungen durchsetzte und ihre Mitglieder mit einem Freizeitprogramm bei Laune hielt, das sich »Kraft durch Freude« nannte.

Doch all das nützte nicht viel, solange keine neuen, sicheren Arbeitsplätze geschaffen wurden. Inzwischen waren Steuererleichterungen für Arbeitgeber eingeführt worden. Für Notstandsarbeiten wie die Regulierung von Flußläufen und die Renovierung von öffentlichen Einrichtungen wurden Zuschüsse gewährt. Berufstätige Frauen wurden aufgefordert, an den heimischen Herd zurückzukehren; wer heiratete, wurde von der Regierung mit besonderen Vergünstigungen belohnt.

Die erste Maßnahme, die Schacht nach seiner Rückkehr in die Reichsbank einleitete, war nicht seine Idee, doch er befürwortete sie. Die Reichsbank beteiligte sich sofort am Reinhardt-Programm, mit dem die Reichsregierung die Ausbesserung und den Umbau von Häusern und Fabriken subventionierte. Es sollte die Bauindustrie und über sie die Wirtschaft ankurbeln. Schacht stellte eine Milliarde Mark bereit. Es folgte ein Kredit zur Finanzierung der ersten Autobahnen, deren Vorläufer die weniger monumentale Avus in Berlin gewesen war. Sie wurden der Reichsbahnverwaltung unterstellt, da Schacht den Reichsautobahnverkehr und den Eisenbahnverkehr aufeinander abstimmen wollte. Für den Autobahnbau stellte er einen Kredit von 600 Millionen Mark zur Verfügung, der später aus dem Reichsbudget zurückbezahlt wurde. Danach stieg die Reichsbank aus dem Autobahnbau aus, durch den inzwischen neue Jobs entstanden waren. Bei der Einweihung des ersten Autobahnabschnitts zwischen Frankfurt und Darmstadt lud Hitler Schacht zu einer von den Medien weidlich ausgeschlachteten Eröffnungsfahrt in seinem langen schwarzen Mercedes-Kabriolett ein. Hitler rief strahlend aus: »Es können sogar drei in einer Reihe fahren.«

Der Mann, der die Autobahnen baute, erhielt seinen Job – in Abwesenheit – durch Schacht. Hitler bat Schacht, sich zwischen dem alten Partei-Faktotum Feder, den Schacht schon einmal bloßgestellt hatte, und einem Nazi-Ingenieur namens Fritz Todt zu entscheiden. Schacht wählte Todt. Hitler fragte: »Wieso? Kennen Sie Herrn Todt?« Schachts Antwort war charakteristisch: »Nein, aber ich kenne Herrn Feder.«[1] Todt übernahm später wichtige

Aufgaben im militärischen Bauwesen und in der Kriegsproduktion; er wurde einer der Vorgänger von Albert Speer.

Am 7. Juni veranstaltete der Verein der Ausländischen Presse in Berlin sein jährliches Gründungsfest im Luxushotel Adlon. Die einzigen deutschen Gäste waren Heinrich Sahm, der baumlange Oberbürgermeister von Berlin, und Schacht. Aus irgendeinem Grund geriet Schacht mit ein paar amerikanischen Journalisten aneinander und sagte aufgebracht zu ihnen, »die Auslandspresse solle Tatsachen statt Meinungen verbreiten«, woraufhin ihm der berühmte amerikanische Journalist Edgar Mowrer feierlich für seine anerkennenden Worte dankte.[2]

Angesichts der anhaltenden weltweiten Wirtschaftskrise wurde für Juni 1933 eine internationale Weltwirtschaftskonferenz in London geplant, an der sechzig Länder teilnehmen sollten. Zur Vorbereitung dieser Konferenz entsandten einige Länder Delegationen nach Washington. Schacht sollte sich als Leiter der deutschen Delegation auch mit dem neugewählten Präsidenten Franklin D. Roosevelt treffen, der soeben den Dollar um vierzig Prozent abgewertet hatte.

Als sein Schiff in New York anlegte, kamen Journalisten an Bord und stellten ihm Fragen zu den antisemitischen Ausschreitungen der Nazis.

Schacht verlor völlig die Beherrschung, zerknüllte einen Bericht aus der *New York Times*, den sie ihm überreicht hatten, schleuderte ihn zu Boden und rief verärgert: »Was für Ausschreitungen? Alles Lügen!«

Der *Times*-Korrespondent, ein gewisser Edwin L. James, berichtete genüßlich:

> Dr. Schacht hat eine heftige Art. Er hat auf Konferenzen oft die Türen zugeknallt, kam allerdings immer wieder zurück. Möglicherweise besteht ein Zusammenhang zwischen seinem Wutausbruch und dem Umstand, daß die New York Times seit dem

5. März ausführlichere Berichte über die Entwicklungen in Deutschland veröffentlicht als alle anderen Zeitungen. All ihre Berichte aus Deutschland haben die Nazi-Zensur passiert.[3]

Schacht blieb eine Woche in Washington. Er war sehr angetan und beeindruckt von dem impulsiven, gehbehinderten Roosevelt. Er beschrieb ihn als einen großen, schweren »Mann von männlicher Schönheit« und »von zwingender Höflichkeit, die … immer von einem Scherz begleitet ist«.[4]

Schacht verglich die Aufgabe Roosevelts mit der Hitlers. Beide mußten die Wirtschaft ihres Landes wieder ankurbeln, doch Amerika war trotz der herrschenden Depression ein wohlhabendes Land, während Deutschland bankrott war. Roosevelt leitete bald eine Reihe von Maßnahmen ein, die er als *New Deal* bezeichnete. Schachts spätere Pläne sollten »der Neue Plan« genannt werden. Sein engster Mitarbeiter in Amerika war sein Vorgänger Hans Luther, für den Hitler inzwischen eine »andere Verwendung« gefunden hatte: Luther war nun deutscher Botschafter in den Vereinigten Staaten. J. Pierrepont Moffat, der damals im amerikanischen Außenministerium arbeitete, schrieb, daß ein Musikkorps der amerikanischen Marine »Deutschland, Deutschland, über alles« spielte, während der von einem Adjutanten gestützte Roosevelt Schacht und Luther am Samstag, den 6. Mai, in den Blauen Salon führte.[5]

Nach einem Mittagessen für zwanzig Personen fand die erste offizielle Sitzung statt.

Luther muß sprachlos gewesen sein, als Schacht Roosevelt in Gegenwart des strengen Außenministers Cordell Hull erklärte, daß Deutschland sich möglicherweise »gezwungen sehen würde, die Zinszahlungen auf die nach Deutschland gegebenen amerikanischen Anleihen einzustellen«. Schacht beschrieb die Situation folgendermaßen: »Cordell Hull wurde nervös. Botschafter Luther rutschte auf dem Stuhle hin und her. Ich selber erwartete einen unfreundlichen Ausbruch des Präsidenten. Überraschenderweise geschah nichts dergleichen. Roosevelt schlug sich krachend mit der Hand auf seinen Schenkel und rief lachend aus: ›Das geschieht den Wall-Street-Bankern ganz recht.‹«[6]

Die Atmosphäre entspannte sich etwas. Schacht amüsierte Roosevelts unerwartete Reaktion. In diesem Augenblick siegte eindeutig amerikanische Parteipolitik über nationale Interessen. Die Wall Street war gegen Roosevelt gewesen, daher war seine Schadenfreude über das ihr drohende Dilemma größer als seine Sorge über den finanziellen Verlust, den es für Amerika bedeuten würde. Am nächsten Tag wurde Schacht ins Außenministerium gebeten, wo ihm Cordell Hull ein Kuvert überreichte. »Dies soll ich Ihnen vom Präsidenten übergeben«, sagte er kühl. Es enthielt die kurze Mitteilung, daß Roosevelt über Schachts Erklärung vom Vortag »sehr schockiert« gewesen sei. »Es fiel mir auf, daß der Präsident diesen Schock erst vierundzwanzig Stunden später verspürte«, kommentierte Schacht diese Mitteilung später sarkastisch. Er beschrieb Hull mit journalistischer Anschaulichkeit als einen steifen, mageren Mann »mit leicht geneigtem Kopf und zusammengepreßten Lippen«, der »eine völlige Interesselosigkeit zur Schau trug« und in seinem altmodischen Bratenrock mit steifem Kragen und Binder wie ein Anachronismus aus der Zeit Abraham Lincolns wirkte.

Cordell Hull bezeichnete Schacht dagegen als »unkompliziert, unprätentiös und äußerst zugänglich« und als »eine der gescheitesten Personen unter den Delegierten, die vor der Londoner Wirtschaftskonferenz dieses Land besuchten«. Er schrieb: »Einige führende Amerikaner gelangten zu der Überzeugung, daß Schacht mit Hitler und dem Programm der Nazis im Grunde seines Herzens nicht einverstanden war.«[7]

Herbert Feis, einer von Roosevelts Beratern, der der Unterredung in Cordell Hulls Büro beiwohnte, gewann einen anderen Eindruck von Schacht: »Er sprach mit der eloquenten Arroganz eines Schulmeisters, der seine Schüler belehrt. Sein graues, spitzes Gesicht über dem engen gestärkten Stehkragen war verkniffen und seine blassen Augen funkelten hinter der randlosen Brille, während sein durchdringender Blick von einem zum andern wanderte.«

Feis lieferte auch eine Erklärung für Roosevelts unverhohlene Schadenfreude über die mißliche Lage der Wall-Street-Banker: »Roosevelt hatte in seinen Wahlreden die Sorglosigkeit kritisiert, mit der die Amerikaner mit ausländischen Wertpapieren eingedeckt worden waren – mit unverschämt hohen Gewinnen für die Bankiers, die sie verkauften.« Sicher wollte Roosevelt nicht den Eindruck entstehen lassen, er hätte seine Zustimmung zu irgendeinem deutschen Moratorium gegeben. Jimmy Warburg aus der bekannten deutsch-amerikanischen Bankiersfamilie, der zum amerikanischen Beraterteam gehörte, hatte das Wort »schockiert« durch »enttäuscht« ersetzen wollen, war jedoch überstimmt worden.[8]

Schacht schrieb, als er sich von Roosevelt verabschiedete, habe dieser ihn aufgefordert, sich zu ihm aufs Sofa zu setzen, und zu ihm gesagt: »Sie haben hier einen ausgezeichneten Eindruck gemacht, weil Sie in jeder Hinsicht freimütig und offen gesprochen haben.«

Schachts Version dieses Abschiedsbesuchs war eine journalistische Manipulation, die zu ihm paßte. Höchstwahrscheinlich übertrieb er, was Roosevelts Herzlichkeit ihm gegenüber betraf, weil er den Eindruck erwecken wollte, der Präsident hätte seine Zahlungsverweigerungsmanöver stillschweigend gebilligt.

In Wirklichkeit war Roosevelts Verhalten weniger freundlich, als Schacht es beschrieb. Besonders boshaft war eine

Bemerkung, die er Warburg gegenüber machte: »Wissen Sie, es geschähe diesem Hitler gerade recht, wenn ich einen Juden als Botschafter nach Berlin schickte. Wie würde Ihnen die Aufgabe gefallen?«[9] Warburg, der die prekäre Lage des Stammbankhauses seiner Familie in Hamburg kannte, fand wahrscheinlich, daß dies nicht der richtige Augenblick für solch eine Konfrontation war.

Am Abend vor Schachts Abreise gab David Sarnoff, der Leiter der großen Rundfunkgesellschaft RCA (Radio Corporation of America), der als Mitglied der amerikanischen Delegation an der Young-Konferenz teilgenommen hatte, in seinem schönen Haus in New York ein Abschiedsessen für Schacht. Der Gastgeber und alle Gäste bis auf Owen Young, den Präsidentschaftskandidaten Allan Smith, den Generalsekretär der Young Men's Christian Association und den Ehrengast Schacht waren prominente amerikanische Juden; unter ihnen befand sich auch Rabbi Stephen Wise, der international bekannte Sprecher der Juden in Amerika. Sarnoff hatte Schacht gebeten, sich im Kreise seiner Freunde zum Antisemitismus der Nationalsozialisten zu äußern. Schacht schrieb, daß er »so dezent und so vorsichtig, aber auch so aufrichtig wie möglich« gesprochen habe, daß es zu keiner Diskussion gekommen sei und daß Sarnoff ihm mit den Worten gedankt habe: »Dr. Schacht, Sie waren ein sehr fairer Partner.« Angeblich versicherte er seinen Zuhörern, er werde bei der deutschen Regierung vorstellig werden, um eine bessere Behandlung der Juden zu erreichen.[10]

Ein paar Wochen später nahm Schacht als Mitglied der deutschen Delegation, die von Außenminister Neurath geleitet wurde, an der Weltwirtschaftskonferenz in London teil. Hugenberg, Keppler und der Hamburger Bürgermeister Krogmann waren ebenfalls anwesend.

Die Konferenz wurde ein Mißerfolg. Die Vorstellungen

darüber, wie die Probleme zu lösen waren, gingen stark auseinander und waren zu vage, als daß die Delegierten sich auf konkrete Maßnahmen einigen konnten. Doch die Briten inszenierten die Veranstaltung mit dem von ihnen gewohnten Sinn für Pomp und Etikette. Zum Rahmenprogramm gehörte auch eine offizielle Garden-Party, auf der Schacht dem Königspaar vorgestellt wurde.

Auf einer Plenarsitzung erhielt der österreichische Bundeskanzler Engelbert Dollfuß lebhaften Applaus. Es amüsierte Schacht, daß »dieser Inhaber der ersten europäischen Diktatur von der demokratischen Versammlung ostentativ ausgezeichnet wurde«.

Obwohl auf der Londoner Konferenz kein Rezept zur Bekämpfung der weltweiten Wirtschafts- und Währungskrise gefunden wurde, hatte sie für Schacht persönlich zumindest ein erfreuliches Resultat. Zu seiner Freude brachte Hugenberg sich selbst in Mißkredit, indem er dem Vorsitzenden der Konferenz eine Denkschrift übersandte, ohne sich vorher mit der deutschen Delegation abzustimmen. Nach seiner Rückkehr nach Berlin wurde er von Hitler zur Rede gestellt und trat prompt zurück. Der neue Wirtschaftsminister wurde Kurt Schmidt, der vorher Generaldirektor der Allianz-Versicherung war und schnell in eine SS-Uniform schlüpfte, um sich seinem neuen Umfeld anzupassen. Hugenbergs anderes Portefeuille, die Landwirtschaft, ging an einen glühenden Nazi, den romantischen Theoretiker Walter Darré.

Endlich war Schacht Hugenberg los.

Dafür mußte er nun mit seinen neuen, nationalsozialistischen Verhandlungspartnern zurechtkommen, was keine leichte Aufgabe war. Er war kein Mitglied ihrer Partei. Damit sich das braune Establishment an Schachts Anwesenheit gewöhnte, lud Hitler ihn zweimal zu privaten Mittagessen mit seinen alten Kampfgenossen ein. Schacht war alles andere als angetan. Das war nicht die Art von Gesellschaft, die er interessant fand. Er mied auch die Abendveranstaltungen der Nazis, die oft in Trinkgelage ausarteten. Nur Hitler war abstinent. Schacht konstatierte, daß die einzige Gemeinsamkeit der Nazis mit ihren verherrlichten teutonischen Vorfahren die Liebe zum Alkohol war.

Schachts Arroganz blieb nicht unbemerkt. Nach Aufzeichnungen von Hitlers Tischgesprächen nahm Hitler seinen unverhüllten Snobismus gegenüber den Nazis nur hin, weil die »Taschenspielerkunststücke von Schacht« zeigten, »daß ein intelligenter Arier auch auf diesem Gebiet den Juden überlegen sein könne«.[11]

Im August 1933 erschien im *Sozialdemokrat*, der Zeitung der deutschen Flüchtlinge in Prag, ein merkwürdiger Bericht, der deutlich machte, daß es unter den Nazis der ersten Stunde immer noch eine kleine antikapitalistische Faktion gab. In dem Bericht hieß es, eine SA-Splittergruppe habe ein Attentat auf Schacht geplant. Es sollte der erste Schlag in einem bevorstehenden Kampf gegen den Kapitalismus sein. Angeblich wurden drei SA-Leute von der Berliner Polizei verhaftet, nachdem Schacht sich beklagt hatte, daß er verfolgt werde.[12] In der deutschen Presse erschien diese Meldung nie.

Während der Nazi-Parteiapparat auf Maßnahmen wartete, die die deutsche Wirtschaft ankurbelten, und dabei besondere Hoffnungen auf Schachts Pläne setzte, übernahm er die totale Kontrolle über das ganze Land. Während der Weimarer Republik war Deutschland eine Föderation deutscher Staaten gewesen. Nun wurden die einzelnen Staaten buchstäblich entrechtet. Gauleiter wurden ihnen aufgezwungen; Reichsstatthalter wurden eingesetzt; am Ende hielt die Reichsregierung in Berlin alle Fäden in der Hand.

Die deutschen Gerichte wurden umorganisiert und einem neuen, mit Nazis besetzten Volksgerichtshof unterstellt. Gegen die Urteile dieses hohen Gerichts konnte kein Einspruch eingelegt werden, außer bei Hitler selbst. Auf die Roben der Richter waren Hakenkreuze aufgestickt.

Alle anderen Parteien wurden abgeschafft. Die NSDAP war nun die einzige politische Partei Deutschlands, doch sie verstand sich weniger als politisches Gebilde denn als nationale Bewegung.

Falls Schacht das »neue« Deutschland nicht ganz geheuer war, dann empfand er sicher eine gewisse Erleichterung, als der Katholik Papen am 20. Juli 1933 seine Ernennung zum Vizekanzler rechtfertigte, indem er ein Konkordat mit dem Vatikan schloß. Hinter dem Vertrag stand Kardinalstaatssekretär Eugenio Pacelli, der ehemalige päpstliche Nuntius in Berlin und spätere Papst Pius XII.. Im Grunde vereinbarte die katholische Kirche in diesem Konkordat mit der Nazi-Regierung: »Wenn ihr die Katholiken in Deutschland in Frieden laßt, werden wir eure Politik nicht kritisieren.«

Damals ging das Gerücht um, das Konkordat sei bereits zur Zeit des Reichstagsbrands ausgehandelt worden, und der Vatikan habe einigen einflußreichen katholischen Reichstagsabgeordneten nahegelegt, dem Ermächtigungsgesetz keinen Widerstand entgegenzusetzen.

Das Konkordat war ein großer internationaler Coup. Es half Hitler, sein Regime zu legitimieren. Wie all seine internationalen Verträge sollte er auch diesen brechen, wann immer er es für nötig hielt. Einige Jahre später wurde seinem Außenminister Joachim von Ribbentrop eine prächtige, mit Juwelen besetzte Schatulle überreicht, die Kopien aller Verträge enthielt, die Hitler gebrochen hatte. Konkordat hin oder her, schließlich wurden Hunderte von Priestern von der Gestapo verhaftet und in Konzentrationslager gebracht, weil sie versucht hatten, Opfer des Terrors der Gestapo und der SS zu schützen. Doch 1933 schien das Verhältnis zwischen dem Vatikan und dem Deutschen

Reich noch von Kooperationsbereitschaft und gegenseitigem Wohlwollen bestimmt zu sein.

Hitler brachte auch die evangelische Kirche dazu, seine Politik gewissermaßen zu billigen, wenn auch mit Schikanen und Drohungen. Im Mai 1933 wurde der berühmte evangelische Geistliche Friedrich von Bodelschwingh zum Oberhaupt der Evangelischen Kirche in Deutschland gewählt. Da Bodelschwingh ein Mann mit Grundsätzen war und Inhalte des Nazidogmas wie das Führerprinzip und die Rassenvorurteile nicht stillschweigend akzeptieren wollte, wurde eine großangelegte Kampagne gegen ihn gestartet, bei der auch mit Drohungen und Erpressung gearbeitet wurde. Gegen Ende des Jahres wurde Ludwig Müller, ein Marionetten-Geistlicher der Nazis, zum Reichsbischof ernannt. Wie die Richter trugen auch die frischgebackenen Nazi-Pfarrer Hakenkreuze auf ihren Talaren. Nun hatte Hitler beide christliche Kirchen unter Kontrolle.

Schacht hatte zwischen seiner Reise nach Washington und der Londoner Weltwirtschaftskonferenz die Bankvertreter der ausländischen Gläubiger Deutschlands zusammengerufen, um ihnen mitzuteilen, was sie erwartete. Er behauptete, die Karten offen auf den Tisch zu legen, und erklärte den ausländischen Bankiers, daß die Reichsbank kaum noch Devisenreserven habe und daß die deutsche Handelsbilanz unausgeglichen sei, weil ihre Regierungen neue Importzölle eingeführt und ihre Währungen abgewertet hatten. Deutschland würde die Zinszahlungen auf die Dawes-Anleihe, die Young-Anleihe und andere ausländische Darlehen möglicherweise vorläufig einstellen müssen. Die Verwaltung und Rückzahlung aller Auslandsschulden müsse in Zukunft die Reichsbank übernehmen. Diese Ankündigung löste bei den Gläubigern Bestürzung aus, wurde aber wohl nur als eine Schachtsche Drohung betrachtet. Schachts Aussagen nach herrschte jedoch Einigkeit darüber, daß die Reserven der Reichsbank erhöht werden mußten. Außerdem waren die Gläubiger mit einer Stundung der Hälfte des Zinses auf die langfristige Young-Anleihe einverstanden; dafür sollte die verbleibende geringe Restschuld aus dem Dawes-Plan voll zurückgezahlt werden.

Doch Schachts Pläne gingen noch weiter. Für seinen nächsten Schritt brauchte er die Rückendeckung seines neuen Herrn. Ein neues Gesetz vom 9. Juni ermöglichte ihm die Gründung der sogenannten Konversionskasse, die von der Reichsbank verwaltet wurde. Alle Rückzahlungen von Auslandskrediten – ganz gleich, ob es sich um private, geschäftliche oder öffentliche Schulden handelte – mußten nun direkt an diese Konversionskasse geleistet werden. In welcher Höhe und auf welche Weise diese Auslandsschulden zurückerstattet wurden, bestimmte von nun an allein die Reichsbank, also Schacht.

Die Reichsbank bot den ausländischen Gläubigern an, die Schulden mit 50 Prozent Abzug vom Nominalwert und zu einem Zinssatz von 4 Prozent statt der ursprünglichen 5,5 Prozent zurückzuzahlen.

Sie sollten zu 50 Prozent in Devisen und zu 50 Prozent mit sogenannten Scrips beglichen werden. Diese Scrips waren von der Reichsbank ausgestellte Bescheinungen über Markguthaben, die zu einem günstigen Kurs in verschiedene Marksorten umgetauscht werden konnten:

Es gab die Reisemark für Reisen nach oder innerhalb von Deutschland.

Die Registermark war für Investitionen in Deutschland oder den Ankauf deutscher Produkte für den Export ins Ausland bestimmt.

Die Askimark (Ausländer-Sonderkonten-Mark) war für besondere Zwecke wie die finanzielle Unterstützung von Menschen oder Projekten in Deutschland vorgesehen.

Berliner Spaßvögel amüsierten sich köstlich über diese neuen Marksorten und schlugen die Einführung von Bordellmark, Biermark und Homomark vor; die ausländischen Gläubiger fanden die neue Regelung weniger lustig.

Die deutschen Schuldner zahlten ihre Auslandskredite in voller Höhe an die Konversionskasse zurück und waren damit offiziell schuldenfrei. Die ausländischen Gläubiger standen vor der Wahl, die Hälfte ihres Geldes festzulegen oder es so zu verwenden, wie Deutschland es wollte. Natürlich belastete diese Situation die Beziehungen zwischen deutschen Importeuren und ihren ausländischen Lieferanten oder zwischen Deutschen und ihren ausländischen Freunden, die ihnen Geld geliehen hatten. Manche Deutsche schämten sich, wenn sie ihre privaten oder geschäftlichen Auslandsschulden an die Konversionskasse zurückzahlten, weil sie es nicht fair fanden, wie ihre ausländischen Gläubiger, die ihnen vertraut hatten, von der Reichsbank abgefunden wurden. Andere waren hocherfreut, daß die Reichsbank ihnen nach der Rückzahlung ihrer Auslandskredite schriftlich bescheinigte, daß sie nun schuldenfrei waren.

Das Kapital der ausländischen Gläubiger blieb erhalten, doch was mit den Zinsen geschah, stand auf einem anderen Blatt. Im Wirtschaftsteil der *New York Times* vom 16. Oktober 1933 war die Schlagzeile zu lesen:

DEUTSCHLAND PROFITIERT VOM TRANSFERPLAN

SCHACHT BEABSICHTIGT KEINE ÄNDERUNG DES AUSLANDSSCHULDENMORATORIUMS

VERLUSTE FÜR AMERIKANISCHE GLÄUBIGER

NACH NEUESTEN BERECHNUNGEN BÜSSEN SIE 50 % IHRER ZINSEN EIN[13]

Und am 12. Dezember hieß es:

SCHACHT WARNT VOR KÜRZUNGEN BEI DEN DEUTSCHEN TRANSFERZAHLUNGEN UND STELLT GLÄUBIGER VOR DIE WAHL: »ZINS ODER DIVIDENDE«[14]

Nachdem Schacht despotisch neue Rückzahlungsmodalitäten und Zinssätze für die Auslandskredite eingeführt hatte, bereitete er noch schärfere Maßnahmen vor.

In einem Artikel über die deutschen Schulden, der am 30. Dezember 1933 in der *Newsweek* erschien, hieß es, Schacht habe »schroff« und »amtlich« gewirkt und eine düstere Stimmung unter den Gläubigern Deutschlands verbreitet. Er hatte soeben eine Änderung der 50-Prozent-Regelung vom zweiten Halbjahr 1933 angekündigt. Im ersten Halbjahr 1934 könnten die fälligen Schulden nur zu 30 Prozent in Devisen zurückbezahlt werden; über die restlichen 70 Prozent würden Scrips ausgestellt.[15]

Schacht nutzte alle Vollmachten, die er besaß, um mit radikalen Maßnahmen das Auslandsschuldenproblem in den Griff zu bekommen, die Mark flüssig zu machen und die Exporte anzukurbeln. Natürlich wurden im Ausland Proteste laut. In einer Rede vor der Deutschen Handelskammer in Basel sagte Schacht, die ausländischen Gläubiger sollten sich nicht als Rentner fühlen, sondern als Unternehmer – und zwar als Unternehmer, die auch an den Schwierigkeiten ihrer Investitionen beteiligt waren.[16]

Seine nächsten Aufgaben waren die Bekämpfung der Arbeitslosigkeit und die Ankurbelung der Industrie. Der Autobahnbau, der Aufträge der Reichsbahn und andere Verkehrsprojekte wie der Bau von Staudämmen oder die Regulierung von Wasserläufen verhalfen zwar vielen Arbeitslosen zu einer elementaren Form der Beschäftigung, doch Schacht hielt nichts von Notstandsarbeiten dieser Art, die er auch an Roosevelts Arbeitsbeschaffungsprogramm kritisierte. Sie bescherten dem Staat keine Einnahmen und keine Steuern. Schacht sah die Arbeiter lieber in Fabriken Fertigwaren für den Export produzieren. Doch so wichtig der Ausbau des Exporthandels auch war, die vordringliche Aufgabe war der Abbau der Arbeitslosigkeit. Im Jahre 1933 war Schacht wie Adolf Hitler ein entschiedener Befürworter der Wiederaufrüstung Deutschlands. Schacht betonte stets, daß seine Gründe sich radikal von denen Hitlers unterschieden, doch 1933 zogen beide an einem Strang. Schacht sagte bei den Nürnburger Kriegsverbrecherprozessen aus, für »ein großes und starkes Deutschland« würde er sogar »einen Bund mit dem Teufel schließen«.[17]

Um die Produktion von Rüstungsgütern anzukurbeln und die Arbeitslosigkeit weiter zu verringern, gründete Schacht mit einem Grundkapital von nur einer Million Mark eine Scheinfirma mit dem seltsamen Namen Metallurgische Forschungsgesellschaft m.b.H., kurz Mefo genannt. Die Mefo wurde sofort zu gleichen Anteilen von den vier großen Industriekonzernen Krupp, Rheinstahl, Gutehoffnungshütte und Siemens übernommen. Die Mefo-Anleihen, die in Wirklichkeit Wechsel waren, brachten vier Prozent Zinsen und wurden nach fünf Jahren fällig, konnten jedoch jederzeit bei der Reichsbank gegen bares Geld eingelöst werden. Der Zweck der Mefo war die Finanzierung von großen Rüstungsaufträgen der Reichsregierung. Einigen Schätzungen zufolge belief sich ihr Umfang auf 21 Milliarden Mark. Die Bezahlung wurde von der Reichsbank garantiert. Ein Teil des Geldes kam aus der sogenannten Konversionskasse. Ironischerweise wurde die Wiederaufrüstung Deutschlands zum Teil mit ausländischem Kapital finanziert.

Alle Zulieferer wurden mit Mefo-Wechseln bezahlt; die legten sie dann der Mefo vor, die sie bei der Reichsbank einlöste. Gleichzeitig erhielten die Hersteller 4 Prozent Zinsen auf die Wechsel, bis sie sie zur Zahlung vorlegten. Da die Reichsbank die Einlösung garantierte, legten viele ihre stillen Notrücklagen in Mefo-Wechseln an. Zuerst waren nur die Konzerne der vier Mefo-Besitzer an dem Projekt beteiligt, doch mit der Zeit kamen immer mehr Unternehmen hinzu, die ebenfalls mit Mefo-Wechseln bezahlt wurden. In vier Jahren stieg der Gesamtumlauf der Mefo-Wechsel von einer Million auf zwölf Milliarden Mark. Die Hälfte davon wurde auf dem offenen Rentenmarkt gehandelt. Die Mefo-Wechsel, die garantierte vier Prozent Zinsen brachten, stiegen im Kurs und wurden ein sehr gefragtes Anlagepapier. Die Reichsbank war sogar gerne bereit, unverkaufte Mefo-Wechsel für ihr eigenes Portefeuille zu erwerben.

Schacht hielt das Mefo-Wechsel-System für eine »ingeniöse« Methode, die industrielle Produktion anzukurbeln und die Arbeitslosigkeit zu beseitigen. Viele andere betrachteten es als ein raffiniertes Tarnmanöver mit dem Ziel, die Buchführung über Rüstungsaufträge undurchschaubar zu machen und die Kriegsproduktion anzukurbeln, ohne die Außenwelt übermäßig zu beunruhigen.

Die Produktion von Gütern, die nicht für den Export bestimmt waren, schien eigentlich gegen alle wirtschaftlichen Grundsätze Schachts zu verstoßen. Da sie weder Devisen noch Steuern einbrachte, hätte er sie normalerweise als eine schändliche Verschwendung bezeichnet. Doch die gezielte Ankurbelung der Schwerindustrie zum Zwecke der Wiederaufrüstung war eine andere Sache. Von dem Tag an, an dem ihm die Nürnberger Ankläger vorwarfen, die Kriegsmaschinerie der Nazis aufgebaut zu haben, bis zu seinem Tod gab Schacht offen zu, daß er sich konsequent für die Wiederaufrüstung Deutschlands eingesetzt hatte. Er war fest davon überzeugt, daß ein Land von anderen Ländern nur ernstgenommen wurde, wenn es ein mächtiger militärischer Gegner war. So schrieb Schacht in einem rückblickenden Brief an Hitler vom 7. Januar 1939 – dem Jahr, in dem Hitler den Krieg begann –, die Reichsbank sei sich von Anfang an der Tatsache bewußt gewesen, daß eine erfolgreiche Außenpolitik nur durch den Wiederaufbau der deutschen Streitkräfte erreicht werden könne.[18]

Heute, im Atomzeitalter, scheint diese Vorstellung überholt. Zwei der mächtigsten, modernen Länder, Japan und Deutschland, haben nur kleine Armeen.

Das Scheitern aller Abrüstungsverhandlungen seit dem Ersten Weltkrieg schien Schachts Auffassung zu bestätigen und ihn in seinem Entschluß zu bestärken, die Wiederaufrüstung Deutschlands zu finanzieren. Viele Deutsche hatten geglaubt, daß den strengen Rüstungsbeschränkungen, die ihrem Land nach dem Krieg auferlegt wurden, freiwillige Abrüstungsmaßnahmen der Sieger folgen würden. Doch dem war nicht so. Zwar hatte Großbritannien seine Kriegsflotte, seine Armee und seine Luftflotte inzwischen verkleinert, doch nur aufgrund von Haushaltsproblemen. Außerdem war das britische Empire, dessen Mitglieder selbstverständliche Verbündete Großbritanniens waren, nach wie vor ein Riesenreich. Die Franzosen unterhielten weiterhin eine große Armee. Die Amerikaner hatten sich nach dem Krieg wieder auf die andere Seite des Ozeans zurückgezogen. Aus einer isolationistischen Haltung heraus, die durch die Wirtschaftskrise noch verstärkt wurde, reduzierten sie ihre Armee so drastisch, daß sie praktisch nicht mehr ins Gewicht fiel, und verkleinerten auch ihre Kriegsflotte. Doch die USA hatten sich auch nur mit einer relativ kleinen Streitmacht und erst relativ spät am Ersten Weltkrieg beteiligt; bei ihrem Kriegseintritt 1917 hatten die Franzosen, die Engländer und die Russen bereits drei harte und verlustreiche Kriegsjahre hinter sich.

Die Armeen waren zwar kleiner geworden, doch die Verhandlungen über eine weltweite Abrüstung hatten bisher keine nennenswerten Ergebnisse gebracht. Daher waren viele Deutsche nicht überrascht, als Deutschland die vom Völkerbund einberufene Abrüstungskonferenz verließ und sich schließlich ganz aus dem Völkerbund zurückzog. Bei den Reichstagswahlen vom 12. November 1933 errangen die Nazis 92 Prozent der Sitze, und 93 Prozent der Wähler billigten Deutschlands Austritt aus dem Völkerbund. Obwohl es neben der NSDAP keine anderen Parteien mehr gab, stimmten erstaunlicherweise 3 Millionen Deutsche gegen die überwältigende Mehrheit. Doch ihre Stimmen wurden für ungültig erklärt, da sie für parteilose Kandidaten abgegeben worden waren.

Ende 1933 war die Arbeitslosigkeit um ungefähr 2 Millionen gesunken. Das war eine beachtliche Leistung, die viele Deutsche von der Vertrauenswürdigkeit Hitlers und Hitler von der Kompetenz Schachts überzeugte.

12

Macht

Schacht begann das Jahr 1934, indem er die finanzwirtschaftliche Reglementierung weiter verschärfte. Ende Dezember 1933 hatten die Briten gegen seine Rückzahlungsregeln protestiert, also bot er ihnen am 2. Januar an, 77 Prozent der Zinsschulden zu tilgen, und versprach, diese Summe voll zu bezahlen. Doch die Briten reagierten nicht, und Schacht ließ das Angebot wieder fallen.

Er verfolgte unbeirrt das Ziel, alles versteckte deutsche Kapital aufzuspüren und einzusetzen. Am 22. Februar wies er in einer Rede vor den Vertretern der deutschen Banken in Berlin darauf hin, daß in Deutschland 21 Millionen Sparkonten existierten und man dieses Geld arbeiten lassen müsse. Er tadelte die Bankiers der Sparinstitute für ihre Untätigkeit.[1] Außerdem lehnte er eine Abwertung der Mark rundweg ab, gleichgültig wie sehr dies dem Export zugute käme.[2] Er hatte nicht die Absicht, die Bezahlung von Auslandsschulden mit einer entwerteten Mark zu dulden.

Am 15. März 1934 ging er bei einer Ansprache auf einem Bankett der Deutsch-Amerikanischen Handelskammer in Berlin wieder in die Offensive und sagte: »Nur wenn das Ausland seine deutschen Verluste abgeschrieben hat, kann es wieder Geschäfte mit uns machen.«[3]

Unterdessen rief der amerikanische Nazi Carl Nicolai zu einem Boykott all derjenigen Amerikaner auf, die ihrerseits deutsche Waren boykottierten. Er sprach im Yorkville Casino (in der East Eighty-sixth Street 210 in New York) vor 2500 Mitgliedern der sogenannten United German

Societies. Nicolai hatte die Nachfolge des früheren Führers Heinz Spahnknoebel angetreten, als dieser ins Fadenkreuz des FBI geraten und untergetaucht war. Im Yorkville herrschte eitel Begeisterung für den »großen Führer« in Deutschland. Ein weiterer Stimmungsmacher für die Nazis war ein gewisser Reinhold Walter von der East Eighty-sixth Street 308. Er machte den »jüdischen Einfluß« dafür verantwortlich, daß es dem »großen Führer« nicht so recht gelang, dem Ausland die Ziele des »neuen« Deutschland zu vermitteln. Die Versammlung endete mit herzhaften Heil-Hitler-Rufen.[4]

Im April 1934 trat die sogenannte Transferkonferenz in Berlin zusammen. Sie sollte die Rückzahlungen des immer widerspenstigeren Deutschen Reichs an seine ausländischen Gläubiger regeln. Schacht eröffnete die Konferenz, indem er energisch, eindeutig und dramatisch verkündete, der 1. Juli werde der Tag der Wahrheit sein, der Termin, an dem Deutschland den Staatsbankrott erklären müsse. Dann sprach er geschickt die speziellen Probleme der einzelnen Länder an, denen Deutschland Geld schuldete. Einigen bot er eine Vorzugsbehandlung an, wenn sie mehr deutsche Exporte zuließen, und anderen eine günstigere Regelung im Austausch gegen Rabatte. Mit Großbritannien und Frankreich verfuhr er wiederum anders als mit den restlichen Ländern, da es jenen hauptsächlich um die Rückzahlung der Dawes- und Younganleihen ging. Die Konferenz glich einer Konkursversammlung, und jede Aussicht auf gemeinsame Beschlüsse der Gläubiger wurde zunichte gemacht. Schließlich begannen sie zu Schachts Freude untereinander zu streiten.

Noch während der Konferenz leitete Schacht am 5. Mai die Grundsteinlegung des neuen Reichsbankgebäudes, das auf einem Grundstück von 52.000 Quadratmetern für insgesamt 40 Millionen Reichsmark errichtet wurde. Hitler war bei der Feier anwesend; und Bataillone von Braunhemden der SA paradierten vor Zehntausenden von Zuschauern.[5] Die vielen Zuschauer waren dem Umstand zu verdanken, daß man Druck auf die Unternehmer ausgeübt hatte, ihren Arbeitern für das Ereignis freizugeben. Die Friedrichstraße, durch die man die meisten ausländischen Gäste Hitlers führte, wurde von bissigen Berlinern »Via Spontana« genannt. In seiner Rede sprach Schacht voller Anerkennung von der Sparsamkeit, mit der Friedrich der Große die preußischen Finanzen verwaltet hatte, eine kaum versteckte Kritik an der Verschwendungssucht der Nazis.

Unterdessen schien die Konferenz weiter zum Scheitern verurteilt.

Am 14. Juni machte weltweit die Nachricht Schlagzeilen, daß das Reich ab dem bewußten 1. Juli, den Schacht als Tag der Wahrheit bezeichnet hatte, jegliche Rückzahlung von Auslandsschulden einstellen werde.

Die Briten boten schließlich für alle Zinszahlungen ab dem 1. Juli 1934 ein halbjähriges Moratorium an. Danach sollten die Rückzahlungen bis 1945 in Jahresraten durch Obligationen geleistet werden, die jährlich mit drei Prozent verzinst wurden. Schacht nahm diese Bedingungen an. Deutschland hatte die Option, die Schuld zu günstigeren Bedingungen schon vor 1945 zurückzuzahlen, aber Schacht entschied sich im September 1934 für 1945. Die USA, die die meisten Dawes- und Youngobligationen hielten, erhoben zunächst scharfen Protest, doch dann waren auch sie bereit, ein ähnliches Abkommen zu schließen.

Schacht handelte auch die Bedingungen des alten »Stillhalteabkommens« von 1931 über die Rückzahlung früherer kurzfristiger Anleihen durch Städte und Gemeinden neu aus. Dabei handelte es sich vor allem um Kredite opportunistischer amerikanischer Banken jener Sorte, die Franklin Delano Roosevelt in seinem Wahlkampf angegriffen hatte.

Die deutschen Schuldner hatten an die amerikanischen Anleihegläubiger in der Regel sehr hohe Zinsen zu zahlen. Schacht erzwang nun ein Abkommen, durch das diese exorbitanten Zinsen auf 3,5 Prozent gesenkt wurden, womit er dem Reich jährlich weitere 60 Millionen Mark sparte. Als eine Reihe von deutschen Großunternehmen durch Mefo-Aufträge gesundeten, gab ihnen Schacht einen Wink, zu diesem neuen niedrigen Zinssatz so schnell wie möglich Rückzahlungen zu leisten,[6] während die kleinen Schuldner an die Konversionskasse der Reichsbank weiterhin den vollen Zinssatz zu zahlen hatten.[7] Schacht schien die Haltung einzunehmen, daß alles fremde Kapital gefangen (oder zumindest in Geiselhaft) gehalten werden durfte.

Inzwischen aktivierte Schacht 51 deutsche Banken, um eine neue deutsche Anleihe aufzulegen, die im Ausland verkauft und mit vier Prozent verzinst werden sollte. Fünfzehn dieser Banken waren noch immer unter jüdischer Leitung. Kein Wunder, daß Schacht sie zu schützen suchte. Ihre Verbindungen waren von großem Wert.[8]

Dies waren finanzwirtschaftlich gewinnträchtige Monate für Hjalmar Schacht und seinen Klienten Adolf Hitler.

Doch Hitler hatte neue Probleme. Zwei Männer stellten seine Autorität in Frage und störten seine Pläne. Der erste war der deutsche Vizekanzler Franz von Papen, der sich zunächst für Hitlers Kanzlerschaft eingesetzt hatte. Der zweite war Ernst Röhm, der ihm von allen alten Kampfgenossen vielleicht am nächsten stand.

Alles begann mit einem seltsamen und völlig unerwarteten Protest gegen Adolf Hitler und seine Ideen. Am 17. Juni 1934 hielt Vizekanzler Papen eine Rede an der traditionsreichen Universität Marburg, die sich zur Verblüffung seines vornehmen akademischen Publikums als ein flammender Protest gegen das NS-Regime entpuppte, gegen seinen Terror, seinen antichristlichen Totalitarismus, seine

Weigerung, eine Restauration der Monarchie in Erwägung zu ziehen, seine geknebelte Presse, die »kein Gesicht mehr« habe, und gegen die »Verwechslung von Vitalität mit Brutalität«. Er schloß mit dem Satz: »Nur ein verantwortungsvolles, zuchtvolles Volk wird führen.«

In seinen Memoiren berichtet Papen, das Publikum habe mit dröhnendem Applaus reagiert, in dem die Proteste der wenigen anwesenden Nazis völlig untergingen.[9]

Die Rede war von Edgar Jung, einem engen Mitarbeiter des Vizekanzlers, verfaßt worden. Der frühere Kampfpilot und Rechtsintellektuelle war über die Vulgarität und Brutalität von Hitlers Herrschaft zutiefst entsetzt und hatte den ansonsten vorsichtigen, opportunistischen Papen irgendwie dazu gebracht, seine Stimme zu erheben.

Die Reaktion in Berlin kam sofort und war vorhersehbar. Die Rede wurde nicht im Rundfunk übertragen und aus der Presse verbannt – nur die angesehene *Frankfurter Zeitung* hatte bereits am Nachmittag einen Auszug abgedruckt. Papens Büro in der Voßstraße wurde von SS und Gestapo heimgesucht, und Papens junger Mitarbeiter Herbert von Bose wurde an seinem Schreibtisch erschossen. Jung, der die Rede geschrieben hatte, wurde verhaftet. Papen eilte nach Berlin und protestierte bei Hitler. Dieser versuchte, ihn zu besänftigen, und meinte, Goebbels habe sich in der Angelegenheit einen »Mißgriff« geleistet. Papen bot Hindenburg seinen Rücktritt an, doch dieser lehnte ab.

Einige Tage später wurde Papen unter Hausarrest gestellt, kam jedoch bald wieder frei. Er zog sich auf seinen Landsitz zurück, wo er mit seinem Sohn seines weiteren Schicksals harrte. Doch Hitler benutzte Menschen oder ließ sie fallen, wie es ihm paßte, und er beschloß, zunächst einmal nichts zu tun. Er sollte seinen plötzlich rebellisch gewordenen früheren Bündnispartner schon bald dringend brauchen.

Der zweite Mann, der Hitlers Pläne störte, war Ernst Röhm, einer seiner ältesten und engsten Kampfgenossen. Der Bayer hatte im Ersten Weltkrieg als Offizier gedient und gebot nun als Stabschef der SA über zwei Millionen Braunhemden. Röhm hatte wenig von einem eleganten bayrischen Offizier; er sah aus wie ein feister, narbengesichtiger, schweinsäugiger Feldwebel, und sein Verhalten entsprach dieser Erscheinung. Seit Hitlers Ernennung zum Reichskanzler hatte Röhm unablässig gegen die Reichswehr getobt und intrigiert, die noch immer von den Nachfolgern der alten adligen Offiziere geführt wurde. In seinen Augen hatte die nationalsozialistische Revolution ihre Kraft verloren, und er fand, daß die Streitkräfte des »neuen« Deutschland nun aus dem Volk rekrutiert und von Männern aus dem Volk geführt werden müßten. Er verachtete die vorsichtige, präzise und besonnene Art, wie die Berufsoffiziere im Generalstab ihr Geschäft erledigten, und verlangte, daß er selbst zum Generalstabschef ernannt würde. Er wollte der alten Berufsarmee ein riesiges Volksheer aus schlecht ausgebildeten SA-Männern aufpfropfen. Hitler dagegen plante, die kleine, durch den Versailler Vertrag auf 100.000 Mann beschränkte Reichswehr als Kern einer gewaltig vergrößerten Streitmacht zu nutzen. Er brauchte jeden ausgebildeten Berufssoldaten. In der künftigen deutschen Wehrmacht würden die Leutnants der Reichswehr Oberste und ihre Oberste Generäle sein. Hitler sah die SA als die Schlägertruppe, die sie war, gut für Straßenschlachten, aber ansonsten ohne militärischen Wert.

Im Februar 1934 kam es zu einer Konfrontation zwischen Röhm und dem Reichswehrminister Generaloberst von Blomberg. Röhm gab nicht nach. Blomberg wandte sich an Hitler, und am 28. Februar wurde ein dürftiger Kompromiß zusammengeschustert. Doch Röhm verkündete, kaum daß er den Raum verlassen hatte, er denke nicht daran, »das

Abkommen einzuhalten«. »Hitler ist treulos und muß mindestens auf Urlaub«, schrie er und: »Wenn nicht mit, so werden wir die Sache ohne Hitler machen.«[10] In der Folge denunzierte der SA-Obergruppenführer Viktor Lutze seinen Chef bei Heinrich Himmler, dem Chef der SS, damals einer Eliteeinheit der SA, die jedoch absolut loyal zu Hitler stand. Lutze behauptete steif und fest, daß Röhm einen Aufstand plane, und Himmler beschloß, sich des rebellischen und gefährlichen Röhm zu entledigen. Mit dem Plan für seine Beseitigung wurde Reinhard Heydrich betraut, ein brillanter und eiskalter Stabsoffizier der SS, den man erst kürzlich nach seiner Strafentlassung aus der Kriegsmarine rekrutiert hatte. Himmler versicherte sich außerdem der Unterstützung Hermann Görings. Bei Goebbels bedurfte es keiner Überredung. Er war Hitler immer sklavisch ergeben. Doch Hitler war über Röhms angebliche Meuterei noch nicht informiert.

Zwischen Hitler und Röhm fanden noch einige weitere stürmische Treffen statt. Dann plötzlich verkündete der *Völkische Beobachter*, das Parteiorgan der NSDAP, daß Röhm einen Genesungsurlaub in dem bayrischen Kurort Bad Wiessee antreten und ab 1. Juli auch die gesamte SA in Urlaub geschickt werde. Hitler hatte sich offenbar durchgesetzt, und Röhms rebellische Tage schienen vorüber.

Hitler mußte nun auf sein Lieblingsspiel verzichten, die einzelnen Machtfaktoren gegeneinander auszuspielen – die SA gegen die SS, die SA gegen die Reichswehr, Röhm gegen Himmler, Röhm gegen die Generäle. Doch er tröstete sich damit, eine potentielle Revolte im Keim erstickt zu haben – ohne Blutvergießen.

Dann jedoch, am 30. Juni, blieb ihm nur ein Ausweg. Er erhielt einen Bericht, daß Röhm trotz seiner scheinbaren Unterwerfung mit der SA einen massiven Aufstand plane, und zwar für den folgenden Tag, unmittelbar bevor die SA ihren Zwangsurlaub antreten sollte. Totenblaß und zitternd flog Hitler noch in derselben Nacht nach München und ließ dort sämtliche SA-Führer festnehmen.

Danach fuhr er mit einer Kompanie SS in einem Konvoi von Mercedes-Limousinen nach Bad Wiessee, wo er 6 Uhr 30 eintraf. Die SS-Männer drängten die verblüffte Wirtin beiseite, und Hitler gab mit gezogener Pistole den Befehl, den SA-Chef zu verhaften. Noch weitere SA-Führer wurden, zum Teil mit ihren männlichen Liebhabern, aus dem Bett geholt und wie Röhm in das Münchner Gefängnis Stadelheim geworfen. Röhm wurde in eine Zelle gestoßen und bekam eine Pistole in die Hand gedrückt mit der Aufforderung, sich zu töten. Er schrie: »Wenn Adolf mich totschießen will, soll er es selber tun.« Schließlich wurde der halbnackte, schwitzende Mann von einer Gruppe SS-Männer erschossen.

Im Rahmen der Aktion ermordete die SS zahlreiche weitere SA-Führer und sämtliche alten Feinde Hitlers. Der frühere Reichskanzler General von Schleicher und seine Frau wurden in ihrer Berliner Residenz ermordet. Gregor Strasser, der fast von Hitler abgefallen war, wurde ebenfalls in Berlin umgebracht. Edgar Jung, der Papens Marburger Rede geschrieben hatte, wurde im Konzentrationslager Oranienburg hingerichtet. Insgesamt verloren 83 Menschen ihr Leben.[11] Presse und Rundfunk verbreiteten eine Flut von Gemeinheiten über die moralische Verworfenheit Röhms und seiner SA-Clique und über deren homosexuelle Ausschweifungen.

Alle Beteiligten, auch Hitler, hatten seit Jahren gewußt, daß Röhm homosexuell war. Der SA-Chef war in mehrere Skandale verwickelt gewesen und mehrmals angeklagt worden. Sogar der Kardinal von Köln hatte ihn der Homosexualität bezichtigt. Hitler hatte immer betont, daß es sich dabei um gemeine Lügen handelte und daß Röhms sexuelle

Vorlieben ohnehin dessen Privatsache seien. Nun jedoch hatten sich die Zeiten geändert.

Hjalmar und Luise Schacht hörten von den Verhaftungen und Morden, nachdem sie von ihren Gästen versetzt worden waren. Sie hatten in der Nacht des 30. Juni Dr. Joseph Goebbels und seine Frau Magda zu einem *diner à quatre* in Gühlen erwartet. Schacht wußte, daß Goebbels ihn haßte, denn dieser »war keineswegs gewillt, sich von dem Wirtschaftler der neuen Regierung seinen Rang als ›erster Intellektueller‹ des neuen Reiches ablaufen zu lassen«. Also hatte Schacht das Ehepaar Goebbels zu einem gemeinsamen Abend eingeladen, um einen Modus vivendi zu finden. Die Gäste erschienen nicht, und der Grund für diese Unhöflichkeit stellte sich bald heraus. Der Propagandaminister war an den Ereignissen um die Razzia in Bad Wiessee beteiligt.

Schacht berichtet, es habe ihm gegraust, als er die brutalen Einzelheiten erfuhr. Wieder einmal sah er sich »vor eine gewichtige Entscheidung gestellt«. Und er kam zu dem Schluß, daß er die Pflicht hatte, »*von innen heraus* ... die Auswüchse des Systems zu bekämpfen« [Hervorhebung des Autors].[12] Zunächst einmal suchte er Hitler auf.

»Wie konnten Sie nur die Verantwortung auf sich nehmen, ohne jedes Gerichtsverfahren über Menschenschicksale zu entscheiden?« fragte er den Reichskanzler. »Sie hätten unter allen Umständen gerichtliche Verfahren stattfinden lassen müssen, und wenn es auch nur Schnellgerichtsverfahren gewesen wären.«

Zu Schachts Überraschung blieb Hitler ganz ruhig und gab ausweichende Antworten. Kurz darauf erklärte Franz Gürtner, der Justizminister, den Schacht immer als einen Mann von Ehre respektiert hatte, Hitlers Vorgehen für »rechtens«.

»Diese neuesten Erfahrungen«, schrieb Schacht, »machten es mir noch klarer, welchen Weg ich zu gehen hatte. Ich mußte mit allen Mitteln ... aus meinem Ressort heraus versuchen, Recht und Gerechtigkeit zu verteidigen, wo immer sich dazu eine Möglichkeit bot.«[13]

Am 25. Juli wurde Engelbert Dollfuß, der autoritäre, aber antinationalsozialistische österreichische Bundeskanzler (der so klein war, daß man ihm den Spitznamen »Millimetternich« verpaßt hatte), von österreichischen Nazis ermordet. Die Tat kam Hitler eigentlich nicht ungelegen, war jedoch von seinem Standpunkt aus verfrüht. Was er für Österreich plante, stand noch nicht auf der Tagesordnung. Außerdem war der Mord zu diesem Zeitpunkt eine internationale Peinlichkeit, weil Hitler als sein Urheber angesehen wurde. Er hatte schon seit Monaten deutlich zu verstehen gegeben, daß er zur »Befreiung« seines Vaterlands beitragen würde. Deshalb drängte sich der Verdacht förmlich auf, und er wurde durch die mörderischen Ereignisse, die sich gerade in Deutschland abgespielt hatten, noch verstärkt. Hitler reagierte sofort, indem er den deutschen Botschafter in Wien entließ und Kontakt zu dem völlig eingeschüchterten Franz von Papen aufnahm.

In der Nacht nach Dollfuß' Ermordung erschienen plötzlich mehrere SS-Männer auf Papens Landsitz. Papen und sein Sohn empfingen sie mit gezogenen Pistolen, weil sie fest damit rechneten, verhaftet zu werden. Statt dessen überredeten die SS-Männer Papen, ans Telefon zu gehen und einen Anruf des Führers entgegenzunehmen. Hitler brauchte ihn. Er sollte als Botschafter nach Wien gehen, um dort die Wogen zu glätten. Papen war ein Gentleman, er war diplomatisch, und er war vor allem katholisch (wie die meisten Österreicher). Außerdem hieß es, der italienische Diktator Mussolini, der ein nachbarliches und väterliches Interesse an Österreich hatte, sei über den Mord an Dollfuß sehr verstimmt, und Hitler wollte seinen faschistischen Kollegen in Rom unbedingt besänftigen. Um Papen die

Instruktionen für sein neues Amt zu erteilen, bestellte Hitler ihn zu sich nach Bayreuth, wo er die jährlichen Wagnerfestspiele besuchte. (Mussolini ließ sich nur schwer versöhnen. Noch einen Monat später sagte er einen Besuch auf Hitlers Berghof in Berchtesgaden ab, der als Gegenbesuch zu Hitlers Romreise im Juni geplant gewesen war. Wie man sieht, verlief die Entstehung der späteren Achse zunächst alles andere als reibungslos.)

Schacht war ebenfalls telefonisch zu Hitler nach Bayreuth beordert worden. Bei seiner Ankunft wurde er von Viktor Lutze, dem Röhm-Denunzianten und neuen Stabschef der SA, in einer Villa empfangen, die dieser für Hitler gemietet hatte. Dort begegnete er Franz von Papen, als dieser auf sein Gespräch mit Hitler wartete. Am folgenden Morgen, dem 27. Juli, war schließlich Schacht mit seiner Audienz an der Reihe.

Das Gespräch fand im Wohnzimmer des komfortablen Hauses statt. Hitler teilte Schacht mit, daß der Reichswirtschaftsminister Schmitt »wegen seiner Erkrankung« zurückgetreten sei. »Ich muß das Amt neu besetzen und möchte Sie fragen, ob Sie bereit sind, neben Ihrem Amt als Reichsbankpräsident die Leitung des Wirtschaftsministeriums zu übernehmen.«

Schacht hatte durchaus verfolgt, daß Schmitt, obwohl er sich gerne in SS-Uniform sehen ließ, unter dem permanenten Druck und der Einmischung von Nazigrößen litt und mit seinem Latein am Ende war. Außerdem ging das Gerücht, daß er Anstoß an der Behandlung der Juden genommen hätte. Er war also offensichtlich nicht aus gesundheitlichen Gründen zurückgetreten.

Schacht war bereit, das Ministerium zu übernehmen, dachte aber nicht daran, in dieselbe Falle zu gehen wie Schmitt. Er wollte freie Hand, ohne Einmischung der Partei, und er wollte noch einen weiteren Punkt klären: »Bevor ich das Amt antrete, möchte ich wissen, wie Sie wünschen, daß ich die Judenfrage behandele.«

»In der Wirtschaft«, lautete Hitlers Antwort, »können sich die Juden genauso betätigen wie bisher.«[14]

Schacht behauptete, er habe sich später noch häufig auf diese Äußerung berufen, wenn er Juden zu schützen versuchte. Auch wenn er über dieses Gespräch erst schrieb, als er bereits wegen Kriegsverbrechen verhaftet war, entspricht es vermutlich den Tatsachen. Seine Memoiren enthalten auch seine antisemitischen Ansichten bezüglich der Teilnahme von Juden am kulturellen Leben in Deutschland; in der Regel half er bedrängten Juden jedoch – vielleicht, um die deutschen Kredite und Ausfuhren und seine selbstdefinierte Stellung als internationaler Hüter der deutschen Finanzen nicht zu gefährden. Gelegentlich konnte er sich durchsetzen, wenn er Hitler überzeugte, daß ein bestimmtes antisemitisches Gesetz oder ein Erlaß das deutsche Ansehen im Ausland beeinträchtigen und Deutschlands finanzpolitische Position schwächen würde.

1 Schachts Großvater väterlicherseits, ein brummiger Arzt aus Freudenstadt.

2 Schachts Vater William Schacht: Lehrer, Journalist, Geschäftsmann, Chefbuchhalter und naturalisierter amerikanischer Staatsbürger.

3 Schachts schöne Mutter, Constanze Reichsfreiin von Eggers, als junge Braut.

1

2

3

4

5

6

4 Schacht verabschiedet sich nach der Reparationskonferenz im Juni 1929 auf einem Pariser Bahnhof von Owen D. Young.

5 Schacht und Albert Vögler, der Vorsitzende des Aufsichtsrats der Vereinigten Stahlwerke, auf der Reparationskonferenz in Paris. Vögler zog später Schachts Zorn auf sich, als er unter Protest auszog und nach Deutschland zurückkehrte.

6 Schacht mit seinem Markenzeichen, dem hohen Stehkragen, im Jahr 1930 beim Lesen eines Finanzberichts.

7 In dieser 1935 in Königsberg gehaltenen Rede tadelte Schacht die Nazis für ihre brutalen und illegalen Aktionen.

8 1936 als Leiter einer Sitzung des Reichsbankdirektoriums.

9 Besuch bei Franklin D. Roosevelt 1936. Links von Schacht der deutsche Botschafter Hans Luther, den Schacht als Reichsbankpräsidenten ersetzt hatte.

7

8

9

10

11

10 Dieses Zeitungsfoto von 1938 zeigt Schacht mit seiner ersten Frau Luise und zweien ihrer Enkelkinder, Harold und Helga van Scherpenberg.

11 Schacht und Montagu Norman, der Gouverneur der Bank of England, als Schacht nach London gereist war, um für seinen Plan zur Finanzierung der jüdischen Emigration aus Deutschland zu werben.

12 Die drei freigesprochenen Nürnberger Häftlinge Fritzsche, Papen und Schacht beim Erhalt ihrer Entlassungspapiere durch Colonel C. Andrus am 4. Oktober 1946.

13 Papen, Schacht und Fritzsche bei der stürmischen Pressekonferenz am selben Tag.

14 Schacht mit seiner treuen Frau Manci (links) und seiner anhänglichen Tochter Inge am Tag des Freispruchs.

15 Mit seinem Verteidiger Dr. Rudolf Dix am 8. Oktober 1946 in der von Schacht in Nürnberg angemieteten Wohnung. Am frühen Morgen des folgenden Tages wurde Schacht von der deutschen Polizei verhaftet.

12

13

14

15

16

16 Schacht als Gefangener in einem deutschen Internierungslager während des Prozesses, der ihm 1947 nach seinem Freispruch durch die Alliierten vor einem deutschen Gericht gemacht wurde.

17 Schacht als Finanzberater des kranken iranischen Ministerpräsidenten Mohammad Mossadegh am 14. September 1952.

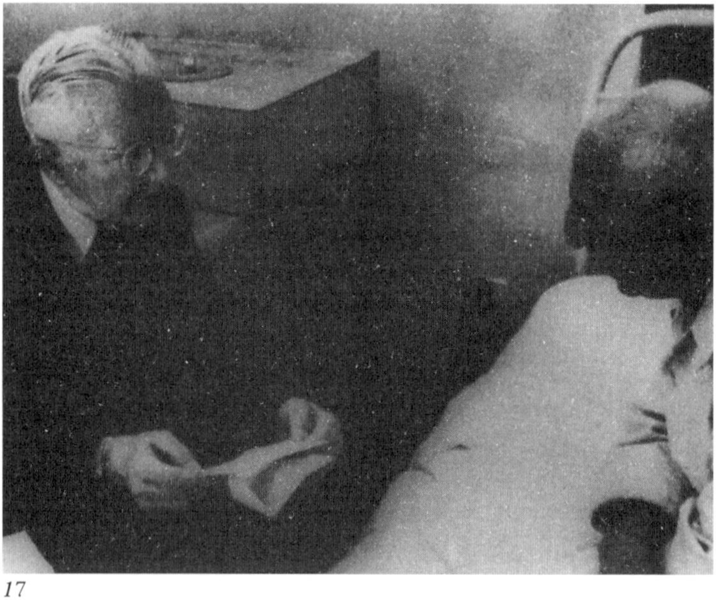

17

18

18 Das Ehepaar Schacht in Kairo mit dem ägyptischen Ministerpräsidenten General Naguib am 25. September 1952, unmittelbar nach dessen Amtsantritt.

19 Schacht (rechts) bei einem Erinnerungstreffen ehemaliger Dachauer Häftlinge, das in dem früheren Konzentrationslager stattfand.

19

20

20 In dieser 1927 veröffentlichten Karikatur aus der satirischen Zeitschrift Kladderadatsch *wird Schacht vorgeworfen, die deutsche Wirtschaft zu ruinieren, indem er die Berliner Aktienbörse bis auf die Grundfesten erschüttert. (»Dr. Schacht, der Samson der Aktienbörse.«)*

21 Aus Ami du Peuple, *Paris, April 1929. Ein Kommentar zu Schachts Versuch, Reparationszahlungen zu vermeiden. »Nun, Exzellenz«, fragt der französische Delegierte Moreau, »wieviel schulden wir Ihnen?«*

21

22

22 Aus der Zeitschrift Petit Provençal, *Marseille, 15. Mai 1929. »Ein erstaunlicher Mensch, dieser Schacht«, sagt Churchill zu Poincaré. »Schreibt tonnenweise Memoranden, vergißt aber, daß Deutschland den Krieg verloren hat.«*

23 Aus dem Philadelphia Record *vom 6. August 1934. Der Industrielle Fritz Thyssen, Finanzminister Schacht und der Führer Adolf Hitler, so wie viele ihre Beziehung sahen.*

23

13

Minister

Schacht wurde am 2. August 1934 (kommissarischer) Reichswirtschaftsminister und kurz darauf offiziell Generalbevollmächtigter für die Wehrwirtschaft. Luise Schacht war nun Frau Reichsminister, was ihr profaschistisches Herz sicher höher schlagen ließ.

Gleich nach seinem Amtsantritt versammelte Schacht alle führenden Beamten seines Ministeriums und forderte sie auf, sachorientiert und gerecht zu handeln sowie jede Einmischung von Funktionären der NSDAP zurückzuweisen. »Mein Ministerium«, schrieb er, »sollte ein Turm der Gerechtigkeit sein.«[1]

Sein Kampf gegen die Parteifunktionäre begann mit der risikolosen Entlassung Gottfried Feders, des einstigen Lieblingsökonomen Hitlers, der nun als Beamter im Ministerium arbeitete. Schacht wußte, daß Feder bei Hitler schon lange in Ungnade gefallen war, da er mit Gregor Strassers sozialistischer Interpretation der nationalsozialistischen Weltanschauung sympathisierte. Seine Entlassung konnte Hitler also nur freuen.

»Aber Herr Präsident, ich bin doch bereit, völlig loyal mit Ihnen zusammenzuarbeiten«, sagte Feder, als Schacht ihn entließ.

»Das mag sein, Herr Feder, aber ich bin es nicht«, antwortete dieser.[2]

Schacht wurde auch mit den internen Machtkämpfen der Nazis konfrontiert. Himmlers Adjutant Kranefuß suchte ihn auf und teilte ihm mit, daß Himmler seine Ernennung zum

Reichswirtschaftsminister mißbillige und ihm vorschlage, sofort zurückzutreten.

»Sagen Sie bitte Herrn Himmler, daß es zwei Wege gibt, mich aus dem Amt zu entfernen«, antwortete Schacht. »Der erste ist, daß er den Reichskanzler veranlaßt, mich wieder abzuberufen. Einer solchen Aufforderung werde ich sofort folgen. Der zweite Weg ist der, daß er mich abschießt. Aber das muß von vorne geschehen, denn von hinten lasse ich mich nicht kriegen.«

Der brüskierte Offizier warnte Schacht, daß ihm sein Verhalten die Feindschaft der SS eintragen werde.

»Herr Kranefuß, das würde ich natürlich sehr bedauern«, sagte Schacht. »Aber Herr Himmler könnte mir trotzdem vielleicht einen Gefallen tun. ... Ich sehe hier immer vor der Tür meines Amtszimmers zwei SS-Leute stehen ... Sagen Sie doch bitte Herrn Himmler, daß er diese Wache abruft.«[3] Die Wache wurde abgezogen.

Schacht legte bei seinen frühen Auseinandersetzungen mit Nazigrößen in der Regel eine Mischung von Snobismus und Arroganz an den Tag. Er verachtete »diese Leute« und war sich Hitlers Unterstützung gewiß. Seine Bedenken galten weniger dem Programm der Nazis als den Persönlichkeiten, die es verwirklichen sollten.

Auch Keppler, dem alten Spendenbeschaffer der Nazis, erteilte er Hausverbot, nachdem dieser einem seiner Untergebenen geraten hatte, Schachts Anweisungen zu mißachten, da dieser schon bald »vom Führer abgesägt werden« würde.

Reichsinnenminister Wilhelm Frick, den Hitler die deutschen Gesetze im Sinne des Nationalsozialismus umschreiben ließ, erteilte Schacht die Anweisung, alle noch praktizierenden oder ehemaligen Freimaurer in der Reichsbank von Vertrauensposten zu entfernen. Schacht teilte ihm mit, daß er die Anweisung nicht erfüllen könne, »solange an der Spitze der Reichsbank ein Freimaurer stände«. Damit meinte er natürlich sich selbst. Kein Beamter des Ministeriums, der Verbindungen zu den Freimaurern hatte, wurde auf einen anderen Posten versetzt.

Zufällig war der zittrige Namenszug auf dem Dokument, durch das Schacht zum neuen Reichswirtschaftsminister ernannt worden war, die letzte offizielle Unterschrift von Reichspräsident Paul von Hindenburg. Der übermächtige alte Feldmarschall, das letzte Verbindungsglied zum Kaiserreich und zur Weimarer Republik, starb am 2. August im Alter von 84 Jahren auf seinem ostpreußischen Gut Neudeck. Sein Tod löste tiefgreifende Veränderungen aus.

Am 1. August faßte Hitlers Kabinett im Vorgriff auf Hindenburgs Tod den Beschluß, die Ämter von Reichspräsident und Reichskanzler zu kombinieren. Hitler brauchte für seine Maßnahmen nun nicht einmal mehr die formale Zustimmung des Reichspräsidenten. Durch eine Volksabstimmung am 19. August wurde der Beschluß formell abgesegnet. In einer gefühlstriefenden Rede an das deutsche Volk sagte Hitler: »Der Herr Generalfeldmarschall und Reichspräsident ist eine einmalige Erscheinung gewesen und kann nicht ersetzt werden ... Niemand soll künftig mehr diesen Titel weiterführen.« Statt dessen werde er »dem Titel des deutschen Reichskanzlers für die Zukunft neue Ehre« hinzufügen.

Schachts Lage hatte damit eine brutale Eindeutigkeit gewonnen. Er konnte Hitlers Diktatur nur überleben, wenn er ständig bewies, daß er zu den führenden Ökonomen der Welt gehörte und als solcher ein für die Verwirklichung von Hitlers ehrgeizigen Plänen unentbehrliches Rädchen im Getriebe war. Selbst auf einen Mann mit Hjalmar Schachts Selbstvertrauen muß diese Erkenntnis schockierend und bedrohlich gewirkt haben. Da Hitler ihn dringend brauchte, hatte sich Schacht bis dahin einer gewissen Unabhängigkeit von den Regeln und Anschauungen der Nazis erfreut. Und er war sicher, sich diese erhalten zu können, solange Deutschland über eine gute Handelsbilanz und ausreichend Devisen verfügte.

Am 17. August 1934, zwei Tage bevor Hitler durch die Volksabstimmung als alleiniger Führer des Staates bestätigt wurde, forderte Schacht in einem Interview mit dem Berliner *Lokalanzeiger* das deutsche Volk auf, Hitlers neuer Machtposition seine hundertprozentige Zustimmung zu erteilen. Er sagte, daß Adolf Hitler ökonomische und finanzielle Probleme mit einer verblüffenden Klarsicht erkenne und hiermit alle theoretischen Gegenargumente beiseite fege.[4]

Durch solche Äußerungen machte Schacht deutlich, daß er kein Interesse hatte, die Führung des Landes zu übernehmen, und demonstrierte seine uneingeschränkte Loyalität zu Hitler. Es war ihm vielleicht ein klammheimliches Vergnügen, daß Hitler in der alten Hansestadt Hamburg mit 20 Prozent Neinstimmen sein schlechtestes Ergebnis erzielte, aber trotzdem bestand kein Zweifel an seiner Loyalität. In einer Art ständigen Selbstbetrugs klammerte er sich noch immer an die Überzeugung, daß Hitler trotz der Dummheit seiner Paladine ein Mann war, der sich von ihm beeinflussen und manipulieren ließ.

Hitler fand auch im Ausland Unterstützung. So berichtete die *New York Times* voller Hohn, daß William Randolph Hearst dem Pressechef Hitlers und einstigen Harvard-Studenten »Putzi« Hanfstaengel in seinen Blättern Platz eingeräumt hatte. Hearst hatte die Volksabstimmung »einen einstimmigen Ausdruck des Volkswillens«[5] genannt und laut Hanfstaengel versprochen, den nächsten Reichsparteitag der NSDAP in Nürnberg zu besuchen.

Schacht gewann weitere Machtbefugnisse. Einer neuen Vorschrift zufolge durften die Vorsitzenden der Industrieverbände, die von Unternehmen der Schwerindustrie oder von Finanzgruppen gebildet wurden, nur noch mit Zustimmung Schachts oder Fricks ernannt und von diesen auch entlassen werden. Schacht wahrte auch sein internationales Image als kompromißloser Finanzpolitiker, etwa in dem folgenden Zeitungsinterview:

> »Ich würde sagen«, und hier schob Dr. Schacht energisch das Kinn vor, »wenn die Vereinigten Staaten nicht mehr kaufen, dann werden wir dafür sorgen, daß sie bei uns weniger verkaufen.«

Bewaffnet mit seinen neuen Vollmachten, rächte sich Schacht dafür, daß ihn Goebbels Anfang des Jahres brüskiert hatte. Dazu hieß es am 4. September 1934 in einem AP-Bericht aus Berlin:

> Es wurde berichtet, daß Wirtschaftsminister Dr. Hjalmar Schacht den Propagandaminister Paul Josef Goebbels darüber informierte, daß in Zukunft keine öffentlichen Mittel mehr für Propaganda im Ausland zur Verfügung stehen. Zuvor hatte Dr. Goebbels zu diesem Zweck jährlich nicht weniger als 200 Millionen Mark ausgegeben. Deutsche Professoren und andere Prominente, die im Ausland die NS-Ideologie verbreiteten, wurden häufig mit großzügigen Honoraren belohnt. Wie es heißt, ist Dr. Schachts Position im Kabinett durch diesen Beschluß wesentlich gestärkt worden.

In einem ähnlichen Artikel berichtete der Londoner *Daily Express*, Schacht habe Hitler »ultimativ« aufgefordert, Extremisten, die seine Anstrengungen störten, im Ausland ein besseres Deutschlandbild zu vermitteln, allmählich »aus dem Verkehr zu ziehen«. Beide Berichte lassen erkennen, wie aggressiv Schacht damals vorging. Er schien bereit, Risiken einzugehen, auch wenn er dabei vermutlich über eine Rückzugsposition verfügte. In der Sache hatte er natürlich recht. Die blutigen Ereignisse von 1934 hatten viele Länder im Westen beunruhigt. Sie hatten die alten Ängste vor dem Kommunismus auf Nazideutschland verlagert, und dies war zweifellos einer der Gründe, warum die Sowjetunion am 18. September in den Völkerbund aufgenommen wurde.

Vielleicht um sich gegen die nachteiligen Folgen seiner permanenten Kritik an der Partei abzusichern, veröffentlichte Schacht, der sich als Autor einer Reihe von politischen Publikationen im Ausland großer Beliebtheit erfreute, im Oktober 1934 einen Artikel in der amerikanischen Monatszeitschrift *Foreign Affairs*. Dort trat er mit der folgenden merkwürdigen Begründung für ein Moratorium auf alle Schulden ein, die Deutschland in den Vereinigten Staaten noch zu begleichen hatte:

> Es war der große König von Preußen [Friedrich der Große], der als erster in Wort und Tat seine Sympathie für die amerikanische Freiheitsbewegung bekundete. Mir scheint, es ist des amerikanischen Volkes unwürdig, wenn es die neue Weltanschauung ablehnt, die im heutigen Deutschland aufgebaut wird, um so mehr als dieses neue Verständnis des Lebens auf den vornehmsten menschlichen Grundsätzen beruht: Pflichttreue, nationale Einheit ohne Klassenunterschiede, Verachtung für alle aus Geburt, Rang oder Position abgeleitete Privilegien, jedoch Anerkennung aller persönlichen Leistungen.[6]

Manchmal schwafelte und schwankte Schacht. Am 17. November berichtete die Jewish Telegraphic Agency, Schacht habe mehrere jüdische Firmen geschützt, die in Deutschland Weihnachtsgeschenke verkaufen wollten. Seine Begründung für die Aufforderung, von den Juden die Finger zu lassen, basierte auf einer für die Hitlerdiktatur seltsam unpolitischen Logik. »Die Juden«, sagte er, »sollten im Geschäftsleben nicht belästigt werden, da jede Beeinträchtigung des jüdisch geführten Handels deutsche Angestellte arbeitslos macht.«

Hitler gab ihm freie Hand, doch zu Hause genoß er diese Freiheit nicht. Luise Schacht war eine treue Anhängerin des Nationalsozialismus und duldete keine Kritik am Führer. Dagegen wurden seine Nerven von seiner Tochter Inge van Scherpenberg und ihrem Mann Hilger, einem Attaché an der deutschen Botschaft in London, durch deren Anti-Nazi-Haltung strapaziert. Schacht fürchtete die Schwärmerei seiner Frau für die braunen Herren, war jedoch ebenso besorgt über die offene politische Opposition seiner Tochter.

Eine Person, die Inges Verachtung für Deutschlands neue Herren teilte, war Schachts barsche alte Sekretärin Clara Steffeck, jene streitbare Frau, die sich einst so lakonisch über seine Aktivitäten als Inflationsbekämpfer im Jahr 1923 geäußert hatte. Ihr Spitzname lautete »SS«, seit sie 1924, während einer finanzpolitischen Konferenz in London, einer britischen Boulevardzeitung ein Interview gegeben hatte. Die Zeitung hatte Clara Steffeck als *»smiling slave«* (»lächelnde Sklavin«) tituliert, und die Initialen waren zu ihrem Spitznamen geworden. Nun jedoch hatte »SS« eine Bedeutung gewonnen, die Clara Steffeck schaudern machte.

Eines Tages, als Schacht auf einer Konferenz in London weilte, tauchte ein hoher Nazi bei Clara Steffeck auf. Der Parteibonze behauptete, er müsse »nach London fliegen und Dr. Schacht eine sehr wichtige Mitteilung machen«. Er verlangte eine erkleckliche Summe in britischen Pfund für die Reisekosten. Clara Steffeck ließ sich nicht ins Bockshorn jagen und verweigerte ihm das Geld mit den Worten: »Ein Telegramm nach London kostet fünf Mark. Die können Sie bei der Deutschen Reichspost in deutschem Geld einzahlen.«

»Die Nachricht ist so geheim, daß sie nicht telegrafiert werden kann.«

»Dann benutzen Sie einen Code und schicken Sie sie chiffriert an die Deutsche Botschaft. Das ist immer noch schneller und billiger als ein Flugzeug.«

Sie wußte, daß der Mann nur eine kurze Vergnügungsreise nach London machen wollte, und blieb unerschütterlich. Er gab schließlich auf.[7]

Im September 1934 setzte Schacht seinen »Neuen Plan« in Kraft, eine finanzpolitische Strategie, durch die er Industrie und Handel in Deutschland bis ins letzte Detail kontrollieren konnte. Um die deutschen Devisenvorräte zu sichern und zu erhöhen, sorgte Schacht dafür, daß deutsche Firmen im Ausland ohne seine Genehmigung praktisch nichts mehr kaufen oder verkaufen konnten. Dies bedeutete eine absolute Wirtschaftsdiktatur mit einer neuen Bürokratie von 25 separaten »Überwachungsstellen«. Da die Auslandsschulden nicht direkt bezahlt werden durften, konnten ausländische Gläubiger mit Guthaben in Pfund, Dollar oder Franc nur in »gesperrter« Währung bezahlt werden, in den bereits genannten Scrips, die zur Hälfte ihres Nennwerts gehandelt wurden, oder in einer der besonderen Marksorten, die zum alten Kurswert der Mark für die jüngst entwerteten ausländischen Währungen in Zahlung gegeben wurden. Dies erklärt Schachts hartnäckigen Widerstand gegen jede Entwertung der Mark, obwohl diese den deutschen Export erleichtert hätte. Einer Reihe von schwächeren Lieferländern, etwa auf dem Balkan und in Südamerika, kamen diese Maßnahmen teuer zu stehen. Ihre Lieferungen wurden nur in Sperrmark bezahlt, die ausschließlich zum Kauf deutscher Güter verwendet werden konnten. Etwa ein Fünftel aller deutschen Importe des Jahres 1935 wurde auf diese erpresserische Weise bezahlt.[8]

Durch den Neuen Plan hing die deutsche Volkswirtschaft an einem kontrollierten Lebenserhaltungssystem, und Schacht gab alle Ideale von freier Marktwirtschaft und freiem Unternehmertum auf, die er immer so hochgehalten hatte. Aus verständlichen Gründen kam lautstarker Protest aus dem Ausland, was den deutschen Geschäftsleuten sicher nicht gefiel (doch sie wagten aus ebenso verständlichen Gründen nur gedämpft zu protestieren).

Warum hatte sich Schacht so weit von seinen eigenen wirtschaftlichen Idealen entfernt? Vermutlich, weil er seine Unabhängigkeit innerhalb des nationalsozialistischen Regierungsapparats nur wahren konnte, solange er greifbare Resultate produzierte, und das schnell. Offenbar hinderte ihn seine erwiesenermaßen ausgeprägte Eitelkeit daran, seine hohe Stellung aufzugeben, selbst als er, um sie zu behalten, untypische und drakonische Maßnahmen ergreifen mußte.

Seine Fähigkeit, Begründungen für sein Tun zu finden, war immer wieder erstaunlich. Er behauptete, sein Neuer Plan sei nicht nur gut für den deutschen Handel, sondern auch für viele von Deutschlands ausländischen Handelspartnern. Er argumentierte, andere Länder könnten dank des Neuen Plans ihren Markt in Deutschland erweitern, verschwieg jedoch, daß sie dabei nur die Wahl hatten, es auf die von ihm vorgeschrieben Weise zu tun, also entweder Geld verloren oder ganz auf Deutschland als Kunden verzichten mußten.[9] Nach Inkrafttreten des Neuen Plans waren viele ausländische Lieferanten, um sich den deutschen Markt zu erhalten, bereit, Tauschgeschäfte oder Abschläge in der Bezahlung zu akzeptieren, und andere gerieten in eine solche Zwangslage, daß sie ihre Lieferungen schlichtweg nicht einstellen konnten.

Früher oder später lernten die ausländischen Gläubiger jedoch, daß sie dasselbe Spiel spielen konnten. Als erstes Gläubigerland handelte die Schweiz. Im August 1934 beschloß die Schweizer Regierung, daß alle Schulden an deutsche Lieferanten direkt an die Schweizerische Nationalbank zu überweisen seien. Aus diesen Eingängen behielt die Bank soviel Geld zurück, wie Schweizer Exporteuren geschuldet wurde und wie an Zinsen für Dawes- und Younganleihen in schweizerischem Besitz und an alle anderen schweizerischen Gläubiger zu entrichten war. Der Rest wurde als Zahlung für deutsche Gäubiger an das Reich überwiesen.

Innerhalb von 18 Monaten hatten auch Frankreich, Argentinien, Österreich, Bulgarien, die Tschechoslowakei, Dänemark, Estland, Finnland, Griechenland, die Niederlande, Ungarn, der Iran, Italien, Lettland, Litauen, Norwegen, Portugal, Rumänien, Spanien, Schweden, die Türkei und Jugoslawien ähnliche Clearing-Systeme eingerichtet.

Wenig später richteten Großbritannien, Belgien, Kanada, Irland, Luxemburg, Mandschukuo, Neuseeland, Südafrika, Syrien und der Libanon zu ihrem finanzwirtschaftlichem Selbstschutz ein anderes System ein. Dabei wurden »Clearing- und Zahlungsverträge mit dem Reich abgeschlossen, bei denen die prozentuale Aufteilung der deutschen im Ausland entstehenden Guthaben auf die Befriedigung der verschiedenen Kategorien von Gläubigern zuvor in Verhandlungen mit dem Reich festgelegt wurden.« Auch Frankreich entschied sich für diese Methode, als es mit seinem früheren Clearing-System schlechte Erfahrungen machte.[10]

Die französischen Industriellen hatten zu ihrem Ärger feststellen müssen, daß die deutschen Importeure den Löwenanteil ihrer Bestellungen bei Lieferanten im Saarland geordert hatten. Das ehemals deutsche Saarland war durch den Versailler Vertrag für 15 Jahre unter französische Verwaltung gestellt worden. Im Jahr 1935 war diese Frist ausgelaufen, und die Einwohner des Saarlands konnten sich in einer Volksabstimmung entscheiden, ob sie weiterhin zu Frankreich oder wieder zum Deutschen Reich gehören wollten. Schacht spekulierte darauf, daß das Saarland sich für den Wiederanschluß an das Reich entscheiden würde. Frankreich hatte den Saarländern nie ein wirkliches Zugehörigkeitsgefühl vermittelt, und diese bewunderten den neuen industriellen Elan, den ihr altes Heimatland inzwischen bewies. Angesichts einer Arbeitslosigkeit von über 24 Prozent in ihrer Region waren sie wie geblendet vom neuen deutschen Beschäftigungswunder. Am 13. Januar 1935 stimmten 90 Prozent der saarländischen Bevölkerung für die Rückkehr in ihr altes Vaterland. Und als Hitler am 1. März 1935, in seinem langen schwarzen Mercedes stehend, in das regenverhangene Saarbrücken einfuhr und die »heim ins Reich« geholten Saarländer willkommen hieß, säumten Massen von Berg- und Stahlarbeitern die Straßen und begrüßten ihn mit hysterischen Heilrufen. Die im französisch verwalteten Saarland plazierten deutschen Aufträge wurden nun wieder von deutschen Industrieunternehmen produziert und mußten nicht mehr in Francs bezahlt werden. Die Franzosen sahen sich um große Einnahmen gebracht und belegten sämtliche deutsche Waren hinfort mit starken Importbeschränkungen.

Bald darauf erlitt die deutsche Volkswirtschaft einen weiteren Schlag, als die Tschechoslowakei, einer der großen Lieferanten von Erz, Kohle, Maschinen, Waffen, Automobilen und Schuhen, plötzlich jeden Handel mit Deutschland einstellte.[11] Die Tschechen waren der schlechten Behandlung durch Deutschland müde geworden.

Ein Blick auf die Zahlen vermittelt einen gewissen Eindruck von der Schachtschen Arithmetik jener Zeit. Die meisten westlichen Währungen (einschließlich Dollar, Pfund, Franc [französisch und schweizerisch] und niederländischem Gulden) wurden zwischen 1933 und 1936 abgewertet. Schacht dagegen weigerte sich, die Mark abzuwerten, und ihr Kurs stieg von 4,20 über 3,40 auf 2,46 Mark pro Dollar.

Die Mark blieb künstlich an ihren alten Goldwert gebunden, obwohl sie auf dem offenen Markt real zum halben Kurs gehandelt wurde. Doch aufgrund der künstlichen Stärke der Mark gegenüber dem Dollar konnte Deutschland seine amerikanischen Schulden nun mit einem massiven Abschlag begleichen. Dies änderte nichts für den durchschnittlichen deutschen Schuldner, der die volle Summe seiner Schulden noch immer in Mark an die Konversionskasse der Reichsbank bezahlen mußte. Vielmehr war es Schachts Reichsbank, die den Profit für die deutschen Staatsfinanzen realisierte. Dieselbe Technik wurde auf alle Auslandsschulden angewandt. Schacht sorgte dafür, daß sie in Mark bezahlt wurden, die im Vergleich zu den kürzlich abgewerteten ausländischen Währungen künstlich überbewertet war.

Seine unablässigen Drohungen mit einer Einstellung der deutschen Zinszahlungen führte zwischen 1932 und 1936 bei der Dawesanleihe zu einem Wertverfall von 79,18 auf 37,00 Dollar und bei der Younganleihe von 59,50 auf 28,63 Dollar. Schacht riet nun den deutschen Anleihebesitzern dringend, diese Anleihen über die Konversionskasse unter Verwendung von überbewerteten Reichsmark zu tilgen.[12]

Später, nach den Olympischen Spielen von 1936, wurden »nichtarische«, jüdische oder halbjüdische oder slawische (polnische, russische oder tschechoslowakische) Besucher aus dem Ausland durch eine typische Nazi-Schikane dazu verdonnert, für ihre Hotelrechnungen und die von ihnen in Deutschland erworbenen Waren in ausländischer Währung zu bezahlen, während »arische« Ausländer deutscher Abstammung weiterhin in Mark bezahlen durften.

Schachts manisches Bestreben, Devisen zu sparen, erreichte schließlich so extreme Ausmaße, daß deutsche Staatsbürger, die Schulden im Ausland direkt beglichen, mit der Todesstrafe bedroht wurden, weil sie »der deutschen Volkswirtschaft schweren Schaden« zugefügt hätten.

Dieser harte Umgang Deutschlands mit seinen traditionellen Handelspartnern im Westen wurde von diesen schon bald mit Repressalien beantwortet, und Deutschland sah sich gezwungen, seine Importe aus Brasilien, Chile, Mexiko, Peru, Kolumbien und Bolivien zu erhöhen – allesamt Länder, die sich im Handel mit Deutschland noch nicht durch Clearing-Systeme geschützt hatten. Diese Länder lieferten schlechtere Qualität zu höheren Preisen, wurden jedoch nie pünktlich bezahlt. Trotzdem hielten sie ihre Exporte zunächst aufrecht, da keines von ihnen einen Markt von der Größe des deutschen verlieren wollte. Doch im Sommer 1935 stellte Brasilien schließlich seine Lieferungen an Deutschland ein, und die argentinische Notenbank vergab keine Kredite mehr an Geschäftsleute, die nach Deutschland exportieren wollten. Der nach Deutschland fließende Strom lateinamerikanischer Waren und Rohstoffe versickerte zu einem Rinnsal.[13]

Die Balkanländer, insbesondere Bulgarien, Griechenland, Ungarn, Rumänien und die Türkei, wurden das nächste Ziel. Schacht flog mit einer schwerfälligen Ju 52, dem Arbeitspferd der Deutschen Lufthansa, von Hauptstadt zu Hauptstadt, wobei ihn »der weitreichende kulturelle Einfluß des Deutschtums auf dem Balkan« angenehm überraschte. Er speiste mit Mitgliedern der Königshäuser und registrierte befriedigt, daß Prinzregent Paul von Griechenland und seine Gemahlin bei Tisch nur Deutsch sprachen. Schacht war sich durchaus bewußt, daß seine Rundreise einer Notlage entsprang. Alle Balkanländer hatten bereits Clearing-Systeme eingeführt, doch es war Schachts selbstgesetzte Aufgabe, sie zur Annahme neuer deutscher Aufträge in gewaltigem Ausmaß zu verführen. Dabei setzte er wie üblich auf die Gier seiner Verhandlungspartner. Er war bereit, für bestimmte in Deutschland verzweifelt benötigte Güter Höchstpreise zu zahlen, etwa für Sojabohnen aus

Bulgarien und Rumänien, für Bauxit aus Ungarn und Jugoslawien, für Öl aus Rumänien und für Magnesium aus Jugoslawien. Doch abermals wurden die Lieferländer nicht mit Geld bezahlt, sondern bekamen – in der Regel eher schwer verkäufliche – deutsche Waren zum Tausch angeboten, und selbst diese Güter wurden häufig nur mit großer Verzögerung geliefert. Deutschland schien es als wahre Ehre aufzufassen, hohe Schulden zu haben, und schaffte sich ein Heer von Gläubigern an. Schachts Ju 52 landete auch in Bagdad und in Teheran, wo Schah Resa Pahlewi ein strenges Regiment führte. Seine verängstigten Minister forderten Schacht auf, sich streng an das Protokoll zu halten und wenn er den Herrscher begrüßte oder verließ, jeweils drei Verbeugungen zu machen. Doch der Schah empfing Schacht mit herzlicher Ungezwungenheit und verabschiedete ihn mit dem faschistischen Gruß. Bei der Audienz war auch der achtzehnjährige Thronerbe Mohammad Resa Pahlewi anwesend. Schachts Umweg über den Irak und den Iran war vermutlich durch den dringenden Bedarf an Öl motiviert, stellte jedoch zugleich auch einen Ausflug in die Außenpolitik dar, der Goebbels und Außenminister Neurath mißfallen mußte.

Unterdessen hatten frühere Opfer der Handelsbeziehungen zu Deutschland noch immer unter schweren Nachwirkungen zu leiden. Dänemark, einer der führenden Lieferanten für Vieh, Butter, Schweinefett und andere Nahrungsmittel, geriet wegen der deutschen Schulden in eine Krise. Bei der Eröffnung einer deutsch-dänischen Handelskammer in Kopenhagen war das Land aufgefordert worden, »den deutschen Ausfuhrbedürfnissen in Dänemark das größte Verständnis« entgegenzubringen. Es hatte Kölnischwasser und Meißener Porzellan für seine Waren in Zahlung nehmen müssen und war bald schon in Zahlungsschwierigkeiten geraten. Dänemark sah sich gezwungen, bei der Bank of England einen Kredit von 1,5 Millionen Pfund Sterling aufzunehmen, was dem Preis für eine halbe Jahreslieferung dänischer Butter nach Deutschland entsprach.[14] Deutschland hatte in Brasilien 100.000 Sack Kaffee gekauft und sie zu Dumpingpreisen auf dem Weltmarkt abgesetzt, um dringend benötigte Güter zu erwerben. Um den Zusammenbruch der Kaffeepreise zu vermeiden, sahen sich die USA gezwungen, Brasilien einen Kredit über 60 Millionen Dollar zu gewähren, damit das Land es sich leisten konnte, eine weitere Lieferung von 100.000 Sack zu stornieren.[15]

Die Türkei nahm dagegen für ihre Lieferungen, wenn auch widerstrebend, weiterhin alte deutsche Automobile in Zahlung.

Schacht stand im Begriff, seinen Ruf als verläßliche Figur in der internationalen Finanzwelt zu ruinieren. Er importierte fremdes Kapital, indem er ausländische Güter importierte und dann die Bezahlung blockierte oder Tauschgeschäfte aushandelte. Dies war das Verhalten eines Finanzpiraten, doch Schacht war ganz auf den Führer in der Reichskanzlei konzentriert. Er wollte nach seinem halsbrecherischen Drahtseilakt eine sichere Plattform erreichen.[16]

Manchmal jedoch scheiterten auch gut geplante Unternehmen. So wurden auf der Leipziger Messe im März 1934 große Anstrengungen gemacht, Tauschgeschäfte mit den USA zu inszenieren. Berichten zufolge besuchten 392 amerikanische Käufer die Messe, doch kein einziger wollte über Kompensationsgeschäfte reden. Auch war kein einziger amerikanischer Hersteller oder Großhändler auf der Messe präsent. In den Nachrichten wurde die Messe als »ein Fiasko« bezeichnet.[17]

Anfang 1935 lief die deutsche Rüstungsindustrie auf vollen Touren, und Hitler machte sich daran, deutsche Soldaten für all die frisch produzierten Gewehre und Kanonen zu rekrutieren. Am 9. März verkündete er, daß Deutschland eine Luftwaffe aufbaue. Dann, am 16. März, wurde das folgende Wehrgesetz zum Aufbau der Wehrmacht verabschiedet:

> Die Reichsregierung hat folgendes Gesetz beschlossen, das hiermit verkündet wird:
> § 1 Der Dienst in der Wehrmacht erfolgt auf der Grundlage der allgemeinen Wehrpflicht.
> § 2 Das deutsche Friedensheer einschließlich der überführten Truppenpolizeien gliedert sich in 12 Korpskommandos und 36 Divisionen.
> § 3 Die ergänzenden Gesetze über die Regelung der allgemeinen Wehrpflicht sind durch den Reichsminister dem Reichsministerium vorzulegen.

Durch das Gesetz war der Artikel 173 des Versailler Vertrags, der die deutsche Armee auf 100.000 Mann begrenzte, endgültig Makulatur geworden. Die neue Armee bestand aus 36 Divisionen mit etwa 550.000 Mann. Großbritannien protestierte zwei Tage später, fragte jedoch an, ob der Staatsbesuch des britischen Außenministers Lord Simon und des Lordsiegelbewahrers Anthony Eden noch stattfinden könne, der wegen einer »Erkältung« Hitlers verschoben worden war.

Frankreich, das die Wehrdienstzeit auf zwei Jahre verlängert hatte, blieb seltsam untätig. Hitler hatte die französische Verlängerung der Wehrdienstzeit zum Vorwand für sein Gesetz vom 16. März genommen, ein Verfahren, das er von da an stets anwenden sollte, indem er jeden aggressiven Akt seinerseits als »Vergeltungsmaßnahme« rechtfertigte. Selbst als er 1941 seinen Vertragspartner Sowjetunion angriff, geschah dies angeblich, um eine Offensive von an der deutschen Grenze massierten Sowjettruppen zu verhindern.

Mit der Arroganz eines Mannes, der sich seiner Fähigkeiten sicher ist, ließ sich Schacht auch weiterhin auf zahlreiche große und kleine Scharmützel mit der Partei und ihren Funktionären ein. So berichtet er in seinen Memoiren, daß er in Hermann Görings prunkvoller Residenz Karinhall ein Gemälde erspähte, bei dem es sich um ein Geschenk Hitlers handelte. Er erkannte, daß es eine wohlbekannte jüdische Dame aus der Wiener Gesellschaft darstellte, und teilte dies prompt Göring mit, womit er sich bei seinem Gastgeber nicht gerade beliebt machte.

Schacht selbst erhielt vom Führer als Geburtstagsgeschenk ein Gemälde in einem kostbaren Rahmen, an dem ein kleines Schild mit einer persönlichen Widmung Hitlers prangte. Schacht erkannte, daß das Gemälde eine Fälschung sein mußte. Er bedankte sich herzlich »für dieses kostbare Geschenk«, äußerte jedoch Zweifel an seiner Herkunft. Als er seinen Verdacht verifiziert hatte, gab er das Bild zurück und behielt den Rahmen.

Auch Feldmarschall von Blomberg erhielt ein Bild als Geburtstagsgeschenk, das von Schacht als Fälschung entlarvt wurde. Die Parteiführer, die das Geschenk beschafft hatten, bekamen Schwierigkeiten.

Mit Robert Ley, dem Führer der Deutschen Arbeitsfront, geriet Schacht in eine Auseinandersetzung, als dieser bei Hitler ein Verbot der traditionellen Freisprechungsfeier der Berliner Handelskammer erwirkte, bei der die Lehrlinge zu Gesellen befördert wurden. Schacht bewegte Hitler mit einer Rücktrittsdrohung zur Aufhebung des Verbots.

Diese permanente Renitenz, die sich manchmal direkt gegenüber Adolf Hitler äußerte, war insofern ein seltsames Phänomen, als Schacht häufig und öffentlich seine Bewunderung und Unterstützung für den Führer und dessen Programm zum Ausdruck brachte. Möglich, daß er gerade durch seine Widersetzlichkeit den Zwang zur öffentlichen

Huldigung kompensierte, weil diese seine Eitelkeit verletzte, oder seine Renitenz entsprang dem Bedürfnis, sein Gewissen zu beruhigen. Am 3. Mai 1935 ergriff er eine weitere Gelegenheit, Kritik zu äußern, indem er Hitler eine Denkschrift überreichte, als dieser mit ihm und anderen wichtigen Ministern an einer Probefahrt des neuen deutschen Passagierdampfers *Scharnhorst* teilnahm. Schacht beschwerte sich in seiner Denkschrift über die Angriffe der Partei auf die Kirchen, über die schlechte Behandlung der Juden und über die illegalen Exzesse der Gestapo. Er räumte ein, daß die Juden auf der ganzen Welt unbeliebt seien, und zitierte Schopenhauers Klage, »daß, wenn einem Juden in Frankfurt einmal auf den Fuß getreten wird, die ganze internationale Presse von Moskau bis San Francisco ein Wehgeschrei erhebt«.[18] Seine Kritik am Antisemitismus des Regimes war nicht moralisch begründet, sondern er argumentierte, daß der Antisemitismus Deutschland im Ausland schade. »Man stempele die Juden in jedem gewünschten Maße zu Einwohnern minderen Rechts durch entsprechende Gesetze, aber für die Rechte, die man ihnen lassen will, gewähre man ihnen staatlichen Schutz gegen Fanatiker und Ungebildete.«[19]

Hitler las die gesamte Denkschrift, lud Schacht zu einem Gespräch ein und speiste ihn mit ein paar beschwichtigenden Erklärungen ab.

Im Juni 1935 feierte das britische Königspaar seine Silberne Hochzeit, und Hitler schickte Joachim von Ribbentrop, seinen neuen persönlichen Berater in außenpolitischen Angelegenheiten, nach London. Ribbentrop operierte abseits der zwischen dem deutschen Außenministerium und dem britischen Foreign Office etablierten diplomatischen Kanäle und ging ans Werk, sobald die Paraden und Feierlichkeiten für das Königspaar vorüber waren. Er hatte als »deutscher Sonderbotschafter« – ein Titel, auf den er großen Wert legte – den Auftrag, ein Flottenabkommen mit Großbritannien auszuhandeln. Hitler wünschte eine Formel, nach der je 35 Tonnen deutschen Schiffsraums auf je 100 Tonnen britischen Schiffsraums kommen würden. Er nahm also eine vergleichsweise schwächere deutsche Seemacht in Kauf und bot den Briten die Herrschaft über die Meere an, wenn diese Deutschland freie Hand auf dem Kontinent ließen. Allerdings waren auch 35 Prozent des britischen Schiffsraums für Deutschland eine gewaltige Steigerung im Vergleich zu den paar Küstenfahrzeugen, die es nach dem Versailler Vertrag hätte besitzen dürfen. Von Ribbentrop ging plump und undiplomatisch vor, ganz untypisch für einen früheren Offizier und wohlhabenden internationalen Geschäftsmann. Er wollte dem britischen Adel unbedingt zeigen, daß er einen neuen deutschen Stil repräsentierte, der sich radikal von dem der eleganten Aristokraten unterschied, die die Außenpolitik der Weimarer Republik geprägt hatten. Außerdem wollte er seinem Chef Adolf Hitler seinen Wert beweisen, nachdem es dem Nazi-Chefideologen Alfred Rosenberg auf einer früheren Englandmission nicht gelungen war, bei seinen Gastgebern Bewunderung für Hitler zu wecken.

Ribbentrop eröffnete die Verhandlungen im britischen Außenministerium, indem er nach dem Motto »friß oder stirb« sofort das Verhältnis von 35 zu 100 forderte. Der britische Außenminister Sir John Simon war über Ribbentrops Arroganz so verärgert, daß er sich entschuldigte und die Verhandlungen anderen überließ. Schon nach wenigen Tagen jedoch hatten die Briten zu Ribbentrops großer Überraschung seine Bedingungen akzeptiert. Die Zeit der britischen Appeasementpolitik war angebrochen. Hitler war von dem schnellen Erfolg seines neuen außenpolitischen Experten beeindruckt, und Joachim von Ribbentrops Stern begann zu steigen. Das Abkommen wurde am 18. Juni unterzeichnet, sehr zum Mißfallen der Franzosen, die es als Verrat der Briten betrachteten. Ribbentrops Berichte über seinen streitbaren Stil bestärkten Hitler wohl in seiner Überzeugung, daß sich eine erfolgreiche Außenpolitik auf Ultimaten, Drohungen und die Schaffung vollendeter Tatsachen stützen mußte.

Am 18. August sprach Schacht als wichtigster Redner bei der Eröffnung der jährlichen Handelsmesse im ostpreußischen Königsberg, einem wichtigen Ereignis für die deutsche Industrie und Landwirtschaft. Er fühlte sich offensichtlich sehr sicher und beschloß, die Punkte anzusprechen, die er auch in der auf der *Scharnhorst* überreichten Denkschrift kritisiert hatte. Hitlers milde Reaktion hatte ihn wohl ermutigt, erneut die Stimme zu erheben, und so brachte er noch einmal dieselben Beschwerden vor – diesmal jedoch in einer öffentlichen Rede vor einem großen Publikum aus Parteibonzen, Journalisten, Ausländern und Vertretern von Industrie, Banken und Landwirtschaft, die obendrein auch noch vom Deutschlandsender im ganzen Land übertragen wurde.

Als Schacht über die Angriffe der Partei auf Freimaurer und Juden Klage führte, erhob sich der prominente SS-Gruppenführer Erich von dem Bach-Zelewski und verließ mit klirrenden Sporen den Saal. Schacht behauptete, er sei nahe daran gewesen, ihm den Weg zur Herrentoilette zu weisen (»Korridor bitte, zweite Tür rechts«), zog es jedoch vor, mit seiner Rede fortzufahren. Sie enthielt auch einen Angriff auf das Parteiorgan *Völkischer Beobachter* wegen der dort vertretenen laienhaften wirtschaftspolitischen Vorstellungen und wegen Parolen wie »Das Volk ist das Primäre, nicht die Wirtschaft« und »Die Fahne ist mehr als ein Bankkonto«. Dazu sagte Schacht, es sei verdammt gefährlich, »über den Ernst unserer deutschen Aufgabe mit billigen Redensarten hinwegzugleiten«. Und er nahm sich sogar jene Leute zur Brust, »die nächtlicherweile heldenhaft Fensterscheiben beschmieren« und »jeden Deutschen, der in einem jüdischen Geschäft kauft, als Volksverräter plakatieren«. Auch tadelte er jene Parteichauvinisten, die ihr Selbstbewußtsein dadurch hoben, daß sie andere herabsetzten, obwohl »ein wirtschaftlicher Konkurrenzkampf auf die Dauer nur durch vorbildliche Leistung, nicht aber durch Methoden der Gewalt oder der Verschlagenheit gewonnen werden kann«.

Als Schacht an seinen Platz zurückkehrte, sagte der neben ihm sitzende ostpreußische Gauleiter Erich Koch: »Mönchlein, Mönchlein, du gehst einen harten Gang« – Worte, mit denen Martin Luther vor seinem Protest gegen Rom gewarnt worden war. Von da an wußte Schacht, daß er von nun an »als offener Gegner der Partei dastehen würde«.

Als eine Art Präventivschlag diktierte Schacht nach seiner Rede sofort einen Brief an Himmler, in dem er sich über »das Verhalten seines Obergruppenführers gegenüber einem amtierenden Reichsminister auf das nachdrücklichste beschwerte«. Bach-Zelewski wurde laut Schacht »zwar nicht bestraft, aber doch nach Schlesien versetzt«.

Goebbels bekam einen Wutanfall, als er über Schachts rebellische Rede informiert wurde. Die Rundfunkübertragung konnte nicht abgebrochen werden, doch die Zeitungsberichte über die Rede wurden »gereinigt«. Schacht konterte, indem er 250.000 Exemplare der ungekürzten Rede mittels der von ihm kontrollierten Druckerei der Reichsbank veröffentlichte.

Acht Tage später, als Schacht mit Hitler über andere Angelegenheiten sprach, wurde die Königsberger Rede kaum erwähnt, und Hitler machte lediglich die rätselhafte Bemerkung: »Herr Schacht, Sie haben in Königsberg ganz richtig gesagt, daß wir ›alle in einem Boot sitzen‹.«[20]

Obwohl Schacht bestrebt schien, die Juden vor willkürlichen Angriffen zu schützen, schaffte er es gleichzeitig, sich mit einer Äußerung vor dem Vorwurf der Juden-Verzärtelung zu schützen, die er in seinen Memoiren nicht erwähnt. Sie wird von dem in Königsberg anwesenden amerikanischen Korrespondenten Otto Tolischus in einem Bericht vom 18. August wie folgt zitiert:

> Die Juden müssen sich mit der Tatsache abfinden, daß es mit ihrem Einfluß bei uns ein für alle mal vorbei ist. Wir wollen unser Volk und unsere Kultur rein und eigenständig erhalten, genau wie es auch die Juden seit dem Propheten Esra mit ihrem Volk tun müssen. Doch die Lösung dieser Probleme muß unter staatlicher Aufsicht stattfinden und darf nicht durch ungeregelte Einzelaktionen geschehen, die eine schwere Störung der Volkswirtschaft darstellen und deshalb vom Staat und den Parteiorganen immer wieder verboten werden.[21]

Der im September 1935 mit großem Pomp gefeierte jährliche Reichsparteitag in Nürnberg war die Bühne für die Propagierung der (eigentlich in Berlin verfaßten) Nürnberger Rassengesetze.

Das am 15. September verkündete »Gesetz zum Schutze des deutschen Blutes und der deutschen Ehre« kategorisierte alle Deutschen mit jüdischen Vorfahren als Voll-, Halb- oder Vierteljuden und schränkte diese sogenannten »Nichtarier« in sämtlichen Aspekten ihres Lebens ein, etwa bezüglich der Ehe, der Wohnung, der Beschäftigung und sogar des außerehelichen Geschlechtsverkehrs. Es erklärte den Geschlechtsverkehr zwischen Juden und Nichtjuden zu einem »Rassenschande« genannten Verbrechen, das mit schwerer Strafe bedroht wurde. Die Nürnberger Rassengesetze von 1935 kamen zu allen früheren Verfolgungsmaßnahmen gegen die Juden hinzu und wurden die Grundlage für das gesamte spätere, immer brutalere Vorgehen. Sie mündeten schließlich in die sogenannte Endlösung, einen Begriff, den Göring in einem Brief vom 31. Juli 1941 prägte, als er den Leiter des Reichssicherheitshauptamts und Polizeigeneral Reinhard Heydrich aufforderte, eine Endlösung für die Judenfrage zu finden. Der fette Reichsmarschall, der mit dem Geld des reichen jüdischen Adligen Dr. Hermann von Epenstein aufgezogen worden war, verlangte, dieser lästigen und sogar langweiligen Angelegenheit ein Ende zu setzen.

(Am 20. Januar 1942 veranstaltete Heydrich am Berliner Wannsee eine öde bürokratische Konferenz. Die Nazis hatten nicht alle deutschen Juden zur Emigration zwingen können, und sie hatten durch ihre Eroberungen Millionen weitere Juden in ihren Machtbereich gebracht. Nun sahen sie sich vor die gewaltige Aufgabe gestellt, diese Millionen in Konzentrations- und Arbeitslagern unterzubringen und zu ernähren. Die auf der Wannsee-Konferenz beschlossene Endlösung für dieses Problem war die systematische Vernichtung.)

Schacht reagierte auf die neuen Rassengesetze, indem er sie einerseits herunterzuspielen suchte, sich andererseits jedoch weiterhin als gläubiger Nazi gab. So wurde er zu einer Versammlung führender Regierungs- und Parteimitglieder eingeladen, auf der über den rechtlichen Umgang mit Ehen zwischen halbjüdischen Nichtariern und Ariern diskutiert wurde. Er hörte sich schweigend die zahlreichen Meinungen an, und schließlich forderte Reichsinnenminister Frick ihn auf, seine eigenen Ansichten zu äußern. Schacht antwortete, er könne die Minderwertigkeitskomplexe der Arier nicht verstehen. Schließlich sei das deutsche Blut so stark, daß bloße 25 Prozent jüdischen Blutes bei der Vereinigung zwischen einem reinblütigen Arier und einem Halbarier niemals dominieren könnten. Außerdem werde das jüdische Blut mit jeder künftigen Generation mehr verdünnt. Also sei es doch besser, einfach Geduld zu haben, statt das Tausendjährige Reich mit solch »jüdischer Hast« aufzubauen.[22]

Nach seiner umstrittenen Rede in Königsberg hielt Schacht eine Reihe von Vorträgen an der Kriegsakademie, einer militärischen Hochschule zur Ausbildung von Offizieren im Generalstabsdienst, um zu verdeutlichen, daß Deutschland die Wiederaufrüstung nur auf der Grundlage einer vernünftigen und vorsichtigen Wirtschaftspolitik fortsetzen könnte.

Ermutigt durch dem Umstand, daß Hitler seine Ermahnungen positiv aufzunehmen schien, bat er diesen um eine Gelegenheit, zur Parteiführung sprechen zu dürfen, und bekam seinen Wunsch überraschenderweise auf dem Nürnberger Reichsparteitag erfüllt. Er sprach am 17. September, zwei Tage nach der Verkündung der Nürnberger Rassengesetze, zur braunen Elite. Wieder einmal skizzierte er die schwierigen Probleme, die ohne ausreichende Einkünfte aus dem Export für die weitere Aufrüstung entstehen würden, und vertrat die Ansicht, daß »die Wiederaufnahme turbulenter Methoden unseres kultur- und rassepolitischen Kampfes« vermieden werden müsse und es entscheidend sei, daß dieser Kampf »auf gesetzliche Basis gestellt und mit den politischen und wirtschaftlichen Notwendigkeiten in Einklang gebracht« werde. Was er meinte, war klar: Wenn wir uns wie Barbaren aufführen, wird uns das Geld kosten, denn dann wird das Ausland keine Geschäfte mit uns machen.[23]

Sein Appell an die Nazigrößen gründete nicht auf moralischen Imperativen, sondern auf wirtschaftlichen Notwendigkeiten. Vermutlich mußte er dabei improvisieren. Die erst zwei Tage alten Nürnberger Gesetze ließen keinen Zweifel daran, in welche Richtung sich die Partei bewegte, und dies ließ ihm wenig Spielraum. Diesmal erhob er nicht die Stimme gegen jene, »die nächtlicherweile heldenhaft Fensterscheiben beschmieren«. Als Schacht seine Rede beendet hatte, bat ihn Hitler, allein mit den Parteiführern sprechen zu dürfen, und Schacht verließ den Raum. Später hörte er, Hitler habe seine wütenden Kohorten aufgefordert, Schacht in Ruhe zu lassen, da er dringend benötigt werde. Schacht versucht in seinen Memoiren, sich von jeder Verbindung mit dem Parteitag zu distanzieren, und schreibt, er sei nur wegen seiner Rede nach Nürnberg gefahren und sofort danach wieder abgereist.[24]

Seine Tochter Inge und ihr Mann Hilger van Scherpenberg waren nach sieben Jahren in der deutschen Botschaft in London wieder nach Berlin zurückgekehrt. In seinem Tagebuch berichtet der britische Journalist Sir Bruce Lockhart von einem gemeinsamen Mittagessen mit Scherpenberg, das am 11. September in London stattfand. (Lockhart hielt Schachts Schwiegersohn zu diesem Zeitpunkt für »einen Nazi«, was höchstwahrscheinlich nicht stimmte, da Scherpenberg später von der Gestapo ins Gefängnis geworfen wurde.) Bei dem Essen zeigte sich Scherpenberg über eine Äußerung seines Schwiegervaters besorgt, die Lockhart publiziert hatte. Schacht hatte gesagt, er werde nun wohl entweder einen Denkmalsockel oder ein Schafott besteigen.

Bei einer Versammlung in der Akademie für Deutsches Recht am 29. November 1935 hielt Schacht eine flammende Rede zugunsten des Kapitalismus und des freien Unternehmertums. Das Publikum bestand aus hohen Regierungsbeamten und Diplomaten, einschließlich des amerikanischen Botschafters William Dodd. Schacht verteidigte das von ihm und der deutschen Schwerindustrie bevorzugte kapitalistische System gegen eine neue Schule von nationalsozialistischen Wirtschaftsexperten, die den Kapitalismus und seine Aktiengesellschaften für Instrumente einer jüdischen

Verschwörung hielten. Er tat dies, nachdem der Reichsjustizminister gerade erklärt hatte, die Hälfte der bestehenden Aktiengesellschaften müsse aufgelöst werden, und Hitler sich in einer Rede über das Aktien kaufende Bürgertum mokiert hatte.[25]

Schacht schien sich durchaus bewußt, daß seine Stellung in Hitlers Welt zunehmend prekär wurde. Und doch bestand er darauf, in Pastor Niemöllers moderner Kirche im vornehmen Berlin-Dahlem Gottesdienste zu besuchen. Niemöller, der im Ersten Weltkrieg als U-Boot-Kommandant gedient hatte, war ein bekennender Nazigegner aus rein religiösen Gründen. Seine politisch brisanten Predigten waren in Berlin Tagesgespräch. Er wurde mehrmals von der Gestapo festgenommen und schließlich im Konzentrationslager Dachau interniert. In der Nazizeit einer Predigt Niemöllers zu lauschen, war ein offener Akt der Auflehnung. Daß ein Minister dies tat, war beispiellos. Und daß vor der Kirche auch noch der Dienstwagen des Reichsministers mit flatternden Hakenkreuzwimpeln wartete, war ein Sakrileg. Es war typisch Schacht.

In seinen Memoiren schreibt Schacht, daß er seit Mitte 1935 systematisch versucht habe, die Ausgaben für die weitere Aufrüstung zu begrenzen. Und wie üblich nutzte er die Weihnachtsfeiertage, um die Dinge auf die Spitze zu treiben. Am 24. Dezember 1935 schrieb er an Reichskriegsminister Blomberg, daß er nicht mehr in der Lage sei, die Devisen zu liefern, die das Ministerium für bestimmte Rüstungsmaßnahmen angefordert hatte, doch 1936 war auch das Jahr, in dem seine Machtvollkommenheit zu bröckeln begann.[26]

14

Das Drahtseil

Im Jahr 1936 erzielte Hitler einen gewaltigen Prestigegewinn, als er in der Morgendämmerung des 7. März das entmilitarisierte Rheinland besetzen ließ. Es handelte sich um eine politische Geste mit weitreichenden Implikationen. Hitler selbst nannte jene Zeit die aufregendste seines Lebens, und es gab Augenzeugen, die ihn in der Nacht zuvor ruhelos in der Reichskanzlei auf und ab gehen sahen, als er darauf wartete, ob die Franzosen seine plötzliche Aktion mit ihren eigenen Truppen abwehren würden. Heute besteht allgemein die Ansicht, daß eine entschiedene militärische Reaktion der Franzosen den Lauf der Geschichte geändert hätte, denn Hitler hatte den deutschen Truppen den Befehl erteilt, sich beim ersten Anzeichen französischen Widerstands zurückzuziehen.

Schacht hatte mit der Forderung nach einer Rückgabe der deutschen Kolonien seine eigene Ansicht vertreten und nicht die Hitlers, der sich zu dem Thema in *Mein Kampf* klar geäußert hatte. Hitler hielt Kolonien für nutzlos, wenn die Kolonialmacht nicht die Meere beherrschte, und er war bereit, diesen Teil der Welt Großbritannien zu überlassen. Seine Aufmerksamkeit konzentrierte sich auf den europäischen Kontinent und insbesondere auf dessen Osten.

Der Einmarsch im Rheinland war der endgültige Bruch des Versailler Vertrags und des nachfolgenden Locarnovertrags zwischen Deutschland und den westlichen Alliierten. Die Franzosen erhoben Protest, aber sie reagierten nicht militärisch. London konnte offiziell »keinen Angriff« erkennen, und Außenminister Eden erklärte, daß Großbritannien den Franzosen nur im Fall eines Angriffs auf Frankreich selbst zu Hilfe kommen würde.

Hitler hatte wieder einmal vollendete Tatsachen geschaffen und den Alliierten abermals eine Ohrfeige versetzt, die keine negativen Folgen für ihn hatte. Auch Schachts Warnung, daß die Franzosen Sanktionen gegen Deutschland verhängen könnten, hatte den Führer nicht abschrecken können. Die Sanktionen blieben aus. Schacht hatte unrecht, Hitler recht behalten.

Hitler war nicht der einzige Diktator, der mit seinem Militär protzte. Mussolinis Truppen überrannten das hilflose Äthiopien, und der Völkerbund konnte und wollte nichts dagegen tun. Wenig später erhob sich der faschistische General Francisco Franco gegen die demokratische Regierung in Spanien, eine Revolte, die von Hitler vollen Herzens begrüßt wurde. Noch im selben Jahr wurde auf Initiative Deutschlands und unter maßgeblicher Beteiligung von Hitlers außenpolitischem Berater Ribbentrop die sogenannte Achse mit Italien gebildet und mit der späteren Achsenmacht Japan der Antikominternpakt geschlossen. Nachdem Berlin alle mongoliden Rassen jahrelang verunglimpft hatte, erklärte es nun plötzlich die Japaner zu Ehrenariern des Orients. Obwohl die Achse Berlin-Rom nicht wie der Antikominternpakt einen völkerrechtlich gültigen Vertrag darstellte, war auch sie gegen die Komintern gerichtet. Allerdings dementierten beide Mächte, daß es sich um ein formelles Bündnis gegen die Sowjetunion handelte.

Für Hitler begann 1936 eine Zeit des Triumphe. Es war das Jahr der Olympischen Spiele. Im bayrischen Garmisch-Partenkirchen fanden die Winterspiele statt, und die Sommerspiele wurden in einem prächtigen, neuen ovalen Stadion in Berlin abgehalten, das mit den von Hitler so geliebten unbeschnittenen neogriechischen Statuen Arno Brekers geschmückt war. Hitler oder seine Paladine erschienen täglich auf speziellen Logenplätzen, so daß aller Augen ständig zwischen den Athleten und der Loge des Führers hin und her wanderten. Es schien, als sei ganz Deutschland für die Olympischen Spiele geputzt, gestriegelt und trainiert worden, um dem Strom ausländischer Besucher einen rauschenden Empfang zu bereiten, die alle neugierig auf das von Hitler geschaffene »deutsche Wunder« waren.

»Gehen Sie zur Olympiade?« und nicht mehr »Sieht man sich in Venedig?« war die Frage, die man in der feinen Gesellschaft von 1936 stellte. Das Ehepaar Goebbels gab auf der Pfaueninsel bei Berlin ein rauschendes Fest für ausländische Besucher, und das Ehepaar Ribbentrop tat dasselbe in seiner Dahlemer Villa. Die offizielle antisemitische Propaganda wurde vorübergehend eingestellt. Die allgegenwärtigen Transparente und Plakate mit Aufschriften wie DIE JUDEN SIND UNSER UNGLÜCK waren von der Bildfläche verschwunden, und auch die Schilder mit der Aufschrift JUDEN HIER UNERWÜNSCHT in Gasthäusern, Hotels und Kurorten wurden vorübergehend entfernt. Städte wie Magdeburg, wo die Juden sogar aus den Straßenbahnen verbannt worden waren, hoben ihre antisemitischen Vorschriften auf.

Ribbentrop wurde zum deutschen Botschafter in Großbritannien ernannt und übte sein Amt aus, ohne sich mit Reichsaußenminister Neurath abzustimmen. Statt dessen flog er so häufig mit seinem Dienstflugzeug nach Berlin, um Hitler zu huldigen, daß ihn Londoner Spaßvögel den »Teilzeitbotschafter« nannten. Er beging einen Fauxpas nach dem anderen, als er sich im Londoner Kreis des deutschlandfreundlichen Königs Edward VIII. einzuschmeicheln suchte, der wegen seiner geschiedenen amerikanischen

Geliebten bald schon auf den Thron verzichten sollte. Böse Zungen in der Londoner Gesellschaft nannten den deutschen Außenminister schon früh »Herr von Brickendrop«, weil er so häufig ins Fettnäpfchen trat.

Doch Ribbentrop nahm sich seine gesellschaftlichen Mißerfolge nicht zu Herzen. Bei den Verhandlungen über den Flottenvertrag hatte er jeden Respekt vor der britischen Regierung verloren. Für ihn zählte nur der Führer in Berlin. Seine Abneigung gegen die Briten sollte sich am Ende bitter rächen, für ihn selbst und die ganze Welt.

Bevor er seinen Posten in London antrat, hatte Ribbentrop zahlreiche prominente britische Besucher der Olympischen Spiele eingeladen, und sie waren höchst beeindruckt gewesen. Der bekannte Londoner Salonlöwe »Chips« Channon hatte sogar dem von den Nazis als zweite Nationalhymne eingeführten Horst-Wessel-Lied einen »flotten Rhythmus« bescheinigt. Die Welt schien wie geblendet von den Errungenschaften der Nazis.

Der bloße Gedanke, daß dieser rohe Haufen von ungebildeten Nazis so viel internationalen Beifall erhielt und so viele politische Triumphe errang, muß Schacht in Wut versetzt haben. Trotzdem hatte er zu Beginn des Jahres von seiner Selbstsicherheit noch nichts verloren. Seine vielen Spitzen gegen die Nazis und seine zahlreichen Scharmützel mit Parteifunktionären blieben noch immer ungestraft. Im Oktober 1935 hatte *The Commonweal*, eine politische Zeitschrift aus New York, spekuliert, daß Schacht zu einer Abwertung der Mark gezwungen werden könne und wegen seiner Ablehnung der Naziideologie in unmittelbarer Gefahr schwebe. »Er könnte schon in wenigen Wochen zwangsweise abgesetzt werden und vielleicht sogar im Konzentrationslager landen.«[1] Doch das Jahr 1936 schritt voran, und Schacht schien noch immer nicht auf der Abschußliste zu stehen. Von Berliner Insidern wurde gern erzählt, er habe zu Hitler gesagt, dieser brauche ihn, und er werde ihn noch weitere zwei oder drei Jahre brauchen. Danach könne er ihn erschießen, wenn er wolle, aber jetzt könne er ihn noch nicht erschießen. Zeitungen auf der ganzen Welt berichteten, daß Schacht die Exportschlacht gewinne, »DEUTSCHES AUSSENHANDELSDEFIZIT DANK SCHACHTS ›NEUEM PLAN‹ UNTER GROSSEN OPFERN IN GROSSEN ÜBERSCHUSS VERWANDELT«, lautete etwa am 23. Februar 1936 eine Schlagzeile im Wirtschaftsteil der *New York Times*.

Doch wie so viele andere, hatte auch Schacht Hitler falsch eingeschätzt. Tatsächlich hatte Hitler genug von seinem Wirtschaftsminister, doch er hegte nicht die Absicht, ihn zu eliminieren. Schacht war viel zu wertvoll, und selbst seine jahrelangen empörenden Machenschaften als internationaler Finanzpolitiker schienen seinem guten Ruf im Ausland nicht geschadet zu haben. Vielleicht um Schacht auf seinen Platz zu verweisen, ergriff Hitler lediglich gewisse Maßnahmen, um seinem scharfzüngigen Wirtschaftsministers weniger Gelegenheiten zu dünkelhaften und rebellischen Auftritten zu bieten.

So berichtete *Newsweek* am 9. Mai 1936:

> Dr. Hjalmar Horace Greeley Schacht packte letzte Woche hastig seine Wandersachen zusammen, brach seinen Urlaub in Bayern ab und eilte zurück nach Berlin. Der Grund: Adolf Hitler hatte dem stellvertretenden Parteichef und Reichsminister der Luftfahrt Göring die alleinige Zuständigkeit für den Import von Rohstoffen und die Devisenbewirtschaftung übertragen. Da dies einen schweren Machtverlust für den Wirtschaftsminister bedeutete, reichte er verstimmt seinen Rücktritt ein. Doch der Führer reichte ihn zurück – und erinnerte den Doktor daran, daß Adolf Hitler Deutschland ist. Vier Tage später besänftigte der Reichskanzler seinen Finanzexperten durch ein dreistündiges Gespräch und ein gemeinsames Mittagessen.[2]

Die wahren Gründe, warum Schacht plötzlich die Zuständigkeit für die Devisen entzogen wurde, sind ungewiß. Schacht behauptet, er habe nicht mehr mit ansehen wollen, wie die Partei illegal mit Devisen handelte. Er habe entdeckt, daß die Partei zu Dumpingpreisen bündelweise Reichsmark im Ausland verkaufte, um mit den Devisen Goebbels' Propaganda zu finanzieren. Deshalb habe er selbst Hitler gebeten, daß jemand »die Last der Devisenbewirtschaftung von meinen Schultern« nimmt, und dafür Göring vorgeschlagen.[3] Tatsächlich ging es in Schachts Konflikt mit den von seinem Erzfeind Wilhelm Keppler angeführten Parteiaktivisten nicht nur um Währungsprobleme. Der radikale Parteiflügel um Keppler, dem Schacht in den ersten Tagen der Hitlerherrschaft geholfen und den er später aus dem Wirtschaftsministerium verbannt hatte, wollte die Reichsmark abwerten, die Steuern erhöhen und das Ziel eines ausgeglichenen Staatshaushalts aufschieben.

Göring nahm Schacht mit Freuden die Last von den Schultern und nutzte laut Schacht die Gelegenheit, »aus dem Steigbügel sich in den Sattel zu schwingen« – ein angesichts von Görings Leibesumfang recht gewagtes Bild. Dagegen reagierte die Berliner Börse auf die Nachricht von Görings neuem Verantwortungsbereich mit einem Kurseinbruch, und die Auslandspresse schrieb, im Umgang mit Deutschland sei nun mit Schacht als Machtfaktor wohl nicht mehr zu rechnen, und deutete an, daß damit eine mäßigende Stimme zum Verstummen gebracht worden sei.

Hitlers Berliner Rede zum 1. Mai hatte eine längere Passage enthalten, die laut Frederick Birchall von der *New York Times* vom Publikum nicht so recht verstanden wurde. Sie war direkt auf Schacht gemünzt und lautete, daß selbst ein genialer Mann keinen Erfolg haben kann, wenn er nicht bewußt oder unbewußt Millionen hinter sich bringt.

In derselben Rede sagte Hitler:

> Wieder verbreitet man Lügen. Deutschland wolle morgen oder übermorgen in Österreich einfallen. Ich frage mich, wer sind denn eigentlich diese Elemente, die keine Ruhe, keine Verständigung und keinen Frieden haben wollen, die fortgesetzt hetzen und Mißtrauen säen müssen, wer sind sie eigentlich?

Die gut geschulte Menge brüllte automatisch »Die Juden!«, obwohl sie eigentlich »Die Bolschewisten!« hätte schreien sollen.[4]

Nur eine Woche, bevor Hitler jegliche Angriffsabsichten auf andere Völker dementierte, hatte die *New York Times* gemeldet, daß Konrad Henlein, der Führer der Sudetendeutschen in der Tschechoslowakei, jede Verbindung seiner Bewegung zu Hitler bestritt. Er bezeichnete alle Gerüchte als völlig haltlos, daß Hitler einmarschieren und in der Tschechoslowakei ein deutsches Paradies errichten werde. Außerdem klagte er, daß die deutsche Minderheit in der Tschechoslowakei mißhandelt werde und Not leide, eine Behauptung, die der Korrespondent der *New York Times* G. E. R. Geyde später als »sehr wahr« bezeichnete.[5]

Hitler hatte Schacht zwar eine Lektion erteilt, hielt ihn jedoch weiter im Amt, da er die deutsche Industrie keineswegs eines hervorragenden Handelsvertreters berauben wollte. In einem der berühmten Tischgespräche, die später von seinem Stenographen Henry Picker veröffentlicht wurden, sprach Hitler bewundernd davon, daß Schacht von einem Reichsbankkredit über acht Milliarden Reichsmark eine halbe Milliarde als Zins einbehalten hatte, und sagte, Schacht sei »ein unerhört intelligenter Mensch im Bescheißen.«[6]

Im Juni 1936 weilte Schacht in Belgrad, um aufgebrachte Gläubiger zu besänftigen und dafür zu sorgen, daß der von

Deutschland benötigte Strom von Getreide wieder floß. Auf derselben Reise verkaufte er Waffen an Bulgarien für Geld, das Italien an Bulgarien schuldete. Auf diese Weise wurde Italien ein Schuldner Deutschlands, was Hitler durchaus willkommen war, da er schon lange nach einem Druckmittel gegenüber seinem italienischen Kollegen gesucht hatte, der sich noch immer als Schutzherr des Balkans fühlte und eifersüchtig über die Verhältnisse in Österreich wachte. Schacht reiste weiter nach Ungarn, dem es wegen seiner intensiven Handelsbeziehungen zu Deutschland zunehmend unbehaglich wurde. Schacht versuchte, die Regierung und die Bankiers in Budapest zu beruhigen. Im Juli traf Schacht in Griechenland ein, wo er von dem Diktator General Ioannis Metaxas einen Rüstungsauftrag über 31,5 Millionen Dollar ergatterte. Im August fuhr er mit Handelsvertretern von Krupp nach Bulgarien und in die Türkei, um Kompensationsgeschäfte zu arrangieren.[7] Unter rücksichtsloser Ausnutzung der vom Völkerbund wegen der Invasion in Äthiopien über Italien verhängten Sanktionen sicherte sich Schacht rasant den italienischen Markt auf dem Balkan.[8] Er pokerte mit leeren Taschen. Ein angebliches Gespräch zwischen ihm und einem führenden amerikanischen Bankier wurde damals wie folgt wiedergegeben:

»Dr. Schacht«, sagte der Bankier. »Sie sollten wirklich einmal nach New York kommen. Wir haben eine Menge Geld. Das ist Banking.«

Doch Schacht antwortete: »Nein. Sie sollten nach Berlin kommen. Wir haben überhaupt kein Geld. *Das* ist Banking!«

Noch im August verdoppelte Hitler die Wehrdienstzeit, und Schacht stattete Léon Blum, dem jüdischen Ministerpräsidenten Frankreichs, einen Besuch ab. Das Ergebnis dieses Besuchs war ein seltsames Verwirrspiel. André François-Poncet, der sanfte französische Botschafter in Berlin, wurde ins Auswärtige Amt bestellt und von Außenminister Konstantin von Neurath darüber informiert, daß Deutschland wie die anderen westlichen Länder keine Waffen nach Spanien schicken würde. Hitler lieferte tatsächlich keine Waffen, doch er schickte die 15.000 Mann starke Legion Condor der deutschen Luftwaffe nach Spanien, und ihre Flugzeuge transportierten Francos Truppen. Im folgenden Jahr bombardierte die Legion Condor, angeblich als Vergeltung für einen Luftangriff auf ein deutsches Schiff, die spanische Stadt Guernica.

Obwohl Schacht als Handelsbotschafter so überaus wertvolle Arbeit geleistet hatte, versetzte Hitler der Eitelkeit seines Wirtschaftsministers einige Tage vor dem Nürnberger Reichsparteitag im September 1936 erneut einen schweren Schlag, indem er ihm eine weitere Beschneidung seiner Machtfülle ankündigte. Er informierte Schacht vom Berghof aus, daß in Nürnberg ein brandneues Wirtschaftsprogramm eingeführt werde, weigerte sich jedoch, ihm irgendwelche Einzelheiten mitzuteilen. Schacht nahm sofort Kontakt zu Reichskriegsminister Blomberg auf, den Hitler erst kürzlich zum Generalfeldmarschall befördert hatte, und äußerte die Befürchtung, daß sich die Radikalen in der Partei durchgesetzt hätten. Blomberg hörte sich Schachts Klagen ungerührt an und sagte dann: »Ich sehe völlig ein, daß Sie recht haben, Herr Schacht, aber wissen Sie, ich bin der festen Überzeugung, daß der Führer schon einen Ausweg aus allen Schwierigkeiten finden wird.«

Schacht verabschiedete sich mit einem zynischen »Gott erhalte Ihnen Ihren Glauben.«[9]

Der zweite Schlag fiel in aller Öffentlichkeit, und er war schmerzhaft. Auf dem Nürnberger Reichsparteitag verkündete Hitler auf dem Podium unter dem gewaltigen, umkränzten Hakenkreuz aus Stuck, hoch über den in Formation angetretenen uniformierten Massen, einen neuen Vierjahresplan, mit dessen Durchführung Hermann Göring beauftragt wurde. Göring sollte Deutschland durch ein Autarkieprogramm von allen Importen unabhängig machen. Um diesen begeistert idealisierten Zustand der wirtschaftlichen Unabhängigkeit zu verwirklichen, sollte der neue Bevollmächtigte für den Vierjahresplan mittels neuer Technologien Treibstoff, Öl, Textilien, Gummi und anderen Industriebedarf gewinnen und innerhalb der Reichsgrenzen gelegene, aber schon lange stillgelegte Kohleminen wieder in Betrieb nehmen. Der offizielle Befehl zum Start des Autarkieprogramms folgte am 18. Oktober 1936. Es enthielt alles, wogegen sich Schacht schon immer gewehrt hatte. So hatte er in einer Denkschrift vom 27. Mai gewarnt, daß irgendwelche synthetisch produzierten Ersatzstoffe niemals teurer sein dürften als auf dem Weltmarkt. Und er hatte auch darauf hingewiesen, daß Autarkie einen Zustand der geistigen Isolation erzeuge.[10]

In Deutschland hatte die Periode der Ersatzstoffe begonnen. Das Autarkiestreben machte alle Hoffnungen zunichte, die Schacht für Deutschland als eine der großen Handelsnationen der Welt gehegt hatte. Offensichtlich war sein Weg für Adolf Hitler zu langsam und umständlich gewesen.

15

Der Außenseiter

Durch Görings Vierjahresplan war der fundamentale Gegensatz zwischen Hitler und Schacht offensichtlich geworden. Hitler brauchte eine starke deutsche Streitmacht als Drohmittel, um seine ehrgeizigen Pläne zu verwirklichen, während Schacht die teure Wiederaufrüstung für notwendig hielt, um die internationale Gleichberechtigung Deutschlands wiederherzustellen, und meinte, die Rüstung könnte nach der wirtschaftlichen Gesundung des Landes wieder zurückgeschraubt werden. Hitler wollte (auf Kosten der meisten anderen Bereiche) alle Energie und Aufmerksamkeit auf die Rüstung konzentrieren, während die Industrie für Schacht den einzigen Daseinszweck hatte, durch den Verkauf ihrer Produkte Gewinne zu erwirtschaften und Steuern zu zahlen. Er mißtraute einer langen Phase der Aufrüstung, weil die Rüstungsprodukte weder verkauft werden konnten, noch Steuern einbrachten.

Doch Hitler hatte seinen eigenen Terminplan, und er wollte sich von seinem Wirtschaftsminister nicht mehr bei dessen Verwirklichung behindern lassen. Trotzdem wartete er noch immer ab. Der geniale Miesmacher im Wirtschaftsministerium hatte zuviel Verkaufstalent bewiesen und zuviel Einfluß im Ausland, um ihn jetzt schon fallenzulassen.

Am 28. Oktober 1936 forderte Göring vor einem riesigen Publikum im Berliner Sportpalast die deutschen Wissenschaftler auf, mit aller Kraft für die Autarkie zu arbeiten. Und am 17. Dezember 1936 sagte er vor führenden Industriellen, »daß es nicht darauf ankäme, wirtschaftlich zu produzieren, sondern nur darauf, daß überhaupt produziert werde. Und bei der Devisenbeschaffung sei es ihm ganz gleichgültig, ob die gesetzlichen Vorschriften innegehalten würden oder nicht, wenn nur Devisen hereinkämen. Wer ihm Devisen brächte, der bleibe straffrei, auch wenn er gegen die gesetzlichen Bestimmungen verstoßen habe.«[1]

Dies führte zu einer Reihe von Auseinandersetzungen zwischen dem neuen Wirtschaftsdiktator Göring und dem alten Wirtschaftsdiktator Schacht. Wie Schacht lehnte auch die Industrie die Autarkiebestrebungen ab. Die hohen Kosten für die künstlichen Rohstoffe würden die Preise so hinauftreiben, daß die Produkte auf dem Weltmarkt nicht mehr wettbewerbsfähig wären. Weder Hitler noch Göring wollten jedoch primär für den Export produzieren. Sie hatten mit den neuen Flugzeugen, Panzern und Geschützen ganz andere Pläne.

Unterdessen sah sich Schacht von denselben Industriellen, die in der Autarkiefrage mit ihm einig waren, stark bedrängt, die Reichsmark abzuwerten. Doch er blieb standhaft. Er wollte den offiziellen Wert der Mark beibehalten, auch wenn dieser nur fiktiv war und die Mark im Ausland zu Spottpreisen erworben werden konnte.

In seinem neuen Verantwortungsbereich als Bevollmächtigter für den Vierjahresplan hatte Göring sofort einen großen bürokratischen Apparat von mehreren hundert Beamten aufgebaut, die für Dutzende verschiedener Kategorien von Ersatzprodukten zuständig waren. Im Dezember vereidigte er 24 »Wehrwirtschaftsführer«. Sein wichtigster Berater war Oberst Georg Thomas, ein Militärwirtschaftler, der im folgenden Jahr eine Schlüsselrolle spielen sollte. Thomas befürwortete zwar die Autarkiebestrebungen, unterstützte jedoch Schacht in seinem hartnäckigen Widerstand gegen den radikalen Flügel der Partei, der die gesamte deutsche Industrie verstaatlichen und jede Spur von Unternehmertum tilgen wollte. Dieser Flügel wollte das Gewinnstreben als Motiv für wirtschaftliche Aktivitäten abschaffen, denn er fühlte sich immer noch an die alten antikapitalistischen Tendenzen der National*sozialistischen Arbeiter*partei gebunden.

Thomas hatte sich zu einem Hohepriester des nationalsozialistischen Kults um die Wehrwirtschaft entwickelt, deren Generalbevollmächtigter Schacht ursprünglich gewesen war. Dabei handelte es sich eher um einen angestrebten Geisteszustand als um ein echtes ökonomisches Programm. Jeder Deutsche sollte sich täglich mit dem Aufbau der deutschen Wehrmacht beschäftigen; der Gedanke an die Wiederaufrüstung sollte ihn Tag und Nacht begleiten und ihn bis in seine Träume verfolgen. Der Begriff »Wehrwirtschaft« war unscharf und hatte vorwiegend propagandistischen Charakter, doch Oberst Thomas betrachtete ihn als die Seele der deutschen Wiederaufrüstung. Er und zwei weitere Wirtschaftsexperten der Wehrmacht wurden schließlich durch Göring vom Oberst zum Generalmajor befördert und spielten eine zentrale Rolle im neugegründeten Wehrwirtschaftsrat.[2]

Schacht war mutig, aber er war kein Narr. Ihm wurde klar, daß er sich nun in seinen Angriffen auf die Partei zügeln mußte. Kluge Berliner kommentierten sein plötzliches Schweigen wie folgt:

Martin Luther sagte, was er geglaubt hat,
Hitler glaubt, was er sagt,
Goebbels glaubt nie, was er sagt,
Schacht sagt nicht, was er glaubt.

Er bewegte sich auf immer dünnerem Eis, was mit Luise vermutlich zu einigen Schwierigkeiten führte. In seinen Memoiren berichtet Schacht von zunehmender Entfremdung. Er macht einigermaßen deutlich, daß er und seine Frau, der es gesundheitlich nicht gutging, in den letzten Ehejahren getrennt lebten. Ihre Verehrung für Hitler und seine Sache scheint in scharfem Gegensatz zum wachsenden Widerwillen ihres Gatten gestanden zu haben. Schacht erlebte keine Desillusionierung, was Hitler betraf, denn er hatte sich nie Illusionen über ihn gemacht. Hitlers ungeheure Entschlossenheit und seine Fähigkeit, die Unterstützung der Massen zu gewinnen, hatten Schacht schon immer beeindruckt. Doch er hatte nie zu Hitlers vorbehaltlosen Bewunderern gezählt, sondern in ihm lediglich einen machtvollen Verbündeten bezüglich seiner eigenen nationalen Ziele gefunden. Sie lauteten:

Aufhebung des Versailler Vertrags.
Wiederaufstieg Deutschlands zu einem internationalen Machtfaktor.
Wiedergeburt einer typisch deutschen, im Christentum verwurzelten Moral.
Kampf gegen den Kommunismus in all seinen Erscheinungsformen.

Am Ende betrachtete er Hitler als einen naiven Politiker und einen Vereinfacher, der von einem Heer verabscheuungswürdiger Paladine umgeben war.

Den antisemitischen Teil des nationalsozialistischen Programms hielt er für kontraproduktiv und schlichtweg schädlich für Deutschland, und die ungesetzlichen Exzesse und Brutalitäten der Nazis verabscheute er. Trotzdem war er durchaus bereit, den Ausschluß der deutschen Juden aus allen Bereichen der Meinungsbildung zu akzeptieren. Er wollte, daß sie wie ehrbare Fremde in der deutschen »Volksgemeinschaft« behandelt würden. Genausowenig wie er die willkürliche Verhaftung eines mit ihm befreundeten Ausländers hingenommen hätte, wollte er zulassen, daß einem seiner jüdischen Geschäftspartner oder Freunde von den Nazis Unrecht getan wurde.

Und doch betrachtete er die Juden als ein fremdes Element mit einem andersartigen kulturellen Erbe, auch wenn er die Verdienste bereitwillig anerkannte, die sie sich als Soldaten, Bankiers und Industrielle um Deutschland erworben hatten.

Offensichtlich teilte Luise Schacht keinen seiner Vorbehalte gegenüber Hitler und seinem Kreis. Schacht machte eine gewisse »preußische Beamtenenge« ihres Elternhauses dafür verantwortlich, daß sie nicht bereit war, die dunklen Seiten des Nationalsozialismus zu sehen. Er und seine Frau waren kein Team mehr.

Ein ganz anderes Bild zeichnet Martha Dodd, die Tochter des amerikanischen Botschafters William E. Dodd, der mit den Schachts sehr gut bekannt war, in ihren Memoiren. Schacht war in der amerikanischen Botschaft so häufig zu Gast, daß die als Gastgeberin fungierende Miss Dodd sich keine Sorgen zu machen brauchte, wenn ein Gast in letzter Minute absagte, da sie »immer auf Dr. Schacht zählen« konnte.

Martha Dodds Beschreibung von Luise, damals eine stattliche Frau in den besten Jahren, unterscheidet sich stark von dem strengen Bild, das ihr Mann häufig zeichnet:

»Frau Schacht war eine geistreiche und angenehme Persönlichkeit mit einem großen Hakenkreuzanhänger zwischen den gewaltigen Brüsten, ein großer, einfacher, mütterlicher Typ mit blitzenden Augen, ein komisches Gegenstück zu ihrem hageren, eulenartigen Mann, über den sie aufmerksam wachte. Sie spielte die Mutterrolle, sowohl gegenüber ihrem Mann als auch gegenüber den Kindern.«

Martha Dodd, die über ein beträchtliches Talent für biographische Skizzen verfügt, beschreibt Schacht als einen

»großen, sehnigen, drahtigen [Mann] mit einer häßlichen Clownsmaske von Gesicht, der seltsam lebendig und attraktiv war. Er hatte etwas von der hartgesottenen Schlauheit eines kahl gewordenen alten Adlers und wurde weit und breit für seinen Geist gefeiert.«

Schacht wirkte wie eine »Ein-Mann-Schau« auf sie. Er wurde zu einem der »Vorzeige-Intellektuellen« der Botschaft, bekannt für seinen »scharfen, vernichtenden Humor und seine sarkastischen Gedichte in den Gästebüchern«.[3]

Schacht hielt offensichtlich engen Kontakt zur amerikanischen Botschaft, weil er die USA für die weltweit führende Wirtschaftsmacht hielt, und William Dodd reagierte durchaus amüsiert auf den hochgewachsenen Wirtschaftsminister, ohne daß er sich über dessen Motive Illusionen gemacht hätte. Martha Dodd warnte davor, Schacht für einen Nazigegner zu halten, und sagte, er sei »sehr wertvoll für die Nazis«.

Der Kampf gegen Göring und seinen Vierjahresplan ging weiter. Als der frischgebackene Generaloberst Göring am 17. Dezember 1936 vor Wirtschaftsführern verkündete, er sehe keinen Grund, jemanden zu bestrafen, der illegal Devisen einführe, und versicherte, es sei wichtiger, die Produktionskapazität voll auszuschöpfen als Gewinne zu machen, sah sich Schacht zu einer Reaktion gezwungen. Bei der Feier seines 60. Geburtstags am 22. Januar 1937 holte er vor demselben Publikum, das nun zu seinen Ehren versammelt war, zum Gegenschlag aus. Ohne Görings Namen zu erwähnen, drohte er, jeden vor Gericht zu bringen, der die Devisengesetze verletze, und verkündete, es sei schädlich für das Land, wenn unwirtschaftlich produziert werde. Einige Tage später wurde er von Göring zur Rede gestellt: »Herr Schacht, Sie haben … Äußerungen getan, die gegen die wirtschaftspolitischen Grundsätze gerichtet waren, die ich … vorgetragen hatte.«

»Jawohl, Herr Göring«, antwortete Schacht. »Und sollten Sie noch einmal solche falsche Wirtschaftspolitik verkünden, so werde ich noch schärfer dagegen auftreten.«

Schließlich richtete er einen langen Brief mit wirtschaftspolitischen Erklärungen an Göring und schickte eine Kopie an Hitler. Der Brief endete mit dem Satz: »Sie erinnern sich, daß ich schon vor Monaten ... Ihnen nahelegte, die Übertragung des Reichswirtschaftsministeriums auf Ihre Person herbeizuführen. Ich habe vorstehend ausgeführt, daß ich Ihre Devisenpolitik für unrichtig halte und nicht in der Lage bin, sie mitzuverantworten.«[4] Dies kam einer Rücktrittsdrohung gleich und stürzte den Führer in ein beträchtliches Dilemma. In einer Diktatur ist es nicht möglich, ein Amt einfach niederzulegen.

In einem Bericht aus Berlin wird der damals sechzigjährige Schacht wie folgt beschrieben: »Er wirkt wie ein hagerer, etwas gebeugter Schulmeister. Seine Stehkrägen sind um einiges zu hoch. Seine spärlichen roten Haare sind sorgfältig zurückgekämmt, um eine kahle Stelle zu verbergen. Seine Nazikollegen, mit denen er sich in permanentem Kriegszustand befindet, stehen ihm ablehnend und mißtrauisch gegenüber und haben keine Freude an seinem feuchten Händedruck.«[5]

Am 31. Januar 1937 verlieh Hitler mehreren führenden Mitgliedern seines Kabinetts für besondere Verdienste das Goldene Parteiabzeichen, eine besonders hohe Auszeichnung des Dritten Reiches; es sah aus wie das normale Parteiabzeichen aus Emaille, war jedoch von einem goldenen Kranz umwunden. Für die Auszeichnung waren mehrere Nichtparteimitglieder vorgesehen, darunter auch Schacht und der Reichsverkehrsminister Paul von Eltz-Rübenach. Rübenach trat zurück, bevor er die Auszeichnung erhielt. Schacht aber nahm sie an, was ihn später in Schwierigkeiten brachte. Das Abzeichen wurde als Beweis für seine Parteimitgliedschaft gewertet, obwohl er der Partei in Wirklichkeit nie beigetreten war. Als Botschafter Dodds Frau und Tochter das Abzeichen an ihm bemerkten und ihm gratulierten, »verdrehte er nur die Augen«, wie Martha Dodd berichtet.

Er räumte allerdings ein, daß ihm die Auszeichnung im Alltag manches leichter machte. Träger des Goldenen Parteiabzeichens wurden mit großem Respekt und ausgesuchter Höflichkeit behandelt. Sie bekamen sofort einen guten Platz im Theater oder in überfüllten Hotelrestaurants, auch wenn andere Schlange stehen mußten. Oskar Schindler konnte sein Parteiabzeichen später einsetzen, um Juden das Leben zu retten, da sich SS-Stellen von der Auszeichnung leicht beeindrucken ließen.

Inzwischen verwirklichte Hitler Pläne, die er 1936 aufgeschoben hatte, um den Propagandaerfolg der Olympischen Spiele nicht zu gefährden.

Die antisemitischen Gesetze wurden erweitert und noch verschärft. Eine Schikane folgte auf die nächste, und die Gestapo beherrschte die Gesellschaft. Auch gegen katholische Geistliche wurde nun härter vorgegangen. Am 22. Januar beschwerten sich Deutschlands katholische Bischöfe in einem Hirtenbrief über die Einmischung der Partei in die inneren Angelegenheiten der Kirche. Doch dies war nur der Anfang. Insgesamt wurden laut Fouriers maßgeblichem *Lexikon der Päpste* etwa 4000 größtenteils deutsche Priester von den Nazis ermordet.[6]

Die Wiederaufrüstung lief auf vollen Touren, und Görings Luftwaffe konnte in Spanien zeigen, aus welchem Holz sie geschnitzt war. Die deutschen Flieger wurden häufig ausgetauscht, damit eine möglichst große Zahl unter Gefechtsbedingungen bomben und schießen lernen konnte. Sie wüteten schlimm genug, auch wenn Schacht behauptet, er habe in Zusammenarbeit mit deutschen

Heeresgenerälen die Entsendung einer ausgewachsenen Expeditionsstreitmacht verhindert.[7]

Schacht erhielt zwei neue Auslandsaufträge von seinem schwierigen Chef. Zuerst fuhr er nach Brüssel, wo er enge wirtschaftliche Beziehungen mit Belgien knüpfen sollte. Hitler hatte plötzlich beschlossen, das kleine Belgien als perfekte Basis für alle Arten von politischen Initiativen zu nutzen – ähnlich wie die Schweiz, die man schützen und neutral halten mußte. Schacht berichtete von einem freundlichen Empfang und langen, angenehmen Gesprächen mit dem König, doch in der Sache stieß er bei den Belgiern auf Widerstand.

Die zweite Aufgabe war die Eröffnung des deutschen Pavillons auf der Weltausstellung in Paris Ende Mai 1937. Schacht war in Vertretung Hitlers dort und nutzte die Gelegenheit, sich über die »wenig hilfreiche« Rolle der Presse zu beschweren. Er sagte, er habe viel mit dem französischen Ministerpräsidenten Léon Blum zu besprechen und wenn »die Jungs von der Presse« sie nur ließen, könnten sie »einiges für die Weltwirtschaft tun«.[8] Da Blum Jude war, kann man der Presse ihren Zynismus nicht zum Vorwurf machen.

Auch für andere internationale Pflichten galt Schacht als der ideale Kandidat. Als Thomas J. Watson, der Präsident von IBM und Vorsitzende der Internationalen Handelskammer, von Hitler mit dem Deutschen Adlerorden ausgezeichnet wurde, durfte Schacht den Orden überreichen. Watson war der erste Amerikaner, der diese nationalsozialistische Auszeichnung erhielt, die nur an Ausländer verliehen wurde. Später wurde sie auch an Henry Ford und Charles Lindbergh vergeben. Letzterem überreichte Göring den Orden bei einem Essen in der amerikanischen Botschaft als Überraschung – eine Überraschung, die Lindbergh später teuer zu stehen kommen sollte.

Nach mehreren Vorladungen auf diverse Polizeireviere

wurde Pfarrer Martin Niemöller am 1. Juli, dem Tag, als Watson seinen Orden erhielt, schließlich von der Gestapo verhaftet. Für seine Gemeindemitglieder, einschließlich Schacht, muß dies ein böses Vorzeichen gewesen sein.

Seine nächste Rede hielt Schacht am 8. Juli beim Richtfest des riesigen neuen Reichsbankgebäudes. Er verglich die langsame, aber solide Errichtung des Gebäudes, für das er im Mai 1934 den Grundstein gelegt hatte, mit dem Aufbau der NSDAP[9] und sagte: »Wir alle arbeiten an einem Bau, in treuer Gefolgschaft des Führers und großen Baumeisters des Dritten Reiches.«[10]

Im Jahr 1937 verlor Schacht seine stolze dänische Mutter, die seinem Vater einst als junge Frau über den Ozean gefolgt war. Sie starb in Berlin, bis zuletzt eine stark amerikanisch geprägte Demokratin, die Schacht mit der Welt seiner Jugend verband. Sie hatten oft Dänisch miteinander gesprochen. Nach ihrem Tod fuhr er für ein paar Tage nach Italien, wo er am 16. September in Genua von Reportern erspäht wurde. Bei Associated Press war man verblüfft – keines der üblichen Treffen, keine Konferenzen. Schacht trauerte um seinen Verlust.[11]

Am 6. Oktober wurde Schacht zu einem langen Gespräch auf den Berghof bestellt. Er wußte vermutlich nicht, daß Hitler schon im September 1936, bevor er den Vierjahresplan konzipiert und Göring dessen Durchführung anvertraut hatte, eine vertrauliche Denkschrift über Schachts künftige Rolle geschrieben hatte. Sie zirkulierte nur unter einigen wenigen Vertrauten. Schacht lernte sie im ganzen erst viel später kennen, bekam sie jedoch von Göring auszugsweise vorgelesen.

Ein Teil der Denkschrift bezog sich offensichtlich darauf, daß Schacht die Autarkiebestrebungen wegen ihrer hohen Kosten und ihrer Ineffizienz ablehnte. Die zentralen Punkte lauteten:

1. Es ist nicht die Aufgabe staatlich-wirtschaftlicher Einrichtungen, sich den Kopf über Produktionsmethoden zu zerbrechen. Dies geht das Reichswirtschaftsministerium gar nichts an.
2. Ich muß mich hier schärfstens verwahren gegen die Auffassung, durch eine Einschränkung der nationalen Aufrüstung eine Anreicherung von Rohstoffen herbeiführen zu können.
3. Der Einwand, daß die ganzen deutschen Hochöfen umgebaut werden müßten, ist unbeachtlich, und vor allem geht das das Wirtschaftsministerium nichts an.

»Sie müssen sich mit Göring verständigen«, drängte Hitler seinen Wirtschaftsminister auf dem Berghof. »Ich möchte Ihre Mitarbeit unter keinen Umständen entbehren.« Als Schacht Zweifel äußerte, suchte Hitler ihn durch Lob und Schmeicheleien zu beruhigen. Doch Schacht blieb unbeeindruckt. Schließlich kam der bizarre Moment, als Hitler mit Tränen in den Augen sagte: »Aber, Schacht, ich liebe Sie doch.«[12]

Schacht ließ sich nicht umstimmen. Selbst Hitlers ungewöhnliche Äußerung persönlicher Zuneigung hatte an seiner Meinung nichts geändert. In einem ausführlichen Brief vom 8. Oktober versuchte er zwei Tage nach der Begegnung auf dem Berghof seine Sicht der Dinge noch einmal zu verdeutlichen, wobei er als eine Art Versöhnungsgeste neben dem gewohnten »Herr Reichskanzler!« sogar die für ihn untypische nationalsozialistische Anrede »Mein Führer!« benutzte.

Er schrieb, die deutsche Volkswirtschaft könne nur von einem Mann geführt werden, und dies sei unmöglich, wenn sich die Partei oder Göring in die Wirtschaftsführung einmischten. Außerdem wies er darauf hin, daß er seit dem 5. September offiziell Urlaub genommen habe und seitdem nicht mehr an seinem Schreibtisch gewesen sei. Er bat um seine Entlassung als Minister bis zum 5. November, an dem er seine täglichen Pflichten genau zwei Monate nicht mehr ausgeübt hätte, und zitierte ein Spottgedicht, das angeblich auf seinem Schreibtisch gelandet war.

Gebt mir, sprach Göring, vier Jahre Zeit
Bis ich die Wirtschaft vom Gelde befreit.
Ich lasse den Schacht Euch als Bürgen,
Ihn mögt Ihr, entrinn´ ich, erwürgen.

Danach schloß er den Brief: »Wozu ich persönlich keine Neigung habe. Ich verbleibe, wie immer, mein Führer, Ihr unverändert ergebener ...«

Wie von Hitler gefordert, versuchte Schacht, sich am 1. November in einem letzten Gespräch mit Göring zu verständigen, was jedoch keinerlei Annäherung brachte. Göring sagte schließlich protestierend: »Aber ich muß Ihnen doch Anweisungen geben können.«

Und Schacht antwortete: »Mir nicht, aber meinem Nachfolger.«

Das nächste Mal sollten sich die beiden erst als Häftlinge während des Nürnberger Kriegsverbrecherprozesses wieder begegnen, als sie zum Baden in einen Raum mit zwei Wannen geführt wurden. Ein Ereignis, das Schacht in seiner Autobiographie mit *»Sic transit gloria mundi!«* kommentiert.

Am 26. November 1937 wurde Schacht endlich aus seinen Ämtern als Reichswirtschaftsminister und Generalbevollmächtigter für die Wehrwirtschaft entlassen. Auf Hitlers Drängen akzeptierte er den bedeutungslosen Titel eines Ministers ohne Geschäftsbereich, angeblich weil er dem Regierungschef weiterhin mit Rat und Tat zur Seite stehen sollte. Dies entsprach nicht der Realität. Hitler war nur noch nicht bereit, die endgültige Entlassung eines Mannes von Schachts internationalem Ruf zu verkünden.

Schacht konnte nicht wissen, daß sein janusköpfiger Chef am 5. November eine höchst geheime Besprechung mit einer ausgewählten Gruppe führender Männer des Regimes abgehalten hatte. Dazu hatten sich Göring, Reichsaußenminister von Neurath, General von Blomberg und die Oberbefehlshaber des Heeres und der Marine General Werner von Fritsch und Admiral Erich Raeder in Hitlers aufwendig ausgestattetem Privatbüro in der Reichskanzlei versammelt, und der Verlauf des Gesprächs wurde von Hitlers Wehrmachtsadjutant Oberst Hoßbach in einer Niederschrift festgehalten, die als Hoßbach-Protokoll in die Geschichte einging. Das Protokoll sollte später beim Kriegsverbrecherprozeß in Nürnberg eine zentrale Rolle spielen, denn es lieferte den Beweis, daß die Verschwörung zur Vorbereitung eines Angriffskriegs tatsächlich stattgefunden hatte, die in Nürnberg einer der Anklagepunkte war.

Auf der Geheimkonferenz informierte Hitler die Anwesenden, daß sich der deutsche Rüstungsvorsprung gegenüber dem Ausland vermutlich verringern werde und deshalb irgendwann vor 1943, um Deutschlands Flanke zu schützen, eine Invasion der Tschechoslowakei gewagt werden müsse. Danach würde wahrscheinlich im Bündnis mit Mussolini ein militärischer Angriff nach Osten stattfinden. Der Plan beruhte auf Hitlers These, daß Deutschland Lebensraum brauche, und war von ihm schon viel früher in *Mein Kampf* skizziert worden.

Reichsaußenminister Neurath behauptete später, er sei zutiefst erschüttert gewesen. Blomberg, Fritsch und Raeder widersprachen aus militärischen Gründen. Sie alle sollten ihren Widerspruch bald schon bedauern.

Inzwischen war Göring vorübergehend mit der Führung des Wirtschaftsministeriums betraut worden. Als er das ehemalige Büro von Schacht betrat, sagte er: »Wie kann man in einem so kleinen Zimmer große Gedanken haben?«

Anschließend rief er Schacht an und verkündete triumphierend: »Herr Schacht, ich sitze jetzt auf Ihrem Stuhl.«

»Fall nur nicht runter«, dachte Schacht, als er den Hörer auflegte.[13]

Am 24. November hatte Hitler den endgültigen Nachfolger für Schacht gefunden. Seine Wahl fiel auf Walther Funk, den Wirtschaftsjournalisten, den Schacht 1931 zu Hitler geschickt hatte, um diesem die Grundbegriffe der Ökonomie beizubringen. Hitler muß sich an diese Unterrichtsstunden erinnert haben. Er traf Funk eines Abends in der Oper und bot ihm in der Pause das Ministerium an.[14] Der bisherige Reichspressechef und Stabschef in Goebbels' Propagandaministerium war ein umgänglicher Mensch und leicht zu beherrschen. Er wurde dem Kabinett auf einer routinemäßigen Sitzung am 4. Februar 1938 als neuer Reichswirtschaftsminister vorgestellt. Es sollte die letzte Kabinettssitzung des Hitlerregimes sein.

Schacht behielt sein Amt als Reichsbankpräsident.

Auf einer Cocktailparty in Berlin, einige Zeit vor der offiziellen Ernennung seines Nachfolgers, wurde Schacht von einem Korrespondenten der amerikanischen Zeitschrift *Time* auf die zahlreichen Gerüchte um seine Person angesprochen.

»Was für Gerüchte?« fragte Schacht.

»Nun, viele Ihrer Landsleute sagen, daß Sie zurücktreten werden.«

»Damit haben sie recht«, sagte Schacht schroff. »Ich bin bereits zurückgetreten. Es kann heute oder morgen offiziell verkündet werden. Ich bin seit dem 11. August nicht mehr in meinem Büro im Ministerium gewesen.«

»Treten Sie auch als Reichsbankpräsident zurück?«

»Noch nicht!« antwortete Schacht.

In ihrem Bericht witzelte die Zeitschrift: »Wie rund um die Welt vernommen, hat der Führer den Schacht gefeuert.«[15]

Schachts Rücktritt als Wirtschaftsminister und dessen beunruhigende Implikationen waren in den Deutschlandberichten der internationalen Presse das alles beherrschende Thema. So wurde etwa eine deutliche Verschärfung der Judenverfolgung in Deutschland sofort auf Schachts Rücktritt zurückgeführt. Am Jahresende kam Associated Press in einem Bericht aus Berlin zu dem Schluß, daß »die Politik, die Dr. Hjalmar Schacht als Vertreter der Parole ›Laßt die Juden im Wirtschaftsleben in Ruhe‹ getrieben hat, nicht mehr weiterverfolgt wird, seit sein Rücktritt als Wirtschaftsminister angenommen worden ist«.[16]

Reichspräsident Hindenburg hatte Schacht 1933 für vier Jahre zum Präsidenten der Reichsbank ernannt. Das Amt war ursprünglich auf Lebenszeit verliehen worden, doch Schacht hatte dies schon in der Weimarer Zeit als gefährlich kritisiert, und die Amtszeit war auf vier Jahre befristet worden. Als Hitler Schacht 1937 für vier weitere Jahre im Amt bestätigen wollte, stellte dieser die Bedingung, daß alle Mefo-Wechsel – Schachts spektakulärer Notbehelf zur Finanzierung der Wiederbewaffnung – wie ursprünglich vereinbart im Jahr 1938 zurückgezahlt würden. Schacht hatte laut eigener Aussage damals bereits gelernt, Hitler zu mißtrauen, da er »die Unzuverlässigkeit und Unwahrhaftigkeit Hitlers ausreichend kennengelernt hatte«.[17] Schacht informierte daher Hans Lammers, den Staatssekretär der Reichskanzlei, daß er als Reichsbankpräsident zurücktreten werde, wenn die Mefo-Wechsel nicht bis 1938 eingelöst würden. Es erschien ihm sinnlos, Zinsen auf die Wertpapiere eines Firmenmantels zu bezahlen, der nicht mehr gebraucht wurde. Zudem hatte Hitler sein Angebot der Amtsverlängerung mit der Forderung nach einem weiteren Reichsbankkredit über 3 Milliarden Mark für das Militär verbunden, was die Einlösung der Mefo-Wechsel erschwert hätte.

Hitler gab nach, und die Mefo-Wechsel wurden endlich eingelöst. Danach genehmigte Schacht den geforderten Kredit über 3 Milliarden unter der Bedingung, daß er der letzte Rüstungskredit sein würde. Später, im Jahr 1938, als Schacht bereits nicht mehr Wirtschaftsminister war, legte die Regierung zwei große Anleihen auf und versuchte es mit geringem Erfolg auch noch mit einer dritten. Die Banken, die die dritte Anleihe im Wert von 1,5 Milliarden zum Verkauf übernommen hatten, blieben auf Papieren im Wert von 500 Millionen Mark sitzen, konnten also ein Drittel der letzten Anleihe nicht absetzen. Laut Schacht war damit klar erwiesen, daß über den Anleihemarkt keine weitere Aufrüstung mehr finanziert werden konnte.

Görings Maßnahmen griffen gut. Die Rüstungsbetriebe produzierten mit aller Macht. Auch die Arbeitslosigkeit war von fünf Millionen auf eine Million gesunken. Nur der Lebensstandard hatte sich nicht verbessert. 25 Prozent aller Deutschen wurden von der Winterhilfe unterstützt, einer von der Partei gegründeten Organisation, die Bedürftige mit Nahrungsmitteln, Kleidung, Medikamenten und Heizmaterial versorgte. Die Deutschen lebten mit Ersatzstoffen, mit künstlichem Benzin, das teuer und schwer zu beschaffen war, mit kratziger synthetischer Wolle und sprödem künstlichem Gummi. Nahrungsmittel, insbesondere Butter, Margarine und Backfett, waren knapp, und das Regime propagierte das Eintopfgericht als fettfreie, vegetarische Nationalspeise. Um dem Volk zu zeigen, daß alle den Gürtel enger schnallten, brachten die Zeitungen Fotos, die Hitler und seine Paladine beim Eintopfessen zeigten.

In Henry Luces Zeitschrift *Fortune* erschien ein Artikel über das seltsame Phänomen des Hitler-Deutschen. Sein Schicksal hatte sich nicht wesentlich verbessert, aber er schien trotzdem zufrieden: »Seltsame Erscheinung, daß ein Volk von Wurstliebhabern einigermaßen ruhig bleibt, wenn es mit Fisch gefüllte Kunstdärme als Wurst vorgesetzt bekommt.«

Die Redakteure von *Fortune* hatten offensichtlich noch nicht bemerkt, daß Schachts Einfluß im Schwinden begriffen war, und schrieben, der Zauberer sei nun wohl »auf dem Grund seines Zylinders mit weißen Kaninchen angelangt«. Sie zogen daraus den zynischen Schluß, »daß die Existenz des Nationalsozialismus' letzten Endes eine Kompensation für den großen deutschen Minderwertigkeitskomplex darstellt – ein teutonisches Rezept, um die Wunden des Versailler Vertrags zu heilen«.

16

Allein

Bis Anfang 1938 hatte Hitler seine Entscheidung getroffen. Er war grundsätzlich bereit, einen Krieg zu riskieren, und bis dahin würde er sich mit all den unblutigen Siegen zufriedengeben, die er durch Bluff und Drohungen auf diplomatischer Ebene erringen konnte. Seine Kriegsbereitschaft beeinflußte das Verhalten seiner Gegner. Franzosen und Briten waren keineswegs Feiglinge, doch es war gerade erst 20 Jahre her, daß sie in einem grausamen Weltkrieg ihre besten jungen Männer verloren hatten.

Viele Zeitzeugen sind sich darin einig, daß es 1938 auch die normalen Deutschen keineswegs nach einem neuen blutigen Krieg gelüstete – eine Tatsache, die ihren kriegerischen Führer zutiefst erzürnte. Als Hitler sein Volk noch im selben Jahr zu den Waffen rufen wollte, mußte er feststellen, daß seine Deutschen dazu nicht bereit waren. Wie viele Augenzeugen bestätigen, zeigte der Mann auf der Straße wenig Begeisterung, als Hitler eine neue gepanzerte Eliteeinheit aus dem nahen Potsdam durch das Berliner Stadtzentrum paradieren ließ. Hitler verfolgte die Parade aus einem Fenster der Reichskanzlei, und es entging ihm nicht, daß die Berliner apathisch und mit gelegentlichen Mißfallenskundgebungen auf das Schauspiel reagierten. Ihre Reaktion machte ihn wütend.

Anfang 1938 hielt er jedoch einen Krieg noch nicht für unmittelbar notwendig und wollte zunächst andere Hindernisse aus dem Weg räumen. Um Deutschland wirklich ganz im Griff zu haben, brauchte er die volle Kontrolle über die deutsche Außenpolitik und Militärstrategie, und dafür mußte er noch einigen Ballast aus der Ära Hindenburg abwerfen.

Er würde sein sprunghaftes, mit Drohungen gewürztes Spiel mit dem Ausland nie konsequent spielen können, solange er seinen Außenminister Konstantin Freiherr von Neurath noch im Amt beließ. Neurath versuchte äußerlich noch immer an den alten diplomatischen Ritualen festzuhalten, an einer Art *noblesse oblige*, hinter der er das grobe neue Deutschland zu verbergen suchte. Viele seiner Beamten im Auswärtigen Amt entstammten alten deutschen Adelsgeschlechtern. Neurath, ein korpulenter Adliger aus Süddeutschland, war ein Opportunist. Er war durchaus angetan von den Vergünstigungen und dem Prestige seines hohen Staatsamts und bereit, sich der Partei zu fügen, auch was deren antisemitische Gesetze betraf. Als Außenpolitiker jedoch suchte er Konfrontationen zu vermeiden, und wenn der Führer ein entschiedenes Vorgehen forderte, versuchte Neurath fast immer, Zeit zu schinden und zu verhandeln.

Die Kontrolle über das Militär war Hitler sogar noch wichtiger.

Er war der unumschränkte Herr in Deutschland und hatte seine überlegene Urteilskraft von der Rheinlandbesetzung bis zum Anschluß Österreichs vielfach bewiesen. Er empfand keine tiefe Ehrfurcht mehr vor den Generälen und ihrem aristokratischen Gehabe. Einst hatte er sie verehrt, doch nun waren sie seine Untergebenen geworden.

An der Spitze des Militärs stand Reichskriegsminister Generalfeldmarschall Werner von Blomberg, auch er eine Erblast aus der Hindenburgzeit. Hitlers Tag der Bücklinge und Kratzfüße in Potsdam lag weit zurück. Er hatte inzwischen neue und jüngere Militärs entdeckt, engagierte Berufssoldaten ohne Adelstitel wie Erwin Rommel und

Friedrich Paulus. Sie ließen sich politisch beeinflussen und verfügten trotzdem über großes militärisches und strategisches Talent. Diese jungen Offiziere wurden *Hitlers* Generäle. Doch er bediente sich auch der älteren, wenn er von ihrem Prestige profitieren konnte.

Blomberg wurde nach London entsandt, um auf der prunkvollen internationalen Militärparade anläßlich der Krönung Georgs VI. im Mai 1937 ein kleines deutsches Militärkontingent zu führen. Reinhard Spitzy, ein Berater Ribbentrops, der den Festivitäten beiwohnte, beschreibt die Wirkung des Generalfeldmarschalls und seiner Männer, die alle Feldgrau und ihre typischen Stahlhelme aus dem Ersten Weltkrieg trugen, in dem atemlosen Präsens, das damals in Deutschland Mode war: »Hochgewachsene Männer, die mit Würde, klingenden Sporen und einem leichten Rasseln der Säbel dahinmarschieren und an ihren Uniformen nur Orden aus dem Ersten Weltkrieg tragen«. Sie bildeten einen ernüchternden Kontrast zu den Soldaten der anderen Länder, die in farbenprächtigen Paradeuniformen einherstolzierten. Die Gruppe in Feldgrau war ein kalter, brutaler Hinweis auf Deutschlands neue militärische Macht. Die ausgelassene Menge am Straßenrand wurde plötzlich still, als die Deutschen vorbeimarschierten. Natürlich war Blomberg bei dieser und vielen anderen Gelegenheiten sehr nützlich für Hitler. Er war es auch gewesen, den Hitler in der Regel zu Schacht geschickt hatte, wenn er weitere Rüstungskredite haben wollte.

Doch die älteren Militärs hatten an sämtlichen Plänen Hitlers, von der Besetzung des Rheinlands bis zur Entsendung einer vollwertigen Expeditionsstreitmacht zur Unterstützung Francos, Zweifel geäußert. Selbst die zentralen Gedanken, die Hitler auf der Hoßbach-Konferenz geäußert hatte, waren bei ihnen auf Skepsis gestoßen. Natürlich, Blomberg hatte sich an der Detailplanung für die Besetzung des Rheinlands beteiligt, doch er hatte dies nur mit deutlichem Widerstreben getan. Und er war für seine Hilfe mit dem Marschallstab belohnt worden. Hitler hatte schnell gemerkt, daß die Generäle über subtile oder auch offene Bestechung nicht erhaben waren. Das vertrauliche Gespräch, das er in Ribbentrops Villa wenige Tage vor seiner Ernennung zum Reichskanzler mit Hindenburgs Sohn geführt hatte, hatte sogar gewisse Zweifel an der Integrität des großen alten Generalfeldmarschalls geweckt, der doch immer als Inbegriff preußischer Ehrbarkeit gegolten hatte. Wie die Kaiser in früheren Zeiten belohnte auch Hitler seine militärischen Führer bis zum endgültigen Zusammenbruch mit Beförderungen, Land und Geld. Doch er hatte auch entdeckt, daß sie nicht unverzichtbar waren und er jederzeit begabte junge Ersatzleute finden konnte.

Blomberg kam als erster auf die Abschußliste. Der hochgewachsene, gutaussehende sechzigjährige Generalfeldmarschall hatte noch immer etwas Jungenhaftes und kam beim weiblichen Geschlecht gut an. Nach langer Junggesellenzeit heiratete er am 12. Januar 1938 seine Sekretärin Eva Gruhn, die Frau seiner Träume, charmant, attraktiv und jung. Obwohl sie aus einer einfachen Familie stammte und für ihren adligen Bräutigam eigentlich nicht ganz die richtige Partie war, herrschte über die Heirat allgemeine Begeisterung. Eva Gruhn hatte zuvor mehrere Affären gehabt. Es ging sogar das Gerücht, Göring habe einem ihrer früheren Liebhaber Schweigegeld bezahlt.[1] Der Führer und Göring waren bei der Hochzeit ihres ranghöchsten Militärs zu Gast, und sie wurde als nationales Ereignis gefeiert.

Kurz darauf kamen jedoch Akten der Gestapo ans Licht, aus denen hervorging, daß Eva Gruhn eine bekannte Prostituierte gewesen war und mehrere ihrer Freier sie nackt fotografiert hatten. Es hieß, daß sich ein belgischer Militärattaché im Besitz solcher Fotos befinde. Hitler spielte den betrogenen Sittenwächter und tat empört, weil er der Mesalliance durch seine Anwesenheit bei der Trauung eine höhere Weihe verliehen hatte. Er sagte, Blomberg habe den edlen Geist des deutschen Militärs beschmutzt, und jammerte, wem er überhaupt noch trauen könne, wenn ihm so etwas mit einem preußischen General passiere.

Dann bestellte er den Generalfeldmarschall zu sich und gab ihm mit den Worten »Wir müssen uns trennen« den Abschied.

Blomberg zuckte die Schultern und trat mit seiner neuen Liebe in einen angenehmen Ruhestand. Er hatte Glück gehabt.

General Werner von Fritsch, der Oberbefehlshaber des Heeres, war das nächste Opfer des Schlages gegen die preußischen Adligen in der Militärführung. Er wurde auf eine brutalere Art angegriffen und erlitt größeren Schaden. Man warf ihm vor, sich auf einem Bahnsteig in einer Berliner Vorstadt einen männlichen Strichjungen genommen zu haben. Der Vorwurf kam von einem Erpresser, der gerade eine Gefängnisstrafe absaß. Wieder einmal lief die Sache über Göring, auf dessen Schreibtisch die Gestapoakte landete. Hitlers Adjutant Oberst Hoßbach erhielt den Befehl, Fritsch als Eskorte in die Reichskanzlei zu begleiten. Er warnte den General vor dem, was ihm bevorstand, und wurde dafür getadelt und versetzt.

Fritsch war ein rationaler Mensch. Er schrie seine Empörung nicht hinaus, noch zerbrach er sein Schwert und warf es seinem treulosen Herrn vor die Füße. Dies war vielleicht ein Fehler, denn Hitler entließ ihn sofort, ohne das Ergebnis des Ehrengerichtsverfahrens abzuwarten, in dem Fritsch später freigesprochen wurde. Der Fall zog sich lange hin, bis sich schließlich herausstellte, daß Fritsch einer Verwechslung zum Opfer gefallen war. Seine Karriere war ruiniert, und es war zu spät für eine Korrektur. Die Nachricht von seiner Rehabilitierung ging im Sturm der nachfolgenden internationalen Ereignisse unter.

Es war der Berliner Polizeipräsident Graf Helldorf, der Schacht detailliert über die Machenschaften informierte, die zur Entlassung Blombergs und Fritschs geführt hatten. Helldorf war das schwarze Schaf in seiner Familie gewesen und war nach Hitlers Ernennung zum Reichskanzler ein fanatischer Nazi geworden. Der Lebemann und Spieler hatte gehofft, sein Schicksal durch einen Pakt mit Göring und den Nazis wenden zu können. Er war vermutlich der einzige Mann, der die wahre Geschichte des Reichstagsbrandes kannte. Inzwischen war er jedoch desillusioniert und angeekelt und suchte sich laut Schacht »durch Anschluß an anständige Kreise zu rehabilitieren«.

Nachdem Hitler nun die beiden führenden Militärs losgeworden war, die er von Hindenburg geerbt hatte, ernannte er sich unverzüglich selbst zum Oberbefehlshaber. Die Generäle Walter von Brauchitsch und Wilhelm Keitel wurden als Oberbefehlshaber des Heeres und Chef des Oberkommandos der Wehrmacht seine ranghöchsten Untergebenen. Beide waren formbar und umgänglich, und Hitler konnte sie nach seiner Pfeife tanzen lassen. Keitel hatte sich unter Zynikern beim Heer schon bald den Spitznamen »Lakeitel« erworben. Brauchitsch zog sofort ins Hotel Continental in Berlin, wo er sich seinem neuen Chef zur Verfügung hielt.

Als nächstes waren die Zivilisten an der Reihe. Am 2. Februar 1938 feierte Außenminister Konstantin von Neurath seinen 65. Geburtstag, und der Führer erschien persönlich, um ihm zu gratulieren und ihm ein Kunstwerk aus dem Mittelalter zu überreichen. Am Morgen des 4. Februar packten Neurath und seine Frau in der Residenz des Ministers die Koffer für einen kurzen Urlaub auf ihrem Gut in Süddeutschland, als der Außenminister telefonisch für drei Uhr nachmittags zum Führer gebeten wurde. Etwas verärgert wegen der Verzögerung seines Urlaubs begab er sich zu Fuß in die nahegelegene Reichskanzlei, wo er mit Hitler und Ribbentrop ein langes Gespräch über Außenpolitik führte. Danach kehrte er in seine Residenz zurück, um seinen Urlaub anzutreten. Er wurde jedoch mit einem zweiten Anruf erneut »für ein paar Minuten« in die Reichskanzlei bestellt. Hitler erwartete ihn im Garten hinter dem Gebäude, nahm seinen Arm und teilte ihm auf einem kleinen Spaziergang mit, es sei sein größter Wunsch, daß Joachim von Ribbentrop der neue Außenminister und Neurath Präsident eines neugebildeten Geheimen Kabinettsrates werde.

Völlig vor den Kopf gestoßen, mußte Neurath erkennen, daß er entlassen worden war. Bei seiner Rückkehr informierte er seine Frau, die nicht weniger schockiert war. Da das Ehepaar nicht wußte, was als nächstes geschehen würde, sagte es seine Reise ab. Zwei Tage später erhielten die Neuraths die Anweisung, ihre Bediensteten zum Rapport in Ribbentrops Dahlemer Villa zu schicken, und wurden offiziell daran erinnert, daß das Tafelsilber in der Residenz dem Staat gehörte. Außerdem erkundigte sich die Familie Ribbentrop, wann der Sitz des Außenministers wohl frei werden würde.

Der neue Außenminister war ein absolut ergebener Diener seines Herrn. Er hatte für Hitler 1935 als ungehobelter Sonderbotschafter die Gespräche über das Flottenabkommen in London geführt und ihm später als umstrittener und taktloser Botschafter in London gedient. Seine Tätigkeit hatte die Zeitspanne von den turbulenten Ereignissen um die Abdankung Eduards VIII. bis zur Krönung von Georg VI. umfaßt. Er hatte sich sehr bemüht, die Londoner Gesellschaft und die herrschenden Kreise zu beeindrucken, und dabei die Rolle eines Gesandten neuen Stils aus dem neuen Deutschland gespielt. Und er hatte seinem Führer versichert, die britischen Reaktionäre hätten Edward VIII. wegen seiner Sympathien für Deutschland und seinem Wunsch, eine Bürgerliche zu heiraten, gestürzt. Hitler hatte voller Zorn den snobistischen britischen Adel verdammt, weil er seinen König keine Frau aus dem Volk heiraten lassen wollte.

Da Ribbentrop den Alten Kämpfern in der Partei als Außenseiter und reicher Mann verhaßt war, lebte er, wenn er in London weilte, in ständiger Furcht, Opfer einer Intrige seiner politischen Feinde in Berlin zu werden. Noch wenige Wochen vor seiner Ernennung zum Außenminister glaubte er, bei Hitler völlig in Ungnade gefallen zu sein. Doch Hitler hatte nur sein übliches Spiel getrieben und einen seiner Paladine außer Fassung gebracht, um ihn um so besser beherrschen zu können – mit ausgezeichnetem Erfolg.

Hitler hatte nun die Wehrmacht, das Außenministerium und das Wirtschaftsministerium völlig unter seine Kontrolle gebracht. Nur Schachts Reichsbank war als einziger potentieller Widerstandsherd übriggeblieben. Wie jede Notenbank mußte auch die Reichsbank absolut unabhängig von der Regierung sein, um ein gesundes Gegengewicht zu bilden. Ihr Präsident brauchte freie Hand bei der Vergabe von Krediten, der Festsetzung der Zinsen und der Stabilisierung der Währung. Schacht wußte, daß Hitler enorme Geldsummen fordern würde, um die Aufrüstung zu beschleunigen und Görings teuren, vom Streben nach Autarkie motivierten Vierjahresplan zu finanzieren. Das Ziel war eine Volkswirtschaft, mit der man Krieg führen konnte.

Hitlers gefährliches Spiel war möglicherweise durch die Furcht vor einem frühen Tod motiviert, die ihn dazu trieb, die Flucht nach vorn anzutreten. Jedenfalls steuerte er Deutschland auf den verhängnisvollen Kurs der Eroberung, und Österreich war sein erstes Opfer. Hitler hatte sein Heimatland schon immer als einen unverzichtbaren Teil Großdeutschlands betrachtet. Allein schon die Existenz eines unabhängigen Österreich erregte seinen Zorn. Schließlich hatte er sich wegen seiner fanatischen Bewunderung und Liebe für alles Deutsche sogar dem österreichischen Wehrdienst entzogen und war nach Deutschland gegangen, wo er im Ersten Weltkrieg in einem deutschen Regiment gekämpft hatte.

Eine Reihe von wechselseitigen Staatsbesuchen des Duce und des Führers hatte seltsame Folgen. Hitler war vom faschistischen Italien keineswegs begeistert und tobte, weil er es hauptsächlich mit dem »dekadenten« italienischen Königshaus zu tun bekam und Mussolini protokollgemäß nur die zweite Geige spielte. Mussolini dagegen war tief beeindruckt von dem blitzblanken und bedrohlichen neuen Deutschland. Er lernte viel in Berlin und versuchte einiges davon in seiner Heimat umzusetzen. So erließ er 1938 einen Satz antisemitischer Gesetze, und er führte den militärischen Stechschritt in Italien ein, nachdem er ihn in *passo romano* umgetauft hatte. Zudem machte er deutlich, daß er nicht mehr auf der österreichischen Unabhängigkeit bestehen werde. Die Achse Rom-Berlin war nun wirklich gefestigt, und Hitler hatte freie Hand, mit oder ohne Blutvergießen seiner Eroberungslust zu frönen.

Der österreichische Bundeskanzler und Jurist Kurt von Schuschnigg, ein vernünftiger, bewährter Mann, sah sich mit dem unlösbaren Dilemma konfrontiert, sein Land entweder militärisch zu verteidigen oder es kampflos ins Deutsche Reich eingliedern zu lassen. In einem letzten Versuch, die Sache gütlich zu regeln, begab er sich in die Höhle des Löwen und suchte Hitler im Berghof auf. Das Treffen zwischen dem deutschen Führer, Sohn eines österreichischen Zollbeamten, und dem österreichischen Bundeskanzler, der einer adligen Familie entstammte, fand am 12. Februar 1938 im Obergeschoß des Berghofs statt und nahm einen stürmischen Verlauf. Bedrängt und eingeschüchtert, gab Schuschnigg schließlich einigen von Hitlers Forderungen nach; unter anderem berief er einen führenden österreichischen Nazi in sein Kabinett. Danach kehrte er nach Wien zurück. Doch die Einigung war nur von kurzer Dauer. Nach einer gewissen Bedenkzeit beschloß Schuschnigg, das österreichische Volk über den Verlust seiner Unabhängigkeit entscheiden zu lassen. Als er die Volksabstimmung ankündigte, tobte Hitler vor Zorn. Er hatte gemeint, in Berchtesgaden schon alles geregelt zu haben.

Unterdessen waren Deutschlands finanzielle und wirtschaftliche Bedürfnisse weiter gewachsen. Hitler hatte kein Interesse, im zentralen Bereich des Handels eine Störung zu verursachen, und verlängerte am 10. März Schachts Amtszeit als Reichsbankpräsident um weitere vier Jahre. Warum war Schacht einverstanden? Meinte er, nur innerhalb des Regierungsapparats eine Katastrophe verhindern zu können, wie er selbst behauptete? Dies war vermutlich ein Motiv, doch sicher genoß er es auch, seine Feinde in der Partei zu verwirren.

Am 12. März legte Hitler als Vorwand eine Liste von »Provokationen« Schuschniggs vor und gab den entscheidenden Befehl. Kurz darauf marschierten deutsche Truppen in ein jubelndes Österreich ein. Dann, am 15. März, verkündete Hitler auf dem Heldenplatz im Zentrum von Wien Tausenden seiner österreichischen Landsleute den Anschluß an das Großdeutsche Reich. Die Ostmark war in das Reich eingegliedert worden. Zehntausende von Wienern bejubelten Hitler wie einen neuen Gott.

Schon Tage später fand in Wien eine offene Judenverfolgung statt, wobei die oberen Schichten mit besonderer

Grausamkeit behandelt wurden. Rechtsanwälte, Professoren und Geschäftsleute wurden gezwungen, »unter Aufsicht« österreichischer SA-Männer mit Zahnbürsten nazifeindliche Parolen aus der Zeit vor dem Einmarsch von den Straßen zu entfernen. Die Mitglieder der starken jüdisch-orthodoxen Gemeinde Wiens wurden besonders bestialisch behandelt und vom Wiener Mob mit Hohn und Spott überhäuft.

Schacht war zunächst besorgt und schwieg, aber nicht lange. Bald schon betrachtete er den Anschluß als natürlich, notwendig und konstruktiv. Er erhielt die Aufgabe, die österreichische Notenbank in die Reichsbank einzugliedern. Die NSDAP versuchte das österreichische Finanzsystem als schlampig und schlecht überwacht darzustellen, doch Schacht stellte fest, daß dies nicht der Wahrheit entsprach. Er übernahm die Österreichische Nationalbank und entließ keinen einzigen Angestellten mit Ausnahme ihres Präsidenten, des ehemaligen Finanzministers Viktor Kienböck, der teilweise jüdischer Abstammung war. Kienböck wurde in allen Ehren und mit voller Pension in den Ruhestand versetzt.[2]

Österreich hatte beträchtliche Schulden bei Großbritannien, Frankreich, der Schweiz, Italien, der Tschechoslowakei und den Vereinigten Staaten, für die Deutschland nun die Zinszahlungen verweigerte. Sir John Simon und Montagu Norman handelten daraufhin für Großbritannien ein separates Abkommen zur Senkung der Zinssätze aus. Andere Gläubiger Österreichs bezeichneten sowohl die deutsche Weigerung, Zinsen zu zahlen, als auch das separate Abkommen mit Großbritannien wütend als die »Schachtsche Schule der Finanzwirtschaft«.

Schacht hatte den reibungslosen Übergang kaum in die Wege geleitet, als es zu einem Konflikt mit Hitler kam. Dieser wollte unter dem Einfluß seines alten Beraters Keppler den Kurs des österreichischen Schilling von 50 auf 66,66 Reichspfennige heraufsetzen, damit sich der durchschnittliche Österreicher reicher fühlen konnte. Eine solche Maßnahme hätte mit Sicherheit das gesamte österreichische Wirtschaftssystem nachhaltig gestört und ein rasches Absinken des Realeinkommens der österreichischen Arbeiter zur Folge gehabt.

Als Schacht das Problem mit Hitler besprach, sagte er mit kaum verhülltem Eigenlob: »Sie haben unter Ihrer Mitarbeiterschaft einen Währungssachverständigen, der immerhin in der ganzen Welt als fachkundig gilt, und Sie bringen es fertig, den Rat dieses Mannes einfach zu mißachten.«

Und Hitler antwortete ziemlich lahm: »Ich tue es aus politischen Erwägungen.«

Göring verstaatlichte die österreichischen Erz- und Kohlebergwerke und begann in der Nähe von Linz neue zu erschließen. Außerdem wurde nun auch Österreichs Industrie in die Rüstungsproduktion eingebunden.

In seinen Memoiren nennt Schacht es auf seine unverblümte Art eine »Geschichtsklitterung«, den Freudentaumel zu leugnen, der Österreich nach dem Anschluß erfaßte, und das Land als unschuldiges Opfer von Hitlers Aggression zu betrachten. Er widerspricht diesem nach dem verlorenen Krieg weit verbreiteten, politisch bequemen Revisionismus, hebt »die Tatsache des überwältigenden einheitlichen Jubels der Österreicher« hervor und berichtet, daß er an ihm »aus vollstem Herzen teilgenommen« habe.[3]

In Paris und London waren alle aufmerksamen Beobachter von der Entwicklung zutiefst beunruhigt. Die Grausamkeiten gegen die Juden, die Verhaftung Niemöllers, die Entlassungen Blombergs, Fritschs und Neuraths, die Ernennung eines arroganten neuen Außenministers und eines unbekannten neuen Wirtschaftsministers und die Ungeheuerlichkeit des Anschlusses erzeugten insgesamt ein Klima der Furcht und des Mißtrauens. Es schien zunehmend wahrscheinlich, daß die Kette von Hitlers unblutigen Siegen letztlich doch in einem Blutbad enden könnte. Deutschland wurde von einem furchterregenden Politiker geführt, der unberechenbar und sprunghaft handelte und jeder Aggression ein neues Friedens- und Versöhnungsangebot folgen ließ. Hjalmar Schacht, der wie immer in internationalen Zusammenhängen dachte, fragte sich, wie lange es sich die westlichen Demokratien noch leisten könnten, eingeschüchtert und geblufft zu werden. Er begann vorsichtig nach Deutschen zu suchen, die vielleicht einen Sturz des gefährlichen Mannes in der Reichskanzlei herbeiführen könnten.

Dabei war er sich durchaus bewußt, daß er zu einer kleinen Minderheit gehörte. Die meisten Deutschen hätten seine zunehmende Ablehnung Hitlers keineswegs geteilt. Vom Konzernherrn bis hinunter zum kleinen Hausmeister verehrten sie den Führer und schwärmten für seine scheinbare Unfehlbarkeit. Obendrein vermittelte Hitler den Arbeitern und der unteren Mittelschicht ein angenehmes Gefühl der Überlegenheit, das auf der vom Regime geförderten Verachtung für Juden, Ungarn, Polen und andere sogenannte rassisch minderwertige Völker beruhte. Es war wunderbar, auf all die Nichtarier herabschauen zu können, die der hehren Volksgemeinschaft nicht angehören durften. Dank der von Hitler populistisch suggerierten Identifikation mit den Helden und Heldinnen von Wagneropern fühlten sich viele Deutsche als Mitglieder einer imaginären Aristokratie, die eine Leidenschaft für »Blut und Boden« entwickelte und sich als blauäugige, blonde, langschädelige, adlernasige Herrenrasse fühlte. Selbst Intellektuelle, Hochschullehrer, Wissenschaftler und Künstler schrieben dickleibige Bücher, um zu begründen, was sie doch als baren Unsinn hätten verwerfen müssen.

Schacht war der festen Überzeugung, daß das Christentum das Fundament der deutschen Kultur sei, dachte zugleich aber so international und pragmatisch, daß er viele prominente Juden bewunderte. Außerdem war es ihm peinlich, daß er mit dem Pöbel, mit schlichten Kretins und mit der halbgebildeten Nazielite in Verbindung gebracht wurde, und er gab sich keine Mühe, seinen Ekel zu verbergen. Am schlimmsten traf ihn jedoch, daß ein Mann von seinen erwiesenermaßen überlegenen Qualitäten von einem Hitler fallengelassen werden konnte, den er doch selbst geformt und gefördert hatte.

Im Jahr 1938 trennte er sich von seiner Frau Luise – zu seinem Glück, denn ihre Hitlerbegeisterung war ungebrochen, und Luise hätte ihn, wie er in seinen Memoiren schreibt, »an den Galgen liefern können«. Trotzdem bewahrten die beiden ihre alte Freundschaft und einen gewissen gegenseitigen Respekt füreinander. Auch als Luise schließlich schwer erkrankte, hielt Schacht weiterhin Kontakt und besuchte sie noch kurz vor ihrem Tod im Jahr 1940 in einem süddeutschen Krankenhaus. Obwohl er offensichtlich an ihr hing, ist in seinen Memoiren auch ein sorgfältig verbrämtes Gefühl der Erleichterung zu spüren.[4]

Schacht setzte seine Arbeit als Reichsbankpräsident fort. Anfang Mai, als Hitler auf seinem letzten Staatsbesuch in Italien weilte, erfüllte Schacht sein im Austausch für die Rückzahlung der Mefo-Wechsel gegebenes Versprechen und legte eine gigantische Staatsanleihe über 1,6 Milliarden Reichsmark auf – sein letzter widerwilliger Beitrag zu Hitlers kriegerischen Plänen. Laut Presseberichten übertraf die Zeichnung in Österreich alle Erwartungen.

Schacht meldete seinen Erfolg telegrafisch dem Führer, der gerade unter der kühlen savoyischen Höflichkeit litt, mit der er von dem kleinen italienischen König behandelt wurde, und Schacht sofort in einem Telegramm seinen herzlichen Dank aussprach.

Hitlers politische Botschaft fiel in einigen Ländern der rezessionsgeplagten und verunsicherten westlichen Welt auf fruchtbaren Boden. So entstanden unter anderem in Großbritannien und in den USA verschiedene Spielarten des Nationalsozialismus. In den Vereinigten Staaten predigte der Roosevelt-Gegner und Antisemit Father Charles E. Coughlin als Radiopriester einer breiten Zuhörerschaft seine eigene Version von Faschismus und Isolationismus, und dasselbe tat auch Gerald L. K. Smith, ein weiterer Priester, der von Henry Ford unterstützt wurde. Der von dem früheren Fordarbeiter Fritz Kuhn geführte German-American Bund eröffnete in der East Eighty-fifth Street 178 von Manhattan sein Hauptquartier, und in Camp Siegfried auf Long Island wurde eine Heil-Hitler-rufende Pseudo-SA gedrillt. Kuhn landete 1939 in dem Gefängnis Sing Sing der Stadt Ossining im Bundesstaat New York, weil er Gelder des German-American Bund veruntreut hatte. In Großbritannien gründete der Adlige Sir Oswald Mosley die British Union of Fascists, komplett mit Hitlergruß, Schwarzhemden und Massenversammlungen.

Unterdessen fand in dem französischen Kurort Evian-Les-Bains ein unrühmliches Ereignis statt. Dort tagte auf Anregung des stellvertretenden amerikanischen Außenministers Sumner Welles eine internationale Konferenz, die über das Schicksal der deutschen Juden verhandelte, die aufgrund der restriktiven Einwanderungsquoten vieler Länder wie etwa der Vereinigten Staaten, Großbritanniens und Frankreichs nicht emigrieren konnten. Viele deutsche und österreichische Juden bemühten sich verzweifelt, ihre Heimat zu verlassen, konnten jedoch für kein einziges Land ein Visum bekommen.

Zwischen dem 6. und dem 14. Juli 1938 waren in Evian Delegierte aus 32 Ländern versammelt, doch die Konferenz war ein Fehlschlag. Keine Delegation wagte es, ihrem Land einen Abbau der Einwanderungsbarrieren zu empfehlen. Die meisten westlichen Demokratien steckten mitten in einer schweren Wirtschaftskrise, und ihre Regierungen hatten nicht den Mut, die unpopuläre Maßnahme gegen die Gewerkschaften und die politische Opposition durchzusetzen. Warum sollte man zusätzliche Immigranten aufnehmen, wenn es ohnehin nicht genügend Arbeitsplätze gab? Auch die Regierung Roosevelt war nicht gewillt, den Konflikt mit einer seltsamen Einheitsfront von Gewerkschaften, reaktionären Konservativen und Isolationisten zu riskieren. Zudem spielten altverwurzelte Vorurteile eine Rolle. So erhielt William E. Dodd, bevor er seinen Posten als Botschafter in Berlin antrat, von Roosevelts engstem Berater Oberst Edward M. House den folgenden Rat: »Sie sollten versuchen, die Leiden der Juden zu lindern. Sie sind gewiß ein Unrecht und schrecklich, aber man sollte die Juden nicht das wirtschaftliche und geistige Leben Berlins so beherrschen lassen, wie das lange Zeit der Fall gewesen ist.«[5]

Wie im Nürnberger Kriegsverbrecherprozeß bezeugt, sagte Schacht im Sommer 1938 bei einem Dinner der Familie Schniewind in Berlin zu seiner Tischnachbarin: »Gnädige Frau, wir sind Verbrechern in die Hände gefallen, wie hätte ich das ahnen können?«[6]

Nachdem Hitler Österreich unter seine Herrschaft gebracht hatte, setzte er seine Expansionspolitik rigoros fort. Die schon auf der Hoßbach-Konferenz angekündigte Annexion der Tschechoslowakei konnte nun früher als geplant in Angriff genommen werden. Konrad Henlein, der Führer der Sudetendeutschen in der Tschechoslowakei, war dabei für Hitler eine höchst nützliche Figur, obwohl

Henlein keineswegs darauf erpicht war, daß die Leiden der Sudetendeutschen durch eine deutsche Invasion beendet würden. Hitler aber kam es auf dessen Meinung nicht an. Er betrachtete die Sudetendeutschen wie auch die Wolgadeutschen und andere Ausländer deutscher Abstammung als *seine* Deutschen, die, wenn nötig mit deutscher Militärmacht, »verteidigt« werden mußten. Die Sudetendeutschen erhielten als erste den Spitznamen »Beuteteutonen«, der später auch auf alle anderen deutschstämmigen Gruppen im Ausland Anwendung fand.

Die Tschechoslowaken reagierten empört auf die Bedrohung ihrer Souveränität durch den Nachbarstaat. Ihr junges Land war erst nach dem Ersten Weltkrieg entstanden, jedoch gut gerüstet und durchaus in der Lage, sich zu verteidigen. Seine Bergfestungen waren sehr stark, und tschechoslowakische Ingenieure hatten einige der modernsten Waffen der damaligen Welt entwickelt. Edward Beneš, der tschechoslowakische Präsident, nahm eine kompromißlose Haltung ein. Er war nicht bereit, eine Einmischung in die inneren Angelegenheiten seines Landes zu dulden, und betrachtete Hitlers pathetisches Versprechen, die deutschen Brüder im Sudetenland zu retten, als reine Großsprecherei. Eine große internationale Krise braute sich zusammen.

In dieser Lage versuchte der neue britische Premierminister Neville Chamberlain den Diktator Hitler zu besänftigen und zu befrieden, anstatt sich rückhaltlos für die Unabhängigkeit der jungen demokratischen Tschechoslowakei einzusetzen. Diese Appeasementpolitik sollte sich als eine schwierige Aufgabe erweisen, denn Hitler war von dem französischen Botschafter André François-Poncet zu Recht mit dem deutschen Wort »Nimmersatt« charakterisiert worden. Schacht wußte nicht, daß Chamberlain Hitler entgegenkommen wollte. Auf einer der regelmäßigen Konferenzen der Bank für Internationalen Zahlungsausgleich in

Genf überzeugte Schacht seinen alten Freund Montagu Norman, den Präsidenten der Bank of England, bei seinem Premierminister um Unterstützung für einen deutschen Putsch gegen Hitler zu werben. Doch Chamberlain reagierte auf Normans Anfrage mit den Worten: »Wer ist Schacht? Ich habe es mit Hitler zu tun.« Chamberlain wußte vermutlich nicht, daß Schacht nicht alleine stand. Eine Reihe von Deutschen mit unterschiedlichem Einfluß hatte die Briten gewarnt, daß Hitler bluffte, und sie ermuntert, seinen Forderungen energischen Widerstand entgegenzusetzen, anstatt mit Appeasement zu reagieren. Die Brüder Erich und Theo Kordt, beide im deutschen Auswärtigen Dienst, Ewald von Kleist-Schmenzin, ein Reserveoffizier aus Pommern, Adam von Trott zu Solz, ein Rhodes-Stipendiat und Angestellter im Auswärtigen Amt, und selbst Hitlers persönlicher Adjutant Hauptmann Fritz Wiedemann waren alle unter verschiedenen Vorwänden nach London geflogen, um in Whitehall für eine harte Haltung gegenüber Deutschland zu werben. Doch ihre Bemühungen waren vergeblich.

Am 20. Mai machte die Tschechoslowakei mobil und besetzte ihre Verteidigungsanlagen in den Bergen an der deutschen Grenze. Am 11. August 1938 schrieb Ernest Hemingway in *Ken:* »In Spanien ist nun seit zwei Jahren Krieg. In China ist seit einem Jahr Krieg. In Europa wird spätestens im Sommer nächsten Jahres Krieg sein.«[7]

Die Lage der deutschen und österreichischen Juden wurde durch die nationalsozialistische Gesetzgebung immer schlechter. Neben zahlreichen anderen Entwürdigungen hatten alle jüdischen Männer nun den Vornamen »Israel« und alle Frauen den Namen »Sara« zu führen.

Im Juli verschärften sich die Spannungen, und Chamberlain entsandte den früheren britischen Handelsminister Lord Runciman in die Tschechoslowakei, um »festzustellen, welche Tatsachen dem Konflikt zugrundeliegen und um die von den Sudetendeutschen vorgebrachten Beschwerden auf ihren Wahrheitsgehalt zu prüfen«. Runciman war jedoch weder den Tschechoslowaken noch den Sudetendeutschen willkommen und wurde von beiden Parteien schlichtweg ignoriert. Im August fuhr sogar der Sudetenführer Henlein zu Hitler nach Bayreuth und versuchte ihn zum Verzicht auf einen militärischen Angriff zu bewegen.

Schacht wußte über die anderen Versuche zur Verhinderung eines Angriffs nicht im einzelnen Bescheid, hatte jedoch das Gefühl, daß weder Frankreich noch Großbritannien in unmittelbarer Zukunft etwas gegen Hitler unternehmen würden. Trotzdem kam er zu dem unausweichlichen Schluß, daß Hitler Deutschland mit aller Macht in den Krieg trieb. Früher oder später müßten die westlichen Demokratien es aufgeben, den Nimmersatt in der Reichskanzlei zufriedenzustellen, und dann müßten sie kämpfen. Schacht kam zu dem Schluß, daß Hitler eliminiert werden mußte, und zwar wahrscheinlich mit Waffengewalt. Ziviler Ungehorsam war nicht möglich. Der Apparat der Nazis hatte die Bevölkerung völlig unter Kontrolle. Außerdem war Hitler für die große Mehrheit der Bevölkerung noch immer ein unvergleichlicher Held, ein Mann, der ohne Blutvergießen ungeheure Erfolge errungen hatte, der Retter, der Deutschlands Größe wiederhergestellt hatte.

Schachts erste vorsichtige Kontakte zum Generalstab waren ein Fehlschlag. General von Brauchitsch, Admiral Raeder und General Gerd von Rundstedt meinten alle, sie dürften ihm eigentlich gar nicht zuhören, und hätten es hinterher vorgezogen, ihn nicht angehört zu haben.

Nach wochenlangen diskreten Nachforschungen stieß Schacht schließlich auf einen Kreis hoher Militärs, der seine Bedenken teilte. Er wurde von General Ludwig Beck, dem Generalsstabschef des Heeres, geführt. Dieser hatte erstmals erkannt, welche Schrecken Deutschland bevorstanden, als ihn Hitler am 30. Mai 1938 über die Pläne für »Unternehmen Grün«, die Invasion der Tschechoslowakei, informiert hatte.

Beck hatte den Wiederaufbau der deutschen Armee begrüßt, weil dadurch ein Gleichgewicht der Kräfte im Westen hergestellt wurde, war jedoch entsetzt, daß sie mißbraucht werden sollte, um einen neuen Weltkrieg auszulösen. In dieser Haltung wurde er von General Erwin von Witzleben und von Panzergeneral Fritz Halder unterstützt.

Im August fand in Gühlen unter Beteiligung Witzlebens und des Generals Graf Erich von Brockdorff-Ahlefeld, der die Potsdamer Garnison befehligte, ein Treffen zur Planung eines Putsches statt. Schacht scheint bei den hohen Militärs einen hervorragenden Ruf genossen zu haben. Obwohl er wegen seiner schlechten Augen wehruntauglich gewesen war, fühlten sie sich dem hochgewachsenen Mann wesensverwandt und schienen seinen Mut und seine ruhige und besonnene Art zu schätzen. Schacht sollte später von »seinem« Putsch sprechen. Die Teilnehmer waren inzwischen fest entschlossen. Es mußte etwas geschehen, um den »Gefreiten« zu stoppen.

In jenem Sommer hatte Hitler den Bau des Westwalls befohlen, eines Befestigungssystems im Westen Deutschlands, das von den Briten später als Siegfriedlinie bezeichnet wurde. Bis »Unternehmen Grün« bekannt wurde, hatte das Befestigungssystem eher auf eine defensive als auf eine aggressive Haltung des Deutschen Reiches schließen lassen. Nun jedoch wurde offenbar, daß der Westwall nur vorübergehend als Verteidigungssystem dienen sollte, um den Vorstoß der Wehrmacht nach Südosten in die Tschechoslowakei zu decken. Krieg lag in der Luft.

Der Putsch wurde für den 28. Oktober 1938 um zwölf Uhr mittags angesetzt, am selben Tag und zur selben

Stunde, als der Einmarsch in die Tschechoslowakei beginnen sollte. Es war geplant, daß die in der nahe gelegenen Potsdamer Garnison stationierten Panzer- und Infanterieeinheiten des Generals Brockdorff-Ahlefeld blitzartig das Berliner Regierungsviertel besetzen sollten. Oberst Hans Oster, ein eleganter und geistreicher Geheimdienstoffizier, antwortete auf die Frage, welche führenden Nazis unschädlich gemacht werden müßten, mit dem kabarettartigen Singsang »Hi, Gö, Rib, Hi, Hey« für Hitler, Göring, Ribbentrop, Himmler und Heydrich.[8] Doch die Hoffnungen der Putschisten zerschlugen sich. Führende deutsche Hitler-Gegner waren bereits nach England gereist und hatten sondiert, wie die britische Regierung auf einen Putsch reagieren würde. Doch sie hatten keinerlei Zusagen erhalten. Es wurde immer deutlicher, daß aus London keine Hilfe kommen würde. Die laue britische Reaktion setzte den Plänen von Beck, Schacht und anderen ein Ende. Sie erkannten, daß sie im Volk kaum Unterstützung finden würden, da die meisten Deutschen Hitler verehrten. Dies stellte ein Risiko dar, das sie nur mit einer gewissen Rückendeckung aus London und Paris in Kauf genommen hätten. Am 27. August 1938 bat der enttäuschte und entmutigte Beck, ihn von seinem Posten als Generalstabschef des Heeres zu entbinden.

Wie als Bestätigung der Niederlage des Widerstands traf am 14. September 1938 das folgende Telegramm von Chamberlain bei Hitler in der Reichskanzlei ein:

> Angesichts der zunehmend kritischen Situation schlage ich vor, Sie sofort zu besuchen, damit wir eine friedliche Lösung finden können. Ich kann auf dem Luftwege kommen und bin morgen zur Abreise bereit. Bitte teilen Sie mir mit, wann Sie mich frühestens empfangen können, und schlagen Sie einen Ort für das Treffen vor. Für eine schnelle Antwort wäre ich dankbar.

Hitler ging sofort auf den Vorschlag ein.

Als Schacht die Nachricht am 15. September erfuhr, stürmte er in einem seltenen Anfall offener Wut in seinem Zimmer auf und ab. Alle paar Minuten schlug er sich mit der Hand vor den Kopf und stöhnte: »Stellen Sie sich vor, der Ministerpräsident des englischen Weltreichs kommt zu diesem Gangster!«[9]

Bei den folgenden Münchner Verhandlungen (eigentlich drei separate Sitzungsperioden an drei verschiedenen Orten im Lauf von drei Wochen, an denen auch der französische Ministerpräsident Edouard Daladier und, als eine Art selbsternannter Schiedsrichter, Benito Mussolini beteiligt waren) wurde die Regierung der Tschechoslowakei gezwungen, das Sudetenland abzutreten; die dort lebenden Tschechoslowaken wurden deutsche Staatsbürger. Präsident Beneš und die Tschechoslowakei waren die Verlierer, und das Land wurde von den ausländischen Vermittlern geteilt.

Wieder einmal schien sich der Spruch »Der Führer hat immer recht« bewahrheitet zu haben. Doch Hitler schien alles andere als zufrieden mit dem Ergebnis. Laut Schacht sagte er später, Chamberlain habe ihm den Marsch nach Prag verdorben.[10]

Auch Ulrich von Hassell, der deutsche Botschafter in Italien, spürte, daß eine Katastrophe bevorstand – ein Weltkrieg. Und auch er suchte Gesinnungsgenossen, um Hitler Widerstand zu leisten. Als er sich im September, nach dem Abschluß des Münchner Abkommens, in Berlin neue Instruktionen holte, stattete er Schacht einen Besuch ab. Dieser nannte Hitler gleich zu Anfang einen Schwindler und sagte, England werde sich auf lange Sicht nie mit ihm einigen können. »Überhaupt sei Chamberlains Schritt ein Fehler, denn er werde den Krieg doch nicht vermeiden.«

Am folgenden Tag traf Hassell im Auswärtigen Amt erneut mit Schacht zusammen. »In Wahrheit sind wir schon im Minus«, äußerte dieser zur wirtschaftlichen Lage des Deutschen Reichs. Und als Hassell sich einen vorsichtigen Hinweis auf Schachts eigene Verantwortung als Minister erlaubte, antwortete dieser, »für diese Dinge trage er keine. ›Minister‹ hätten heute kein Gewicht mehr, man werde nicht einmal informiert.« Und wie um sich zu trösten, sagte er, »daß ein Staat, der auf unmoralischen Grundlagen arbeite, nicht mehr lange bestehen könne«.

Hassell war pessimistischer und wies darauf hin, »daß viele unmoralische Regime sehr lange bestanden hätten«.[11]

Noch im selben Monat übte Schacht auf einem Abendessen, mit dem der Bankier Emil von Stauß seinen Geburtstag feierte, erneut scharfe Kritik am NS-Regime. Seine »hübsche und kluge« Nichte gestand Hassell hinterher, daß sie es bei diesen Ausbrüchen ihres Onkels stets mit der Angst zu tun bekomme.[12]

Die antisemitischen Exzesse der Partei erreichten am 9. November 1938 mit dem Pogrom, das als »Kristallnacht« in die Geschichte einging, einen neuen Höhepunkt. Die zynische Bezeichnung bezog sich auf die mit dem Glas zerschlagener Ladenfenster übersäten Straßen und verharmloste das massive landesweite Niederbrennen jüdischer Synagogen und die Angriffe auf jüdische Geschäfte und Warenhäuser, in deren Verlauf zahlreiche Juden zusammengeschlagen, festgenommen und in Konzentrationslager verschleppt wurden. Den Vorwand für diesen von der NSDAP sorgfältig organisierten »Ausbruch des Volkszorns« lieferte die Ermordung eines mittleren Beamten der deutschen Botschaft in Paris durch einen siebzehnjährigen jüdischen Flüchtling. Das Opfer, Ernst vom Rath, war ein Nazigegner, gegen den bereits die Gestapo ermittelte. Der Täter, Herschel Grynszpan, war nach Paris geflohen und hatte dort erfahren, daß seine in Polen geborenen Eltern im Niemandsland zwischen der deutschen und der polnischen

Grenze umherirrten. Sie waren, obwohl sie gültige Pässe hatten, als gebürtige Polen aus Deutschland ausgewiesen worden, und die Polen hatten sie nicht über die Grenze gelassen. Herschel wurde verrückt vor Verzweiflung. Er wollte sich rächen und ging in die deutsche Botschaft, wo er den ersten deutschen Beamten erschoß, dem er begegnete. All dies kam der Führung der NSDAP und der Gestapo sehr gelegen.

Die normalen Deutschen setzten den Ereignissen in der »Kristallnacht« zwar keinen Widerstand entgegen, aber sie unterstützten sie auch nicht, und sie reagierten keineswegs begeistert. Einigen war das Pogrom peinlich, andere schauten weg. In der gelenkten Presse und im staatlichen Rundfunk war viel vom »gerechten Zorn« des Volkes die Rede, aber die meisten Deutschen zeigten kaum Anzeichen von Zorn. Die meisten Verbrechen wurden von der SA verübt, aber auch Polizisten in Zivil waren beteiligt. Vielerorts wurde die lokale Feuerwehr alarmiert und verhinderte, daß das Feuer von den Synagogen auf benachbarte Wohnhäuser übersprang. Es bleibt umstritten, wer letztlich für das Pogrom verantwortlich war. Goebbels? Himmler? Hitler? Wer inszenierte die Orgie der Gewalt? Die Korrespondenten der Auslandspresse kabelten voller Entsetzen Berichte über die schrecklichen Ereignisse an ihre Zeitungen. 171 Synagogen waren niedergebrannt, 7500 jüdische Geschäfte und Warenhäuser zerstört, 91 Juden ermordet und 26.000 in Konzentrationslager verschleppt worden. Letztere wurden einige Tage oder einige Wochen interniert, schwer mißhandelt und schließlich ohne Erklärung wieder freigelassen.

Wer im Ausland das Hitlerregime positiv gesehen hatte, mußte nun zurückstecken. Die Tage der nazifreundlichen Organisationen in den westlichen Ländern waren gezählt.

Deutsche Versicherungsgesellschaften bezahlten etwa 100 Millionen Reichsmark an jüdische Geschädigte aus, doch diese mußten ihre Entschädigung an die Regierung überweisen. Zusätzlich wurde der jüdischen Bevölkerung die Summe von einer Milliarde Reichsmark als »Buße« für die Ermordung vom Raths auferlegt. Präsident Roosevelt rief aus Protest den Botschafter Hugh Wilson zurück. (Die Abberufung wurde um vier Tage verschoben, bis eine Meinungsumfrage durchgeführt war. Sie ergab, daß die US-Bevölkerung nur begrenzte Sympathie für die Opfer hegte. Doch der stellvertretende Außenminister Sumner Welles setzte die Abberufung trotzdem durch.) Die *New York Times* berichtete in einem Leitartikel vom 11. November 1938 über Szenen, »die kein Mensch mitansehen kann, ohne Scham für die Erniedrigung der menschlichen Gattung zu empfinden«.

Schacht war von tiefem Abscheu erfüllt. Er bat um eine Audienz bei Hitler und sagte: »Wenn Sie für die Juden in Deutschland keine Rechtsbasis aufstellen wollen, unter der die Juden ihr Leben anständig führen können, so müssen Sie ihnen mindestens die Auswanderung erleichtern.« Mit typischem Pragmatismus legte er dann ein seltsames Finanzierungsmodell vor, das zwar, wie er selbst fand, »kein idealer Vorschlag war«, aber möglicherweise doch vielen Juden das Leben hätte retten können. Daß er den Vorschlag machte, war vielleicht seinem Eindruck zu verdanken, daß es Hitler wegen der Kristallnacht »selber nicht ganz wohl zu sein« schien.

Der Plan, den Schacht mit der ihm eigenen geistigen Beweglichkeit spontan entwickelte, sah folgendermaßen aus:

> Das in Deutschland liegende jüdische Vermögen wird in eine Treuhandgesellschaft eingebracht ... geleitet von einem internationalen Komitee, in dem auch die Juden vertreten sind. Auf Grund

dieses unter der Treuhandgesellschaft stehenden Vermögens als Sicherheit gibt das Komitee eine Anleihe am internationalen Markte aus, in einer Höhe von etwa einer bis eineinhalb Milliarden Reichsmark. Diese Anleihe ist mit etwa fünf Prozent verzinslich und in zwanzig bis fünfundzwanzig Jahren in jährlichen Raten tilgbar. Die deutsche Regierung garantiert den Transfer von Zinsen und Tilgungsraten in Dollar, so daß die Anleihe als Dollaranleihe ausgegeben werden kann. Die Juden der ganzen Welt werden zur Zeichnung aufgefordert ... Aus dem Dollarerlös dieser Anleihe erhält jeder Jude, der auswandern will, einen angemessenen Betrag, der ihm die Aufnahme in einem anderen Lande erleichtert und als Grundlage für den Aufbau einer neuen Existenz dient.

Ein Teil sollte zur Förderung der deutschen Exporte verwendet werden. Zu Schachts Überraschung war Hitler damit einverstanden, daß Schacht nach London reiste, um für seinen Plan zu werben.[13]

Ende Oktober eröffnete Hitler im Haus der Deutschen Kunst in München eine Architekturausstellung, auf der das Modell eines in Berlin geplanten neuen Doms enthüllt wurde, der 100.000 Gläubige fassen sollte. Schacht saß in der zweiten Reihe, wo er guten Blickkontakt zu Hitler hatte. Als das Publikum nach Hitlers Rede laut klatschte, kreuzte Schacht demonstrativ die Arme auf der Brust und starrte Hitler fest in die Augen. Hitler »fing den Blick auf und war sichtlich unangenehm berührt«.

Kurz darauf fand Anfang Dezember die traditionelle Weihnachtsfeier für die jungen Angestellten und Boten der Reichsbank statt, bei der auch mehrere Parteiführer anwesend waren. Wie immer hielt dabei der Reichsbankpräsident eine Ansprache an die jungen Leute.

»Die Brandstiftung in den jüdischen Synagogen, die Zerstörung und Beraubung jüdischer Geschäfte und die Mißhandlung jüdischer Staatsbürger«, sagte Schacht, »ist ein so frevelhaftes Unternehmen gewesen, daß es jedem anständigen Deutschen die Schamröte ins Gesicht treiben muß. Ich hoffe, daß keiner von Euch sich an diesen Dingen beteiligt hat. Sollte aber doch einer dabeigewesen sein, so rate ich ihm, sich schleunigst aus der Reichsbank zu entfernen. Wir haben in der Reichsbank für Leute keinen Platz, die das Leben, das Eigentum und die Überzeugung anderer nicht achten. Die Reichsbank ist auf Treu und Glauben aufgebaut.«[14]

Eine weitere Bekundung des Abscheus kam von unerwarteter Seite. Der Berliner Polizeipräsident Graf von Helldorf war am 9. November wegen einer Geschäftsreise nicht in Berlin gewesen. Bei seiner Rückkehr versammelte er alle Polizeioffiziere und tadelte sie, weil sie sich den Plünderern, Brandstiftern und Schlägern nicht entgegengestellt hatten. Er sagte, sie hätten Schußwaffengebrauch anordnen müssen.[15]

Trotz seines offenen Protests gegen die jüngsten Verbrechen der Partei erhielt Schacht von Hitler die Erlaubnis, nach London zu reisen und dort seinen Plan zur Finanzierung der jüdischen Emigration vorzustellen. Am 14. Dezember hatte er eine Unterredung mit dem amerikanischen Rechtsanwalt George Rublee und Lord Winterton, die bei der katastrophal verlaufenen Evian-Konferenz beide als Vorsitzende fungiert hatten. Beiden gefiel der Plan. Schacht konnte auch Lord Bearsted von dem Londoner Bankhaus M. Samuel sowie Anthony de Rothschild für den Plan gewinnen. Rublee war Franklin Delano Roosevelts »Beauftragter« für Angelegenheiten der jüdischen Emigration. Nach dem Scheitern der Flüchtlingskonferenz war er an der Gründung des Zwischenstaatlichen Evian-Komittees für jüdische Auswanderung mit Sitz in London beteiligt. Auch Montagu Norman, der Präsident der Bank of England, war wie immer bereit, seinem alten Freund Hjalmar zu helfen.

Roosevelt dagegen stand dem Plan seines Gegenspielers Schacht nicht gerade freundlich gegenüber, torpedierte ihn jedoch nicht vollständig. Er brauchte etwas – irgend etwas –, um die zornigen Stimmen zum Verstummen zu bringen, die sich nach der Kristallnacht in den USA erhoben. Eine Neujahrsrede im Kongreß, in der Roosevelt schwere Vorwürfe gegen Deutschland erhob, trug jedoch nicht gerade dazu bei, das Klima für Schachts Verhandlungen zu verbessern.

Trotzdem zeichneten sich in der ersten Woche des Jahres 1939 deutliche Fortschritte ab. Am 4. Januar reiste Montagu Norman nach Berlin, angeblich, um an der Taufe von Schachts drittem Enkelkind in Schachts Villa teilzunehmen, in Wirklichkeit jedoch, um den Flüchtlingsplan zu fördern. Auch Rublee plante eine Deutschlandreise. Alles sah vielversprechend aus.

Die Sache war eindeutig dringlich. In Wien hatten jüdische Intellektuelle ihre Arbeitsplätze verloren und wurden jeden Abend zum Schneeschippen eingesetzt.

Associated Press berichtete, Mussolini habe mehrere prominente italienische Faschisten ihrer Ämter enthoben, weil sie Mitleid mit den deutschen und österreichischen Juden geäußert hätten.[16]

Beim Frühstück mit Hassell äußerte sich Schacht zuversichtlich über die Gespräche, die er in London über sein Projekt geführt hatte, das Hassell als den Plan Warburg bezeichnete. Allerdings war Hassell sich mit den Generälen Beck, Fritsch und anderen einig, daß Schacht dazu neige, anders zu reden als zu handeln. Doch Schacht versprach hoch und heilig, er werde auf seinem Posten ausharren, es sei denn, daß er durch Bedingungen wie etwa eine galoppierende Inflation zum Rücktritt gezwungen werde.

Am Ende wurde Schachts Plan verworfen. Dies geschah aus einer Vielzahl von Gründen, insbesondere jedoch, weil es sich um schiere Erpressung zu handeln schien. Nach der

Kristallnacht waren nur wenige gewillt, Lösegeld für jüdische Menschenleben zu bezahlen. Außerdem hätten die Juden, wenn sie die Mittel zur Emigration erhalten hätten, von einer der widerstrebenden westlichen Demokratien aufgenommen werden müssen.

Auch gewisse britische und amerikanische Bankiers jüdischer Abstammung standen dem Plan seltsam skeptisch gegenüber, weil sie das Gefühl hatten, daß sie mit ihrer Zustimmung die nationalsozialistische Theorie von einer »jüdischen Weltverschwörung« bestätigt hätten, die mit ihrem Geld Machtpolitik betrieb.

Schacht, der Hitlers Zustimmung zu seinem Plan mit dem Versprechen gewonnen hatte, daß dieser den deutschen Export fördern würde, war gescheitert. Es muß Göring, Hitler und Goebbels sehr befriedigt haben, daß er Schiffbruch erlitt. Hitler hatte Schacht bisher vor den Parteigenossen geschützt, weil er sich immer sicher gewesen war, daß dieser im Ausland gute Ergebnisse erzielen konnte. Nun wußte er, daß er wenig zu verlieren hatte, wenn er ihn fallen ließ. Später sollte er Schachts Scheitern, die Juden aus Deutschland herauszuschaffen, sogar als Rechtfertigung für die Existenz der Konzentrationslager in Polen verwenden. (Schacht hatte sogar den vieldiskutierten und immer wieder verworfenen Plan geprüft, die vertriebenen Juden auf der Insel Madagaskar anzusiedeln.) Erst als Schacht das endgültige Scheitern seines Planes meldete, »gab Hitler seine Parole von der ›Lösung des europäischen Judenproblems ohne einen einzigen Gewehrschuß‹ auf, verbot ab 1. Oktober 1941 die jüdische Auswanderung und befahl für alle Juden die Internierung.«[17] Erst jetzt fanden die ersten Judentransporte in den Osten statt.

Wie um seine extreme Verachtung für Schacht und alle anderen Helfer der Juden zu zeigen, genehmigte Hitler die Ausreise von 937 größtenteils wohlhabenden Juden auf dem deutschen Passagierschiff *St. Louis*. Das Schiff verließ Hamburg am 13. Mai 1939 und begann eine lange Irrfahrt auf der Suche nach einem Ort, wo die Flüchtlinge von Bord gehen und bleiben konnten. Sie wurden weder in Kuba noch in den USA an Land gelassen, und das Schiff mußte nach Europa zurückkehren. Nach fünf Wochen auf See erwirkte sein Kapitän, ein energischer Mann namens Gustav Schröder, für seine zunehmend verzweifelten Passagiere schließlich die Erlaubnis, in Antwerpen von Bord zu gehen.

In der Folge nahmen England, Belgien, Frankreich und Holland Gruppen der Flüchtlinge auf, aber erst nachdem Goebbels das Ereignis propagandistisch ausgeschlachtet und lauthals verkündet hatte, daß niemand die Juden wolle. Die Presse nannte die *St. Louis* »das Schiff der Verdammten«, und später bürgerte sich die Bezeichnung »das Narrenschiff« ein.

17

Der Bruch

Am 7. Januar 1939 wurde Hitler ein von Schacht und dem gesamten Reichsbankdirektorium unterzeichnetes Memorandum vorgelegt, in dem es unter anderem hieß:

> In entscheidendem Maße wird die Währung von der hemmungslosen Ausgabenwirtschaft der öffentlichen Hand bedroht. Das unbegrenzte Anschwellen der Staatsausgaben sprengt jeden Versuch eines geordneten Etats, bringt trotz ungeheurer Anspannung der Steuerschraube die Staatsfinanzen an den Rand des Zusammenbruchs und zerrüttet von hier aus die Notenbank und die Währung. Es gibt kein noch so geniales ... Rezept oder System der Finanz- und Geldtechnik ... das wirksam genug wäre, die verheerenden Wirkungen einer uferlosen Ausgabenwirtschaft auf die Währung hintanzuhalten ... War während der beiden großen außenpolitischen Aktionen in der Ostmark und im Sudetenland eine Steigerung der öffentlichen Ausgaben zwangsläufig, so macht die Tatsache, daß nach Beendigung der außenpolitischen Aktionen eine Beschränkung der Ausgabenpolitik nicht zu erkennen ist, vielmehr alles darauf hindeutet, daß eine weitere Ausgabensteigerung geplant ist, es nunmehr zur gebieterischen Pflicht, auf die Folgen für die Währung hinzuweisen.
>
> Das unterzeichnete Reichsbankdirektorium ist sich bewußt genug, daß es in seiner Mitarbeit für die großen gesteckten Ziele freudig alles einsetzt, daß aber nunmehr Einhalt geboten ist.[1]

»Das ist Meuterei!« tobte der Führer, als er die Denkschrift gelesen hatte.

Schacht hatte erwartet, das Memorandum und die wirtschaftliche Zukunft mit dem Finanzminister diskutieren zu können. Doch er mußte seine Pläne ändern.

Hier sein eigener Bericht:

Am 19. Januar 1939, als ich sehr spät nach Hause kam, fand ich eine Reihe von telefonischen und telegrafischen Meldungen vor, ich möge am nächsten Morgen Punkt neun Uhr in die Reichskanzlei kommen. Am nächsten Morgen wurde der Termin telefonisch von neun Uhr auf neun Uhr fünfzehn verschoben. Kaum war ich um diese Zeit im großen Gartensalon der alten Reichskanzlei erschienen, als der Führer eintrat, worauf sich folgende Unterhaltung entspann:

»Ich habe Sie rufen lassen, Herr Schacht, um Ihnen Ihre Abberufungsurkunde vom Amte des Reichsbankpräsidenten zu überreichen.«

Er übergab mir das Papier, das ich, ohne es anzusehen, schweigend in der Hand behielt.

»Sie passen in den ganzen nationalsozialistischen Rahmen nicht hinein.«

Schweigen meinerseits und kurze Pause.

»Sie haben sich geweigert, Ihre Beamten der politischen Überprüfung durch die Partei unterziehen zu lassen.«

Schweigen meinerseits und kurze Pause, zunehmende Nervosität bei Hitler.

»Sie haben vor Ihren Angestellten die Vorkommnisse des 9. November [der Kristallnacht] kritisiert und verurteilt.«

Ich hatte auf die ersten Sätze Hitlers nicht geantwortet, weil ich seine Bemerkung, daß ich in den Rahmen der Partei nicht passe, durchaus teilte. Daß ich infolgedessen auch meine Beamten nicht der Parteikritik unterwerfen ließ, hatte ich Hitler früher wiederholt mitgeteilt und begründet. Wenn man mir eine Aufgabe anvertraute, so hatte ich ausgeführt, müsse ich auch meine Mitarbeiter bei dieser Aufgabe selber auswählen. Ich hielt es also nicht für nötig, darauf noch einmal zurückzukommen. Nachdem Hitler aber nunmehr auf die Weihnachtsfeier meiner Büroburschen angespielt hatte, legte ich allen mir zur Verfügung stehenden Sarkasmus in meine Antwort:

»Wenn ich gewußt hätte, mein Führer, daß Sie diese Vorkommnisse billigen, so hätte ich geschwiegen.«

Diese Antwort verschlug Hitler sichtlich die Sprache. Er stieß die Worte heraus:

»Ich bin jetzt zu erregt, um weiter mit Ihnen sprechen zu können.«

»Ich kann ja wiederkommen, wenn Sie ruhiger geworden sind.«

»Und was Sie glauben, Herr Schacht, wird nicht eintreten. Eine Inflation wird nicht kommen.«

»Das würde sehr gut sein, mein Führer.«

Er begleitete mich, ohne ein weiteres Wort zu sagen, durch zwei Räume hindurch bis zur Ausgangstür, wo ich mich verabschiedete.[2]

Hitler hatte Schacht anscheinend einen vernichtenden Abschiedsbrief schreiben wollen, doch dieser wurde nie abgeschickt, und Schacht behielt auch sein bedeutungsloses Amt als Minister ohne Geschäftsbereich, das er seit seiner Entlassung als Wirtschaftsminister innehatte. Die Schachts zogen in eine Villa, die sie in Berlins vornehmem Viertel Charlottenburg besaßen. Schacht lehnte jede Entschädigung durch die Regierung ab.

Schachts Plan zur Finanzierung der jüdischen Emigration wurde sofort aufgegeben.

Von den acht Mitgliedern des Reichsbankdirektoriums traten sechs zurück. Die beiden verbleibenden waren Parteimitglieder.

Schacht hatte die wirtschaftliche Lage richtig eingeschätzt. In der deutschen Welt der Ersatzstoffe, wo Anzüge unter Verwendung von Holzfasern hergestellt wurden, erzählte man sich folgenden Witz: »Wenn dein Anzug im

Sommer treibt, dann kannst du die Triebe abschneiden und sie zum Stopfen der Löcher verwenden.«[3]

Der laut *New York Times* vom 21. Januar 1939 »kleine und rundliche« Walther Funk wurde zum neuen Reichsbankpräsidenten ernannt. Als Hassell am 25. Januar mit Schacht zusammentraf, wirkte dieser ganz aufgewühlt. »Sie ahnen nicht, wie glückselig ich bin, so aus der Sache herauszukommen!« sagte er. Hassell meinte, es sei mutig gewesen zurückzutreten, doch Schacht »donnerte«: »Im Gegenteil, hinausgeworfen hat er mich!«[4]

Schacht war für Hitler zu einem Hindernis, einem Bremser, einem Klotz am Bein geworden. Nun, da der Diktator über einen gefügigen Wirtschaftsminister verfügte, der zugleich Präsident einer nationalsozialistisch orientierten Reichsbank war, und da Görings Vierjahresplan unter dem Motto, Kanonen seien wichtiger als Butter, umgesetzt wurde, hatte er endlich freie Bahn. Er fühlte sich unbesiegbar und unfehlbar, und er suchte ein Ventil für seine Wut, die er wegen des vereitelten Angriffs auf die verhaßten Tschechoslowaken empfand. Sein Polizeiapparat war allgegenwärtig. Himmler und seine rechte Hand Reinhard Heydrich hatten alles unter Kontrolle. Jeder Deutsche, vom unbedeutenden Blockwart bis zum mächtigen Gauleiter, wurde in das riesige Spitzelsystem einbezogen. Jeder, der von den standardisierten Sitten, Gebräuchen, Stilen, Haltungen und Meinungen abwich oder den rassischen Prototypen des nationalsozialistischen Deutschland nicht entsprach, war von der Einlieferung in eines der über ganz Deutschland und Österreich verstreuten Konzentrationslager bedroht. Vom Universitätsprofessor bis zum Schuhverkäufer wußte jeder Deutsche, daß er besser zuerst über die Schulter blickte und leise redete, wenn er sich gegenüber einer vertrauenswürdigen Person kritisch über das Regime äußerte.

Es wäre falsch anzunehmen, daß diese völlig gleichgeschaltete, besser gesagt nazifizierte Lebensweise dem deutschen Durchschnittsbürger Unbehagen, Angst und Entsetzen verursacht hätte. Vielmehr meinten viele in einer Art von Selbstgerechtigkeit, daß alles sei, wie es sein sollte. Jeder hatte die Pflicht, sich an dem Einsatz für das neugeborene Deutschland zu beteiligen. Wie konnte man den Führer kritisieren, der doch in so wenigen Jahren so viel erreicht hatte, und das ohne Krieg?

Es gab überraschend wenig Klagen. Nazideutschland war eines der höchstbesteuerten Länder, seine Bürger wurden gezwungen, für diverse Regierungsorganisationen zu spenden, und es gab permanent Engpässe bei Waren des täglichen Bedarfs. Viele Versprechen der Nazis, wie etwa der billige »Volkswagen«, der in Raten abbezahlt werden könnte, gingen nie in Erfüllung. Und doch waren die Deutschen in der Hoffnung auf das große Unbekannte gewillt, dies alles zu ertragen. Vielleicht war es das Überlegenheitsgefühl, das die Partei weckte, indem sie unablässig den Wert der »deutschen Rasse« und die Minderwertigkeit aller anderen betonte. Vielleicht war es das Ende der nationalen Machtlosigkeit nach dem verlorenen Weltkrieg und dem »Versailler Diktat«. Vor allem jedoch war es der Massenwahn, daß der Führer »immer recht« hatte und letztlich eine Art Paradies hervorbringen würde. Er würde alle Deutschen sammeln, selbst diejenigen außerhalb des Reichs und der neuen Ostmark, die Volksdeutschen in der Tschechoslowakei, in Rußland, im Baltikum, in Danzig und in Polen. Dann würde ein wirkliches Großdeutschland entstehen, das keine Angst mehr vor seinen eifersüchtigen und gierigen Nachbarn zu haben brauchte. Einige der älteren Leute hatten gelegentlich Zweifel. Manche Sonntagspredigten waren nicht immer politisch genehm, und die Gemeindemitglieder hatten Angst um ihre Pfarrer.

Einige wenige Einsichtige erkannten, daß der Krieg nur noch einen Schritt entfernt war, aber wenn sie versucht hätten, Hitler zu stürzen, wären sie vernichtet worden.

Als nächsten Schachzug wollte Hitler Polen zur Aufgabe der alten Hansestadt Danzig zwingen, früher einer der wichtigsten Ostseehäfen Deutschlands. Außerdem verlangte er freien Zugang per Straße und Schiene durch den polnischen Korridor, der im Versailler Vertrag durch das deutsche Territorium gelegt worden war, um Polen einen Zugang zum Meer zu verschaffen.

Hitler lud Oberst Jósef Beck, den polnischen Außenminister, zu sich auf den Berghof ein, ein Treffen, das Beck nicht ablehnen konnte. Bei der Begegnung skizzierte Hitler arrogant seine Forderungen, bot jedoch gewisse Gegenleistungen an. Beck lehnte ab.

Danach schickte Hitler seinen Außenminister Joachim von Ribbentrop zu einem Staatsbesuch nach Warschau. Ribbentrops Zug rollte am 26. Januar in der polnischen Hauptstadt ein, und die folgenden paar Tage waren von leeren Gesten, hervorragend gedrillten polnischen Ehrenwachen und opulenten Diners und Banketten geprägt; Ergebnisse aber gab es keine. Die Polen weigerten sich, über Danzig oder den Korridor zu diskutieren. Hitler reagierte mit zunehmender Wut. Seiner Ansicht nach hatte er vernünftige Vorschläge gemacht. Er beschloß, daß die Polen ihr Verhalten schon bald würden büßen müssen.

Auch mit der Tschechoslowakei war er noch nicht fertig. Die kleine Republik war durch das vom Ausland diktierte Münchener Abkommen ihrer Verteidigungsanlagen beraubt worden und militärisch fast völlig wehrlos. Präsident Beneš trat aus Protest gegen das Abkommen zurück, und Außenminister Jan Masaryk reiste nach London. Der slowakische Teil des Landes erklärte sich für autonom und machte den nazifreundlichen Priester Jozef Tiso zu seinem Ministerpräsidenten. Polen und Ungarn hatten Gebiete zurückgefordert und erhalten, die nach dem Ersten Weltkrieg der Tschechoslowakei zugeschlagen worden waren. Auf einer Sitzung mit Wein, Weibern und Gesang in Wien hatten Ribbentrop und der italienische Außenminister Graf Galeazzo Ciano, Mussolinis Schwiegersohn und ein berüchtigter Playboy, diese Territorien großzügig verteilt.

Doch der Mann in der pompösen, von Speer erbauten Reichskanzlei wollte die verstümmelte Tschechoslowakei vollends zerschlagen. Er hatte seinen auf der Hoßbach-Konferenz vorgelegten Plan keineswegs aufgegeben. Ein Vorwand bot sich früher als erwartet. Jozef Tiso brach eine derart giftige Propagandakampagne gegen Prag vom Zaun, daß die Tschechen am 10. März seine Hauptstadt Bratislava besetzten und damit eine Kette explosiver Ereignisse auslösten.

Am 11. März wurde Tiso überredet, Hitler zu Hilfe zu rufen. Mit der Begründung, er wolle weitere Gewaltanwendung verhindern und die in der Region lebenden Deutschen schützen, war Hitler sofort zu einem Treffen mit dem alten und kranken tschechischen Staatspräsidenten Hácha, einem ehemaligen Richter, bereit. Es gibt viele Versionen der Ereignisse, die sich in jener schneereichen Berliner Winternacht in der Reichskanzlei zutrugen. Einigkeit herrscht darüber, daß der alte Tscheche auf einer Sitzung, die von 1.30 Uhr bis zum frühen Morgen dauerte, bedroht und gequält wurde. Seine Tochter, die als seine Pflegerin fungierte, konnte ihm nicht helfen, als er um 3.55 Uhr einen Herzanfall erlitt. Dr. Theodor Morell, der auch Hitler als dessen Leibarzt mit Drogen versorgte, brachte Hácha mit einer Amphetaminspritze vorübergehend wieder auf die Beine. Hácha wurde mitgeteilt, daß deutsche Truppen im Begriff seien, die tschechoslowakische Grenze zu überschreiten. Er bat kläglich, die Zustimmung des ihn begleitenden neuen tschechischen Außenministers und telefonisch die des tschechischen Kabinetts einholen zu dürfen. Angesichts der Umstände wurde sie ihm nicht verweigert. Danach legte der erschütterte und verzweifelte Mann »das Schicksal des tschechischen Volkes und Landes vertrauensvoll in die Hände des Führers des Deutschen Reiches«.

In einem grauen, sechsrädrigen Mercedes-Geländewagen der Wehrmacht mit der Nummer WH 32288 stehend, feierte Hitler am 15. März 1939 seinen triumphalen Einzug in Prag. In dieser Nacht schlief er im Hradschin-Palast hoch über der Goldenen Stadt. Am 16. März unterzeichnete er das Dekret zur Schaffung des Protektorats Böhmen und Mähren, das der Tschechoslowakischen Republik offiziell ein Ende setzte.

Am folgenden Tag, dem 17. März, hielt Chamberlain eine Rede in Birmingham, in der er die bittere Frage stellte, ob man Hitler je wieder glauben könne. In Paris sagte Daladier zu dem deutschen Botschafter Johannes Graf von Welczeck, daß Hitler ihn verraten habe.

Die Besetzung der Tschechoslowakei war das erste von vielen wichtigen Ereignissen, die Schacht nur aus der Ferne erlebte. Zu seiner Erleichterung hatte ihm Hitler sehr schnell die Genehmigung für eine lange Auslandsreise erteilt. Hitler brannte darauf, Schacht mit seinen ständigen Einwänden, seinen unangenehm rationalen Argumenten und seinem politischen und steuerlichen Konservatismus loszuwerden.

Wohin Schacht reisen konnte, stand auf einem anderen Blatt, denn das Reiseziel mußte durch den vom Kaufmann zum Außenminister aufgestiegenen Ribbentrop abgesegnet werden.

»Sie wollen eine Reise um die Welt machen?« sagte Ribbentrop schelmisch.

»Keine Reise um die Welt, Herr von Ribbentrop, ich

möchte lediglich nach Ostasien gehen und China und Japan besuchen.«

»Aber Sie wissen doch, Herr Schacht, daß wir mit Japan eng liiert sind, während unsere Beziehungen zu China sich sehr gelockert haben. Es wird also aus politischen Gründen nicht möglich sein, daß ich mich mit Ihrer Reise nach Ostasien einverstanden erkläre.«

»Aber, Herr Ribbentrop, unsere diplomatischen Beziehungen mit China sind ja nicht abgebrochen. Deshalb sehe ich keinen Grund, warum ich nicht beide Länder besuchen sollte. Im übrigen reise ich als Tourist und in keiner politischen Sendung.«

Ribbentrop blieb hart und lehnte es mit abstrusen und fadenscheinigen Gründen ebenfalls ab, Schacht nach Niederländisch- und Britisch-Indien reisen zu lassen. Schließlich stand Schacht empört auf und sagte: »Nun, Herr Ribbentrop, dann wird es wohl auf eine kleine Harzreise hinauskommen.«[5] Dies war ohne Zweifel eine Anspielung auf das Treffen der Harzburger Front, lange bevor Ribbentrop ein Paladin Hitlers geworden war und als Schacht allein durch seine Anwesenheit den Nazis Prestige verliehen hatte. Schacht ließ all seine verbliebenen Beziehungen spielen und erhielt schließlich doch noch die Genehmigung für eine Reise nach Indien, die er Anfang März in Begleitung seines Neffen Sven antrat.

Schacht führte ein Reisetagebuch, obwohl er nie viel von Tagebüchern gehalten hatte. Einige Passagen, etwa über den Tadsch Mahal, den Goldenen Tempel von Amritsar oder die Maharadschas, klingen sehr nach einem Reiseführer. Andere Abschnitte sind jedoch mit kritischen Bemerkungen über die Nazis gewürzt. Über Kalkutta schrieb er, daß der »Parteifluch« auch dort über der deutschen Kolonie laste und allgemeine Angst vor Denunziationen bestehe. Die Gestapo hatte einen langen Arm.

Anfang August kehrte Schacht mit Sven nach Berlin zurück, wo eine unheilschwangere Atmosphäre herrschte. Nach Hitlers Invasion in Prag und angesichts seiner zunehmend hysterischen Drohungen an Polen schien alles auf einen Krieg hinzudeuten. Schacht beklagte sich, daß Funks Wirtschaftspolitik absolut inflationsfördernd sei, eine versteckte Kritik an der Tatsache, daß dieser Handel und Export völlig vernachlässigte und sämtliche Ressourcen in die Rüstung steckte.

Um diese Zeit begann Sowjetrußland eine Schlüsselrolle zu spielen. Wenn Hitler Polen angriff – und seine Reden ließen keinen Zweifel daran, daß er dies beabsichtigte –, dann mußte er mit einem sofortigen Angriff von Frankreich und Großbritannien rechnen, da Frankreich mit Polen verbündet war und Großbritannien erst kürzlich die Unverletzlichkeit der polnischen Grenzen garantiert hatte. Auch Rußland konnte dann in den Konflikt hineingezogen werden. Damit erhob sich die Frage, ob die Sowjetunion im Osten angreifen würde, während Großbritannien und Frankreich den Polen von Westen zu Hilfe kämen. Das diplomatische Trauerspiel der folgenden Wochen sollte die Welt noch Jahrzehnte beschäftigen. Vermutlich um Hitler nicht zu erzürnen, war Stalin von Chamberlain und Daladier in die Verhandlungen über das Münchner Abkommen im Jahr 1938 nicht einbezogen worden. Nun, im August 1939, wurde eine britisch-französische Delegation nach Moskau entsandt. Doch die Bemühungen waren höchst halbherzig; die britischen und französischen Delegierten waren nur zweitrangige Beamte und besaßen keine ausreichenden Vollmachten. Und die von dem britischen Admiral Reginald Drax geleitete Delegation kam nach langer Reise per Schiff und Bahn erst am 11. August 1939 in Moskau an.

Um Polen und vielleicht auch Rumänien verteidigen zu können, forderten die Sowjets ein Durchmarschrecht für polnisches und rumänisches Territorium. Es wurde schnell deutlich, daß Drax ohne ausführliche Konsultationen mit London keine derartige Entscheidung treffen konnte. Der russische Verhandlungsführer Marschall Kliment Woroschilow nahm ihn schon bald nicht mehr ernst, und die Russen brachen die Verhandlungen ab.

Hitler ging anders vor. Sobald er die für ihn höchst unangenehme Entscheidung getroffen hatte, mit den Sowjets zu verhandeln, instruierte er unverzüglich seinen Moskauer Botschafter Graf Friedrich von der Schulenburg, alle notwendigen Vorbereitungen zu treffen. Er machte klar, daß keine Zeit zu verlieren war. Schulenburg war kein Freund der Nazis, wollte jedoch den Frieden zwischen seinem geliebten Deutschland und der Sowjetunion unbedingt erhalten und traf die notwendigen Vorkehrungen innerhalb weniger Tage. Danach schickte Hitler unverzüglich Ribbentrop mit seiner persönlichen Condormaschine nach Moskau. Der deutsche Außenminister landete am 23. August, und er war autorisiert, den Sowjets große politische Zugeständnisse zu machen. Er verhandelte bis weit in die Nacht hinein im einem Büro tief im Inneren des Kreml und brachte innerhalb von 24 Stunden ein Abkommen mit dem ehemaligen Todfeind Sowjetunion zustande. Stalin wahrte wenigstens einen Rest von Ehrlichkeit. Als Ribbentrop auf die neuen sowjetischen Verbündeten trank und sie in den höchsten Tönen lobte, hob Stalin die Hand und sagte: »Wir haben einander jahrelang kübelweise mit Mist übergossen, also wollen wir jetzt mit dem Lob etwas sparsamer umgehen.«

Die Deutschen gaben Stalin, was er wollte. Sie verzichteten auf sämtliche Ansprüche bezüglich Ostpolens, Estlands, Lettlands und Litauens und schließlich auch Weißrußlands, und die Sowjets versprachen als Gegenleistung, Deutschland nicht anzugreifen. Auf einer Karte wurde die neue deutsch-russische Grenze quer durch Polen gezogen. Ribbentrop kehrte triumphierend zu seinem Führer zurück, und am folgenden Tag erfuhr eine entsetzte Welt, daß Deutschland und die Sowjetunion einen Nichtangriffspakt geschlossen hatten.

Schacht hatte gute Kontakte zu einigen Offizieren, die Admiral Canaris, dem Chef des deutschen militärischen Geheimdiensts, nahestanden. Der Abwehrchef war ein undurchsichtiger, aber realistisch denkender Berufsoffizier, und er hatte Zweifel an seinem nationalsozialistischen Oberbefehlshaber bekommen. Canaris' Stellvertreter, der hochintelligente General Oster, war ein überzeugter Gegner Hitlers. Überraschenderweise schloß sich auch der Militärökonom General Georg Thomas, mit dem Schacht seit Anlaufen des Vierjahresplans zu tun hatte, den Hitlergegnern an. Schacht fand am 25. August heraus, daß Hitler in unmittelbarer Zukunft den Marschbefehl für den Krieg gegen Polen erteilen würde. Danach bat er die Generäle Oster und Thomas, ihm ein Gespräch mit General von Brauchitsch im Hauptquartier der Wehrmacht in Zossen, 20 Kilometer südlich von Berlin, zu vermitteln.[6] Schacht hoffte, Brauchitsch, den Nachfolger des entehrten Generals Fritsch, irgendwie zur Verhinderung des Kriegsausbruchs bewegen zu können. Doch Brauchitsch weigerte sich, Schacht zu treffen, und drohte sogar, ihn verhaften zu lassen, sollte er trotzdem in seinem Hauptquartier auftauchen.

Kurz darauf verschob Hitler zu Schachts Erleichterung den Angriffsbefehl. Schacht konnte nicht wissen, daß der italienische Botschafter Bernardo Attolico Hitler mitgeteilt hatte, der Duce könne zu seinem großen Bedauern nicht mit Deutschland in den Krieg eintreten, da die italienische Armee für eine offensive Militäraktion noch nicht gerüstet sei. Gleichzeitig hatte Chamberlain versprochen, Polen zur Ernennung eines bevollmächtigten Unterhändlers zu bewegen. Am 30. August machte Polen mobil. Hitler war nicht bereit, auf die Ankunft des polnischen Gesandten zu warten. Er setzte eine unerfüllbare Frist und verfaßte anschließend einen völlig vernünftigen Friedensvorschlag für Chamberlain. Dann sorgte er dafür, daß dieser dem britischen Botschafter Sir Nevile Henderson vorgelesen wurde, aber erst, nachdem die Polen gesetzte Frist abgelaufen war. Auf diese zynische Weise wollte Hitler demonstrieren, daß er den Krieg hatte vermeiden wollen. Am 31. August ordneten auch Großbritannien und Frankreich die Mobilmachung an.

Um 4.45 Uhr befahl Hitler den unter dem Codenamen »Fall Weiß« vorbereiteten Angriff auf Polen – auch ohne Mussolini und seine Truppen.

Die deutsche Invasion wurde von dem Heer und der Luftwaffe durchgeführt, zu deren Aufbau Schacht mit seinen Finanzierungskünsten beigetragen hatte, doch dieser suchte die Schuld nur bei den führenden Militärs, die für Hitler in den Krieg zogen. Er selbst war immer für eine Verteidigungsarmee gewesen, nicht für eine Armee, die für aggressive Zwecke eingesetzt würde. Später sollte er Generalfeldmarschall Milch von der Luftwaffe zitieren, der während der Nürnberger Kriegsverbrecherprozesse aussagte, die britische Royal Air Force sei der Luftwaffe überlegen gewesen. Laut Admiral Dönitz verfügte die deutsche Marine bei Kriegsausbruch nur über 15 U-Boote, und General Alfred Jodl sagte aus, daß die Wehrmacht nur über 75 Divisionen verfügt habe, von denen einige nicht bewaffnet oder gefechtsbereit gewesen seien.

Schachts Argumente wirken plausibel, doch die militärischen Ergebnisse zeigten, daß er unrecht hatte. Der polnische Außenminister Oberst Beck hatte den britischen Verbündeten versichert, daß die polnische Armee jeden deutschen Angriff abwehren könnte, doch die Deutschen schlugen die Polen mit ihren Sturzkampfbombern und durch neue kombinierte Infanterie- und Panzeroperationen vernichtend. Das Wort »Blitzkrieg« wurde geboren. Bis zum 18. September hatten auch die Russen die polnische Grenze überschritten und stießen rasch zur vereinbarten Demarkationslinie vor, wo sie mit den Deutschen zusammentrafen. Die SS unter Reinhard Heydrich und seinen Offizieren organisierte ihre berüchtigten Einsatzgruppen, Mördereinheiten, die der kämpfenden Truppe nachfolgten. Sie brannten Synagogen nieder, vergewaltigten und plünderten und ermordeten Juden und Polen.

Die Greuel der SS wären von der Wehrmacht vielleicht widerspruchslos hingenommen worden, wenn sich nicht Generaloberst Johannes Blaskowitz, der Befehlshaber der deutschen Truppen in Polen, noch an die alten preußischen Ideale gebunden gefühlt hätte. Blaskowitz war nicht bereit, Vergewaltigung, Plünderung und Massenmord schweigend hinzunehmen, und beschwerte sich in einer scharf formulierten Denkschrift in Berlin, daß die Greueltaten die Moral seiner Männer untergrüben. Hitler las das Memorandum am 18. November 1939. Er bekam einen Wutanfall, enthob jedoch Blaskowitz nicht seines Postens. Blaskowitz verfaßte eine zweite Denkschrift, in der es hieß: »Die Einstellung der Truppe zur SS und Polizei schwankt zwischen Abscheu und Haß. Jeder Soldat fühlt sich angewidert und abgestoßen durch diese Verbrechen, die in Polen von Angehörigen des Reiches und Vertretern der Staatsgewalt begangen werden.«[7]

Die Wehrmachtsoffiziere in Blaskowitz' Hauptquartier gaben SS-Offizieren nicht mehr die Hand. Schließlich wurde Blaskowitz doch seines Postens enthoben. Er wurde nie bestraft, aber auch nicht mehr befördert, obwohl er ein guter Feldkommandeur war und auch in dem folgenden Westfeldzug große Truppeneinheiten befehligte. Tragischerweise wurde er nach dem Krieg von den Alliierten verhaftet und als Kriegsverbrecher angeklagt. Er hielt die psychische Belastung nicht aus und beging im Februar 1948 in seiner Nürnberger Gefängniszelle Selbstmord.

Schacht stand mit einigen der bestinformierten Militärs wie dem Abwehrchef Canaris und seinem Stellvertreter Oster in Verbindung. Trotzdem ist es unwahrscheinlich, daß er von Blaskowitz' Denkschriften oder überhaupt von den Greueltaten der SS wußte, die Blaskowitz' Zorn erregt hatten. Alle führenden Deutschen in Regierung, Wirtschaft und Militär hatten jedoch wahrgenommen, daß die Macht Himmlers, Heydrichs und der SS nach dem Kriegsausbruch noch mehr gewachsen war. Aus Himmlers paramilitärischer Waffen-SS waren Eliteeinheiten der Armee geworden, und die alte Gestapo, eine zivile Geheimpolizei, war mit dem Sicherheitsdienst (SD) der SS zusammengeschlossen worden. Auch die Verwaltung der Konzentrationslager oblag inzwischen allein der SS.

Blaskowitz' offene Beschwerden waren die letzten ihrer Art, die von einem führenden Offizier der Wehrmacht erhoben wurden. Danach erstreckte sich der von der SS kontrollierte Polizeistaat auch auf jedes militärische Hauptquartier, jedes Unternehmen und selbst auf die Privatbüros von Kabinettsmitgliedern. In ganz Deutschland regierte die Angst, und jeder wußte, daß er schon wegen der geringsten Kritik denunziert werden konnte. Schacht war klar, daß er besonders vorsichtig sein mußte, weil er in der Vergangenheit offen Kritik an Hitler und der NSDAP geübt hatte. Sein Sohn Jens, der im Mai 1939 in die Vereinigten Staaten gegangen war und einen Posten bei der First National Bank of Chicago angenommen hatte, kehrte nach Deutschland zurück und ging zum Militär. Auch dies verschaffte dem Regime ein gefährliches Druckmittel. Söhne wurden häufig für die »Verbrechen« ihrer Väter bestraft. Die Klugheit gebot Schacht zu schweigen.

Obwohl er seine Machtstellung offensichtlich verloren hatte oder vielleicht auch gerade deshalb, wurde Schacht von mehreren amerikanischen Zeitschriften gebeten, über die Lage in Deutschland zu schreiben. Sein Name schien im Ausland noch immer einiges Gewicht zu haben. Er suchte Ribbentrop auf und informierte ihn, daß die amerikanische Zeitschrift *Foreign Affairs* Kontakt mit ihm aufgenommen habe. Der Außenminister erlaubte Schacht zu schreiben, verlangte jedoch, ihm alle Artikel zur Zensur vorzulegen. Dies war angesichts der unliebsamen Überraschungen, die Schacht der NS-Führung in der Vergangenheit bereitet hatte, keine unbillige Forderung, doch Schacht ließ sich nicht darauf ein und lehnte das Angebot der Zeitschrift ab.

Am 20. Dezember 1939 schrieb Schacht an Hitler, er sei abermals von einer amerikanischen Zeitschrift um einen Artikel über Deutschland gebeten worden, diesmal vom *Christian Science Monitor*. Außerdem berichtete er über seine frühere Weigerung, seine Artikel von Ribbentrop zensieren zu lassen. Hitler bat ihn zu einer Besprechung in der Reichskanzlei, wo Schacht erklärte, daß gelegentliche Artikel in amerikanischen Zeitschriften nicht ausreichten, um die wachsende antideutsche Stimmung in Amerika zu bekämpfen. Wirklichen Einfluß auf die amerikanische Presse und öffentliche Meinung könne nur ein Experte ausüben, der in die USA entsandt werden müßte. Hitler verstand den Wink und fragte Schacht sofort, ob er diese Aufgabe übernehmen wolle, und Schacht bejahte. Hitler meinte, er werde die Sache mit seinem Außenminister besprechen. Doch er wußte, daß Ribbentrop das Projekt torpedieren würde. Wie zu erwarten war, hörte Schacht nie wieder ein Wort von der Sache.

Anfang März 1940 reiste der Stellvertreter des amerikanischen Außenministers Hull, Sumner Welles, nach Berlin, um sich über die Lage in Deutschland zu informieren. Ihm widerfuhr eine seltsame Behandlung. Göring lud ihn in seinen bukolisch-pompösen Jagdsitz Karinhall ein, bot ihm aber nicht einmal einen Imbiß an. Danach fand ein Gespräch mit Ribbentrop statt, der hervorragend Englisch sprach, aber offensichtlich um jeden freien Meinungsaustausch von vornherein auszuschließen, auf der Anwesenheit eines Dolmetschers bestand. Schließlich lud Sumner Welles Schacht zu einem Tee ein, der am Sonntag dem 3. März in der Residenz des amerikanischen Geschäftsträgers Alexander Kirk stattfand. Zu den Gästen gehörte auch die wunderschöne Frau des italienischen Botschafters Attolico, die Schacht als »bezaubernd« beschreibt – seine Art, ihre jüdische Abstammung nicht zu erwähnen. Auch Attolico war bei Hitler in Ungnade gefallen, da er Mussolini als »Berater« in die Münchner Verhandlungen über die Tschechoslowakei hineingezogen hatte.

Verblüfft über die Unhöflichkeit Görings und Ribbentrops, schien Sumner Welles von Schacht begeistert zu sein. Laut Schacht sagte Welles zu ihm, er wisse ja, »welches Ansehen [er] als Wirtschaftler in Amerika« genieße.

In dem Gespräch wurden auch einige Friedensvorschläge erörtert, doch sie wurden nicht konkretisiert, und Schacht hätte auch keine Möglichkeit gehabt, sie zu übermitteln oder umzusetzen. Er war völlig kaltgestellt.

Kurz vor seinem Gespräch mit dem Amerikaner hatte der Protokollchef des Außenministers bei Schacht angerufen und ihm nahegelegt, einen offiziellen Dolmetscher beizuziehen. Ribbentrop versuchte offensichtlich verzweifelt, ein vertrauliches Gespräch zwischen Welles und Schacht zu verhindern. Doch Schacht erklärte, er habe nicht das Gefühl, einen Dolmetscher zu brauchen.

Hitler erzählte später bei Tisch, er habe Schacht wegen dessen »Freimaurermethoden« nicht mehr weiterverwenden können, habe ihn jedoch eingesetzt, um Sumner Welles zu beeinflussen.[8]

Sumner Welles' Deutschlandreise kann jedoch kaum zu einer Beruhigung Washingtons beigetragen haben. Frieden war offenbar nicht in Sicht.

In den Wochen nach Sumner Welles' Reise wurde Schacht zum Gegenstand mehrerer seltsamer Gerüchte. Es hieß, »er halte sich im Auftrag der Bank of England in Indien auf«, und er befinde sich »inkognito an Bord des italienischen Luxusdampfers *Conte di Savoia* auf dem Weg in die USA«. (Tatsächlich war Sumner Welles mit dem Schiff auf der Heimreise, und es wurde in Gibraltar über zwölf Stunden lang aufgehalten und durchsucht.) Schacht hatte schon immer das Interesse der amerikanischen Presse auf sich gezogen. Sein ungewöhnliches Aussehen, sein merkwürdiger amerikanischer zweiter Vorname, sein flüssiges Englisch, seine große Schlagfertigkeit und seine gelegentlichen Temperamentsausbrüche waren ein »guter Stoff«. Nichts von alledem erklärte jedoch die Gerüchte oder wies darauf hin, welcher Quelle sie entsprangen.

Am 27. Mai 1940 starb Schachts Frau Luise, bis ganz zuletzt überzeugt, daß Hitler Deutschlands Retter sei. Schachts Memoiren lassen ein gewisses Bedauern über den Verlust vermuten, doch er kann auch seine Erleichterung nicht verhehlen.

Politisch war Schacht als Minister ohne Geschäftsbereich in der Führung des Regimes nicht mehr präsent. Sein Status wird im folgenden Zeitungsbericht aus dem Jahr 1942 sehr gut beschrieben:

> Dr. Schacht stand seit der Entlassung aus seinem öffentlichen Amt nicht mehr im Rampenlicht, hat jedoch kürzlich zu beträchtlichen Spekulationen Anlaß gegeben. Obwohl er seinen Sitz im Kabinett behalten hat, erscheint er kaum noch in der Öffentlichkeit. Nach-

forschungen über sein Schicksal wurden stets mit der Äußerung beantwortet, daß er für spezielle Aufgaben zur Verfügung »gehalten« werde.[9]

Unterdessen errang Adolf Hitler einen Erfolg nach dem anderen. Er hatte sich durch den Hitler-Stalin-Pakt gegen einen russischen Angriff gesichert, und er hatte Polen vernichtend geschlagen und von der Landkarte getilgt. Danzig und der Polnische Korridor waren in deutscher Hand. Unter dem Vorwand, daß die Alliierten planten, in Norwegen zu landen, um die Erzbergwerke und Rüstungsfabriken des neutralen Schweden in die Hand zu bekommen, stieß Hitler am 9. April mit Heer, Marine und Luftwaffe über Dänemark Richtung Norwegen vor. Norwegen kapitulierte binnen sechs Tagen und setzte den norwegischen Nazi Vidkun Quisling als neuen Ministerpräsidenten ein. Der Name »Quisling« wurde gleichbedeutend für den Begriff »Verräter«, auch wenn Quisling schon bald durch den deutschen Reichskommissar Josef Terboven ersetzt wurde.

Schacht stieg die Zornesröte ins Gesicht, als die deutsch-dänische Heimat seiner Kindheit den Nazis in die Hände fiel, doch die Zukunft sollte noch Schlimmeres bringen.

Am Freitag, dem 10. Mai 1940, meldete das Oberkommando der Wehrmacht, daß die deutsche Armee angesichts der Ausweitung des Krieges auf belgischen und holländischen Boden durch den Feind im Morgengrauen auf breiter Front die deutsche Westgrenze überschritten habe.

Wieder ein »Präventivschlag« – diesmal auf das Herz Frankreichs gezielt. Die französisch-britische Streitmacht wurde geschlagen und mußte bei Dünkirchen evakuiert werden. Paris wurde am 14. Juni besetzt. Und am 18. Juni traten auch die Italiener in den Krieg ein.

Am 22. Juni mußten die Franzosen in dem ehemaligen Salonwagen des französischen Marschalls Foch mit der Nummer 2419 D die Kapitulationsurkunde unterzeichnen. Der Eisenbahnwagen hatte auch am Ende des Ersten Weltkriegs als Verhandlungslokal gedient und wurde aus dem Museum auf eine Waldlichtung bei Compiègne gebracht, damit die Deutschen ihre Rache voll auskosten konnten. Nun war endgültig Schluß mit dem »Versailler Diktat«.

Am Morgen nach der französischen Kapitulation fuhr Hitler, teils als siegreicher Held, teils als Bewunderer der Architektur, durch die menschenleeren Straßen von Paris. Es sollte sein letzter Besuch in der französischen Hauptstadt sein.

Er kehrte mit dem Zug nach Berlin zurück. Die führenden Parteibonzen und Minister wurden auf den Anhalter Bahnhof beordert, um den siegreichen Feldherrn mit Lob und Schmeicheleien zu überschütten. Da Schacht noch immer Kabinettsmitglied war, konnte er es sich nicht leisten, durch Abwesenheit aufzufallen. Er nahm Alfred Rosenberg, den ideologischen Guru der Nazis, in seinem Wagen mit, und sie mischten sich unter die gestiefelten und goldbetreßten Würdenträger des Reiches. Hitler stieg aus seinem Privatzug und schritt strahlend die Reihe der Gratulanten in ihren braunen, feldgrauen, marineblauen und hellblauen Uniformen ab, schüttelte Hände und wechselte hier und da ein paar Worte. Schließlich stand er vor Schacht, der als einziger unter den Anwesenden Zivil trug, und meinte triumphierend: »Na, Herr Schacht, was sagen Sie nun?«

Schacht wollte jede Stellungnahme vermeiden, deshalb ergriff er lediglich Hitlers Hand und sagte: »Gott möge Sie schützen«.

Danach fuhr Hitlers Parade-Mercedes, gefolgt vom Konvoi der Dienstwagen, durch die von jubelnden Berlinern gesäumten Straßen zur Reichskanzlei, wo die Siegesfeier stattfinden sollte. Es war das letzte Mal, daß Hitler im Triumph durch Berlin fuhr, wie üblich neben seinem SS-Chauffeur Kempka stehend, die linke Hand an der Windschutzscheibe und die rechte zum Gruß erhoben.

Schachts Wagen hielt vor der Reichskanzlei. Rosenberg stieg aus und warf Schacht einen fragenden Blick zu. Schacht aber schüttelte den Kopf. »Das ist nichts für mich«, sagte er und ließ sich heimfahren.

In der deutschen Presse wurde die Eroberung Frankreichs als »leichter Sieg« gefeiert, und am 5. Juni meldete das Hauptquartier der Wehrmacht in seinem Tagesbericht die Verluste: 10.323 Offiziere, Unteroffiziere und gemeine Soldaten gefallen; 8463 vermißt; 42.523 Offiziere, Unteroffiziere und gemeine Soldaten verwundet; 432 Flugzeuge verloren.

Schacht wandte sich auch weiterhin offen gegen den Krieg, eine einzelne Stimme im Sturm der Bewunderung für den scheinbar unbesiegbaren Führer. Im Dezember wurde Schacht ins Auswärtige Amt bestellt, wo ihn Staatssekretär Ernst von Weizsäcker im Auftrag von Außenminister Ribbentrop ermahnte, künftig »defätistische Äußerungen« zu unterlassen. Schacht fragte Weizsäcker, wer Ribbentrop informiert habe, und erfuhr, daß es Walther Funk gewesen war.

Er schrieb Funk sofort einen Brief, in dem es unter anderem heißt:

> Auf Veranlassung von Herrn von Ribbentrop hat mich heute … Herr von Weizsäcker zu meiner Überraschung darauf hingewiesen, ich hätte mich hinsichtlich der derzeitigen Lage pessimistisch geäußert … Ich entsinne mich sehr wohl, mit Ihnen eine oder zwei Unterhaltungen über unsere Wirtschaftslage gehabt zu haben, wobei Sie offenbar Wert darauf legten, meine Ansicht kennenzulernen, die ich Ihnen in der Richtung bekanntgab … daß wir für

einen lang dauernden Krieg wirtschaftlich nicht gerüstet seien. Und daß ein Krieg mit England lange dauern würde … Es blieb leider unklar, welchen Zweck Herr von Ribbentrop mit seinem Hinweis verfolgte. Wenn er meine Ansicht ändern wollte, so mußte er mir beweiskräftiges Material vorlegen, was nicht geschah. Andererseits kann ich mir nicht denken, daß Herr von Ribbentrop mich in sachlichen Unterhaltungen mit den Beratern des Führers zum Verschweigen oder Fälschen meiner Ansichten veranlassen wollte.

Das würde eine Verkennung meiner Loyalität gegenüber dem Führer sein.

Ich habe Herrn von Ribbentrop durch Herrn von Weizsäcker antworten lassen, daß, solange ich nach dem Wunsch des Führers Bundesminister bin, es mein Recht und meine Pflicht ist, mich auf Befragen einem Ministerkollegen gegenüber überzeugungs- und wahrheitsgemäß zu äußern.

Eine Kopie des Briefes ging an Weizsäcker zur Weiterleitung an Ribbentrop.[10]

Am 30. Januar 1941, dem achten Jahrestag von Hitlers Ernennung zum Reichskanzler, brachte der *Völkische Beobachter* eine detaillierte Chronik aller Erfolge und Ereignisse der vorhergegangenen acht Jahre. Dabei wurde Schacht nicht erwähnt.

Schacht konnte aufgrund seiner Eitelkeit nicht verstehen, daß er in der Chronik nicht vorkam. »Ein solches Totschweigen«, schreibt er, offensichtlich beleidigt, »ist als politische Maßnahme in den Händen totalitärer Machthaber eine furchtbare Waffe.« Und fährt fort: »Es gab manche Märtyrer des Hitler-Regimes, aber sie verschwanden stillschweigend in den Zellen und Gräbern der Konzentrationslager … Was aber nützt ein Martyrium im Kampf gegen die Gewalt, wenn es nicht bekannt wird und dadurch anfeuernd wirkt?«[11]

Schacht betrachtete seine wirtschaftlichen Erfolge als patriotische Handlungen zugunsten Deutschlands und nicht der Nazis. Er fürchtete außerdem, es könne sein Gewicht als Regimekritiker beeinträchtigen, wenn sein Name nicht mehr erwähnt würde. Und er wollte seinen internationalen Status als Stimme der Opposition erhalten.

Schachts letztes Treffen mit Hitler fand im Februar 1941 statt, als er den Führer über seine bevorstehende Wiederverheiratung informierte, wozu er sich als Minister verpflichtet fühlte. Hitler ergriff Schachts Arm, als dieser gerade gehen wollte, und fragte ihn, ob er immer noch bereit sei, als Pressebeauftragter nach Amerika zu reisen. Doch Schacht lehnte ab.

»Heute halte ich diese Reise nicht mehr für möglich«, sagte er. »Nachdem das ›Lend and Lease Gesetz‹ (Roosevelts Maßnahme, durch die er die Briten mit Schiffen und anderem Kriegsmaterial versorgen konnte) in Kraft getreten ist, halte ich es für völlig aussichtslos, noch einen positiven Erfolg für Deutschland drüben zu erzielen.«

Dies war seine letzte persönliche Begegnung mit Hitler.

Als Hitler ihn schließlich im Januar 1943 als Minister entließ, erschien darüber kein Wort in der Presse.[12]

18

Ein zweites Leben – Manci

Meldung von Associated Press, 4. April 1941:

SCHACHT HEIRATET HEIMLICH

BERLIN – Wie heute von Freunden des ehemaligen Reichsbankpräsidenten Dr. Hjalmar Schacht verlautet, befindet sich der fünfundsechzigjährige Minister ohne Geschäftsbereich auf Hochzeitsreise in der Schweiz.

Wie es heißt, hat er heimlich und in aller Stille eine Dame aus München geheiratet. Ihr Name ist noch unbekannt, sie soll jedoch mit dem Haus der Kunst in Verbindung stehen. Schachts erste Frau war am 27. Mai 1940 gestorben.

Die Hochzeit soll um den 28. März stattgefunden haben, aber nicht einmal die engsten Freunde des Paares waren informiert.

Zwei Tage später brachte die *New York Times* unter der Schlagzeile NAME VON SCHACHTS BRAUT ENTHÜLLT einen AP-Bericht aus Bern. In dem Artikel wurde Schachts neue Frau als »die vor 33 Jahren im jugoslawischen (heute ungarischen) Lipuk geborene Mauzika Vogler« identifiziert und noch einmal berichtet, daß »die Schachts ihre Flitterwochen in der Schweiz verbringen«.

Schacht war für die Weltpresse noch immer eine faszinierende Gestalt. Und er wirkte noch immer anziehend auf Frauen.

Schließlich ging ein AP-Foto der Frischvermählten um die Welt. Es zeigte Schacht und seine junge Frau beim Frühstück im Speisesaal eines Hotels im schweizerischen

Vevey. Beide wirkten verlegen, als hätten sie den Fotografen wahrgenommen, aber versucht zu ignorieren. Der Bräutigam trug den üblichen nüchternen Geschäftsanzug. Die Ehe war nicht ohne gewisse Bedenken und Zukunftsängste geschlossen worden. »Inmitten der herzbeklemmenden Zeitereignisse«, schreibt Schacht, »war diese Hochzeitsreise eine Oase. Sie ließ mich das Wagnis vergessen, das ich mit meiner Wiederverheiratung für meine junge Frau einging, da ich in jedem Augenblick als Hochverräter entlarvt werden konnte. Aber meine Frau blieb allem gewachsen.«[1]

Schacht war offensichtlich sehr verliebt und lobt seine Frau, die er Manci nennt, in den höchsten Tönen – ihren Charme, ihre Wärme, ihre exzellente Figur, ihr von blonden Haaren umrahmtes, klassisch schönes Gesicht, ihre Liebe zur Kunst und ihren Wissensdurst. Auch ihre Intelligenz und ihre Großzügigkeit vergißt er nicht zu erwähnen.

Sie arbeitete im Münchner Haus der Kunst und hatte zuvor eine Stelle in einem Museum in Thüringen gehabt. Schacht hatte sie in dem schicken Münchner Nachtclub Bonbonnière kennengelernt. Er war sich bewußt, daß Manci ihn wie viele andere auch für einen kaltherzigen Vernunftmenschen hielt, obwohl er durchaus eine Schwäche für das Nachtleben hatte und gerne Feste besuchte. Im Lauf der Zeit gelang es ihm, sie in dieser Hinsicht eines Besseren zu belehren, doch sie war dreißig Jahre jünger als er, und viele Männer machten ihr den Hof. Außerdem liebte sie ihre Arbeit und war sehr engagiert in ihrem Beruf. Schacht fürchtete, daß sie ihm wegen seiner prekären politischen Lage einen Korb geben könnte. Doch Manci entschied sich für ihn und sollte ihre Entscheidung auch in der kommenden schweren Zeit nie in Frage stellen.

Schacht war ein großer Frauenliebhaber, und die Frauen spürten es. Selbst in den frustrierenden letzten Jahren mit Luise war er nicht allein geblieben. Eine Statue mit dem

Titel »Liebe«, die dem Herzog und der Herzogin von Windsor als Hochzeitsgeschenk überreicht wurde, wird als das Werk von Anny Hoefken-Hempel beschrieben, »der Geliebten von Dr. Hjalmar Schacht«.[2]

Führende schweizerische Bankiers baten Schacht auf seiner Hochzeitsreise, sie bezüglich der kürzlich von Deutschland beantragten Kredite zu beraten. Die Schweiz hatte jahrelang Waffen und Rohstoffe an das Reich geliefert, und Schacht wußte zweifellos, daß jede Verringerung dieser Lieferungen Hitlers Kriegsanstrengungen stark beeinträchtigt hätte. Trotzdem trat er für eine Kreditvergabe ein. Er sagte, er wolle sich »zur Beantwortung dieser Frage ganz auf den Standpunkt der Schweizer Volkswirtschaft stellen«, und vertrat die Ansicht, daß eine Verweigerung der Kredite in der Schweiz Arbeitsplätze gefährden und soziale Unruhen auslösen könnte, die vielleicht sogar zu »außenpolitischen Eingriffen« führen könnten.[3] Diese Argumentation war keineswegs überzeugend und vermutlich reinem Selbstschutzbedürfnis entsprungen. Wenn die Schweiz keine neuen Kredite an Deutschland vergeben hätte, solange Schacht ihr Gast war, hätte ihn Hitler vermutlich dafür verantwortlich gemacht. Der frischgebackene Ehemann wollte in dieser Hinsicht kein Risiko eingehen und gab sich alle Mühe, dem gefährlichen Mann in der Reichskanzlei nicht unangenehm aufzufallen. Ende April beendete das Paar seine Hochzeitsreise und zog sich sofort nach Gühlen zurück.

Unterdessen hatte Hitler die Entscheidung getroffen, die letztlich seinen Untergang besiegeln sollte. Am 6. April 1941 sagte er bei einem Gespräch in seinem Eisenbahnzug »Adler« zu Ribbentrop, er habe beschlossen, die Sowjetunion anzugreifen. Schacht war dank seiner »politischen und militärischen Querverbindungen« – vermutlich General Oster bei der Abwehr – noch immer gut informiert und erfuhr schnell von Hitlers Vorhaben. Laut General William Donovan vom American Office of Strategic Services (OSS) informierte er Donald Heath von der amerikanischen Botschaft in Berlin über den beabsichtigten Angriff.[4]

Zuvor hatte Hitler jedoch andere Probleme zu lösen. Mussolini war trotz deutscher Warnungen in Griechenland einmarschiert, und der Angriff hatte sich festgefahren. Auch eine weitere Offensive, die die Italiener von Libyen aus gegen die britischen Truppen in Nordafrika gestartet hatten, war gescheitert. Hitler war ergrimmt über die eigenmächtigen Aktionen seines faschistischen Kollegen, sah sich aber trotzdem gezwungen, ihm aus der Patsche zu helfen. Deutsche Truppen besetzten in einer Blitzoperation Griechenland, und das Afrikakorps unter Erwin Rommel, einem von Hitlers Lieblingsgenerälen, wurde nach Nordafrika entsandt. Auch Rommel schlug sich hervorragend, und Hitler konnte eine Zeitlang darauf verzichten, dem prahlerischen italienischen Diktator den Rücken zu stärken.

Japan war 1940 der Achse beigetreten, und der japanische Außenminister Yosuke Matsuoka hatte am 26. März 1941 Berlin besucht. Sowohl Ribbentrop als auch Hitler machten gegenüber dem Japaner Andeutungen, daß der Pakt mit der Sowjetunion vielleicht nicht mehr lange halten würde. Sie hofften, Japan für einen gemeinsamen Angriff gegen die Sowjetunion zu gewinnen. Doch die Japaner hatten ihre eigenen Eroberungspläne und dachten nicht im Traum daran, sich in einen Krieg mit der Sowjetunion verwickeln zu lassen. Die UdSSR war nicht mehr das zaristische Rußland, das die Japaner einst bei Port Arthur vernichtend geschlagen hatten. Japan hatte sich erst 1939 in der Mandschurei auf einen bewaffneten Konflikt mit den Sowjetunion eingelassen, und ein neuer junger Befehlshaber namens Schukow hatte ihnen eine böse Niederlage beigebracht. Hitlers Anstrengungen waren deshalb kontraproduktiv. Anstatt

Matsuoka für eine Bündnis gegen die Sowjetunion zu gewinnen, weckte er bei ihm das Bedürfnis, den russischen Bären zahm zu halten. Matsuoka kehrte über Moskau nach Tokio zurück und schloß mit der Sowjetunion einen Nichtangriffspakt. Stalin erwies ihm sogar die seltene Ehre, ihn zu einer Abschiedsfeier auf den Bahnhof zu begleiten. Danach trachtete er allerdings, Hitler zu beruhigen, indem er dem deutschen Botschafter Schulenburg vor zahlreichen Zeugen ewige Freundschaft schwor.

Großbritannien machte trotz der unablässigen Angriffe von Görings Luftwaffe noch immer keine Anstalten zu kapitulieren. Auch die deutschen U-Boote taten ihr Bestes, um Großbritannien auszuhungern, doch die Briten schnallten einfach den Gürtel enger und setzten den Krieg fort. Am 11. Mai flog Rudolf Heß – einer der engsten und ältesten Kampfgefährten Hitlers, dem dieser 1923 in der Festungshaft den größten Teil von *Mein Kampf* diktiert hatte – mit einer Militärmaschine nach Großbritannien, sprang mit dem Fallschirm ab und überbrachte seine persönliche Friedensbotschaft.

Hitler schäumte vor Wut. Wie Schacht immer behauptete, war es allein der Gedanke an einen Angriff auf die Sowjetunion, der Heß zu seinem Englandflug getrieben habe.

Am Sonntagmorgen, dem 22. Juni 1941, wurde »Unternehmen Barbarossa« gestartet. Deutsche Truppen überschritten unter dem Vorwand, einem Angriff Stalins zuvorzukommen, die Grenzen des Sowjetimperiums und stießen Richtung Moskau vor.

Schacht mußte alledem frustriert und hilflos zusehen, da er jeden Einfluß auf die Geschehnisse verloren hatte. In dem nun folgenden Jahr geschah, was er nie für möglich gehalten hätte. Der »böhmische Gefreite« und halbgebildete Parvenü Hitler führte seinen Krieg mit großem Erfolg. Die Deutschen beherrschten schon bald den Balkan, besetzten Kreta in einer Luftlandeoperation und machten sich daran, den Mittelmeerraum zu erobern. In Afrika zwangen sie die Briten, sich fast bis Kairo zurückzuziehen, und sie stießen mit erstaunlicher Geschwindigkeit tief in die Sowjetunion vor, wobei sie Hunderttausende von Kriegsgefangenen machten.

Schacht hatte die Welt immer als eine große Arena betrachtet, in der man Handel treibt und Gewinne macht, nun jedoch erlebte er den Zusammenbruch all dessen, was ihm kostbar gewesen war. Er fühlte sich von den Monarchisten enttäuscht, von den Demokraten im Stich gelassen und von den nationalistischen Befürwortern einer Diktatur verraten. Sein Weltbild hatte sich als falsch erwiesen.

Trotzdem erlag er noch immer der Versuchung, sich einzumischen. Als die deutschen Truppen in Rußland ihre eindrucksvollen Anfangserfolge erzielten, schickte er Hitler einen Brief. Er schrieb, Deutschland stehe nun auf dem Höhepunkt seiner militärischen Erfolge und seine Stärke werde von den Westalliierten noch immer überschätzt. Daher sei jetzt der ideale Zeitpunkt für eine energische Friedensinitiative gekommen. Sie könne jedoch nicht durch Reden oder direkte Verhandlungsangebote an den Feind vorangebracht werden, sondern müßte in den USA eingeleitet werden, die sich mit Deutschland noch nicht im Kriegszustand befänden.

Die von Staatssekretär Lammers verfaßte Antwort aus der Reichskanzlei lautete: »Der Führer hat das Schreiben persönlich gelesen und mich beauftragt, Ihnen seinen Dank zu übermitteln.« Wie Schacht später hörte, hatte Hitler mit den Worten: »Der Schacht versteht mich immer noch nicht«, auf den Brief reagiert. Doch Schacht hatte recht. Es wäre wirklich der ideale Zeitpunkt für Friedensverhandlungen gewesen.

Trotz dieser erneuten Abfuhr legte sich Schacht auch weiterhin mit Hitler an. So protestierte er schriftlich, als das Verbot, Auslandssender zu hören, auch auf Kabinettsmitglieder ausgedehnt wurde. Diese Maßnahme, schrieb er, »stellt ein Mißtrauen in meine Loyalität und in meine Urteilskraft dar. Für beides fehlt jeder Anlaß.«[5] Er bat, ihn aus seinem letzten Amt als Minister ohne Geschäftsbereich zu entlassen, erhielt jedoch keine Antwort.

Im Dezember 1941 griffen die Japaner Pearl Harbor an, und die USA traten in den Krieg ein. Eine Friedensinitiative über Amerika war damit unmöglich geworden.

Hitler hatte gehofft, den Rußlandfeldzug lange vor Weihnachten 1941 zu beenden, doch dieses Mal scheiterte er mit seiner Blitzkriegstrategie. Die russischen Steppen waren zu gewaltig, die Nachschubwege waren zu lang, und fast alles benötigte Militärmaterial war knapp. Schachts Warnungen erwiesen sich nun als berechtigt. Deutschland war nicht für einen langen Weltkrieg gerüstet. Mitte 1942 kam die deutsche Offensive 25 Kilometer vor Moskau zum Stehen. Auch im Norden vor Leningrad und im Süden vor Stalingrad hatte sich die Wehrmacht festgefahren. Die deutschen Landser hatten den ersten russischen Winter kaum überlebt, und der nächste war nicht mehr allzuweit entfernt. Der Orden für die Soldaten an der russischen Front wurde inzwischen als »Gefrierfleischmedaille« bezeichnet. An der Heimatfront wurden Pelze und Winterkleidung gesammelt. Die Leute konnten zwar Kleider aus ihren Schränken holen, aber sie förderten weder Benzin noch MG-Patronen zutage.

Schacht machte sich große Sorgen um seinen Sohn Jens, der als Infanterieoffizier an der Ostfront diente. Er hatte die deutschen Siegeschancen in Polen, Belgien, Holland, Frankreich, Nordafrika und auf dem Balkan unterschätzt, doch nun – als er es am wenigsten wünschte – behielt er recht. Die deutschen Truppen waren in großen Schwierigkeiten.

Niederlagen wurden plötzlich zur Regel. Auch nach mehreren Schlachten mit wechselndem Ausgang hatte Rommel mit seinem Afrikakorps Kairo nicht erreicht, und nun stand er einer neu ausgerüsteten und verstärkten britischen 8. Armee unter dem exzellenten Befehlshaber General Bernard Law Montgomery gegenüber. Wie die Truppen in Rußland war auch Rommels Korps durch den allgemeinen Mangel an Kriegsmaterial und die schwierige Nachschubversorgung behindert. In Rußland waren die deutschen Truppen im Frühling im Schlamm steckengeblieben, und hatten sich im Sommer gut behauptet, sahen jedoch mit Schrecken dem zweiten russischen Winter entgegen. Die Russen hatten sich wie durch ein Wunder erholt und warfen einen endlosen Strom von Verstärkungen aus dem Osten der Sowjetunion an die Front, was ihnen durch ihren Nichtangriffspakt mit Japan wesentlich erleichtert wurde. Stalin verzichtete auf die üblichen antifaschistischen Parolen. Er propagierte nicht mehr die Verteidigung des Kommunismus, sondern rief wie die alten Zaren dazu auf, Mütterchen Rußland zu retten. Dabei zählte er auf den traditionellen Patriotismus des Volkes, und seine Rechnung ging auf. Die deutschen Frontgenerale waren verblüfft über den unglaublichen Widerstandswillen der russischen Soldaten und Zivilisten.

Im Ersten Weltkrieg hatte nicht ein einziger feindlicher Soldat den Rhein oder die Elbe überschritten. Doch in Hitlers Krieg blieb auch das Hinterland nicht verschont. Seit Anfang 1942 bombardierten die Briten in großem Umfang militärische und zivile Ziele in Deutschland. Görings Luftangriffe auf Großbritannien wurden von der Royal Air Force mit Zins und Zinseszins zurückgezahlt, und ab Mai 1942 starteten auch die schweren Bomber der US Air Force von den Flugfeldern in Südengland. Göring war es nicht gelungen, die britische Moral zu erschüttern.

Schlimmer noch, er hatte geprahlt, er wolle »Meier« heißen, wenn je ein feindliches Flugzeug über Deutschland auftauchte. Nun hieß er Meier. Während die deutschen Soldaten in Rußland um ihr Leben kämpften, verbrachten ihre Frauen, Kinder und Eltern in den deutschen Städten ihre Nächte im Luftschutzbunker oder wegen der Knappheit an Heizmaterial in eiskalten Wohnungen und Büroräumen. Viele Häuser brannten aus. Viele Menschen kamen ums Leben.

Ab 1942 zeigte sich, wie schlecht Deutschland für einen langen Krieg gerüstet war. Von nun an waren die wenigen deutschen Erfolge nur noch der Tapferkeit der deutschen Soldaten und der Begabung ihrer Befehlshaber zu verdanken. Die deutschen Flugzeuge und Panzer waren inzwischen größtenteils technisch überholt, und sie waren knapp. Die Wehrmacht in Rußland war keineswegs voll motorisiert und begann nun obendrein, ihre wertvollen Zugpferde zu schlachten. Die Russen waren viel besser mit Transportmitteln ausgerüstet, zumal sie zunehmend Fahrzeuge aus den USA erhielten. Der deutsche Kübelwagen, eine umgebaute Version des Volkswagens, war dem amerikanischen Jeep weit unterlegen, und die Deutschen fuhren noch immer dieselben Motorräder mit Seitenwagen, die sie schon drei Jahre zuvor in Polen eingesetzt hatten. Auch die furchterregenden Sturzkampfbomber der Jahre 1939 und 1940 waren im Vergleich zu den neuen britischen, amerikanischen und sowjetischen Kampfflugzeugen inzwischen langsam und schwerfällig geworden. Deutschland verfügte über keine Langstreckenbomber wie die amerikanische B-17 Flying Fortress oder die Lancaster. Neue Panzer waren Mangelware, und den Panzerdivisionen fehlte es an den nötigen Ersatzteilen. Die deutsche U-Boot-Flotte war veraltet und dezimiert, und das Reich hatte keine großen Kriegsschiffe, um der vereinigten amerikanisch-britischen

Flotte eine Schlacht zu liefern. Zwar wurde die deutsche Luftwaffe mit den ersten Düsenflugzeugen in der Geschichte des Luftkriegs beliefert. Doch die unter anderem von Messerschmitt gebauten Maschinen kamen erst gegen Ende des Krieges zum Einsatz, waren noch nicht ausgereift und hatten eine minimale Reichweite. Das einzige deutsche Waffensystem, das wirklich im Überfluß vorhanden war und bis zum letzten Tag des Krieges überall zum Einsatz kam, war die hervorragende, gegen Flugzeuge, Personen und Panzer einsetzbare 8,8-Zentimeter-Kanone. Jeder alliierte Soldat konnte schreckliche Geschichten über die Wirkung dieser Waffe erzählen.

Daß Deutschland nicht früher unterlag, war einzig und allein seinen Soldaten zu verdanken. Jeder intelligente Militär konnte erkennen, daß sich das Kriegsglück gewendet hatte, obwohl eine massive Invasion über den Kanal oder das Mittelmeer erst noch bevorstand. Die meisten begabten Strategen und Taktiker der Wehrmacht saßen im russischen Hexenkessel fest. Nur einige wenige führende Generäle waren mit der Verteidigung im Westen betraut.

Ab 1942 war es ein riskantes Geschäft geworden, deutscher General zu sein. Einst hatte sich Hitler auf seine führenden Generäle verlassen, nun jedoch übernahm er selbst die gesamte Verantwortung. Respektlos, aber immer hinter seinem Rücken wurde er schon bald der Gröfaz (der Größte Feldherr aller Zeiten) genannt. Im Führerhauptquartier »Wolfsschanze« in Ostpreußen entwarf er detaillierte taktische Instruktionen und Aufstellungspläne, doch seine Kompetenz war immer noch die des Gefreiten, der er einst gewesen war. Er duldete bei Berufsoffizieren keinen Widerspruch, und jeder Führerbefehl war mit der Androhung von Degradierung, Entlassung oder Schlimmerem verknüpft. Wenn ein Feldkommandeur versuchte, seine Truppen in auswegloser Lage zu retten, riskierte er immer, als »Verräter« gebrandmarkt zu werden. Ein Teil der Verachtung, die Hitler für seine Generäle empfand, entsprang der Tatsache, daß sie sich durch Auszeichnungen, Beförderungen und Geld bestechen ließen. Hitler hatte sie wie Diener mit Gratifikationen belohnt. Nun waren sie in seinen Augen zu unfähigen Dienern geworden.

Um seine Herrschaft im Inneren zu sichern, duldete Hitler, daß sich Himmlers SS-Imperium wie ein Krebsgeschwür ausdehnte. Die Macht der Gestapo wuchs mit jedem beschönigten Frontbericht. In Dutzenden von Konzentrationslagern und Nebenlagern saßen Millionen von Sklavenarbeitern aus den eroberten Gebieten. Nach der Wannsee-Konferenz im Januar 1942 wurden in Polen Vernichtungslager errichtet, wo alle Juden aus Deutschland und den eroberten Gebieten, die zu jung, zu alt oder zu schwach waren, um als Sklavenarbeiter zu dienen, der »Endlösung« zugeführt wurden.

Im April 1942 fand Himmlers Polizeichef Reinhard Heydrich, der Organisator der Wannsee-Konferenz, einen Tod, den man als gerechte Strafe bezeichnen könnte. Er hatte in Prag die Geschäfte des ehemaligen Außenministers Neurath als Reichsprotektor von Böhmen und Mähren übernommen, den man für zu weich hielt, um die Tschechen zur Zusammenarbeit zu zwingen. Heydrich fiel in Großbritannien ausgebildeten Exiltschechen zum Opfer, die mit dem Fallschirm über ihrem Heimatland abgesprungen waren. Sie warfen eine Handgranate in Heydrichs offenen Mercedes, als er sich auf dem Weg in sein Prager Büro befand. Die Deutschen richteten als Vergeltungsmaßnahme alle männlichen Einwohner des tschechischen Dorfes Lidice hin. Heydrich erhielt ein Staatsbegräbnis in Berlin. Trotzdem waren angeblich weder Hitler noch Himmler sonderlich betrübt über seinen Tod, denn Heydrich war nicht nur hochintelligent, sondern auch sehr ehrgeizig und gefährlich gewesen.

Am 2. November 1942 eröffnete Montgomery den Angriff bei El Alamein, mit dem die Vernichtung des Afrikakorps begann. Rommel war gerade auf Genesungsurlaub in Deutschland, und seine Nachfolger waren ihrer Aufgabe nicht gewachsen. Ihre Lage wurde vollends aussichtslos, als die Amerikaner am 8. November in ihrem Rücken in Nordwestafrika landeten. Dieses Ereignis veranlaßte Hitler am 11. November, die Farce des »unabhängigen und souveränen« Pétain-Regimes im unbesetzten Süden Frankreichs zu beenden. Deutsche Truppen stießen durch die *Zone Libre* nach Süden vor, um eine alliierte Landung an der französischen Mittelmeerküste zu verhindern.

Auch Friedrich Paulus, Hitlers Lieblingsgeneral an der russischen Front, war in ernste Schwierigkeiten geraten. Er war 1939 einer der wenigen Wehrmachtsgeneräle gewesen, die den Grausamkeiten der SS in Polen uneingeschränkt zugestimmt hatten. Nun hatte ihn die Rote Armee seit November 1942 mit seinen halberfrorenen Männern vor dem uneinnehmbaren Stalingrad eingeschlossen. Hitler erteilte in seinem ostpreußischen Führerhauptquartier Durchhaltebefehle und beförderte Paulus Anfang 1943 zum Generalfeldmarschall. Doch am 31. Januar 1943 kapitulierte Paulus und begab sich mit seiner riesigen Streitmacht von 90.000 Mann in russische Kriegsgefangenschaft. Hitler reagierte auf die Nachricht mit den Worten: »Der Mann hat sich totzuschießen« und beschimpfte den Soldaten, dem er selbst gerade noch den Marschallstab verliehen hatte, als Feigling und Erzverräter. Paulus solidarisierte sich nach dem 20. Juli 1944 mit dem Widerstand gegen das NS-Regime und schloß sich mit anderen Kriegsgefangenen dem stark sowjetisch beeinflußten, antifaschistischen Nationalkomitee Freies Deutschland an.

Es ist sehr wahrscheinlich, daß der engere Kreis um Hitler von der Vernichtung der Juden in eigens errichteten

Todeslagern wußte, für die später die Begriffe Holocaust oder (hebräisch) Shoa geprägt wurden.

Der erste amerikanische Zeitungsbericht über die Ausrottung der Juden erschien am 30. Juni 1942 auf Seite 7 der *New York Times*, und am 2. Juli brachte die Zeitung einen weiteren Bericht auf Seite 6. Rabbi Stephen Wise, der Führer der amerikanischen Juden in New York, wurde am 28. August durch ein Telegramm Gerhard Riegners vom Jüdischen Weltkongreß in Genf über die Existenz von Vernichtungslagern informiert. Belsen hatte am 16. März seinen Betrieb aufgenommen; Auschwitz war am 17. Juli offiziell von Himmler inspiziert worden; und in Treblinka war am 23. Juli der erste Zug mit Deportierten eingetroffen. Riegner hatte sein Telegramm bereits am 8. August abgeschickt, doch es war von amerikanischen Diplomaten zwanzig Tage lang zurückgehalten worden und erreichte Wise erst, als ihm der britische Unterhausabgeordnete Sidney Silverman eine Kopie schickte.

Weitere Berichte über die Vernichtungslager erschienen in November 1942, stießen jedoch auf weitverbreiteten Unglauben selbst bei jüdischen Gruppen. Das Verbrechen erschien einfach zu ungeheuerlich, selbst für die Nazis. Auch die Juden in Palästina konnten die Berichte nicht glauben, und ihr Wahrheitsgehalt wurde selbst bei einem Treffen der Führung der Histadrut-Gewerkschaft vom 25. bis 26. November 1942 in Zweifel gezogen.

Allen Dulles, der Bruder von Schachts altem Bekannten John Foster Dulles, der jetzt als geheimer Chef des OSS im neutralen Genf saß, stand den Berichten seines Nachrichtendienstes über die Vernichtungslager ebenfalls sehr skeptisch gegenüber.[6] Der deutsche Industrielle Eduard Reinhard Schulte hatte unter großem persönlichem Risiko mehrere wichtige Personen in der Schweiz über die Massendeportationen informiert. Doch Dulles betrachtete die

Sache als »ein durch jüdische Ängste verursachtes wildes Gerücht«.[7] Amerikanisch-jüdische Organisationen schickten noch immer Pakete an Menschen, die bereits tot waren.[8]

Die weltweit zirkulierenden Gerüchte über den Massenmord kamen zweifellos auch den führenden Nazis und Regierungsmitgliedern in Berlin zu Ohren. Hitlers »Hofstaat« war eine Gerüchteküche, ein Hexenkessel interner Machtkämpfe, Intrigen und geflüsterter Nachrichten, was den Führer keineswegs störte. Es gefiel ihm, wenn unter seinen Anhängern Uneinigkeit herrschte.

Das Wissen, daß die SS in mechanisierten Schlachthöfen systematisch Menschen umbrachte, mag viele führende Deutsche, ja vielleicht sogar führende Nazis, entsetzt haben, aber keiner protestierte. Der Anblick von SS-Uniformen mit dem bedrohlichen rhombenförmigen Abzeichen des Sicherheitsdiensts (SD) am linken Unterarm ließ sogar Wehrmachtsgeneräle erzittern. Die Strafen für Äußerungen, die als Wehrkraftzersetzung interpretiert werden konnten, reichten von langer Haft bis zum Tod.

Für den durchschnittlichen Deutschen hatten die Vernichtungslager allein durch ihre Lage im fernen Ostpolen etwas Unwirkliches, und genau deshalb hatte die SS sie dort errichtet. Wer konnte schon wissen, ob der jüdische Anwalt, Arzt oder Geschäftsmann, der bis 1939 im ersten Stock gewohnt hatte, tatsächlich drei Jahre später in einem Lager im Osten umgebracht wurde? Listen von Opfern wurden nicht veröffentlicht. Wenn die Polizei Juden zusammentrieb, erklärte sie dies in der Regel mit Euphemismen wie »Abschiebung«, »Aussiedlung« oder »Umsiedlung«. Niemand konnte bezweifeln, daß es entsetzlich war, zusammen mit Hunderten anderer Menschen, bewacht von bewaffneter SS oder Polizei, zum Bahnhof zu marschieren. Für einen statusbewußten deutschen Kleinbürger wäre dies die ultimative Entwürdigung gewesen. Doch die meisten schlossen daraus nicht unbedingt, daß die deportierten Familien vernichtet werden würden. Die Deutschen hielten sich wie die anderen Völker Europas für zivilisierte Christenmenschen, und sie waren überzeugt, daß organisierter Massenmord nicht der deutschen Natur entsprach. Solche Greueltaten wurden höchstens von »Bolschewisten« verübt, wie die Massenhinrichtung polnischer Offiziere in Katyn. Natürlich hatten die Deutschen erlebt, daß gegen die Juden zahlreiche Brutalitäten und Mißhandlungen verübt wurden, daß sie auf offener Straße zusammengeschlagen, ihre Synagogen niedergebrannt und sie wegen kleinster Vergehen denunziert wurden. Doch sie liebten den SA-Nachbarn nicht, der im Suff einen Juden zusammengeschlagen hatte. In der Regel reagierten sie auf solche Ereignisse mit dem Gedanken: »Wenn das der Führer wüßte.« Der Führer konnte von den Ausschweifungen des betrunkenen Nachbarn selbstverständlich nichts wissen, und niemand dachte daran, mitten im Krieg einen Brief an Herrn A. Hitler zu schicken.

Es gab andere, näherliegende Probleme: Nächtliche Luftangriffe, die an Intensität und Häufigkeit zunahmen, oder Ehemänner und Söhne, die an der Ostfront um ihr Leben kämpften. Die Verlustlisten waren lang, und die meisten Familien hatten Tote oder Verwundete zu beklagen. In den offiziellen Frontberichten war von Verteidigungserfolgen die Rede. Die Gerüchte sprachen eine andere Sprache, aber niemand murrte öffentlich. Es war zu gefährlich. Die SS und ihre Informanten waren allgegenwärtig. Auch die Konzentrationslager – die Arbeitslager in Deutschland und die Todeslager in Polen – wurden von der SS bewacht.

Und dann gab es auch noch SS-Männer, die in den Eliteeinheiten der Waffen-SS zusammen mit der Wehrmacht kämpften. Der normale deutsche Zivilist war zu verwirrt, zu ängstlich, zu zermürbt von Bombenangriffen und schlaflosen Nächten, um sich ein eigenes Urteil zu bilden, und den Soldaten der Wehrmacht war im Gefecht die Unterstützung einer verbissen kämpfenden SS-Panzerdivision durchaus willkommen. (»In der Not frißt der Teufel Fliegen«, heißt das passende Sprichwort.)

Niemand gab dem Führer die Schuld. Adolf Hitler, der Mann, »der immer recht hatte« und durch Lug und Trug so viele unblutige Siege errungen hatte, war noch immer über jede Kritik erhaben, selbst mitten in einem brutalen und schon verlorenen Krieg. Er galt noch immer als eine Art Übervater seines Volkes. Wenn Grausamkeiten begangen wurden, war es »nicht sein Fehler«, die Leute »in seiner Umgebung« waren schuld. Er wurde »schlecht beraten« und von seinen Statthaltern »belogen«.

Aufgewecktere Geister betrachteten Heinrich Himmler, den farblosen, bebrillten ehemaligen Hühnerzüchter, als den eigentlichen Schuldigen. Von seinen grau uniformierten SS-Polizisten und ihren Brüdern von der Gestapo in den Ledermänteln wußte man, daß sie fast jedes Verbrechens fähig waren. Niemand wollte mit ihnen etwas zu tun haben. Nachdem der gefährliche Heydrich sein pompöses Staatsbegräbnis erhalten hatte, wurde Fritz Kaltenbrunner, ein riesenhafter, kettenrauchender Österreicher, Chef der Sicherheitspolizei und sorgte dafür, daß sie nach wie vor ständig präsent und allgegenwärtig war. Auch Himmler wäre jedoch ohne seinen Führer machtlos gewesen.

Vor diesem Hintergrund der steten Bedrohung war es erstaunlich, daß Schacht erneut Protest erhob. Als er im November 1942 erfuhr, daß fünfzehnjährige Schüler als Flakhelfer eingezogen wurden, brachte er seine Empörung in einem Brief an Göring zum Ausdruck. In dem Schreiben nannte er acht Gründe, warum der Krieg verloren sei und ein Friede angestrebt werden müsse:

1. Das ursprüngliche Inaussichtstellen eines kurzen Krieges ist nicht in Erfüllung gegangen.
2. Die in Aussicht gestellte schnelle Niederringung Englands durch die Luftwaffe ist nicht erfolgt.
3. Die Ankündigung, daß Deutschland vor feindlichen Luftangriffen bewahrt bleiben würde, hat sich nicht erfüllt.
4. Die wiederholte Feststellung, daß die russische Widerstandskraft gebrochen sei, hat sich nicht bewahrheitet.
5. Die Belieferung Rußlands mit alliiertem Rüstungsmaterial und die Mannschaftsreserven Rußlands haben vielmehr zu dauernden schweren Gegenangriffen gegen unsere Ostfront ausgereicht.
6. Der anfänglich siegreiche Vormarsch gegen Ägypten ist nach wiederholten Ansätzen bis jetzt gescheitert.
7. Die als unmöglich hingestellte Landung der Alliierten in West- und Nordafrika ist trotzdem eingetroffen.
8. Der außerordentlich große Schiffsraum, der für diese Landung erforderlich war, hat gezeigt, daß unsere U-Boot-Waffe, trotz ihrer großen Erfolge, zur Verhinderung dieser Transporte nicht ausgereicht hat.

Dazu kommt die jedem Volksgenossen sichtbare Einschränkung in der Zivilversorgung, im Verkehrswesen, im Rüstungsmaterial, im Arbeitseinsatz. Die Einbeziehung der Fünfzehnjährigen wird sicherlich die Bedenken bestärken, wie eigentlich dieser Krieg beendet werden soll.

Es dauerte sieben Wochen, bis eine Reaktion auf den Brief erfolgte. Staatssekretär Lammers aus der Reichskanzlei schickte einen seiner Untergebenen mit Schachts Entlassungsurkunde als Minister ohne Geschäftsbereich. Im beigelegten Brief von Lammers hieß es: »Der Führer hat sich mit Rücksicht auf Ihre Gesamthaltung im gegenwärtigen Schicksalskampf der deutschen Nation entschlossen, Sie zunächst aus Ihrem Amt als Reichsminister zu verabschieden.« Aus dem Wort »zunächst« ließ sich schließen, daß Schlimmeres zu erwarten war.

Als nächstes erhielt Schacht einen Brief von Göring, in dem dieser ihm Defätismus vorwarf und ihn beschuldigte, den Kampfwillen des deutschen Volkes zu untergraben. Nun verlor Schacht seine Mitgliedschaft im Preußischen Staatsrat, einem völlig bedeutungslosen Gremium.

Dann erreichte ihn ein Brief von Martin Bormann, dem kleinen, dicken, primitiven Sekretär des Führers, in dem er aufgefordert wurde, das Goldene Parteiabzeichen zurückzugeben, das er und alle anderen Minister am 30. Januar 1937 anläßlich des vierten Jahrestags der Machtergreifung erhalten hatte.

Von nun an stand Schacht in Berlin unter ständiger Überwachung der Berliner Gestapo, also zog er zurück nach Gühlen, wo die Gestapoagenten nicht mehr in Erscheinung traten. Er war jedoch sicher, daß seine Post geöffnet und sein Telefon überwacht wurde.[9]

Schacht hatte seit 1938 Verbindungen zu anderen Dissidenten des NS-Regimes. Die Kontakte reichten von kühnen offenen Treffen bis zu diskreten, vorsichtigen Hinweisen. Der Mann im Widerstand, den Schacht am meisten respektierte, war noch immer General Ludwig Beck, der Hitler hatte ausschalten wollen, bevor Chamberlain nach München gefahren war. Neben Beck war Carl Friedrich Goerdeler, der frühere Oberbürgermeister von Leipzig, zu einer zentralen Figur des Widerstands geworden. Er war aus Opposition gegen die NS-Politik als Bürgermeister zurückgetreten, hatte eine führende Position bei Krupp abgelehnt und sich voll und ganz der Organisation des Widerstands gewidmet. Sogar Pläne für eine deutsche Regierung nach Hitler hatte er bereits ausgearbeitet.

Viele von Schachts Kontakten wurden in der sogenannten Mittwochsgesellschaft geknüpft, einer Gruppe von

Politikern, Intellektuellen, Geschäftsleuten und Militärs mit teils geselliger, teils politischer Funktion. Durch die Mittwochsgesellschaft lernte Schacht Goerdeler kennen. Andere Mitglieder kannte er bereits, so Ulrich von Hassell, den früheren deutschen Botschafter in Italien; Johannes Popitz, den preußischen Finanzminister, einen Nationalisten, der nie in die NSDAP eingetreten war und nach der Kristallnacht vergeblich versucht hatte, von seinen Ämtern zurückzutreten; Ferdinand Sauerbruch, den berühmten Chirurgen; und den Berliner Professor für Geopolitik und Geographie Albrecht Haushofer, der ursprünglich ein Mentor von Rudolf Heß gewesen und dann zu dessen Protegé geworden war. Haushofer hatte in der Vergangenheit auch Ribbentrop beraten, als dieser in der Parteihierarchie noch unter Heß gestanden hatte. Er hatte immer mächtige Beschützer gebraucht, weil seine Mutter keine »Arierin« war. Nun jedoch war er bei Hitler in Ungnade gefallen, und seit Heß nach England geflogen war, schwebte er in großer Gefahr. Alle Genannten waren Feinde des Hitlerregimes, und die meisten sollten ihm vor seinem Zusammenbruch zum Opfer fallen.

Seltsamerweise hielt Schacht, der sich als Amtsträger keineswegs durch Diskretion ausgezeichnet hatte, zwar Kontakt zur Mittwochsgesellschaft, zog sich aber von Goerdeler zurück, da er diesen für zu indiskret hielt. Seine vermutlich wichtigste Informationsquelle war sein Freund General Hans Oster, die rechte Hand des Abwehrchefs Admiral Canaris. Oster war ein kühner Feind der Nazis. Auch der Abwehroffizier Hauptmann Theodor Strünck und seine Frau Elisabeth waren oft in Gühlen zu Gast. Eine weitere interessante Verbindung war der Jurist Hans Bernd Gisevius, der zunächst für die Gestapo und dann für die Abwehr arbeitete, wo er bald ein enger Freund Osters wurde. Auch zu dem Berliner Polizeichef Graf Helldorf und zu Herbert

Göring, einem Vetter, aber keinem Freund des Reichsmarschalls, hielt Schacht engen Kontakt. Wichtig als Informant und Verbündeter war außerdem der von den Nazis enttäuschte Reichskriminaldirektor Arthur Nebe, ein früherer Kollege von Gisevius bei der Gestapo.

Alle diese Männer hatten das eine gemeinsame Ziel, Hitler und seine Clique zu stürzen. Noch waren ihre Pläne nicht konkret. Hans von Dohnanyi, ein Freund Osters, der als politischer Experte bei der Abwehr arbeitete, verfaßte eine lange Liste mit Personen, die nach dem Sturz Hitlers angeklagt werden, und eine zweite mit Personen, die Regierungsämter übernehmen sollten. Der Jurist Dohnanyi plante die Zukunft, bevor er die Gegenwart bewältigt hatte. Als er Schacht einen Aufruf vorlesen wollte, der mit den Worten »Hitler ist tot!« begann, unterbrach dieser ihn und bat, ihm »den Rest erst dann vorzulesen, wenn Hitler wirklich tot wäre«.[10] Dohnanyi wurde schließlich genau wegen dieser schriftlich ausgearbeiteten Pläne verhaftet und im April 1945, wenige Tage vor der deutschen Kapitulation, im Konzentrationslager Sachsenhausen hingerichtet.

Auch Goerdeler entwarf bereits Pläne für eine künftige deutsche Regierung, während Hitler noch die absolute Macht innehatte. Eines Tages wurde Schacht in seinem Auftrag durch Ulrich von Hassell gefragt, ob er in einer künftigen Regierung Goerdeler Minister werden wolle. Schacht legte sich nicht fest und meinte, diese Frage sei viel zu früh gestellt. In seinen Memoiren schreibt Schacht ziemlich spitz, von Hassell sei über das Gespräch, das im Park von Schloß Sanssouci in Potsdam stattfand, offenbar nicht befriedigt gewesen. »Er schien zu befürchten, daß ich seinen Wunsch, Außenminister zu werden, stören könnte.«[11] Goerdeler hatte nur ein halbdemokratisches Regime geplant, in dem bestimmte Gruppen wie die Juden weiterhin einen speziellen Status haben sollten. Er wurde nach dem

20. Juli für eine Belohnung von einer Million Reichsmark denunziert und schließlich im Gefängnis Berlin-Plötzensee hingerichtet – ein tragisches Schicksal für einen Mann, der die Ermordung Hitlers aus moralischen Gründen abgelehnt hatte.[12]

Am 10. April brachte die *New York Times* einen Bericht mit der Überschrift: WIE AUS BERN VERLAUTET, IST SCHACHT BEI DEN NAZIS IN UNGNADE GEFALLEN.

In dem Artikel hieß es, der »einstige Finanzdiktator Deutschlands und wichtige Mann bei der Gestaltung der frühen Finanzpolitik des NS-Regimes hat sich laut privaten Auskünften aus Berlin in das abgelegene Lienz in Tirol zurückgezogen ... Dr. Schacht wurde aus der Partei ausgeschlossen und aufgefordert, sein Goldenes Parteiabzeichen zurückzugeben. Daraufhin soll der Finanzier die im vergangenen Jahr entrichteten Mitgliedsbeiträge zurückverlangt haben.«[13]

Der ehemalige NS-Diplomat Carl Prüfer berichtet in seinem Tagebuch, daß am Morgen des 14. April 1943 zwei Luftangriffe auf Berlin stattgefunden hätten. Am Abend habe er bei Freunden gespeist, wo er Dr. Schacht und seine Frau Manci getroffen habe. Schacht sei »immer noch derselbe indiskrete Bramarbas wie ehedem.« (Der Begriff »Bramarbas« stammt aus einem spanischen Gedicht und bedeutet »Großmaul«.) Am gleichen Tag vermerkt Prüfer, daß die deutsche Regierung die Nachricht über das Massaker im Wald von Katyn veröffentlicht habe, wo sowjetische Truppen Tausende von polnischen Offizieren ermordet hatten, und kommentiert das Ereignis: »Die Wirkung dieser Verlautbarung wäre ungeheuer, wenn es die Verbrechen gegen die Juden nicht gäbe.« Ein Satz, der deutlich beweist, daß die Existenz der Vernichtungslager auch außerhalb der SS weithin bekannt war.[14]

Schachts Selbstvertrauen blieb unerschütterlich. Er hielt es noch immer für möglich, durch rationale Argumente Einfluß auf die Ereignisse nehmen zu können. Als er im Sommer 1943 wieder einigermaßen sicher war, daß ihm keine Verhaftung oder Schlimmeres drohte, schrieb er an Hitlers treuen Staatssekretär Lammers, »daß selbst die mir zuteil gewordene Behandlung mein Gefühl für Loyalität und Pflicht nicht beeinflussen kann. Ich wäre Ihnen deshalb dankbar für eine Feststellung, ob der Führer bereit ist, noch einmal eine kurze schriftliche Äußerung von mir zur politischen Lage entgegenzunehmen.« Dieses Anliegen begründete er mit den Worten, daß das »Schicksal Deutschlands, des Nationalsozialismus und Hitlers ... eng miteinander verwoben« sei. Lammers' Antwort ließ lange auf sich warten, und als sie schließlich am 19. August 1943 eintraf, war sie ablehnend. »Ihren Wunsch, dem Führer eine kurze schriftliche Äußerung zur politischen Lage zu geben, habe ich vorgetragen. Der Führer läßt Sie bitten, davon abzusehen.«[15]

Erst jetzt erkannte Schacht, daß er wirklich keinen Einfluß mehr auf das Regime hatte. Ihm blieb nur noch die totale Opposition.

Im Jahr 1943 lernte Schacht mit General Fritz Lindemann einen neuen wichtigen Verbündeten kennen. Der General wurde ihm von dem Oberstleutnant der Luftwaffe Hans Gronau vorgestellt, einem alten Freund und Kameraden seines Sohnes Jens, der als Wirtschaftsoffizier im Berliner Wehrkreis arbeitete. Gronau hatte schon 1939 bei einem Besuch in Gühlen eine zwanzigseitige regimekritische Denkschrift Schachts gelesen. Als er sich verblüfft über Schachts Offenheit äußerte, hatte dieser gesagt: »Sollen die Schweine die Schrift doch lesen und mich dann aufhängen.«[16] Lindemann war ein Freund Goerdelers und einer der wenigen Generäle, die zu radikalem Widerstand bereit waren. Er war im Osten stationiert und mit der Beschaffung von Artilleriematerial für die gesamten Ostarmeen betraut, kam jedoch häufig nach Berlin und hatte dank seiner Aufgabe jederzeit Zutritt zum Generalstab, wo auch eine Reihe weiterer Offiziere einen Staatsstreich wagen wollte. Schacht hatte schon geraume Zeit nach einem solchen militärischen Bundesgenossen Ausschau gehalten und schloß sich nun endlich der Verschwörung zu Hitlers Ermordung an.

Im April 1943 wurden Canaris und Oster wegen Unzuverlässigkeit und Inkompetenz ihrer Posten enthoben, ein schwerer Schlag für Schacht und andere, denen die beiden Abwehroffiziere Informationen geliefert hatten. Berlin wurde nun Tag und Nacht von alliierten Bombern angegriffen. Seine Bewohner fanden kaum mehr Schlaf und irrten auf dem Weg zwischen Wohnung, Arbeitsplatz und Luftschutzbunker wie Gespenster durch die schuttbedeckten Straßen ihrer zerbombten Stadt. Als der Abwehroffizier Theodor Strünck und seine Frau ausgebombt wurden, bot ihnen Schacht das Kellergeschoß seiner Berliner Villa als Wohnung an.[17] Strünck, ein Freund Osters und Mitglied des Widerstands, hatte trotz der Entlassung seines Chefs seinen Posten im Hauptquartier der Abwehr behalten und übernahm es nun, Schacht mit Informationen zu versorgen. (Strüncks wichtigste Informationsquelle war ein Oberst Hansen, der Osters Platz eingenommen hatte.) Anfang 1944 war endlich ein realistischer Plan für die Ermordung Hitlers ausgearbeitet. Schacht drängte Lindemann und seine Freunde zur Eile, doch sie mußten einen Termin nach dem anderen verschieben, da sich Hitlers Tagesablauf und seine Reisen nie voraussehen ließen. Hitler wollte die gehetzte Existenz der anderen Regierungsmitglieder in Berlin nicht teilen und hatte sein Führerhauptquartier in einem riesigen Komplex von Betonbunkern in einem Wald bei der ostpreußischen Stadt Rastenburg aufgeschlagen, das romantisierend »Wolfsschanze« genannt wurde. Offiziell wurde Hitlers Abwesenheit aus Berlin damit begründet, daß er sich in Ostpreußen näher bei den Truppen an der Ostfront befinde, doch Berlin wäre für sein Hauptquartier geographisch genauso geeignet gewesen.

Am 6. Januar 1944 berichtete United Press aus Berlin, daß Schacht als Nachfolger von Außenminister Ribbentrop ausersehen sei.[18] Diese Nachricht wurde am 10. Januar von Dr. Max Immanuel kommentiert, der vor seiner Emigration nach Amerika für Schacht gearbeitet hatte. Er schrieb in einem Artikel für die North American Newspaper Alliance, Hitler habe das Gerücht in die Welt gesetzt, um herauszufinden, ob Schachts legendäre Verbindungen in den USA noch immer für Friedensbemühungen nutzbar gemacht werden könnten.[19] Schacht selbst war so isoliert, daß er von dem Bericht nichts erfuhr.

Am Morgen des 6. Juni 1944 wollten die deutschen Soldaten an der schwer befestigten Küste der Normandie ihren Augen nicht trauen, als am dunstigen Horizont im Westen eine riesige Landungsflotte auftauchte. Die seit langem gefürchtete Invasion der Alliierten hatte begonnen. Britische und amerikanische Soldaten stürmten von Landungsbooten aus auf breiter Front die Küste, und im Rücken der Deutschen wurden Luftlandetruppen abgesetzt.

Die Invasion in der Normandie ereignete sich in den letzten Wochen des geplanten Militäraufstands gegen das Hitlerregime und kam genau zum richtigen Zeitpunkt. Dagegen kam der deutsche Aufstand gegen Hitler zu spät und wirkte seltsam laienhaft, obwohl er von einigen der besten Militärs ihrer Zeit durchgeführt wurde.

Einige führende Offiziere, die an der Spitze des Aufstands hätten stehen sollen, weigerten sich mitzumachen. Mehrere waren vermutlich zu feige, ihre Hinrichtung zu riskieren. Andere fühlten sich durch den Eid gebunden, den sie nach der Entlassung Fritschs und Blombergs auf den »Führer des deutschen Reiches und Volkes, Adolf Hitler« hatten leisten müssen. Auch daß ihr Oberbefehlshaber sie immer wieder betrogen und irregeführt hatte, konnte nichts daran ändern. Unter ihnen war General Franz Halder, der 1938 Becks Posten als Generalstabschef übernommen hatte, nachdem dieser wegen Chamberlains Appeasementpolitik seinen Abschied eingereicht hatte. Halder hatte schon seit 1938 mit dem Widerstand in Verbindung gestanden und über Goerdeler, Schacht, Canaris und Beck Bescheid gewußt. Als er jedoch gebeten wurde, sich der Gruppe anzuschließen, sagte er, Canaris solle das Töten übernehmen.[20] Schließlich war er doch in radikale Opposition zu Hitler geraten, aber weniger aus politischen denn aus militärischen Gründen. Er hatte seinem dilettantischen Oberbefehlshaber empfohlen, Truppen aus allen anderen Sektoren der Ostfront abzuziehen, um die bei Stalingrad eingeschlossene Armee zu entsetzen, doch Hitler hatte seinen Rat nicht befolgt. In der Folge war Halder entlassen worden. Trotzdem fühlte er sich noch immer an seinen Eid gebunden und schloß sich den Verschwörern nicht an. Ein Verhalten, das den mißtrauischen Hitler nicht daran hinderte, Halder im Gefolge des Aufstands ins Konzentrationslager zu schicken.

Auch Generalfeldmarschall Erich von Manstein, ein jähzorniger Heißsporn, aber hervorragender Soldat und Hitlers letzte Hoffnung in Rußland, wurde von den Verschwörern angesprochen. Er lehnte mit der Begründung ab, daß ein deutscher Marschall nicht meutere.[21] Wenige Wochen später wurde er von Hitler entlassen und auf den Berghof bestellt, wo ihn Hitler formell verabschieden und ihm eine letzte Auszeichnung verleihen wollte. Bei seiner Ankunft wurde er zunächst in einem nahegelegenen Ferienhotel untergebracht, wo sich mehrere hohe SS-Offiziere im Speisesaal arg daneben benahmen. Doch der preußische Generalfeldmarschall wagte nicht einmal, sich zu beschweren, so sehr war er von Hitler eingeschüchtert worden.

Andere Gegner Hitlers fürchteten, eine Ermordung des Oberbefehlshabers würde die Moral der Truppen in ihrem Überlebenskampf gegen die Sowjetunion so sehr schwächen, daß die Ostfront völlig zusammenbräche. Wieder andere lehnten einen Mord aus moralischen und religiösen Gründen grundsätzlich ab. Zu ihnen gehörten neben Goerdeler auch Graf Helmuth James von Moltke, ein früher Gegner des NS-Regimes, und die Zivilisten in dem nach Moltkes Gut benannten Kreisauer Kreis.

Nicht alle Verschwörer waren alte Feinde des NS-Regimes. Viele jüngere Offiziere waren mit Begeisterung in der Hitlerjugend gewesen und hatten sich über ihre schnelle Beförderung in der rasch wachsenden Wehrmacht gefreut. Sie hatten die Greueltaten der SS mit einem Schulterzucken abgetan, und ihre Begeisterung war erst mit den Niederlagen vor Stalingrad, Leningrad und Moskau, mit den alliierten Bomberangriffen auf Deutschland und mit der alliierten Invasion in der Normandie geschwunden. Erst jetzt hatten sie erkannt, daß der Krieg verlorenging, während ihre Familien in der Heimat ausgebombt wurden. Für sie war es »höchste Zeit, den unfähigen böhmischen Gefreiten und sein Gesindel loszuwerden und den Westalliierten ein Friedensangebot zu machen, bevor die Russen Deutschland überrennen.«[22]

Einige Verschwörer waren Opportunisten, doch viele andere handelten aus religiösen und patriotischen Motiven. So etwa Axel von dem Bussche, ein Offizier im Infanterie-Regiment 9, dem Traditionsregiment mehrerer preußischer Garderegimenter. Er wurde auf dem Rückweg zu seinem an der Ostfront stationierten Eliteregiment auf einer Waldlichtung Zeuge, wie die SS an nackten jüdischen Männern, Frauen und Kindern ein Massaker beging. Sein unmittelbarer Impuls war, sich ebenfalls zu entkleiden und in die Reihen der Opfer zu stellen, um wenigstens einen Rest der deutschen Ehre zu retten. Er wußte jedoch genau, daß ihn die SS in diesem Fall einfach festgenommen und in die nächste Irrenanstalt gesteckt hätte. Also kehrte er zu seinem Regiment zurück und erzählte seinen Offizierskameraden, was er gesehen hatte. Sie waren alle mit ihm einig, daß diesen Verbrechen ein Ende gesetzt werden mußte. Später gelang es Bussche, sich kurzfristig nach Berlin versetzen zu lassen, wo er Hitler eine neue Winteruniform vorführen sollte. Er plante, Hitler bei der Vorführung zu umarmen und ihn durch zwei abgezogene Handgranaten zu töten. Der Plan scheiterte wegen eines alliierten Luftangriffs. Die neuen Uniformen verbrannten in einem Güterwagen auf einem Bahnhof in Berlin, und die Vorführung fand nie statt.

Auch der Offizier Fabian von Schlabrendorff versuchte Hitler zu töten. Er schmuggelte unter dem Vorwand, es handle sich um ein Geschenk für einen befreundeten Offizier im Berliner Oberkommando der Wehrmacht, eine mit hochexplosivem Sprengstoff gefüllte Kognakflasche in Hitlers Flugzeug, doch der barometrische Zünder der Bombe versagte. Ein Mitverschwörer in Berlin bekam die wenig beneidenswerte Aufgabe, die Bombe nach der Landung des Flugzeugs zu bergen. Er bedankte sich höflich bei dem Piloten, daß er ihm sein Geschenk mitgebracht habe, und brachte die gefährliche Last so schnell wie möglich in Sicherheit. Mehrere ähnliche Attentatsversuche wurden in den Jahren 1942 und 1943 von kleinen Gruppen oder Einzelpersonen geplant und in die Tat umgesetzt, wann immer sich die Gelegenheit dazu ergab. Alle scheiterten.

Am 15. April 1944 bekam die Familie Schacht eine schlimme Nachricht aus Stockholm. Die Gestapo hatte Inges Mann Hilger van Scherpenberg verhaftet, der inzwischen als Diplomat an der deutschen Botschaft in Schweden arbeitete. Er wurde beschuldigt, allzu offen über den deutschen Mangel an Kriegsmaterial geredet zu haben.[23]

Dann endlich kam der große Putschversuch des 20. Juli, an dem sogar ausländische Hauptquartiere der Wehrmacht, wie etwa die Pariser Garnison, beteiligt waren.

Die persönliche Verantwortung für das Attentat selbst übernahm der mehrfach verwundete und hochdekorierte Oberst Claus Graf Schenk von Stauffenberg. Der überzeugte Katholik war das Herz der Verschwörung. Er und seine engsten Freunde hatten mutig bei Offizieren aller Ränge vom Leutnant bis zum Generalfeldmarschall für den Putsch geworben, und Stauffenberg war schließlich zu dem Schluß gekommen, daß er, nachdem er am meisten geredet hatte, auch die entscheidende Tat vollbringen müsse.

Alles schien zu klappen. Stauffenberg hatte am 20. Juli 1944 einen Termin bei Hitler. Am frühen Morgen traf er sich in Berlin mit einem Priester, der ihn in seiner Entschlossenheit bestärkte. Sofort danach brach er per Flugzeug zur Wolfsschanze auf. Als Befehlshaber des Ersatzheeres hatte er Hitler über die Rekrutierung ausländischer Freiwilliger Bericht zu erstatten.

Mit seinen schriftlichen Befehlen hatte er keine Probleme, die drei Sicherheitkordons der SS um die Wolfsschanze zu passieren. Er war jedoch durch seine Verwundungen schwer beeinträchtigt und hatte nur noch eine funktionstüchtige Hand mit drei Fingern. Deshalb konnte er keine Pistole abfeuern und hatte in seiner Aktentasche eine Bombe verborgen. Kurz bevor er Hitler und seinem Stab bei der täglichen Lagebesprechung Bericht erstatten sollte, plazierte er die Tasche mit der scharfgemachten Bombe unter dem Kartentisch und verließ mit dem Vorwand, telefonieren zu müssen, den Raum. In der Folge rettete eine Kette von Zufällen Hitler das Leben. Es gab eine mächtige Explosion, doch die Besprechung fand nicht wie üblich in einem unterirdischen Bunker, sondern über der Erde in einer Holzbaracke statt. In der Baracke konnte der Explosionsdruck entweichen, was die Wirkung der Bombe verminderte. Auch hatte einer der Militärs die Aktentasche mit dem Fuß beiseite geschoben, so daß der schwere Kartentisch, über dem Hitler lehnte, nicht wie geplant senkrecht in die Luft gesprengt wurde. Stauffenberg hörte die gewaltige Explosion und nahm an, daß alle Teilnehmer der Besprechung tot seien. Er machte sich sofort auf den Weg zum Flugfeld, passierte die SS-Kordons und war in der Luft und auf dem Weg nach Berlin, bevor irgend jemand wußte, was die Explosion verursacht hatte. Erst nach seiner Landung in der Hauptstadt erfuhr Stauffenberg, daß das Attentat gescheitert war und Hitler noch lebte.

Unmittelbar nach dem Attentat wurde eine Nachrichtensperre verhängt. Später wurde dann über einen gescheiterten Putschversuch dreier unfähiger Generäle berichtet. Neben Beck und Hoepner wurde auch Olbricht genannt, der für die die technischen Details des Putsches verantwortlich war. Stauffenberg wurde nicht erwähnt. Eine New Yorker Zeitung berichtete, Schacht sei von der Gestapo verhaftet und erschossen worden.[24]

Schacht wußte über den Putsch gut Bescheid und kannte die Verschwörer. Er brachte seine beiden kleinen Töchter aus zweiter Ehe bei seiner Tochter Inge van Scherpenberg in Oberbayern in Sicherheit. Inge hatte die Tüchtigkeit ihres Vaters geerbt und war der zusätzlichen Belastung gewachsen, obwohl sich ihr Mann in Gestapohaft befand. Schacht stieg auf dem Rückweg im Hotel Regina in München ab, wo er noch am 20. Juli durch Hauptmann Gronau erfuhr, daß das Attentat gescheitert war und Hitler nur leicht verletzt überlebt hatte.[25] Als der Hotelportier Schacht am folgenden Morgen zwei Gestapomänner in der Hotelhalle zeigte, verließ er München und kehrte am 22. zu Manci nach Gühlen zurück. Dort hörten sie den ganzen Tag Radioberichte über die Verhaftung und Erschießung von

Verschwörern. Der Putsch wurde als das Komplott einer kleinen Clique ehrgeiziger und verbrecherischer Offiziere bezeichnet, und es hieß, wieder einmal habe die Vorsehung das Leben des Führers für das deutsche Volk bewahrt. Am folgenden Tag brachten die Zeitungen Bilder von Hitler, wie er, offensichtlich kaum verletzt, einem zitternden und totenbleichen Mussolini den Schauplatz der Explosion zeigte. Ein Kommando unter dem SS-Sturmbannführer Otto Skorzeny hatte den italienischen Diktator gerade erst aus der Haft befreit und davor bewahrt, von seinem eigenen Volk zur Rechenschaft gezogen zu werden. Danach war er zufällig für den 20. Juli in die Wolfsschanze bestellt worden, um sich bei seinem Gönner und Beschützer zu bedanken.

Am Morgen des 23. Juli wurde Schacht von der verschreckten Köchin der Familie geweckt, als zwei Kriminalpolizisten vor seinem Schlafzimmer warteten. Noch im Schlafanzug öffnete er die Tür, und sie teilten ihm mit, daß er verhaftet sei. Weiter berichtete er in seinen Memoiren: »Ich zog mich in aller Ruhe an und benachrichtigte meine Frau. Die notwendigsten Schlüssel konnte ich in Gegenwart der Polizei meiner Frau aushändigen. Dann wurde ich hinuntergeleitet vor das Tor, wo eine Reihe Autos standen. Ich verabschiedete mich von meiner Frau und rief ihr zu, daß ich in wenigen Tagen wieder zurück sein werde. Sie nahm diese Worte nicht sehr gläubig auf, wie ich in ihrem kalkweißen Gesicht lesen konnte.«[26]

Weder Ernst Kaltenbrunner, der Leiter des Reichssicherheitshauptamts, noch Otto Ohlendorf, der Chef des Sicherheitsdienstes der SS, kannten die genauen Gründe für die Verhaftung. Kaltenbrunner sagte später, nur Hitler oder Himmler hätten sie anordnen können, und allein Hitler hätte Schachts Hinrichtung befehlen können. Speer sagte aus, Hitler sei sehr zornig darüber gewesen, daß sich Schacht am Ende geweigert habe, weitere Rüstungskredite zu bewilligen. Hitler habe gesagt, solche Männer gehörten erschossen.[27] Im westlichen Ausland berichtete die Londoner Nachrichtenagentur Reuters am 11. August erstmals von Schachts Verhaftung. In einem kleinen Artikel auf Seite 4 der *New York Times* hieß es, Radio Moskau habe die Verhaftung in einer Sendung für die Rote Armee gemeldet. Am 11. Oktober berichtete die schwedische Zeitung *Dagens Nyheter*, Schachts Nichte Sigrid Schacht, die in der deutschen Gesandtschaft in Stockholm arbeitete, habe die schwedische Regierung über die Verhaftung ihres Onkels informiert. Sie beantragte und erhielt noch in derselben Woche die schwedische Staatsbürgerschaft.

Der New Yorker Kongreßabgeordnete Emanuel Celler traute der Sache nicht. Er warnte in einer Presseerklärung, Schacht werde in Wirklichkeit vom Regime als Frontmann für künftige Friedensangebote aufgebaut. Er sei nämlich keineswegs ein Nazigegner, sondern werde von Goebbels benutzt. »Es gibt keine bessere Wahl als den Manipulator Schacht«, meinte Celler, betonte jedoch, daß er die Integrität von Amerikanern wie Herbert Hoover, John Foster Dulles, Allen Dulles und Robert Murphy (einem Berater Eisenhowers), die mit Schacht zu tun gehabt hatten, »nicht in Frage stelle«.[28]

Auch der amerikanische Kriegsminister Henry Stimson stand den Nachrichten über den Putsch sehr skeptisch gegenüber. Er warnte die Amerikaner, der »Junkerrebellion« nicht zu trauen.[29]

19

Gefängnisse

Hjalmar Schacht verbrachte die folgenden vier Jahre in 32 verschiedenen Gefängnissen oder Konzentrationslagern, davon zwei Jahre in Einzelhaft. Er war in gutem körperlichen Zustand – groß, schlank und voller Energie. Doch er war immerhin siebenundsechzig und mußte nun unter sehr viel härteren Bedingungen überleben als in seiner bisherigen Existenz. Als reicher Bankier, führender Regierungsbeamter und Minister hatte er ein luxuriöses Leben geführt, ein Leben mit Chauffeuren und Hausbediensteten. Er war in Bahn und Schiff immer erster Klasse gereist und in den größten internationalen Hotels abgestiegen. Außer dem Verlust an materieller Bequemlichkeit empörte ihn besonders der völlige Verlust seiner Standesprivilegien, hatte er doch sein Leben ohne Geld begonnen und sich aus eigener Kraft ein Vermögen und einen exzellenten Ruf geschaffen. Er war immer auf seine gesellschaftliche Stellung bedacht gewesen und hatte sorgfältig auf Höflichkeit und die Beachtung der Anstandsregeln bestanden. Und er hatte sich immer als ebenbürtig gefühlt, auch wenn er mit sehr ranghohen Persönlichkeiten verkehrte. Zu Hitlers Zorn hatte er sogar den Diktator fast nie mit »Mein Führer« angeredet, aber erwartet, daß dieser ihn mit »Herr Doktor« ansprach, wie es die Anstandsregeln geboten.[1] Nun jedoch war er auf Gnade und Ungnade kleinen Polizeibeamten und groben Gefängniswärtern ausgeliefert.

Er erkannte, daß er keine respektvolle Behandlung mehr erwarten konnte, und erduldete das schlechte Benehmen und gelegentliche Quälereien seiner Bewacher ohne Klage oder Seelenqual. Die kleinen Gefängniszellen hatten oft keine sanitären Einrichtungen, und wenn sich eine Toilette in der Zelle befand, mußte er mit dem entwürdigenden Umstand leben, daß er bei der Verrichtung seiner Notdurft durch ein Guckloch beobachtet werden konnte. Wenn sich im Freien eine Gemeinschaftslatrine befand, mußte er jedesmal einen Wächter rufen und wurde begleitet und überwacht, wenn er sein Geschäft verrichtete. Da er die meiste Zeit nichts zu lesen bekam, lernte er, seinen Geist auch ohne Lektüre zu beschäftigen. Derselbe Mann, der einst während einer internationalen Konferenz aus dem Hotel Royal Monceau in Paris auszog, weil er das Essen »ungenießbar« fand, mußte sich nun mit der kargen und schlecht zubereiteten Gefängniskost eines zerbombten und wirtschaftlich ruinierten Landes begnügen. Und natürlich blieb dem frischverheirateten Liebhaber des weiblichen Geschlechts, der gerade zwei Töchter bekommen hatte, nun auch jeder weibliche Trost versagt.

Schacht nahm seine Haft mit großer Gelassenheit hin und ließ sich durch nichts entmutigen oder einschüchtern. Zunächst wurde er in das ehemalige Frauen-KZ Ravensbrück gebracht, das inzwischen in eine Haftanstalt für »Staatsfeinde« aller Art umgewandelt worden war. Noch immer ganz der Bankier, Händler und *débrouillard*, schaffte er es zunächst, sich einige kleine Privilegien zu verschaffen, indem er seinen Hauptwächter, einen Deutsch-Litauer, mit einigen Zigarren bestach, die er aus Gühlen hatte mitbringen können.[2]

Es kursierten zahlreiche Gerüchte über Schachts Verhaftung und seinen Aufenthaltsort. Victor Klemperer, dessen kürzlich veröffentlichte Tagebücher den Kriegsalltag in Hitler-Deutschland dokumentieren, schrieb am 8. August, »die Amerikaner … seien im Vormarsch auf Paris« und »Schacht und Neurath« sowie »ein gewisser ›Doktor Nebe‹ [Gisevius' Freund von der Gestapo]« seien erschossen worden. Noch im selben Monat wiederholte Klemperer das Gerücht und fügte hinzu, daß auch Deutschlands berühmter Chirurg Professor Ferdinand Sauerbruch unter den Opfern sei.

Die durch Bombenangriffe zermürbten Berliner hatten immerhin ihren typischen Galgenhumor noch nicht ganz verlernt und der Aufschrift »LSR«, die in der ganzen Stadt auf Tausenden von Luftschutzräumen prangte, die neue Bedeutung »Lernt schnell Russisch!« verliehen.[3]

Obwohl Schacht in Einzelhaft gehalten wurde, erspähte er in Ravensbrück den vor dem Putsch zurückgeschreckten General Halder und Gustav Noske, den Mann, der nach dem Ersten Weltkrieg den linksgerichteten Spartakusaufstand niedergeschlagen hatte. Schon bald wurde Schacht zum ersten von zahllosen Verhören in eine nahegelegene Polizeistelle gebracht. Der für ihn zuständige Polizeileutnant John befahl ihm, einer Schreibkraft seinen Lebenslauf zu diktieren, und zwar in allen Einzelheiten. Schacht tat wie geheißen und diktierte mehrere Stunden. Der ehemalige Journalist erinnerte sich gut an den Rat seines alten Berliner Chefredakteurs, »zu schreiben, was sie hören wollen«, also behielt er immer im Auge, daß der Text für die Gestapo bestimmt war. Was dabei herauskam, war eine stark bereinigte Version des Curriculum Vitae von Hjalmar Horace Greeley Schacht.

Am folgenden Tag bekam das Verhör einen bedrohlicheren Charakter. »Geben Sie uns Ihre Bekanntschaften an«, wurde Schacht von Leutnant John aufgefordert.

Schacht antwortete: »Das werde ich nicht tun«, und der Polizeioffizier drohte ihm schlimme Konsequenzen an. Schacht beruhigte den Mann schließlich und erklärte seine Weigerung wie folgt: »Wenn ich bei der Namensaufstellung meiner Bekannten einen Namen zuerst nenne, so werden

Sie sofort annehmen, daß es sich dabei um eine für sie besonders interessante Persönlichkeit handeln könnte.« Dann bewies er sein typisches Verhandlungstalent und sagte: »Fahren Sie zu meiner Frau, lassen Sie sich von ihr das Gästebuch geben. Sie werden darin alle gewünschten Namen finden.« In das Buch hatten sich jedoch nur Gäste eingetragen, die in Gühlen übernachtet hatten, und Schachts Mitverschwörer hatten ihm stets nur hastige Besuche bei Tag abgestattet. Außerdem waren vor Schachts Entlassung führende Nazis in Gühlen zu Gast gewesen. Leutnant John fuhr tatsächlich sofort nach Gühlen. Er wurde von der charmanten Manci mit Kaffee und Kuchen bewirtet und kehrte mit dem Gästebuch und sehr viel mehr Wohlwollen zu Schacht zurück.

Zu Schachts Privilegien gehörte es, daß er von seinem bestechlichen Wächter täglich den *Völkischen Beobachter* erhielt. Eines Tages mußte Schacht den Deutsch-Litauer jedoch mit einer Extrazigarre bestechen, damit er ihm das Parteiorgan brachte. Er hatte es zurückgehalten, weil es die Namen von 28 standrechtlich erschossenen Offizieren enthielt. In derselben Ausgabe befand sich auch eine Liste gesuchter Personen, die den Namen General Lindemanns enthielt. Schacht war sehr erleichtert, daß sich Lindemann noch in Freiheit befand. Der General war der einzige, der hätte gestehen können, daß Schacht über die Verschwörung voll informiert gewesen war. Beck war tot. Er hatte versucht, sich zu erschießen, dabei aber lediglich sein Augenlicht verloren. Schließlich hatte ein mitleidiger Gefreiter, angeblich auf Befehl des Oberkommandos der Wehrmacht, seinem Leben ein Ende gemacht. Stauffenberg und einige seiner engsten Mitverschwörer hatten im Vergleich zu vielen anderen, die später der Gestapo in die Hände fielen, eher Glück im Unglück gehabt. Sie wurden noch in der Nacht nach dem Putsch im Hof des Oberkommandos der Wehrmacht in der Berliner Bendlerstraße erschossen. »Es lebe das ewige Deutschland!« rief Stauffenberg unmittelbar bevor ihn die Salve des Erschießungskommandos traf. Viele andere Mitglieder des Widerstands wurden in Schauprozessen vor dem Volksgerichtshof zum Tode verurteilt. Der Präsident des Gerichts, Roland Freisler, war ein haßerfüllter ehemaliger Kommunist und beschimpfte die Angeklagten mit einer solchen Bösartigkeit, daß nicht einmal Goebbels das gesamte Filmmaterial des Prozesses für Propagandazwecke verwenden konnte. Einige der Angeklagten stammten, wie etwa Moltke, Dohna, Witzleben, Hassell, Schulenburg und Schwerin, aus den ältesten und angesehensten Familien Deutschlands. Nach dem Prozeß wurden die Verschwörer auf denkbar inhumane und grausame Art im Berliner Gefängnis Plötzensee an Fleischerhaken gehängt. Die Hinrichtung sollte gefilmt werden, damit Hitler sie anschauen konnte, doch das Geschehen war so grausam, daß das Filmteam die Dreharbeiten abbrechen mußte.

Freisler fand sein gerechtes Ende, als er gerade Fabian von Schlabrendorff den Prozeß machte, dem Offizier, der versucht hatte, Hitlers Flugzeug mit einer Kognakflasche voll Sprengstoff zum Absturz zu bringen. Es gab Luftalarm, und der Richter und der Angeklagte wurden hastig in den Keller des Gerichtsgebäudes geführt. Dann durchschlug eine amerikanische Bombe das Dach und sämtliche Stockwerke des Gebäudes und explodierte über der Kellerdecke. Freisler wurde von einem herabfallenden Balken erschlagen. Nur wenige Meter entfernt saß der Angeklagte Schlabrendorff und wurde nicht ohne Erleichterung Zeuge vom Ende seines Peinigers. Er hat den Prozeß und das Kriegsende überlebt.

Während die Mitglieder des Widerstands gefoltert wurden, stießen die Westalliierten durch Holland, Frankreich und Belgien vor, und die Russen näherten sich der deutschen Ostgrenze. Jede Nacht legte die britische Luftwaffe deutsche Städte in Schutt und Asche, und bei Tag zerstörten die amerikanischen Bomber, was übriggeblieben war. Die Wehrmacht litt unter schwerem Treibstoffmangel, und auch die deutsche Luftwaffe mußte ihre Einsätze wegen dieses Problems stark reduzieren. Hitlers »Wunderwaffen«, die Flugbombe V-1 und die Rakete V-2, konnten den alliierten Vormarsch nicht mehr verlangsamen. Eine letzte deutsche Offensive in den schneebedeckten Ardennen, mit der Hitler alles auf eine Karte setzte, scheiterte an Weihnachten 1944, als das Wetter aufklarte und die alliierten Kampfflugzeuge ihre Arbeit verrichteten. Hitlers Krieg war verloren, aber seine Barbarei steigerte sich noch. Die Todesfabriken arbeiteten rund um die Uhr.

Für Schacht war Ravensbrück nur der Anfang.

Am 28. August 1944 wurde seine übliche Gelassenheit erstmals auf eine harte Probe gestellt, als er den Befehl erhielt, weißblau gestreifte Gefängniskleidung und Holzschuhe anzuziehen. Er sträubte sich heftig, doch sein Wächter, der Gestapomann Lange, ließ sich nicht umstimmen. Die Sträflingskleidung löste bei Schacht ein ungewohntes Minderwertigkeitsgefühl aus. »So tief war ich also gesunken«, schreibt er in seinen Memoiren, »daß alles Recht, aller Trotz, alle Auflehnung gegen solchen Mißbrauch der Gewalt nichts auszurichten vermochten.« Gleichermaßen entsetzt war er darüber, daß seine Wächter ihn sofort wie einen Verbrecher behandelten. Doch es wunderte ihn nicht: »Wie sollte es auch anders sein, stellte mich doch die Uniform den Sträflingen gleich, ebenso wie jede Offiziersuniform auch den schlechtesten Charakter äußerlich zum Ehrenmann stempelt.« Er entwickelte sogar ein Gefühl der Solidarität für die anderen »Blau-Weiß-Gestreiften«.[4] Er, der nie eine Uniform getragen hatte, erkannte zum ersten Mal, wie schwer es für einen Uniformierten ist, ein Gefühl der Unabhängigkeit zu bewahren.

Schacht hatte die gestreifte Uniform kaum übergezogen, als ihm Handschellen angelegt wurden und ihn der Gestapomann Lange nach Berlin in das Gestapohauptquartier brachte. Das Gebäude in der Prinz-Albrecht-Straße 9 war einer der schrecklichsten Orte in Nazi-Deutschland. Schacht mußte ohne Essen und Trinken stundenlang in einem Nebenraum warten, bis sich herausstellte, daß im Kellergefängnis des Gebäudes keine Zelle mehr frei war. Also wurde er in das alte Gefängnis Moabit gebracht, wobei man den Handkoffer mit seinen Toilettensachen vergaß. Schacht hatte zum ersten Mal jenes Gefühl, »wie ein Postpaket verfrachtet« zu werden,[5] das er in seinen folgenden Haftjahren noch häufig empfand. Er gewöhnte sich daran, auf harten, verlausten Pritschen zu schlafen und Ungeziefer zu jagen. In seinen Memoiren schlägt er vor, die Wände in den Gefängnissen hell zu streichen, weil dies die Jagd nach Läusen und Wanzen erleichtern würde. Wie jeder Häftling mußte auch er einen Eimer als Klosett benutzen und ihn jeden Morgen zur Leerung vor die Tür stellen. Seine Toilettensachen tauchten nie in Moabit auf.

Glücklicherweise blieb er nur drei Tage dort inhaftiert. Dann war in der Prinz-Albrecht-Straße eine Zelle frei geworden, und er wurde in das Gestapohauptquartier verlegt. Dort bekam er seine persönlichen Sachen zurück. Die Zelle, in der er die folgenden vier Monate verbringen sollte, lag tief unter der Erde und hatte nur ein kleines vergittertes Fenster unter der Decke.

Doch es gab gewisse Erleichterungen. Schacht konnte wieder seine eigene Kleidung tragen, und Manci durfte ihm einige Lebensmittel und Bücher, nicht jedoch seine geliebten Zigarren schicken.

Er wurde mit weiteren Verhören gequält, die er als genauso dumm und sinnlos empfand wie die in Ravensbrück. Bei einem von ihnen erfuhr er, daß er aufgrund einer Aussage Goerdelers an die Gestapo überstellt worden war. Schacht wurde gefragt, ob es in der Mittwochsgesellschaft politische Diskussionen gegeben habe, und er bestritt, daß sie politische Ziele verfolgt habe. Sie sei lediglich eine unpolitische Bruderschaft gewesen. Sein Befrager beharrte jedoch darauf, daß Goerdeler die Gesellschaft als politisch beschrieben habe. Schacht antwortete, er solle die anderen verhafteten Mitglieder der Mittwochsgesellschaft befragen. Dann werde er »aus den Verhören dieser Herren feststellen, daß meine Angaben richtig sind.«

Der Kommissar wechselte das Thema: »Sie haben am 13. Juli eine Besprechung in Berlin mit Gisevius gehabt?«

»Das ist völlig unwahr.«

»Wir haben die Beweise dafür.«

»Diese Beweise können nicht richtig sein. Bitte geben Sie mir diese Beweise.«

»Die will ich Ihnen nicht geben.«

Schacht war sicher, daß sich Gisevius in den Tagen vor dem Attentat in der Schweiz aufgehalten hatte. Er beharrte auf seiner Aussage und forderte eine Gegenüberstellung mit Goerdeler und Gisevius, dann werde sich die Wahrheit schon herausstellen. Die Gegenüberstellung war nicht möglich, da Gisevius noch nicht verhaftet war.

Der Kriminalkommissar entwickelte eine immer größere Wut gegen Schacht, die er jedoch im Gestapo-Quartier der Prinz-Albrecht-Straße nicht richtig austoben konnte.

Das Vernehmungszimmer befand sich im dritten Stock des Gebäudes. Schacht fragte einen seiner Bewacher, warum er immer über die Hintertreppe statt über die Vordertreppe hinaufgeführt wurde, und erfuhr, daß einer seiner Mitgefangenen auf dem Weg zum Verhör Selbstmord begangen hatte, indem er sich aus einem Fenster stürzte. Seither wurde nur noch das fensterlose hintere Treppenhaus benutzt.[6]

Den einzigen Kontakt zu seinen Mitgefangenen hatte Schacht im Luftschutzkeller, den die Häftlinge häufig aufsuchen mußten. Schacht sah unter anderem Goerdeler, von Schlabrendorff, Canaris, Herbert Göring, Strünck und General Thomas. Die Gefangenen durften nicht miteinander sprechen. Fast alle wirkten sehr gefaßt, nur Goerdeler und Canaris machten einen völlig gebrochenen Eindruck.

Am 6. Dezember wurde Schacht mitgeteilt, daß er wieder nach Ravensbrück verlegt werde. Kurz zuvor hatte ihn Manci in der Prinz-Albrecht-Straße besuchen dürfen, und zu Schachts großer Freude hatte auch Jens, der gerade Heimaturlaub hatte, eine Besuchserlaubnis erhalten. In einem Nahrungsmittelpaket seiner Frau fand Schacht ein Ei, das in ein Stück Zeitung mit einem Bericht über die Verhaftung des »Deserteurs« General Lindemann gewickelt war. Lindemann hatte bei dem Versuch, sich mit seiner Pistole gegen die Verhaftung zu wehren, einen Bauchschuß erhalten und war in ein Krankenhaus eingeliefert worden. Schacht machte sich große Sorgen, daß Lindemann gegen ihn aussagen könnte, doch Jens konnte ihm zuflüstern, daß der General tot sei.

Gronau befand sich noch auf freiem Fuß, und Schacht ließ ihm durch seinen Sohn sagen, daß er bei einem eventuellen Verhör jede Verbindung zwischen Lindemann und ihm abstreiten solle. Jens erfüllte den Auftrag und rettete damit seinem Vater das Leben. Der Nachweis einer Verbindung zu Lindemann hätte Schacht an den Galgen gebracht.

Schließlich wurde Gronau verhaftet. Schacht wurde gefragt, ob es wahr sei, daß Gronau das Regime in seiner Gegenwart scharf kritisiert habe.

»Jawohl, wir haben uns sehr kritisch unterhalten«, antwortete Schacht. »Und zwar über die überaus kärgliche Ausrüstung mit Jagdflugzeugen, die allein imstande gewesen wären, den Bomberangriffen auf deutsche Städte zu begegnen.« (Eine naheliegende Antwort, da Gronau Luftwaffenoffizier war.)

»Hat nicht Gronau sich auch über das nationalsozialistische System Ihnen gegenüber bei seinen Besuchen in Ihrem Hause sehr abfällig geäußert?«

»Wenn er das gewagt hätte«, entgegnete Schacht, »hätte ich ihn sofort hinausgefeuert!«[7]

Zu Weihnachten 1944 hatten sich die SS-Wachen in Ravensbrück einen kleinen Christbaum besorgt und sangen »Stille Nacht, Heilige Nacht«, während in der Ferne die Geräusche eines Luftangriffs auf Berlin zu hören waren. Am 3. Februar kam Manci zu Besuch. Sie war schwer mit Büchern, Lebensmitteln und Wäsche bepackt, die sie kilometerweit getragen hatte. Schon nach kurzer Zeit wurde Schacht jedoch zurück in seine Zelle beordert, und Manci wurde mit ihrer gesamten Last wieder nach Hause geschickt. Die Russen waren bedrohlich nahe gekommen, und fast alle Ravensbrücker Gefangenen, unter denen sich einige sehr prominente Häftlinge befanden, wurden nach Berlin verlegt. Die Hauptstadt stand in Flammen, als sie in der Prinz-Albrecht-Straße eintrafen, und auch der größte Teil des Gestapohauptquartiers war ein brennender Trümmerhaufen. Trotzdem wurden einige Gefangene in das Kellergefängnis gebracht. Schacht jedoch mußte im Polizeibus bleiben und wurde durch die brennende Stadt in ein überfülltes Gefängnis in Potsdam gefahren. Dort mußte er sich eine kleine Zelle mit dem Staatssekretär Pünder und dem ehemaligen Militärbefehlshaber des besetzten Belgien, General Alexander von Falkenhausen, teilen.

Am folgenden Morgen erfolgte eine weitere radikale Veränderung. Ein Polizeioberstleutnant erschien und informierte die Gefangenen, daß sie auf Anweisung des Gestapochefs Müller von nun an als »Ehrenhäftlinge« behandelt würden, ohne allerdings näher zu erläutern, wie sich ihr neuer Status auswirken würde. Immerhin durften sie nun im Gefängnishof spazierengehen.

Die nächste Nacht verbrachte Schacht wieder in dem Keller des zerbombten Gestapogebäudes in der Prinz-Albrecht-Straße. Am folgenden Morgen wurde er zusammen mit den Generälen Oster, Halder und Thomas, mit Hauptmann Strünck und dem früheren österreichischen Bundeskanzler Schuschnigg sowie dessen Frau und Tochter durch Berlin nach Süden gefahren. Am Abend erreichten sie das mit Stacheldraht und Wachtürmen bewehrte Flossenbürg, eines der schlimmsten Konzentrationslager in Deutschland. Es bestand seit sechs Jahren und war mit russischen, polnischen und jüdischen Häftlingen aus den besetzten Ostgebieten belegt. Sie mußten bis zur Erschöpfung im nahe gelegenen Steinbruch arbeiten, waren brutalen Mißhandlungen durch das Wachpersonal ausgesetzt und fanden meist durch Auszehrung, Krankheit oder Hinrichtung den Tod.

Schacht und die anderen Prominenten hatten bessere Unterkünfte als der Rest der Gefangenen, doch sie machten sich keine Illusionen über den Charakter des Lagers. Jede Nacht hörten sie Schreie und Schüsse. Der Lagerkommandant entpuppte sich als derselbe Polizeioffizier, den Schacht bei den Verhören in der Prinz-Albrecht-Straße so sehr gegen sich aufgebracht hatte. Schacht rechnete fest damit, daß er in Flossenbürg den Tod finden würde – ganz in der Nähe von Bayreuth, wo Hitler ihm einst das Wirtschaftsministerium angeboten hatte.

Doch er irrte sich. Am 9. April 1945 wurde er nach zweimonatiger Haft in Flossenbürg zusammen mit der Familie Schuschnigg, zwei gefangenen britischen Geheimdienstoffizieren und dem Neffen des russischen Außenministers Molotow in das KZ Dachau verlegt. Alle Prominenten, die wie Canaris, Oster und Strünck in Flossenbürg zurückblieben, wurden gehängt.

Schacht bemerkte, daß die Wachen während des Transports unsicher und nervös wirkten, und er nahm (zu Recht) an, daß die alliierten Truppen ganz in der Nähe seien.

In Dachau erhielten die Gefangenen offene Zellen zugewiesen, und der Lagerkommandant entschuldigte sich für die schlechte Unterbringung. Schacht stellte fest, daß auch sein alter Berliner Pfarrer Martin Niemöller, der Industrielle Fritz Thyssen, der frühere französische Ministerpräsident Léon Blum und dessen Frau sowie viele andere vorwiegend ausländische Bekannte unter seinen Mithäftlingen waren. Die Wachen behandelten die Häftlinge sehr gut, weil sie vermutlich fürchteten, daß die Alliierten das Lager bald befreien würden. Zwei Wochen später wurden die prominenten Häftlinge in einem langen Buskonvoi nach Süden in die kleine Stadt Niederndorf in den Alpen verlegt. Die Gruppe war inzwischen auf über 130 Personen angewachsen, die man in verschiedenen Internierungslagern und Gefängnissen eingesammelt hatte – sogar ein Gefangener von der Insel Capri war darunter. Unter den Häftlingen befanden sich ein früherer Ministerpräsident, ein Bischof und ein bourbonischer Prinz aus Frankreich, zwei ungarische Minister und ein Botschafter, ein niederländischer Minister, der ehemalige Oberbefehlshaber der griechischen Armee, ein bekannter italienischer General, eine große Zahl deutscher Generäle, Botschafter und Regierungsbeamter und ein preußischer Fürst, so daß sie für die SS eine kostbare Verhandlungsmasse darstellten.

Trotzdem schwebten die Gefangenen noch immer in Lebensgefahr. Der deutsche Oberst Bogislav von Bonin hörte, wie zwei der SS-Wachen den Befehl diskutierten, bestimmte Gefangene zu erschießen und zu verscharren und den Rest in den Bussen in die Luft zu sprengen.

Über die folgenden Ereignisse gibt es verschiedene Versionen. Laut Fey von Hassell, der Tochter des hingerichteten Botschafters Ulrich von Hassell, die selbst unter den Gefangenen war, verließen die kommandierenden SS-Offiziere den Konvoi in Niederndorf, um sich weitere Instruktionen zu holen. Oberst Bonin sah auf dem Dorfplatz eine Gruppe von Wehrmachtsoffizieren, darunter den mit ihm befreundeten deutschen Oberbefehlshaber für Italien, General Heinrich von Vietinghoff. Bonin fürchtete nach dem belauschten Gespräch um sein Leben und konnte, da er auch als Gefangener noch immer seine volle Uniform trug, einen der SS-Wächter durch Drohungen dazu bringen, ihn aussteigen zu lassen. Er lief schnell zu den Wehrmachtsoffizieren hinüber und wurde von Vietinghoff herzlich begrüßt. Bonin bat ihn um Hilfe, und der General schickte sofort zwei Offiziere los, die sich mit gezogener Pistole auf die Suche nach den SS-Kommandanten des Konvois machten. Sie fanden sie in einer nahe gelegenen Gastwirtschaft und befahlen ihnen, die Gefangenen zu übergeben und mit ihrer achtzigköpfigen Wachmannschaft abzumarschieren. Die SS-Männer gehorchten, und die Wehrmacht übernahm die Bewachung des Konvois.

Auch andere nahmen das Verdienst für sich in Anspruch, die Gefangenen aus den Händen der SS befreit zu haben. So behauptete Hauptmann Payne Best, einer der beiden gefangenen britischen Geheimdienstoffiziere, er sei es gewesen, der die Wehrmachtsoffiziere auf den Konvoi aufmerksam gemacht habe. Sogar der SS-Obergruppenführer Karl Wolff, Himmlers ehemaliger Chefadjutant und damals der höchste SS- und Polizeiführer in Italien, nahm für sich in Anspruch, Truppen der Wehrmacht aus Italien zur Befreiung der »Prominenten« autorisiert zu haben.

Nur wenige Personen wußten, was in den letzten Monaten des Krieges mit Schacht geschehen war; nicht einmal Manci war darüber informiert. Am 13. April 1945 hatte Schachts Bruder Eddy in einem AP-Interview gemeint, er glaube, sein Bruder sei tot, und Eddys Frau hatte gesagt: »Mein Schwager ist seinem enormen Ehrgeiz zum Opfer gefallen; er hätte sich nicht mit den Nazis einlassen sollen.«

Am 30. April 1945 begingen Hitler und Goebbels in Berlin Selbstmord, und wenige Tage später war das Regime am Ende.

Das kleine Kontingent deutscher Soldaten, das General Vietinghoff für den Fall einer Rückkehr der SS bei dem Konvoi zurückgelassen hatte, wurde schließlich von einer amerikanischen Vorauseinheit unter Leutnant Melvin Asche von der 58. Division unter General Leonard Gerow gefangengenommen. Die prominenten Häftlinge wurden nach Verona gefahren. Dort wurden sie in einem Hotel untergebracht und durften einen Tag frei durch die Stadt schweifen. Am folgenden Tag ging es auf dem Luftweg weiter nach Neapel, wo man sie im Hotel Terminus einquartierte.

Dort erklärte man Schacht und einigen anderen »Prominenten«, daß sie immer noch als Gefangene betrachtet würden. Schacht wurde mitgeteilt, daß er wegen seiner langen Zusammenarbeit mit Hitler angeklagt werde, auch wenn er zuletzt offensichtlich ein Gefangener des NS-Regimes gewesen sei. Seine Erklärung für seinen Bruch mit Hitler wurde mit Mißtrauen aufgenommen.

Schacht war zornig und empört, daß er und andere Mithäftlinge von den Amerikanern weiter gefangengehalten wurden. »Die persönliche Behandlung war schroff, ja flegelhaft«, berichtet er in seinen Memoiren. »Es wehte uns ein Geist an, der sichtlich aus den Sphären der deutschen Emigration stammte. Man warf uns, die wir unter Einsatz unseres Lebens gegen Hitler gekämpft hatten, ohne weiteres mit den Schuldigen des Hitlerregimes in einen Topf.«[8] Er hatte gemeint, General Gerow werde ihm seine Freiheit schenken, doch er hatte sich geirrt. Nur seine Wärter hatten gewechselt.

20

Auf dem Weg nach Nürnberg

Schacht wurde zusammen mit Thomas, Halder und anderen deutschen Generälen in ein überfülltes Kriegsgefangenenlager bei Aversa in der Nähe von Neapel gebracht. Die zwanzig Gefangenen kamen in eine einzige Baracke, die durch Stacheldraht vom Rest des Lagers abgetrennt war. Wie üblich fehlte ihr persönliches Gepäck, und einige Gefangene klagten, daß man ihnen ihr Geld gestohlen hatte. Die Gruppe durfte nicht mit der Außenwelt kommunizieren. Schacht konnte Manci weder mitteilen, daß er noch lebte und gesund war, noch wo er sich befand. Er kam zu dem Schluß, daß er von den Alliierten nicht viel besser behandelt würde als von den Deutschen, doch dies lag nur daran, daß er die eiserne Faust von Hitlers Gefängniswärtern nie wirklich zu spüren bekommen hatte. Fotos, die von den Verschwörern des 20. Juli auf der Anklagebank des Volksgerichtshofs gemacht wurden, zeigen, was die Gestapo mutigen Männern antun konnte. Die Angeklagten sahen nach der körperlichen und geistigen Folter in der Untersuchungshaft leichenblaß und gebrochen aus, obwohl es sich zum Teil um tapfere Berufsoffiziere von legendärer Kaltblütigkeit handelte.

Nur für Schacht waren die Bedingungen in amerikanischer Haft ähnlich wie bei der Internierung durch die Nazis. Sicher war es hart für einen Mann Ende sechzig, in einem Kellergefängnis der Gestapo zu sitzen, doch Schacht hatte sich nur wenige Wochen in dieser Lage befunden. Die gestreifte Häftlingskleidung hatte er sogar nur einige wenige

Tage tragen müssen, und die Gestapo hatte ihn nie ihrer berüchtigten »Behandlung« unterzogen. Er hatte in deutscher Haft lediglich eine gewisse Entwürdigung, Unbequemlichkeiten, schlechte Ernährung und gelegentliche Flegeleien seiner Wächter erfahren, und dasselbe hatte er nun auch bei den Alliierten zu erleiden. Nur die Ernährung war wesentlich besser geworden.

Er wurde von amerikanischen Geheimdienstoffizieren verhört, von denen einige deutsche Emigranten waren, die die amerikanische Staatsbürgerschaft angenommen hatten. Sie konnten sich noch daran erinnern, wie er durch seine Beteiligung an der Harzburger Front Hitler aufgewertet und bei der Schwerindustrie für ihn geworben hatte. Sie konnten beweisen, daß er hitlerfreundliche Reden gehalten hatte, und sie konnten seine frühe Zusammenarbeit mit den Nazis durch Hunderte von Zeitungs- und Zeitschriftenartikeln dokumentieren. Auch verfügten sie über Filmmaterial, das den Bankier Seite an Seite mit dem uniformierten Diktator auf NS-Veranstaltungen zeigte.

Schacht hatte zehn Monate in Hitlers Gefängnissen und Lagern gesessen, und er konnte sich damals nicht vorstellen, daß er weitere achtzehn Monate in alliierter Haft verbringen würde. Seiner Ansicht nach hatte er sich anständig, ehrenhaft und mutig verhalten, indem er seine frühen Irrtümer eingestand und gegen den Mann Widerstand leistete, der sein Vertrauen mißbraucht hatte. Doch die Alliierten erwiesen ihm keineswegs die erwartete Dankbarkeit und Ehre, sondern belohnten ihn mit erneuter Gefangenschaft und quälenden Verhören durch deutsch-jüdische Emigranten, die aus seiner Sicht hätten dankbar sein sollen, daß er sich für die Juden eingesetzt hatte. Schlimmer noch, er wurde gegen seinen Willen zum engen Kontakt mit Nazis gezwungen, die er immer geschnitten und verachtet hatte. Gerade die Amerikaner hätten doch über seine antinationalsozialistische Einstellung und seine offene Regimekritik gut Bescheid wissen sollen. Warum, fragte er, betrachteten ausgerechnet sie ihn nun als einen »Verbrecher des Hitlerregimes«? Kam es daher, daß sie in den Kriegsverbrecherprozessen so viele prominente Deutsche wie möglich anklagen wollten?

Seine bisherige Gelassenheit schwand. Er verlor seinen beißend scharfen Humor und viel von seiner stoischen Ruhe.

In Aversa machte er sich durch zahlreiche Beschwerden an die zuständigen Stellen Luft. Sie wurden ignoriert. Sein einziger Trost war das herrliche italienische Wetter.

Inzwischen erstellte die neugebildete Kriegsverbrechenskommission der Vereinten Nationen Listen mit Kriegsverbrechern und forderte die ehemals von Deutschland besetzten Länder wie Griechenland, die Tschechoslowakei und Polen zur Beteiligung auf. Eisenhower lud sechsköpfige Delegationen aus jedem der betroffenen Länder ein, die früheren Konzentrationslager zu besuchen und der Liste der angeklagten Kriegsverbrecher neue Namen hinzuzufügen. Hjalmar Schachts Name erschien erstmals auf einer tschechoslowakischen Liste – flankiert von den Namen Göring und Funk. In einem Korrespondentenbericht der *New York Times* vom 15. Mai 1945 heißt es, »die Kriegsverbrechenskommission hat grundsätzlich festgestellt, *daß jedes Mitglied der deutschen Regierung, und nicht nur das deutsche Kriegskabinett, persönlich für die Verbrechen in den alliierten Ländern zur Verantwortung gezogen wird«.*[1] [Hervorhebung des Autors.]

Die konkreten Anklagepunkte wurden drei Monate später festgelegt und lauteten:

> Verbrechen gegen den Frieden durch Planung, Vorbereitung, Beginn und Führung eines Angriffskriegs
> Kriegsverbrechen
> Verbrechen gegen die Menschlichkeit

Schacht war nur im ersten Punkt angeklagt. Er galt als »einer der Deutschen in Hitlers Umgebung, die diesem geholfen hatten, das Programm zur Vorbereitung des Zweiten Weltkriegs durchzusetzen«.[2] Diese Anklage war der Grund für Schachts Internierung, doch er bestritt von Anfang an kategorisch, sich in irgendeiner Weise schuldig gemacht zu haben.

Anfang Juni wurden Schacht, Halder, Thomas und Thyssen in ein Flugzeug der US Air Force gesetzt und landeten nach einem abenteuerlichen Flug durch schwere Gewitter über dem Mittelmeer und Südfrankreich auf dem Flughafen Orly bei Paris. Die folgenden Tage verbrachten sie in einem verlassenen Herrenhaus, wo auch »verschiedene führende Herren der I. G. Farben-Werke«, der Flugzeugfabrikant Ernst Heinkel und Albert Speer, Hitlers ehemaliger Architekt und Protegé und späterer Minister für Bewaffnung und Munition, eingeliefert wurden. Einige Tage später wurde die Gruppe zusammen mit weiblichen Gefangenen, die in der Nähe interniert gewesen waren, auf Lastwagen nach Osten gefahren. Auf der Fahrt besserte sich Schachts Stimmung vorübergehend. Er verbrachte einen wunderschönen Abend in einer von blühenden Heckenrosen umgebenen Kiesgrube, schlief an einem knisternden Lagerfeuer auf einem Feldbett unter dem Sternenhimmel, und am folgenden Morgen wurden die Gefangenen in der alten Garnisonsstadt Metz mit einem »köstlichen Frühstück« beglückt.[3] Danach ging es auf der Autobahn über Frankfurt in den Taunus, wo sie in der alten hessischen Burg Kransberg untergebracht wurden. Speer hatte die Burg für Göring renoviert und zu einer Art Luftwaffenhauptquartier im Westen umgebaut. Schacht verglich Kransberg mit einem gut geführten Hotel. Die Unterkunft war hervorragend und die von den Amerikanern gestellte Verpflegung ebenfalls. Die Gefangenen verbrachten ihre Tage mit Kartenspiel,

Vorträgen, Diskussionen und langen Spaziergängen im Garten der Burg.

Schacht blieb drei Monate dort, während sich die Gruppe von durchschnittlich vierzig bis fünfzig Gefangenen ständig in ihrer Zusammensetzung änderte, so daß der Aufenthalt für Schacht »zu einer dauernd wechselnden Begegnung mit bedeutenden Männern« wurde, die er »fast alle aus dem wirtschaftlichen oder wissenschaftlichen Leben Deutschlands kannte«.[4] Er konnte nicht wissen, daß in Kransberg deutsche Fachleute aus Politik, Wirtschaft und Technik interniert waren, deren Wissen sich die Alliierten zunutze machen wollten. Diese Gefangenen, unter denen sich beispielsweise auch der deutsche Raketenexperte Wernher von Braun befand, erhielten eine Vorzugsbehandlung, damit sie über ihre Haft nicht allzu verstimmt waren.

Auch der Kommandant von Kransberg erlaubte Schacht nicht, mit Manci Verbindung aufzunehmen. Doch im August gelang es seiner Tochter Inge van Scherpenberg, eine Botschaft an ihren Vater durchzuschmuggeln. Eine Putzfrau überreichte ihm eine Kiste Zigarren und einen Brief, die ein Freund Inges nach Kransberg gebracht hatte. Die zwei kleinen Töchter Schachts waren sicher bei ihrer alten Kinderpflegerin in der Lüneburger Heide untergebracht.[5] Von Manci erfuhr Schacht nichts, aber er nahm an, daß sie, wie er ihr geraten hatte, in Gühlen geblieben war. Noch im selben Monat erfuhr er von Dr. Karl Brandt, einem der Leibärzte Hitlers, daß dieser unmittelbar vor seiner Verhaftung mit Manci gesprochen hatte und sie wohlauf war.

Brandt wurde später hingerichtet, weil er als SS-Arzt eine wichtige Rolle im Euthanasieprogramm der Nazis gespielt und tödliche Menschenversuche an KZ-Häftlingen vorgenommen hatte.

21

Angeklagt

Die Kriegsverbrecherprozesse sollten Ende September 1945 beginnen. Schacht befand sich noch in Kransberg, als er im Radio hörte, daß er als Kriegsverbrecher angeklagt war. Er wurde immer wieder von verschiedenen britischen und amerikanischen Offizieren verhört, beschwerte sich jedoch lediglich über die rüde Behandlung, die er von einem »jüdischen amerikanischen Offizier« erfuhr. Dagegen lobte er den britischen Major Tilley als »sehr scharf, aber durchaus korrekt«. Tilley bat Schacht, seine Ansichten über Hitler niederzuschreiben, und sagte ihm danach, daß er ihm bisher mißtraut, sich nach der Lektüre seiner Darstellung jedoch »um 180 Grad gedreht« habe. Der britische Major ließ sich leichter als der jüdisch-amerikanische Offizier davon überzeugen, daß Schacht Hitler haßte.[1] Kein Wunder, daß Schacht mit ihm zufrieden war.

Am 15. September wurde Schacht in ein Lager bei Oberursel verlegt. Wie viele disziplinarische Einrichtungen der US-Armee wurde auch dieses Lager *cage* genannt. Solche »Käfige« dienten in der Regel als zeitweilige Straflager für straffällig gewordene Mitglieder der US-Armee.

Schacht jedoch nahm den Begriff »Käfig« wörtlich und war empört. Zum ersten Mal war er in alliierter Haft einem harten disziplinarischen Regiment unterworfen. Das Lager war mit Stacheldraht gesichert. Die Gefangenen waren in kleinen Zellen untergebracht und mußten auf einfachen Holzpritschen mit einer Wolldecke schlafen. Sie erhielten nur zwei karge Mahlzeiten pro Tag und mußten täglich zehn Minuten lang exerzieren. Als ein Reporter aus Berlin auftauchte und einen Artikel über Schacht schreiben wollte, ließ dieser ihn abblitzen. Kurz darauf stattete ihm der ehemalige US-Diplomat Pool einen Besuch ab und erkundigte sich nach seinem Befinden. Die beiden hatten einander in Berlin kennengelernt. Pool hatte Mitleid mit Schacht.

Er sorgte dafür, daß Schacht ein richtiges Bett mit einer Matratze bekam und in Begleitung zweier Offiziere mehrere Spaziergänge in den nahe gelegenen Bergen machen durfte.

Am 7. Oktober, unmittelbar bevor Schacht nach Nürnberg verlegt wurde, brachte Associated Press den folgenden, in mehreren Zeitungen abgedruckten Artikel:

ALLIIERTE WAREN »NARREN«, WEIL SIE DEM REICH IN DER VORKRIEGSZEIT HALFEN, IMPLIZIERT SCHACHT

OBERURSEL, Deutschland, 7. Oktober – Dr. Hjalmar Horace Greeley Schacht, das als Hauptkriegsverbrecher angeklagte deutsche Finanzgenie, hat die Alliierten sinngemäß als Narren bezeichnet, weil sie nach dem Ersten Weltkrieg in großem Umfang Kredite an Deutschland vergaben.

»Deutschland war seit Versailles offensichtlich bankrott«, erklärte Schacht. »Die ausländischen Kreditgeber machten Verluste. Es tut mir leid, daß sie nicht auf meine Warnungen in der Zeit von 1924 bis 1930 hörten. Dann hätten sie ihr Geld behalten, und Deutschland hätte alleine zurechtkommen müssen.«

Schacht, einer von 24 führenden Deutschen, denen in Nürnberg der Prozeß gemacht werden soll, wird wegen seiner Wutanfälle von den anderen Gefangenen getrennt gehalten. Er schreit Tag und Nacht: »Ich bin kein Verbrecher!«, stößt ständig wüste Schimpftiraden gegen Adolf Hitler und andere Nazis aus, bestreitet, daß er je der NSDAP angehörte, und beschwert sich über die Behandlung, die man ihm gegenwärtig angedeihen läßt.

Er schrie, Hitler und der frühere Reichsmarschall Göring seien »nichts als Gangster«, und er werde »Göring mit Freuden persönlich erschießen«, wenn ihm die Amerikaner nur eine Waffe gäben. Auf die Frage, ob er Hitler für tot halte, schnauzte Schacht: »Gewiß; wenn er es nicht wäre, würde ich ihn eigenhändig umbringen.«

Drei Wochen nach seiner Ankunft in dem »Käfig« bei Oberursel wurde Schacht zusammen mit dem früheren Panzergeneral Walter Warlimont und dem ehemaligen Schatzmeister der NSDAP, Franz Xaver Schwarz, nach Nürnberg gefahren, wo sie am 9. Oktober 1945 eintrafen.

Die alte Reichsstadt war von den Alliierten zu Recht als Schauplatz für den Internationalen Prozeß gegen die Hauptkriegsverbrecher gewählt worden, denn sie stand für Deutschlands beste und schlimmste Seiten. Sie war die Heimatstadt des großen Albrecht Dürer, hatte jedoch auch den schändlichen Rassegesetzen des NS-Regimes ihren Namen gegeben. Wagners *Meistersinger* spielen in Nürnberg, einer der Gründe, warum Hitler die Stadt für den großen jährlichen Parteitag der NSDAP – ein wahrhaft opernhaftes Ereignis – wählte. Jedes Jahr im September versammelten sich Hunderttausende uniformierter Parteimitglieder eine ganze Woche lang in der Stadt, um auf einem gewaltigen Paradeplatz vor ihrem Führer anzutreten. Dieser stand allein auf einer kleinen hohen Bühne unter einem Hakenkreuz aus Stuck und verkündete dem Rest der Welt, welche Pläne er für das folgende Jahr hatte. Seine bombastischen Parteitagsreden bestanden in der Regel aus einer Ansammlung von Drohungen, gefolgt von einem heuchlerischen Friedensangebot.

Die im Ausland zuvor kaum bekannte Lebkuchen- und Spielzeugstadt Nürnberg war zu trauriger Berühmtheit gelangt, weil Hitler dort jährlich seine neuesten Forderungen verkündete und durch ausführliche Berichte in Wochenschauen, Zeitschriften und Zeitungen verbreiten ließ. Solange er regierte, schienen die Ereignisse des folgenden Jahres jeweils von seinen Nürnberger Reden abzuhängen.

Im Jahr 1945 hatten die Alliierten die schreckliche Stimme aus Nürnberg endgültig zum Schweigen gebracht, doch die Entdeckungen bei der Befreiung der Vernichtungslager hatten daraus einen bitteren Sieg gemacht. Die Alliierten mußten erkennen, daß der Zweite Weltkrieg mit keinem anderen Krieg in der Geschichte vergleichbar war und sie die überlebenden Naziführer für ihre Taten zur Verantwortung ziehen mußten. Deshalb fand nun in der zerbombten alten Reichsstadt der größte Kriminalprozeß der Geschichte statt. Es war angemessen, daß die Nazis gerade in Hitlers heiliger Stadt mit ihren Sünden konfrontiert wurden.

Der Nürnberger Justizpalast, eines der wenigen Gebäude der Stadt, das den alliierten Luftangriffen nicht zum Opfer gefallen war, wurde renoviert und für den Prozeß vorbereitet. Die Warteräume wurden frisch verputzt und gestrichen und der eigentliche Gerichtssaal für das vielsprachige, multinationale Ereignis umgebaut. Als erstes fand der Prozeß gegen die »Hauptkriegsverbrecher« statt. Es war merkwürdig, wie viele von ihnen sich kampflos ergeben hatten. Vielleicht hatten sie gemeint, man werde sie als Männer behandeln, »die nur ihre Pflicht getan und nur Befehle befolgt« hatten, vielleicht waren sie aber auch schlicht zu feige gewesen, sich ins eigene Schwert zu stürzen. Ebenso erstaunlich war es, daß auch viele Nazis der zweiten und dritten Ebene, hohe Funktionäre der Gestapostellen, KZ-Kommandanten und Kommandeure von SS-Einsatzgruppen lebend in Gefangenschaft gerieten – die zentralen Figuren jener Bürokratie, die das Spitzelwesen, die willkürlichen Verhaftungen und die Massenhinrichtungen organisiert hatte. Ihre Prozesse fanden später statt. Zuerst waren ihre Herren an der Reihe. Der Gerichtssaal im Nürnberger Justizpalast war überfüllt mit den Angeklagten, den Richtern des internationalen Gerichtshofs und ihren Stäben, den Anklägern, den Verteidigern, den Dolmetschern und den Vertretern der Weltpresse.

Weniger als ein Jahr nach der deutschen Kapitulation wurden Göring, Heß, Ribbentrop, Keitel, Kaltenbrunner, Streicher, Rosenberg, Speer und andere gemäß der angelsächsischen Tradition angeklagt, nach der ein Beschuldigter bis zur Urteilsverkündung als unschuldig gilt. Die französischen Juristen, in deren Rechtssystem traditionell von der Schuld eines Angeklagten ausgegangen wurde, bis seine Unschuld bewiesen war, hatten sich als kompromißbereit erwiesen, doch die Sowjets hatten nur ungern auf ein Schnellverfahren verzichtet, wie es im Moskauer Lubjanka-Gefängnis üblich war.

Der oberste Kriegsverbrecher saß nicht auf der Anklagebank. Adolf Hitler hatte mit seiner langjährigen Freundin Eva Braun Selbstmord begangen, nachdem er sie unmittelbar zuvor noch geheiratet hatte. Ihre Leichen waren hastig verbrannt und in einem flachen Grab im schwer zerbombten Garten der Reichskanzlei verscharrt worden. Ganz in der Nähe lagen die verkohlten Leichen von Joseph Goebbels, seiner Frau und seinen sechs Kindern (die von ihren Eltern vergiftet worden waren). Goebbels war der einzige der Paladine, der bis zuletzt bei seinem Herrn ausgeharrt hatte. Alle anderen hatten sich räumlich und politisch von ihrem irren Halbgott und seiner letzten unterirdischen Zuflucht entfernt.

Drei der Angeklagten hatten sich dem Verfahren bereits entzogen. Robert Ley, der ehemalige Führer der Deutschen Arbeitsfront, ein schwerer Alkoholiker, hatte sich in seiner Zelle erhängt. Martin Bormann, der »Sekretär des Führers«

und engste Mitarbeiter Hitlers, hatte während des letzten Angriffs der Sowjets auf Berlin unter schwerem Artilleriefeuer versucht, über eine Brücke in der Nähe des Führerbunkers zu fliehen. Er tauchte nie wieder auf und wurde in Abwesenheit zum Tode verurteilt. Auch Heinrich Himmler traf nie in Nürnberg ein. Den Reichsführer-SS hatten britische Soldaten in der Uniform eines einfachen SS-Manns unter einigen deutschen Kriegsgefangenen entdeckt. Er hatte die Massenmorde zwar ekelerregend und häßlich gefunden, sie aber dennoch als eine mutige Tat zur Erhaltung der deutschen Rasse befürwortet und organisiert und die Vollstrecker für die wahren Helden des Dritten Reiches gehalten. Nun gab er sich bei der Gefangennahme zu erkennen, zeigte jedoch wenig Heroismus. Vielmehr versuchte er eine Vorzugsbehandlung für sich auszuhandeln, und als er die Aussichtslosigkeit dieses Unterfangens erkannte, biß er auf eine Giftkapsel, die er in einem hohlen Backenzahn versteckt hatte.[2]

Der höchste Naziführer, dem der Prozeß gemacht wurde, war Hermann Göring, der einst Hitlers designierter Nachfolger gewesen war. Kurz vor dem Fall Berlins war Göring mit seiner Familie und 24 mit Gemälden, Kunstgegenständen und Juwelen beladenen Lastwagen nach Bayern geflohen. Am 22. April 1945 hatte er aus dem sicheren Bayern ein Telegramm in den Führerbunker im belagerten Berlin geschickt und angeboten, die Führung des Reiches zu übernehmen, wenn er von Hitler keinen gegenteiligen Befehl erhielte. Hitler enthob »den Verräter« sofort all seiner Ämter und stieß ihn aus der Partei aus. Danach befahl er den SS-Männern in Görings Begleitung, ihn zu töten, doch sie führten den Befehl nicht aus.[3] Vielleicht erleichterte es ihnen die Entscheidung, daß in der Ferne bereits die amerikanischen Panzer und Flugzeuge zu hören waren. Wenig später ergab sich der schwitzende, drogensüchtige Reichsmarschall mit seiner Frau und seiner Tochter der 7. US-Armee. Er meinte, er habe in allen Ehren kapituliert, und erwartete, respektvoll behandelt zu werden. Seine Kunstschätze übergab er nicht. Er wollte sie »für Deutschland erhalten«. Die führenden Offiziere der 7. US-Armee waren darüber informiert, daß Göring von Hitler degradiert worden war und wußten nicht recht, wie sie mit ihm umgehen sollten. Sie behandelten ihn zunächst wie einen normalen Kriegsgefangenen und begannen sogar, ihn zu umschwärmen. Göring fand dies absolut angemessen. Ein Nachrichtenoffizier der 7. Armee stellte die Nummer zwei des NS-Regimes auf einer Pressekonferenz im sonnigen Garten einer beschlagnahmten Augsburger Villa der Weltpresse vor. Am 11. Mai 1945 um 15 Uhr hielt der fette Göring in einer mit den Insignien des Reichsmarschalls geschmückten hellblauen Luftwaffenuniform, in einen goldenen Lehnstuhl gefläzt, vor laufenden Kameras hof, während die alliierten Journalisten in Erfüllung ihrer Pflicht vor ihm auf dem Rasen kauerten. Die Veranstaltung vermittelte den Eindruck, daß der große Staatsmann Göring dem Pöbel bereitwillig seinen Standpunkt erklärte, und war für ihn ein großartiger Publicity-Coup.[4] Als das Filmmaterial am folgenden Tag Eisenhower vorgeführt wurde, explodierte er. Der fette Pfau wurde in Windeseile vom pompösen Reichsmarschall zum Gefangenen degradiert und vom hochherzigen Verlierer in einen angeklagten Kriegsverbrecher verwandelt. Bei der 7. Armee trat einigen verantwortlichen Offizieren die Schamröte ins Gesicht.

Schacht blieb auch als Gefangener in Nürnberg seinem üblichen Stil treu und beschwerte sich sofort bitterlich, daß er »kein Verbrecher und kein Sträfling, sondern Untersuchungsgefangener sei«. Der Gefängnisdirektor, Oberst Burton Andrus, war seiner Ansicht nach ein »unangenehmer, subaltern-ängstlicher Mann« und die Gefängnisverwaltung »von einer grotesken bürokratischen Engherzigkeit, die noch die Behandlung übertraf, die ich in Hitlers Konzentrationslagern erfahren hatte«.[5] Jeder, der über die wirklichen Schrecken eines Konzentrationslager Bescheid weiß, muß Schachts Vergleich als absolut lächerlich empfinden. Oberst Andrus, ein früherer Kavallerieoffizier, war, was die Disziplin in seinem Gefängnis betraf, allerdings tatsächlich ein brillenbewehrter Pedant – eine Art schlechte Kopie von General George Patton. Entweder er haßte seinen Posten als Gefängnisdirektor oder er genoß die Macht, die er in dieser Eigenschaft über weltberühmte Persönlichkeiten ausüben konnte. Kaum ein Deutscher oder Alliierter hatte viel Gutes über ihn zu berichten. Zu einem der typischen Konflikte mit Schacht kam es, weil dieser einen aufdringlichen amerikanischen Reporter mit heißem Kaffee begossen hatte. Andrus beschuldigte Schacht, er habe eine amerikanische Militäruniform beleidigt. Schacht aber wies ruhig darauf hin, daß der Korrespondent wie der Oberst selbst »keine amerikanische Militäruniform, sondern einen Anzug, aber ohne jedes Abzeichen« getragen habe. Trotz dieses schlagenden Arguments wurde Schacht für eine Woche die Zuteilung von Kaffee gestrichen. Er wurde jedoch in der Folgezeit von Andrus' Untergebenen im Überfluß mit Kaffee versorgt.

Zu einer weiteren Auseinandersetzung kam es, als eine Wache Schacht befahl, mit dem Gesicht zur Zellentür zu schlafen, damit er beobachtet werden könnte. Schacht schrie den Mann so laut an, daß der diensthabende Offizier erschien und der Wache befahl, Schacht in Ruhe zu lassen.[6]

Trotz seiner vielen Besuche in den USA hatte Schacht es noch nie mit Amerikanern zu tun gehabt, die wie die Militärpolizisten aus der Arbeiterklasse stammten und deren lockere Kumpelhaftigkeit oft an Grobheit grenzte.

Zu Schachts Überraschung waren die schwarzen Soldaten »wesentlich freundlicher« als ihre weißen Kameraden.

Sehr zu seinem Vergnügen wurde der schlaue alte Finanzier einem Rorschachtest und einem Intelligenztest unterzogen. Er glaubte nicht an den Psychotest mit den Tintenklecksen, war jedoch nicht überrascht, als er beim IQ-Test mit 143 Punkten das beste Ergebnis aller Gefangenen erzielte. Das schlechteste erzielte der primitive fränkische Judenhasser Julius Streicher, einer von Hitlers frühesten Kampfgenossen, der von den anderen Gefangenen gemieden wurde. Die Tests wurden von dem Gefängnispsychologen Hauptmann Gustave Gilbert vorgenommen, den Schacht als »den Psychoanalytiker aus Wien mit dem amerikanischen Namen« bezeichnet. Auch an anderer Stelle in seinen Memoiren ist eine deutliche Abneigung gegen die deutschen Emigranten zu spüren, die in seiner Haft mit ihm befaßt waren. Sehr amüsiert reagierte er, als einer seiner in den USA geborenen Befrager meinte, er spreche »sehr viel besser Englisch« als manche seiner Kollegen.

Während des IQ-Tests gestand Schacht dem Psychologen Gilbert, daß er immer ein schlechter Mathematiker gewesen sei. »Aber«, fuhr er fort, »zeigen Sie mir einen Finanzexperten, der ein guter Mathematiker ist, und ich zeige Ihnen einen Schwindler.«[7]

Hermann Göring entpuppte sich als der streitsüchtigste und schwierigste unter den Angeklagten. Er war inzwischen von seiner Drogensucht geheilt und hatte 30 Pfund abgenommen. Nun versuchte er mit aller Macht zu verhindern, daß seine Mitgefangenen Anzeichen von Schuldgefühlen oder Reue zeigten. Einige wurden durch ihn stark eingeschüchtert, doch Schacht ließ sich nicht beeindrucken. Mehr als Göring störte ihn die Flut prominenter Alliierter, die das Gefängnis besuchten. So sehr, daß er sich bei Oberst

Andrus beschwerte, er hasse es, angestarrt zu werden wie in einem Zoo.

Dr. Gilbert wirkte Görings Einschüchterungs- und Beeinflussungversuchen entgegen, indem er die Gefangenen beim Mittagessen trennte. Im sogenannten Junioren-Eßraum aßen der Architekt Speer, Rundfunkkommentator Fritzsche, Gauleiter Schirach und Reichswirtschaftsminister Funk und im Speiseraum der älteren Gefangenen Schacht, Papen, Neurath und Dönitz. Göring bekam ein separates Zimmer, und die anderen Angeklagten wurden auf zwei weitere Räume verteilt.

Als Schacht seine Verteidiger bestimmte, traf er eine gute Wahl. Manci bewog Dr. Rudolf Dix, einen der besten Berliner Strafverteidiger und früheren Vorsitzenden des Deutschen Anwaltsvereins, ihren Mann zu vertreten. Als zweiten Verteidiger engagierte Schacht Professor Herbert Kraus von der juristischen Fakultät der Universität Göttingen. Kraus hatte an amerikanischen Universitäten gelehrt und war Experte für internationales Recht. Beide Männer teilten Schachts politische Ansichten und bekannten sich wie er zu einer Art »konservativen Demokratie«.[8] Dix wurde als effizienter, aber etwas langsamer, pedantischer und schwerfälliger Verteidiger geschildert. Kraus arbeitete hauptsächlich an der Vorbereitung des Falles.

22

Vor Gericht

Laut Franz von Sonnleithner, einem ehemaligen Beamten im deutschen Außenministerium und Mitgefangenen Schachts, genoß dieser bei einigen Mitangeklagten großes Ansehen.[1] Schachts widerspenstiges Verhalten gegenüber Hitler und seine ebenso unnachgiebige Haltung gegenüber den alliierten Autoritäten hatten ihm viel Sympathie eingebracht.

Am 30. April 1946 trat Schacht schließlich in den Zeugenstand. Wie er berichtet, war der Gerichtssaal künstlich beleuchtet und ständig von einer »ameisenhaften Unruhe« erfüllt. Besonders erwähnt er die Stenotypistinnen. (»Die Kaugummis, die sie ohne Unterlaß im Munde bewegten, ließen den Eindruck entstehen, als kauten sie jedes gesagte Wort noch einmal wieder.«) Nur die wenigen deutschen Journalisten im Gerichtssaal, die als einzige Zuschauer Zivil trugen, verhielten sich sehr zurückhaltend.

Schacht war wie immer leicht zu reizen. Kaugummikauen war nicht das einzige amerikanische Verhalten, das auf ihn wie ein rotes Tuch wirkte. In den Zellenblocks tönten ständig populäre amerikanische Songs aus dem Lautsprecher. Ironischerweise war damals gerade »Don't Fence Me In« (Sperr mich nicht ein) der aktuelle Hit – vermutlich in der Version von Bing Crosby. Wie Schacht später hörte, sagte ein britischer Offizier, als er den Gerichtssaal zum ersten Mal betrat, zu einem deutschen Begleiter: »Oh, das sein hier kein Gericht, das sein eine Jahrmarkt!« Bevor Schacht selbst in den Zeugenstand gerufen wurde, verbrachte er ein Jahr in jenem seltsamen Raum, der wie der Speisesaal eines Ozeandampfers geformt war, mit langen, in den Saal hineinragenden Galerien, die links und rechts das »Parkett« flankierten. Die ungewöhnliche Größe und Gestalt des Saales war eine Notwendigkeit. Es war vermutlich das erste Mal in der Geschichte, daß so viele Gefangene, Verteidiger, Dolmetscher, Richter und ihre Stäbe an einem Ort Platz finden mußten.

Auch vor Gericht bewahrte Schacht seine typische Kampfeslust. Obwohl die Atmosphäre ihm überhaupt nicht zusagte, hatte er sich schnell in der Gewalt, überwand seinen Groll und seinen Widerwillen und stellte sich seinen Anklägern. Zunächst sagte er vor der denkwürdigen Versammlung internationaler Ermittler in eigener Sache aus, und zwar auf englisch. Dabei hielt er es für seine Pflicht, dem Gerichtshof deutlich zu machen, welche Ereignisse und Einflüsse wirklich zur Herrschaft des Nationalsozialismus geführt hatten. Er erläuterte, wie er zu der Entscheidung gekommen war, Hitler zu unterstützen, und wie er ihn, sobald er erkannt hatte, daß Hitler Deutschland betrog, bekämpft hatte.

Im Sinne der Anklage bekannte er sich in keiner Hinsicht für schuldig.

Die Ermittler in Schachts Fall waren vorwiegend Amerikaner gewesen, da ihn die Briten zunächst nicht als Kriegsverbrecher im Sinne der Anklage betrachtet hatten. Der amerikanische Chefankläger Robert H. Jackson war ein bekannter Jurist und Richter am amerikanischen Obersten Gerichtshof. Sein Hauptangriff gegen Schachts Unschuldsbehauptung war in seinem dreieinhalbstündigen allgemeinen Schlußplädoyer vom 26. Juli 1946 enthalten. Als er auf Schacht zu sprechen kam, bezeichnete er ihn als den Hauptverantwortlichen für die kriegsmäßige Mobilisierung der deutschen Volkswirtschaft. Dann ging er ins Detail:

Er meinte mit beißender Schärfe, daß der Angeklagte »wenn man ihn dringend bäte, sich selbst das Zeugnis ausstellen würde, daß er der intelligenteste, ehrenwerteste und unschuldigste Mann auf der Anklagebank sei«, und fuhr fort: »Wenn wir ihn fragen ... warum er Mitglied einer verbrecherischen Regierung blieb ... erzählt er uns, daß er das Programm dadurch zu mäßigen hoffte, daß er dabeiblieb. Wie ein Brahmane unter den Unberührbaren konnte er es nicht ertragen, mit den Nazis gesellschaftlich zu verkehren, aber er konnte es sich nie leisten, sich politisch von ihnen zu trennen ... Nachdem er Hitler die Waffen in die Hand gegeben hatte, um gegen einen ganzen Kontinent Erpressung zu üben, erklärt er jetzt, daß England und Frankreich zu tadeln seien, weil sie nachgegeben hätten ... Schacht kämpfte stets um seine Stellung in einem Regime, das zu verachten er jetzt vorgibt. Manchmal stimmte er mit seinen Nazi-Genossen nicht überein, wie man am wirksamsten ihr Ziel erreichen könnte, niemals jedoch wich er von dem Ziel selbst ab. Als er mit den Nazis bei dem Niedergang des Regimes brach, tat er dies aus taktischen und keineswegs grundsätzlichen Erwägungen.«[2]

Das direkte Verhör durch den Verteidiger Dix war lang und aufreibend. Er behielt Schacht zwei Tage lang im Zeugenstand. Schacht gab sich keine Mühe, seine radikale Ablehnung des Versailler Diktats und seine frühe Unterstützung des Hitlerregimes zu verbergen, wobei er beides mit seinem Patriotismus erklärte. Er war für Hitler gewesen, bis er erkannt hatte, daß Hitler ihn getäuscht und Deutschland verraten hatte. Danach war er in offenen Widerspruch zu Hitler getreten und schließlich für seinen Widerstand ins Gefängnis geworfen worden. Der NSDAP war er niemals beigetreten. Als Jackson ihn über das Goldene Parteiabzeichen befragte, das Schacht auch bei inoffiziellen Anlässen häufig getragen hatte, antwortete er leichthin, es habe ihm geholfen, gute Plätze im Restaurant, im Theater und im Zug zu bekommen.

Einmal zeigte Dix zunächst auf den früheren Gestapochef Kaltenbrunner und danach auf Schacht und sagte: »Es ist ein selten groteskes Bild, daß oberster Kerkermeister und Häftling dieselbe Anklagebank teilen.« Dann berichtete er, daß er im Sommer 1944 den Auftrag erhalten habe, Schacht vor dem Volksgerichtshof unter dem Blutrichter Freisler zu verteidigen, und daß das Verfahren nur deshalb nicht stattgefunden habe, weil Schacht rechtzeitig in alliierte Haft gekommen sei. Im Sommer 1945 habe er dann den Auftrag erhalten, denselben Mann vor dem demokratischen Gerichtshof der Alliierten zu verteidigen.

Wilhelm Vocke, ein Bankier, der unter Schacht zum Reichsbankdirektorium gehört hatte und kein Nazi war, bestätigte, daß Schacht für die deutsche Wiederaufrüstung gewesen sei, um den Frieden zu erhalten und nicht, um einen neuen Krieg zu führen. Dann fuhr er fort:

»Schacht sagte auch: Die Neutralität, die er für Deutschland forderte, müßte, wenn es sich um einen Konflikt zwischen Großmächten handelt, eine bewaffnete Neutralität sein. Schacht hielt die Rüstung für notwendig, wenn nicht Deutschland dauernd wehrlos unter bewaffneten Nationen bleiben sollte ... Endlich aber und vor allem hat Schacht in der Rüstung das einzige Mittel gesehen, die deutsche Wirtschaft in ihrer Gesamtheit wieder zu beleben und anzukurbeln ... nur so hoffte er mit der Arbeitslosigkeit fertig zu werden.«[3]

Bei der Befragung Schachts kam Dix auch auf eine wohlbekannte Auseinandersetzung zu sprechen, die Schacht am 11. August 1937 mit Hitler auf dem Berghof gehabt hatte. Das wütende Schreien Hitlers und Schachts laute und unnachgiebige Antworten wurden damals durch ein offenes

Fenster von anderen Gästen Hitlers gehört, die sich auf der Terrasse des Berghofs aufhielten und unter denen sich auch Albert Speer befand. Hitler kam nach dem Gespräch mit Schacht wütend auf die Terrasse gestürmt und »verbreitete sich noch lange über seinen widersetzlichen bornierten Minister, der ihm die Aufrüstung verzögere«.[4] Dix brachte eine Aussage Speers zur Sprache, in der dieser Hitler mit den Worten zitiert hatte: »Ich habe eine sehr schwere Auseinandersetzung mit Schacht gehabt; ich kann mit Schacht nicht mehr zusammenarbeiten, er stört meine Finanzpläne.«[5]

Schacht hatte Hitler weitere Kredite der Reichsbank verweigert, weil er ihm nicht bei der Vorbereitung eines Angriffskriegs hatte helfen wollen. Als Dix ihn fragte, was passiert wäre, wenn er Hitler diesen Grund für die Kreditverweigerung genannt hätte, antwortete Schacht:

Dann »würde ich nicht das Vergnügen haben, Herr Justizrat, diese angeregte Unterhaltung hier mit Ihnen führen zu können. Ich hätte dann mit dem Pfarrer Rücksprache nehmen können, und die wäre sehr einseitig gewesen; denn ich hätte stumm im Grabe gelegen, und der Pfarrer hätte einen Monolog gehalten.«[6]

Im Fall Schacht war der Chefankläger Jackson nicht sonderlich effektiv. Er hatte zuvor bereits Göring ins Kreuzverhör genommen und sich von diesem in mehrere Rededuelle verwickeln lassen, bei denen er inkompetent gewirkt hatte. Nun wollte er nicht wie ein Narr wirken, und so unterbrach er Dix insgesamt zwölfmal.

Endgültig erschüttert wurde Jacksons Anklage durch die Aussage von Hans Bernd Gisevius, dem früheren Gestapomann und Abwehroffizier, der in der Zeit vor dem 20. Juli 1944 eng mit Schacht zusammengearbeitet hatte. Jackson hatte zuvor bewundernd von Gisevius gesprochen und ihn als den einzigen Vertreter der demokratischen Kräfte in

Deutschland bezeichnet. Und nun machte Gisevius auf die Frage von Dix, warum er zu Schacht besonderes Vertrauen gehabt habe, die folgende Aussage:

> Ich kann zur Antwort natürlich nur ein persönliches Urteil abgeben ... möchte aber betonen, daß über das Problem Schacht nicht nur ich mir den Kopf zerbrochen habe, sondern meine Freunde desgleichen, und es war für uns immer eine Frage und ein Rätsel, das Schacht uns aufgab; vielleicht läßt es sich nur aus dem Widerspruchsvollen im Wesen dieses Mannes erklären, daß er diese Position in der Hitlerregierung so lange aufrechterhielt. Zweifellos ging er hinein in die Hitlerregierung aus patriotischen Erwägungen, und ich möchte hier bezeugen, daß er im Augenblick, als die Enttäuschung bei ihm sichtbar wurde, aus denselben patriotischen Erwägungen nunmehr entschlossen zur Opposition überging. Was mich und meine Freunde trotz vieler Widersprüche und Rätsel, die Schacht uns aufgab, an ihn fesselte, war, daß er eine ungewöhnliche Zivilcourage hatte, daß er zweifellos von einem tiefen sittlichen Ethos durchdrungen war und daß er nicht nur an Deutschland, sondern daß er auch an die Ideale der Menschheit dachte. So kam es, daß wir mit ihm gingen, daß wir ihn zu den Unseren zählten, und wenn Sie mich persönlich fragen, so kann ich sagen, daß ich meine Zweifel, die ich ihm gegenüber gehabt habe, während der dramatischen Ereignisse, während der Jahre 1938/39, endgültig begraben habe. Damals hat er wirklich gekämpft, und das werde ich ihm nie vergessen. Es ist mir eine Freude, dieses auch hier bezeugen zu können.[7]

Jackson konnte seine Anklage in dem Punkt »Verbrechen gegen den Frieden durch Planung, Vorbereitung, Beginn und Führung eines Angriffskriegs« nun kaum mehr aufrechterhalten. Außerdem war seine Position zusätzlich geschwächt, weil er sich nicht von General William Donovan, dem früheren Chef des amerikanischen Geheimdiensts oss und einem Juristen von großem internationalem Ansehen, hatte helfen lassen. Donovan hatte freiwillig an dem Prozeß teilgenommen, war jedoch in die Vereinigten Staaten zurückgekehrt, als Jackson seinen Vorschlägen bezüglich der Anklage gegen Schacht nicht gefolgt war. Mit Donovan war auch Oberst Murray Gurfein in die USA zurückgekehrt, der Schacht verhört hatte und die Einzelheiten besser kannte als die Männer, die Jackson bei der Vorbereitung des Falles halfen. Ihre Recherchen waren so nachlässig, daß der Chefankläger trotz zahlreicher früherer Verhöre Schacht im Prozeß der Mitgliedschaft in der NSDAP beschuldigte, obwohl dies leicht zu widerlegen war. Solche Schnitzer gaben Schachts Verteidigung immer wieder Gelegenheit zu wirksamen Gegenangriffen.

Als es Jackson nicht gelang, Schacht im Sinne der Anklage zu überführen, bediente er sich einer Passage in Schachts wichtiger und umstrittener Königsberger Rede vom August 1935, um Schacht des Antisemitismus zu bezichtigen. Laut einem Bericht des Korrespondenten Otto Tolischus in der *New York Times* hatte Schacht sich zwar negativ über diejenigen Deutschen geäußert, die sich zu Ausschreitungen gegen die Juden verführen ließen, jedoch auch gesagt, die Juden müßten wissen, daß es mit ihrem Einfluß in Deutschland zu Ende sei. Dann hatte er einige antijüdische Maßnahmen skizziert, die mit denen der Nazis weitgehend übereingestimmt hatten.

Wie üblich stand Schacht auch diesmal zu dem, was er gesagt hatte, wenn auch mit der Einschränkung, daß dies seine Ansichten von 1935 gewesen seien. Er hat nie versucht, seine Haltung gegenüber den deutschen Juden zu verbergen, und immer zugegeben, daß er ihren kulturellen und politischen Einfluß beschneiden wollte. Doch er hatte auch immer betont, daß sie das Recht hätten, unversehrt unter ihren Nachbarn zu leben. Diese Haltung ließ ihn zwar nicht gerade in einem sympathischen Licht erscheinen, war jedoch kein Beweis, daß er sich an einer Verschwörung zur Vorbereitung eines Krieges beteiligt hatte.

Was den Anschluß Österreichs betraf, verurteilte Schacht zwar die Art und Weise der Annexion, äußerte jedoch, daß es sich im Prinzip um eine natürliche Union gehandelt habe, die auf jeden Fall früher oder später zustande gekommen wäre. Schacht hatte die Übernahme der Österreichischen Nationalbank organisiert und auch das tschechoslowakische Notenbanksystem in das deutsche integriert, wozu er sich ohne jedes Unrechtsbewußtsein bekannte.

Schacht bejahte auch Jacksons Frage, ob er das Gesetz gebilligt habe, das für Deutsche die Todesstrafe vorsah, wenn sie deutsches Eigentum ins Ausland schmuggelten oder dort beließen, anstatt es nach Deutschland zurückzuführen. Darauf sagte Jackson, das Gesetz habe doch diejenigen deutschen Juden am schlimmsten getroffen, die Deutschland verlassen mußten und im Ausland nicht völlig mittellos dastehen wollten.

Schacht entgegnete selbstgefällig, er sei überrascht, daß Jackson die Juden für größere Betrüger halte als die Christen.

Um zu beweisen, daß Schacht sich an einer Verschwörung zur Vorbereitung eines Angriffskriegs beteiligt hatte, stellte Jackson nun die Frage, ob er den Einfall in Polen als eine »unberechtigte Angriffsaktion« angesehen habe.

»Absolut«, antwortete Schacht.

Danach entspann sich folgender Dialog.

»Dasselbe galt für den Einfall in Luxemburg?«

»Absolut.«

»Und in Holland?«

»Absolut.«

»Und in Dänemark?«

»Absolut.«

»Und in Norwegen?«
»Absolut.«
»Und in Jugoslawien?«
»Absolut.«
»Und in Rußland?«
»Absolut, mein Herr, und Belgien haben Sie vergessen.«[8]

Jackson wies nun darauf hin, daß all diese Angriffe mit einer Armee begangen worden seien, für deren Aufbau Schacht die Finanzmittel beschafft habe.

»Leider«, antwortete Schacht. Er hatte immer zugegeben, daß er bei der Finanzierung der Armee geholfen hatte, jedoch immer betont, daß er dies nicht getan habe, damit sie für einen Angriffskrieg mißbraucht würde. In seinen Aussagen gab es in diesem Punkt keine Widersprüche.

Als er über die nationalsozialistische Ideologie von der deutschen Herrenrasse befragt wurde, sagte Schacht, er habe Vorstellungen wie die von einem »auserwählten Volk« oder »God's own country« schon immer abgelehnt. Außerdem seien »die meisten Führer der Hitlerpartei nicht gerade Idealtypen der nordischen Rasse, und ich weiß, daß beispielsweise der kleine Goebbels in der Bevölkerung ... umlief unter der Bezeichnung ›der Schrumpfgermane‹. Nur eines ... hatten die meisten Führer der Partei mit den alten Germanen gemeinsam: Sie tranken immer noch eins. Die Trunksucht war ein Hauptbestandteil der Nazi-Ideologie.«[9]

Mit Erfolg wehrte sich Schacht gegen alle Vorwürfe, Grausamkeiten gegen die Juden begangen zu haben. Er zögerte nicht, seine alte Ansicht zu vertreten, daß der kulturelle Einfluß der Juden begrenzt werden müsse, und diese Einstellung mit religiösen Erwägungen zu begründen. Als Beweis, daß er keine persönliche Abneigung gegen die Juden hatte, bot er seine Reden in Königsberg und in der Reichsbank als Beweismaterial an. In beiden Reden hatte er unter einem gewissen persönlichen Risiko die Rechte der Juden verteidigt.

Zur Beschreibung Hitlers aufgefordert, sprach Schacht von dessen Mangel an Bildung, seiner eindrucksvollen Verwendung von Halbwahrheiten und seiner diabolischen Fähigkeit, die Stimmung der Massen zu erfassen. »Hitler«, fuhr er fort, während ihm Göring auf der Anklagebank demonstrativ den Rücken zudrehte, »hat ursprünglich zweifellos geglaubt, etwas Gutes zu wollen; aber er ist nach und nach diesem Zauber, den er auf die Massen ausübte, selber erlegen, denn wer sich in diese Massenverführung hineinbegibt, wird letzten Endes von der Masse geführt und verführt.«[10]

Schacht sprach von den jungen SS-Männern, die sich als Elite betrachtet hatten, aber nur benutzt worden waren, und betonte, daß es auch in der NSDAP anständige Menschen gegeben habe. Alle hätten jedoch in einem absoluten Polizeistaat gelebt, wo keine Möglichkeit bestanden habe, sich zu beschweren oder Kritik zu üben. Gemeinsam mit Dix berichtigte er Ungenauigkeiten in der Anklageschrift, etwa daß er als NSDAP-Mitglied bezeichnet wurde. Auf den Vorwurf, daß er als Reichsbankpräsident für das Ansteigen der Reichsverschuldung verantwortlich gewesen sei, entgegnete er, genausogut könne man ihn für das Ansteigen der Geburtenrate in Deutschland während seiner Amtszeit verantwortlich machen, was ihm ein kleines Lächeln der französischen Richter einbrachte.[11]

So unsympathisch Schacht auch von Jackson dargestellt wurde, er war völlig unschuldig im Sinne der Anklage. Der Chefankläger hätte den Freispruch voraussehen müssen. Schacht und seine Verteidiger hatten ihn in jeder Hinsicht matt gesetzt. Da es keine Berufungsmöglichkeit gab, mußte Jackson seine Niederlage akzeptieren, doch er konnte sie bis zu seinem Lebensende nicht verstehen. Wie hatte Sir

Geoffrey Lawrence, der britische Richter, Schacht als unschuldig und als einen Mann mit Charakter bezeichnen können? Foster Adams, einer der Ermittler in Jacksons Stab, behauptete, daß Sir Montagu Norman, der Gouverneur der Bank of England, Sir Geoffrey irgendwie »beeinflußt« habe.[12] Der amerikanische Richter Francis Biddle hatte Schacht ursprünglich verurteilen wollen, mußte jedoch zugeben, daß Schacht und seine Verteidiger einen wasserdichten Fall präsentiert hatten. Er hatte keine andere Wahl, als sich dem Urteil seiner britischen und französischen Kollegen anzuschließen.

Das Verfahren war mit überraschender Effizienz und beträchtlichem Anstand durchgeführt worden. Die amerikanischen, britischen, französischen und sowjetischen Richter des Tribunals hatten große Anstrengungen unternommen, eine faire Anhörung der Angeklagten zu gewährleisten, trotz der Differenzen, die zwischen den westlichen Richtern und ihren sowjetischen Kollegen bestanden.

Zwischen den Anklägern aus Ost und West war die Übereinstimmung größer gewesen. Sie hatten alle die Todesstrafe für sämtliche Angeklagte gefordert. Der russische Ankläger General Alexandrow reagierte schockiert auf Schachts Freispruch und befand sich damit in seltener, aber völliger Übereinstimmung mit seinem amerikanischen Kollegen Robert Jackson.

Am Morgen der Urteilsverkündung wurden die Angeklagten aus ihren Zellen in einen Kellerraum des Gerichtsgebäudes geführt und einzeln in den Gerichtssaal gebracht. Dort wurde jedem sein Urteil verlesen, wobei er vor der Richterbank stehen mußte.

Drei Männer wurden freigesprochen: Hjalmar Schacht, Hans Fritzsche und Franz von Papen.

Fritzsche hatte als Chefkommentator des Deutschlandsenders gearbeitet. Sein Ton war häufig anmaßend und sarkastisch gewesen, wie man es von einem führenden Mitarbeiter von Dr. Joseph Goebbels erwarten konnte, und er hatte einen neuen atemlosen, sensationsheischenden Redestil entwickelt, den zahlreiche andere Radiosprecher kopiert hatten. Dabei war zur Erhöhung des dramatischen Effekts jede Meldung im Präsens formuliert gewesen. (»Der Führer betritt das Podium. Er ist völlig eins mit dem Volk!«)

Obwohl Fritzsche von deutschen und ausländischen Hörern als die Stimme Hitler-Deutschlands wahrgenommen worden war, hatte er jedoch lediglich Manuskripte verlesen, die in der Rundfunkabteilung des Propagandaministeriums verfaßt worden waren.

Franz von Papen, der frühere Reichskanzler, Vizekanzler und enge Vertraute Hindenburgs, hatte bei den Verhandlungen vor Hitlers Ernennung zum Reichskanzler eine entscheidende Rolle gespielt. Ein Jahr später hatte er plötzlich ein angebliches Testament Hindenburgs zu Tage gefördert, in dem der alte Generalfeldmarschall das Schicksal Deutschlands in Hitlers Hände legte. Als katholischer Adliger hatte Papen auch wesentlich zum Zustandekommen des Reichskonkordats zwischen dem Dritten Reich und dem Vatikan beigetragen. 1934 hatte er sich allerdings plötzlich und unerwartet gegen Hitler gewandt und in seiner Rede an der Marburger Universität fast jeden Aspekt des Hitlerregimes kritisiert. Tage später, während des sogenannten Röhmputschs, waren Edward Jung, der Verfasser der Rede, und ein weiterer enger Mitarbeiter Papens von der SS hingerichtet worden, und Papen hatte sich in Todesangst auf sein Landgut zurückgezogen.

Von da an war er ein willenloses Werkzeug Hitlers gewesen. So hatte er etwa als deutscher Botschafter in Wien den Anschluß Österreichs mit vorbereitet. Zuletzt war er Botschafter in der Türkei gewesen, wo er einst als Soldat gedient hatte und seine Verbindungen zugunsten Nazideutschlands nutzen sollte. Papen war offensichtlich eine verabscheuungswürdige Persönlichkeit, aber war er schuldig im Sinne der Anklage?

Die Anklage gegen Papen wurde von dem Briten Sir Maxwell-Fife vertreten. Er hatte schnell bewiesen, daß der Angeklagte eitel, ehrgeizig, feige und unehrenhaft war, wobei er ihm insbesondere den Verrat an seinen toten Mitarbeitern vorwarf, gegen deren Ermordung er nicht protestiert hatte. Sir Maxwell konnte auch beweisen, daß Papen die Befehle der Nazis auch dann noch ausgeführt hatte, als er diese längst verachtete. Doch es gelang ihm nicht, Papen die Beteiligung an der Vorbereitung und Führung eines Angriffskriegs nachzuweisen. Wie Schacht war auch Papen nur in diesem Punkt angeklagt, und wie der Ankläger Robert Jackson konnte auch der Ankläger Sir Maxwell-Fife seinem Angeklagten nicht über jeden berechtigten Zweifel hinaus nachweisen, daß er sich dieses Verbrechens schuldig gemacht hatte.

Am Abend des 1. Oktober 1946 fand mit den drei freigesprochenen Angeklagten eine Pressekonferenz statt. Die alliierten Journalisten brannten darauf, »die reingewaschenen Nazis« kennenzulernen, und die Konferenz wurde zu einem turbulenten Ereignis. Fritzsche rauchte und trank Wein. Von Papen spielte wie immer den Grandseigneur und übte vornehme Zurückhaltung. Schacht trug seinen alten Mantel mit Pelzkragen, der ihn schon bei vielen winterlichen Konferenzen rund um den Erdball vor Kälte geschützt hatte, und tauschte Autogramme gegen Schokolade. Es war das Beste, was der alte Händler für Manci und seine zwei kleinen Töchter tun konnte. Er nahm jedoch auch Zigaretten in Zahlung und hatte, wie einer der Reporter berichtete, am Ende in beiden Händen je eine angezündete Zigarette.

Schacht beschwerte sich bei den Journalisten, daß seine Frau und seine Töchter von deutschen Kommunisten aus

Gühlen vertrieben worden seien und diese anschließend das Haus geplündert hätten. Manci habe die sechzig Kilometer nach Berlin mit den Kindern zu Fuß gehen müssen. Tatsächlich war Manci in Gühlen geblieben, bis die Russen kamen. Auf dem Gut kam es zu einem Feuergefecht zwischen deutschen und russischen Truppen, bei dem 16 deutsche Landser ums Leben kamen. Sie wurden auf dem Anwesen der Schachts begraben. Bei der Minensuche stießen die Russen auf eine Stahlkassette mit regimekritischem Material, die Schacht auf dem Gelände vergraben hatte. Der Fund kam Manci zugute, als sie festgenommen und sechs Wochen lang in verschiedenen Kommandostellen der Roten Armee interniert wurde. Nachdem sie einen Brief an Marschall Schukow geschrieben hatte, wurde sie mit den wichtigen Dokumenten nach Gühlen zurückgebracht und erhielt von den Russen eine Telefonnummer, um Hilfe zu holen, falls sie belästigt würde. Erst als die neue deutsche Regierung in der Sowjetischen Besatzungszone installiert wurde, mußte Manci von Gühlen nach Berlin übersiedeln. Sie war also keineswegs aus Gühlen »vertrieben« worden, sondern hatte es verlassen, um von den neuen ostdeutschen Herren nicht nach Moskau deportiert zu werden. In Berlin durfte sie die alte Wohnung der Familie nicht beziehen, weshalb sie schließlich mit ihren Kindern in die Lüneburger Heide zog, wo sie bei deren altem Kindermädchen in einem Dorf namens Hollenstedt unterkam.

Später nahmen die Briten sie fest, internierten sie in einem Gästehaus und baten dessen Wirtin, sie wegen Selbstmordgefahr zu überwachen. Erst als sie überzeugt waren, daß Manci keine Selbstmordabsichten hegte, durfte sie zu ihren Kindern nach Hollenstedt zurückkehren. Dort verbrachte sie zwei Winter und einen Sommer. Manci hatte kaum Geld, aber sie schlug sich irgendwie durch, obwohl sie zum Einkaufen jedesmal drei Kilometer zu Fuß gehen mußte.

Vermutlich waren es die führenden deutschen Politiker in der Sowjetischen Besatzungszone, die sich über Schachts Freispruch am meisten empörten, aber auch die demokratischen Politiker in den Westzonen waren über den Freispruch entsetzt. Der alte Realist und Zyniker hatte mit diesen Reaktionen gerechnet. Schließlich war es politisch vorteilhaft für die neue Elite, wenn sie ihren Abscheu für jeden, der mit den Nazis zu tun gehabt hatte, möglichst deutlich zeigte.

Schacht wollte das Nürnberger Gerichtsgefängnis verlassen und zu Manci und den Kindern zurückkehren. Als er jedoch mit seinem zusammengerollten Bettzeug und einem Koffer zum Gefängnistor kam, wurde er von einer stattlichen Anzahl deutscher Polizisten erwartet. Also machte er kehrt und nahm den Vorschlag von Oberst Andrus an, noch einige Tage als Gast des Internationalen Militärgerichtshofs in seiner Zelle zu bleiben.

Dana Adams Smith schickte am 4. Oktober 1946 aus Nürnberg den folgenden Bericht an die *New York Times*:

> DEUTSCHE POLIZEI KANN FREIGESPROCHENE NAZIS NICHT FESTNEHMEN. CLAY VERBIETET WIEDERVERHAFTUNG BIS STATUS GEKLÄRT IST. ER SOLL FREIES GELEIT ZUGESICHERT HABEN.
>
> In der Hoffnung, Dr. Hjalmar Schacht, Franz von Papen und Hans Fritzsche beim Verlassen des Gefängnisses verhaften zu können, umstellte die deutsche Polizei die Haftanstalt heute morgen um acht Uhr, wurde jedoch auf Befehl des Stellvertretenden Militärgouverneurs Generalleutnant Lucius Clay um 13.30 Uhr wieder abgezogen.
>
> Die drei Männer, deren Entlassung der Internationale Militärgerichtshof am Dienstagmorgen verfügt hatte, blieben im Gefängnis und verbrachten heute die dritte Nacht in Gefängniszellen, die als Zeichen ihrer formalen Freiheit unverschlossen und unbewacht bleiben.

General Clay in Berlin erklärte das Ereignis telefonisch wie folgt:

Er habe den Abzug der deutschen Polizeikräfte angeordnet, da ihre Aktion nicht gerade von gutem Geschmack zeuge. Die drei Gefangenen würden an ihrem gegenwärtigen Aufenthaltsort bleiben müssen, bis die Rechtsabteilung der Militärregierung entschieden habe, ob Deutsche, die sich unfreiwillig in der Amerikanischen Besatzungszone aufhielten, dem Entnazifizierungsgesetz dieser Zone unterworfen seien und unter Anwendung seiner Bestimmungen festgenommen werden könnten.

In Berlin traten 20.000 Arbeiter der Verkehrsbetriebe einen Tag in den Streik, um gegen den Freispruch von Schacht, Fritzsche und Papen zu protestieren.

Die Besatzungszonen wurden in den ersten Jahren nach dem Krieg allmählich in Länder gegliedert, die von eigenen Ministerpräsidenten regiert wurden. Schacht war nach seinem Freispruch im Kriegsverbrecherprozeß der Jurisdiktion der bayerischen Regierung unter Ministerpräsident Dr. Wilhelm Hoegner unterworfen, und Anton Pfeiffer, der Chef der bayerischen Entnazifizierungsbehörde, hielt Schachts Fall keineswegs für abgeschlossen. Er rechnete damit, daß der Befehl, der ihn an einer Verhaftung Schachts gehindert hatte, bald wieder aufgehoben würde. Die neuen deutschen Länderregierungen gedachten nicht, der Entwicklung ebenso tatenlos zuzusehen wie der machtlose Reichstag im letzten Jahr der Weimarer Republik.

Nach drei Tagen freiwilliger Haft verließ Schacht schließlich kurz nach Mitternacht sein Gefängnis und wurde von einem Lastwagen zu dem Haus gebracht, wo sich Manci mit den Töchtern Cordula und Konstanze eingemietet hatte. Von einem echten Wiedersehen konnte jedoch kaum die Rede sein, da schon in den frühen Morgenstunden der Nürnberger Polizeipräsident Leo Stahl in das Zimmer hereinplatzte. Es half nichts, daß Schacht das von Oberst Andrus ausgestellte Geleitschreiben vorwies. Er wurde gegen seinen erbitterten Protest auf eine Nürnberger Polizeiwache gebracht und eingesperrt. Wenig später kam er jedoch auf Befehl eines amerikanischen Hauptmanns wieder frei, allerdings erst nach einer heftigen Auseinandersetzung, in der der Hauptmann andeutete, daß die bayrische Polizei Schacht vielleicht am folgenden Tag wieder verhaften könne. Zunächst aber dürfe er bei seiner Frau bleiben und stehe unter dem Schutz der amerikanischen Armee.

Dies blieb nicht lange so. Wenig später wurde Schacht von der amerikanischen Militärregierung den deutschen Behörden übergeben. Nach Ansicht der Amerikaner »war künftig jeder deutschen Gesetzen unterworfene Bürger für seine in Deutschland begangenen Taten dem deutschen Volk verantwortlich und mußte von deutschen Gerichten abgeurteilt werden.«

23

Das neue Deutschland

Er war noch einmal Gefangener. In den folgenden Jahren wurde er wie ein Bauer auf dem Schachbrett von einer Gerichtsbarkeit zur nächsten und von einem deutschen Land ins andere verschoben. Jedes schien darauf zu brennen, sich einmal mit diesem scheinbar unverwundbaren ehemaligen Minister des NS-Regimes zu messen.

Die erneute Inhaftierung setzte einen Prozeß fort, der mit Schachts Verhaftung durch die Gestapo am 23. Juli 1944 begonnen hatte. Doch er klagte kaum. Als ihn der deutsche Gefängnisarzt gegen Ende des Nürnberger Kriegsverbrecherprozesses nach seinem Befinden fragte, hatte er nur geantwortet: »Mir geht es ausgezeichnet, wie immer, aber ich habe es dicke.«[1]

Bei jeder neuen Verhaftung war er fest davon überzeugt, beweisen zu können, daß er zu Unrecht festgenommen worden war. Er bestand nur eine weitere Schlacht, eine weitere Gelegenheit, seine Ideen an denen der anderen zu messen. Alle hatten ihn im Stich gelassen: die Monarchisten, die Demokraten der Weimarer Republik und auch dieser seltsame und betrügerische Adolf Hitler. Nun hatte Schacht Gelegenheit, den neuen demokratischen Staat an seinen Idealen zu messen. Und er war nicht gerade zufrieden. Zunächst einmal empfand er die neuen deutschen Demokraten als Speichellecker der amerikanischen Militärregierung. Diese hatte für ihn das einzige Ziel, Deutschland ein für allemal als Konkurrent in Weltwirtschaft und Weltpolitik auszuschalten – ein Bestreben, hinter dem er die rachsüchtige deutsch-jüdische Exilgemeinde vermutete. Er wurde zu Unrecht ihr Opfer, da er doch zahlreichen Juden »persönlich und materiell jede nur mögliche Unterstützung gewährt hatte«. Das empörte ihn.

Es gab Angriffe in der New Yorker Presse. Man bezweifelte, daß er wirklich der Mann gewesen war, »der 1923 den Weg zur Beendigung der Inflation gefunden hatte«. Fachleute wiesen darauf hin, daß das richtige Rezept zur Inflationsbekämpfung eigentlich von Emil Helfferich, dem alten Finanzminister des Kaisers, gestammt habe und von Schacht nur angewandt worden sei.[2] Laut Schacht war sein »eigentlicher« Ankläger in seinem ersten deutschen Prozeß »ein Jude namens Marx, dem während der ganzen Nazizeit nicht ein Haar gekrümmt worden war«. Ein Antrag auf Hafturlaub wegen einer Operation seiner Tochter wurde von einer »amerikanischen Stelle ›gez. Friedmann‹ abgelehnt«.[3] Schacht fühlte sich von den Juden auf der ganzen Welt verfolgt. Ende März 1947 wurde er wegen eines Leistenbruchs im Ludwigsburger Gefängniskrankenhaus operiert. Dann fand er sich erneut in dem jahrelangen Wechselbad von juristischen Siegen und Niederlagen wieder. Nur wenige Männer in seinem Alter und mit seiner Haftgeschichte hätten eine solche Behandlung emotional und geistig unversehrt überstanden.

Die Schlagzeilen aus den folgenden drei Jahren erzählen die Geschichte am besten:

SCHACHT RÜHMT SICH DER BETEILIGUNG AN VIER VERSCHWÖRUNGEN GEGEN HITLER UND FORDERT DAS GERICHT AUF ZU BEWEISEN, DASS ER EIN »HAUPTSCHULDIGER DES NATIONALSOZIALISMUS« SEI (*New York Times*, 10. April 1947)

SCHACHT ERKLÄRT VOR GERICHT, DIE NAZIS 1936 BEKÄMPFT ZU HABEN (UP, 21. April 1947)

ACHT JAHRE GEFÄNGNIS FÜR SCHACHT GEFORDERT (AP, 30. April 1947)

SCHACHT SPRICHT SCHLUSSWORT IN SEINEM PROZESS (AP, 4. Mai 1947)
SCHACHT VON DEUTSCHEM GERICHT VERURTEILT (AP, 13. Mai 1947)
SCHACHT AM ENDE (*New York Times*, 14. Mai 1947)
SCHACHT FORDERT DRITTEN PROZESS (*New York Times*, 14. Mai 1947)
SCHACHT IN GEFANGENENLAGER (AP, 15. Mai 1947)
USA ERMÖGLICHEN ZEUGENAUSSAGE SCHACHTS (UP, 14. Juni 1947)

Hjalmar Schacht traf heute in Nürnberg ein, um im Prozeß gegen 24 Mitglieder des I. G. Farbenkonzerns auszusagen ... (UP, 8. Juli 1947)

SCHACHTS FREILASSUNG ABGELEHNT (AP, 27. Mai 1948)
SCHACHTS ANHÖRUNG ERÖFFNET (AP, 2. August 1948)
SCHACHT VON DEUTSCHEM GERICHT FREIGELASSEN
FREILASSUNG MUSS VON USA GENEHMIGT WERDEN (AP, 1. September 1948)
SCHACHT AUS DEUTSCHEM LAGER ENTLASSEN (AP, 1. September 1948)
SCHACHT FÜRCHTET »ALMOSEN« AN DEUTSCHE WIRTSCHAFT (Reuters, 17. September 1948)
RÜCKKEHR SCHACHTS IN STAATSAMT GEPRÜFT (*New York Times*, 4. Oktober 1948)
DEUTSCHE HEBEN SCHACHTS FREILASSUNG WEGEN NEUER STUDIE ÜBER NAZI-VERBINDUNGEN AUF (*New York Times*, 5. November 1948)
SCHACHT TROTZ FAHNDUNG NICHT GEFUNDEN (UP, 10. November 1948)
SCHACHT VON POLIZEI GEFUNDEN (UP, 10. November 1948)
DRITTER PROZESS GEGEN SCHACHT ALS FÜHRENDEN NAZI VERFÜGT (UPI, 7. Dezember 1948)

Gelassen wie immer erklärte Schacht am 30. Dezember 1948, daß er während seines Prozesses in Nürnberg eine Operette über eine Liebesaffäre zwischen einem amerikanischen GI und einem deutschen Mädchen geschrieben habe.[4]

Dann stürzte er sich wieder in die Schlacht:

SCHACHT WILL NICHT VOR GERICHT ERSCHEINEN (AP, 29. Januar 1949)

SCHACHT MISSACHTET DEUTSCHES GERICHT (AP, 31. Januar 1949)

SCHACHT DROHT GEFÄNGNISHAFT

DOCH NAZI-MINISTER WEIGERT SICH, AUS BRITISCHER ZONE ZURÜCKZUKEHREN (*New York Times*, 14. Februar 1949)

DEUTSCHES GERICHT HEBT SCHACHTS ACHTJÄHRIGE HAFTSTRAFE AUF (AP, 25. Februar 1949)

GEWERKSCHAFTEN IM RUHRGEBIET GEGEN SCHACHT (AP, 12. Mai 1949)

SCHACHT BESTREITET, DEUTSCHLAND VERLASSEN ZU WOLLEN (UP, 29. Mai 1949)

HOHER US-BEAMTER HÄLT SCHACHT FÜR GEEIGNET, AMT IN WESTDEUTSCHER REGIERUNG ZU BEKLEIDEN (*New York Times*, 15. Juni 1949)

SCHACHT VOR ERNEUTEM PROZESS (AP, 9. August 1949)

DEUTSCHE POLIZISTEN RETTEN SCHACHT VOR AUFGEBRACHTEM MOB (AP, 14. Oktober 1949)

PROZESS GEGEN SCHACHT ABGESAGT (Reuters, 15. November 1949)

SCHACHT MACHT DEUTSCHE DEMOKRATIE LÄCHERLICH (Reuters, 1. Februar 1950)

DEUTSCHER MINISTER DER BEGÜNSTIGUNG SCHACHTS BESCHULDIGT (*New York Times*, 2. Februar 1950)

SCHACHT ZUM FÜNFTEN MAL VOR GERICHT (AP, 21. August 1950)

SCHACHT IM FÜNFTEN PROZESS VOM VORWURF DES NATIONALSOZIALISMUS FREIGESPROCHEN (AP, 13. September 1950)

Endlich war es zu Ende.

Schacht machte General Lucius Clay, den Stellvertretenden Militärgouverneur der amerikanischen Besatzungszone, für seine Strafverfolgung durch die deutschen Behörden verantwortlich. Er glaubte allen Ernstes, Clay stünde unter dem Einfluß jüdischer Emigranten in der Militärregierung und in den Vereinigten Staaten.

Er nutzte seine Zeit im Gefängnis, um ein Buch zu verfassen.

Seine Haltung gegenüber den deutschen Anklägern kommt gut in einer seiner schlagfertigen Antworten zum Ausdruck. Als er in seinem Lüneburger Prozeß gefragt wurde: »Wie konnten Sie als kleiner Löwe nur in den Käfig des großen Löwen gehen«, antwortete er: »Herr Beisitzer, Sie vergessen, daß ich nicht als kleiner Löwe, sondern als Dompteur hineingegangen bin.«[5]

24

Einmal Bankier …

Als Schacht im September 1948 freigelassen wurde, hatte er für weitere juristische Schlachten nur noch zwei Mark fünfzig in der Tasche. Gühlen war von den Ostdeutschen enteignet worden. Seine Berliner Häuser waren zerbombt oder beschlagnahmt, und er schuldete seinen Anwälten ein kleines Vermögen. Er zog mit Manci und Konstanze in ein kleines Haus bei Hamburg; Cordula war bei ihrer Stiefschwester in Bayern untergebracht.

Zum Glück rettete ein wagemutiger Verleger Schacht vor dem Bankrott und druckte das von Schacht im Gefängnis geschriebene Buch. Von *Abrechnung mit Hitler* wurden 250.000 Exemplare verkauft. Schacht bekam endlich wieder Geld ins Haus. Cordula hatte sich eine schlecht verheilende Knieverletzung zugezogen. Es bestand Verdacht auf Knochentuberkulose, und Schacht beschloß, mit Manci und Konstanze nach Bayern zu ziehen, um näher bei seiner kranken Tochter zu sein. Doch die bayerische Regierung drohte Schacht mit sofortiger Verhaftung, wenn er das Land betrete. Bayern war noch nicht bereit, zu vergeben und zu vergessen. Wieder einmal nahmen Schachts Anwälte den Kampf auf. Sie erreichten zunächst eine Aufhebung des Haftbefehls und nach endlosem Gerangel die Einstellung des Verfahrens. Schachts neues Vermögen schrumpfte wegen der Arzt- und Anwaltskosten bedenklich zusammen. Da erhielt er, diesmal von einem Hamburger Verleger, das Angebot, ein zweites Buch zu schreiben. Der Verleger stellte Schacht außerdem eine Wohnung zur Verfügung, in der er arbeiten und mit seiner Familie wohnen konnte. Wieder war Schacht gerettet.

Zwei Faktoren kamen ihm zugute. Sein Ruf als Finanzgenie war ungebrochen, und viele neue Länder in der Welt lechzten förmlich nach finanzwirtschaftlicher Beratung. Sie hatten mit dem Kriegsende ihre Unabhängigkeit erlangt, aber ihre Finanzen waren oft in erbarmungswürdigem Zustand, und in der erstaunlich kleinen internationalen Finanzwelt gab es nur sehr wenige Experten, die als Finanzberater mit Schacht konkurrieren konnten.

Als erste suchte die Regierung Indonesiens seinen Rat. Die neue Republik war 1950 endlich aus der niederländischen Kolonialherrschaft entlassen worden und befand sich in einer schweren Finanzkrise. Schacht hatte keine Ahnung von den indonesischen Verhältnissen und erklärte sich bereit, als unbezahlter Berater nach Jakarta zu kommen, wenn die indonesische Regierung ihm und Manci die Reisekosten bezahle. Er selbst nannte mit dem ihm eigenen Selbstbewußtsein folgenden Beweggrund für die Reise: »Ich verspürte große Lust, meine Erfahrungen anderen Ländern zur Verfügung zu stellen«.[1] Außerdem war seine romantische Begeisterung für den Orient und für die Exotik der pazifischen Länder nicht geringer geworden. Nach all den finsteren Jahren bot sich endlich wieder Gelegenheit zu einem Abenteuer.

Unmittelbar vor der Reise machte ihm jedoch das Schicksal einen Strich durch die Rechnung. Er rutschte aus und brach sich den Oberarm dicht unter der Schulter – ein schlimmer Sturz und ein komplizierter Bruch. Kurz nach der Operation teilte man ihm mit, daß eine wochenlange Nachbehandlung erforderlich wäre. Doch Schacht wollte nichts davon wissen. Er fuhr mit Manci in einem kleinen Volkswagen über den Brennerpaß nach Meran, wo sie mehrere Wochen blieben, bis der Arm geheilt war.

AP brachte eine Meldung über Schachts Pläne, die von vielen Zeitungen abgedruckt wurde:

> POSTEN FÜR SCHACHT IN SICHT
>
> TRIENT, Italien, den 5. Juli – Dr. Hjalmar Schacht, der frühere NS-Finanzminister, soll sich bereit erklärt haben, Ordnung in das indonesische Finanzwesen zu bringen. Dr. Schacht, der im nahegelegenen Meran Urlaub macht, hatte vor zwei Tagen eine ausführliche Unterredung mit S. Pamontyak, dem indonesischen Botschafter in Italien. Wie Lokalblätter in Trient und Bozen berichteten, überreichte der Botschafter Dr. Schacht die Reisedokumente.

Schacht lehnte jeden Kommentar ab, doch die Journalisten waren gut informiert:

> Wie verlautet, hat sich Dr. Schacht den notwendigen Impfungen für eine Reise in die Tropen unterzogen.

Schacht und Manci flogen von Rom aus nach Kairo. Auf dem Kairoer Flughafen wurden sie von einer Delegation ägyptischer Beamter empfangen und als Gäste der Regierung im Luxushotel Semiramis untergebracht. Der ägyptische Finanzminister »hoffte, daß sie Zeit für ihn hätten«. Manci war überrascht, aber Schacht hatte vermutlich mit einem derartigen Empfang gerechnet. Wie hatte die ägyptische Regierung von seiner Ankunft erfahren? Aus der Presse oder von ihrem eigenen Nachrichtendienst? Oder hatte vielleicht Schacht selbst einen Tip gegeben? In seinen Erinnerungen gibt er sich bescheiden. »Ich hatte mich nie für sehr prominent gehalten und verbarg meine Überraschung nicht, als ich die liebenswürdige Einladung annahm.«

Auf dem ägyptischen Thron saß damals noch König Faruk, der sich vor allem als Playboy einen Namen gemacht hatte und sich bei Schachts Ankunft auf einer seiner zahlreichen Auslandsreisen befand. Er sollte schon bald durch einen Putsch gestürzt werden. Ein Jahr später wurde Ägypten von einer Militärjunta regiert, und der kleine dicke König weilte erneut an der Riviera und gab sein gerettetes Vermögen aus. Schacht wurde bei seiner Ankunft von Oberst Muhammad Naguib, dem späteren ersten Chef der Junta, empfangen. In seinen Memoiren berichtet Schacht begeistert über die Kulturschätze, die er bei seinem siebentägigen Aufenthalt in Ägypten besichtigte, und erwähnt nur kurz, daß auch Gespräche mit wichtigen Wirtschafts- und Finanzpolitikern stattfanden.[2]

Die geplante Ankunft in Jakarta wurde zuerst durch einen Taifun und dann durch Schachts vielseitige Interessen verzögert. Das Paar machte Zwischenstation in Kalkutta, wo Schacht im Auftrag von Nehru mit den für den indischen Fünfjahresplan zuständigen Wirtschaftsexperten sprach. Danach flogen die Schachts nach Bangkok weiter, wo sie herzlich empfangen wurden. Auch ein kurzer Abstecher nach Singapur war geplant, doch Schacht sagte ihn beleidigt ab. Er hatte einen unangenehmen Artikel in der *Singapore Straight Times* gelesen, in dem bezweifelt wurde, ob er angesichts seiner nationalsozialistischen Vergangenheit ein Einreisevisum erhalten solle. Der empfindliche Schacht fand, der Ton des Artikels rieche »nach dem bekannten ›Deutsche und Hunde haben keinen Zutritt‹« und flog direkt nach Indonesien weiter.

In Jakarta nutzte der britische Schriftsteller und Journalist William Stevenson die Gelegenheit zu einem Gespräch mit Schacht. Hier sein Bericht:

> Jakarta befand sich in völligem Chaos, als der gestrenge Dr. Schacht auf der Bildfläche erschien. Die Wirtschaft litt unter einer galoppierenden Inflation, die ihn an 1923 erinnerte. Seine Heilmittel waren jedoch in Indonesien schwerer anzuwenden als in

Deutschland. Ich fragte mich, wie Schacht auch nur ein fünfminütiges Gespräch mit [Staatspräsident] Sukarno heil überstehen könnte. Die beiden waren völlig verschieden. Sukarno war das Sexsymbol von Millionen Anhängern. Schacht war ein frostiger alter Mann, der das Leben immer nur durch Brillengläser betrachtet hatte, die er so einstellte, daß das reflektierte Licht in die Augen seiner Gesprächspartner traf. Der Bankier war nur ungern bereit, sich überhaupt mit einem Reporter zu treffen.

Ich traf Schacht im offenen Restaurant des Hotel Capitol, mit Blick auf den schmutzigsten Kanal Jakartas. Wir waren den Schwärmen von Malariamücken und dem Gestank des mit Müll und menschlichen Exkrementen gesprenkelten, schokoladenbraunen Wassers schutzlos ausgeliefert. Schacht hielt den Kopf auf seinem dünnen Hals in einem prekären Gleichgewicht und musterte mich, die dünnen Lippen zusammengepreßt, mit mißtrauisch herabgezogenen Mundwinkeln. Unten am Kanal lockerten Frauen ihre gebatikten Sarongs und bespritzten ihre festen Brüste mit Gesten, die die Mißbilligung auf Schachts Gesicht noch verschärften. Weiter unten am Kanalufer urinierten Männer und Jugendliche in eleganten Bögen. Ich zitierte ein indonesisches Sprichwort, das auf den verstopften Kanal gut paßte: »Gute Bakterien fressen schlechte Bakterien, wenn man die Dinge sich selbst überläßt.« Schacht lächelte schwach.[3]

Schacht verhielt sich vermutlich mit Absicht so frostig. Er wußte, wie man mit Journalisten umgeht, hatte jedoch keine Lust auf ein neckisches Geplänkel mit der Presse. Außerdem stellte Stevenson ihm Fragen zu einem Thema, über das er nichts wußte oder nichts sagen wollte. Stevenson recherchierte für ein Buch über eine Untergrundorganisation, die angeblich von früheren SS-Mitgliedern und dem »Sekretär des Führers« Martin Bormann gegründet worden war. Es gab damals Gerüchte über viele solche Gruppen, und einige davon entsprachen den Tatsachen. Eine beträchtliche Anzahl ehemaliger SS-Mitglieder wurde von Gruppen wie der »Organisation Odessa« (Organisation der ehemaligen SS-Angehörigen) nach Spanien und Südamerika geschmuggelt. Eine Sache, an der Schacht jedoch in keiner Weise beteiligt war und die ihn nicht im geringsten interessierte.

Die Schachts wollten ursprünglich von Juli bis September 1951 in Jakarta bleiben. Schacht verfaßte einen Bericht über die wirtschaftliche Lage Indonesiens und machte Vorschläge, »wie die finanziellen und wirtschaftlichen Probleme des Landes überwunden werden könnten«.[4] Laut AP äußerte er in Radio Jakarta, daß er im Oktober den Iran besuchen wolle und von der iranischen Regierung eingeladen worden sei. [5] Zwei Tage später sagte er jedoch einem Korrespondenten der *New York Times*, daß er nicht die Absicht habe, im Iran als Wirtschaftsberater zu wirken oder einen Bericht über die wirtschaftliche Lage dieses Landes zu schreiben. Er wolle lediglich an der Teheraner Universität einen Vortrag halten, und seine Reise habe mit der iranischen Regierung überhaupt nichts zu tun. Typisch Schacht!

Anders als geplant, verließ Schacht Jakarta erst am 3. November. Er war optimistisch gestimmt, da sich die indonesische Wirtschaft in einem viel besseren Zustand befand, als er angenommen hatte. Seine Iranreise wollte er auf Frühjahr 1952 verschieben.[6]

Damit sein Talent für Provokation nicht in Vergessenheit geriet, machte er am 6. November bei einer Zwischenlandung in Kalkutta Schlagzeilen, indem er vor Pressereportern sagte: »Westdeutschland leidet unter übermäßiger Kontrolle durch fremde Mächte.« Auf die Frage, wann diese sogenannte Kontrolle aufgehoben werden solle, sagte er: »Gestern nachmittag – oder spätestens morgen früh.« Die Reporter müssen begeistert gewesen sein. In allen Presseberichten wurde Schacht als »der frühere Finanzzauberer des NS-Regimes«, »der frühere Finanzberater der Nazis«, »Hitlers ehemaliges Finanzgenie« oder »Hitlers Wirtschaftsminister« bezeichnet. Er kam von seiner Vergangenheit nie los, und seine Freisprüche waren der Presse gleichgültig.

Auf dem Heimweg nach Deutschland landete sein Flugzeug auf dem Lydda-Flughafen in Israel. Einige Tage später fragte ein Abgeordneter der israelischen Knesset wutentbrannt, wie die Regierung es habe zulassen können, daß »einer der Architekten des Massakers an unserem Volk« unbehelligt israelischen Boden habe betreten können, obwohl ihm als Kriegsverbrecher nach dem israelischen Gesetz die Todesstrafe drohe.

Tatsächlich war die Zwischenlandung wenig dramatisch verlaufen.

Das Ehepaar Schacht hatte seine Pässe bei der israelischen Polizei abgeben müssen und anschließend auf dem Flughafen gefrühstückt. Auf dem Weg in die Cafeteria wurde es von Reportern fotografiert.[7] Schacht hatte zu spät bemerkt, daß das Flugzeug in Israel zwischenlanden würde, und »nach all den Angriffen, die ich von der Judenschaft erlebt hatte« mit dem Schlimmsten gerechnet. Die Schachts hatten eigentlich im Flugzeug bleiben wollen, waren jedoch in das Flughafengebäude geführt worden. Manci war bei dem Frühstück so aufgeregt, daß sie keinen Bissen hinunterbrachte, so daß Schacht die doppelte Portion vertilgte. Beim Kassieren fragte der jüdische Kellner in bestem Deutsch: »Waren Sie zufrieden, Herr Präsident?« Schacht bejahte, und der Kellner bat ihn um ein Autogramm. Kurz darauf erschien er noch einmal und bat um ein zweites Autogramm für einen Kollegen. Er sagte, er stamme aus Frankfurt, und meinte: »Wenn man bloß wieder zurück könnte.« Noch mehrere andere Unbekannte suchten das Gespräch mit den Schachts, darunter auch ein Ehepaar, das auf seinen Flug nach Chile wartete und klagte: »In diesem Lande ist für uns kein Vorankommen.« Schacht war recht entzückt über diese Begegnungen, doch Manci drängte ihn, so rasch wie möglich die Pässe wieder abzuholen. Ihre Nervosität war berechtigt. Zwar konnten die Schachts Israel unbehelligt verlassen, aber David Ben Gurion antwortete auf die Frage des Knesset-Abgeordneten: »Wenn ich gewußt hätte, daß Dr. Schacht auf dem Flugplatz war, hätte ich ihn sofort verhaften lassen.« Schacht war froh, »einem nochmaligen Einsperren, diesmal im ›Gelobten Lande‹, entgangen zu sein«.[8]

In seinem Bericht für Indonesien hatte er vor allem empfohlen, sich nicht mehr gegen den Import von fremdem Kapital zu sperren. Für ehemalige Kolonien wie Indonesien war es natürlich schwierig, Geld von ihren alten Kolonialmächten borgen zu müssen, doch daß Schacht in Hamburg ein eigenes Bankhaus eröffnen wollte, schien ihnen durchaus gelegen zu kommen.

Sein Ruf bei den neuen Regierungen, die unter finanziellen Schwierigkeiten litten, wurde immer besser. In Reaktion auf die Berichte über seine Arbeit in Indonesien erhielt er im Januar 1952 eine offizielle Anfrage des ägyptischen Konsulats in Frankfurt, ob er als Wirtschaftsexperte für Ägypten arbeiten wolle. Um die gleiche Zeit teilte die ägyptische Regierung der Presse mit, daß sie auch auf militärischem Gebiet einen Experten suche.[9]

Im Juni 1952 war Schacht so weit, daß er wieder eine Bank eröffnen konnte, und beantragte zusammen mit Waldemar Ludwig, einem ehemaligen Mitglied des Reichsbankdirektoriums, bei der Hamburger Landeszentralbank die Genehmigung. Die Kapitalausstattung bei Eröffnung des Bankhauses war auf eine mickrige Million Mark angesetzt, doch Schacht war sich sicher, daß sie sehr rasch wachsen würde, wenn sich herumsprach, daß er wieder im Geschäft war.[10]

Der Iran folgte schon bald dem ägyptischen Beispiel. Am 14. Juli 1952 berichtete *Ettelaat*, die wichtigste Zeitung des Landes, daß Schacht in den Iran reisen werde, um der dortigen Regierung bei ihren finanzpolitischen und wirtschaftlichen Problemen zu helfen. Der dortige Ministerpräsident Muhammad Mossadegh hatte sich bereits vom Schah mit diktatorischen Vollmachten ausstatten lassen, um alle Empfehlungen Schachts durchführen zu können. Soviel zu Schachts früherer Behauptung, er fahre nur in den Iran, um an der Universität Teheran einen Vortrag zu halten.

Dann kam die Sorte von Rückschlag, wie Schacht sie schon fast zu genießen gelernt hatte. Am 16. Juli verweigerte ihm der Hamburger Senat die Lizenz zur Eröffnung einer Bank. Schacht erkannte, daß seine Tätigkeit als internationaler Finanzberater dem Projekt, eine vorwiegend mit Kapitalexport befaßte Bank zu gründen, nicht gerade förderlich war, und erklärte unmittelbar nach Ablehnung der Genehmigung, daß er »Angebote aus Ägypten und dem Iran abgelehnt habe«.[11] Am 2. September wurde das Verfahren gegen die Verweigerung der Genehmigung eröffnet, und am 6. September hob ein Hamburger Verwaltungsgericht den negativen Bescheid des Senats auf. Schacht konnte sein Bankhaus eröffnen. Schon am folgenden Tag kam die Nachricht aus Teheran, daß er sich auf dem Weg in den Iran befinde. Soweit zur Ablehnung der »Angebote«. Ab 9. September weilte Schacht als Gast der iranischen Regierung und ihres Ministerpräsidenten Mossadegh in Teheran.

Dort wurde er sofort in eine Auseinandersetzung zwischen Großbritannien und den Vereinigten Staaten verwickelt. Beide Regierungen versuchten gerade, mit dem Iran Verträge zur Sicherung ihrer Ölversorgung unter Dach und Fach zu bringen. Die Gespräche wurden auf höchster Ebene unter Beteiligung des britischen Premiers und des amerikanischen Präsidenten geführt. Nun jedoch verschob der Iran die Verhandlungen, um auf Schachts Analyse zu warten. Die von den Demokraten geführte Regierung in Washington war damals gerade in scheinbar aussichtslose Waffenstillstandsverhandlungen in Korea verstrickt, und im folgenden Jahr standen Präsidentschaftswahlen an. Eisenhower, der republikanische Präsidentschaftskandidat, dürfte sich sehr gefreut haben, als die Regierung nun auch noch Probleme mit dem Iran bekam.

Für kurze Zeit hatte Schacht noch einmal Einfluß auf die Weltpolitik.

Der Rat, den er Mossadegh schließlich gab, war seltsamerweise geeignet, eine inflationäre Entwicklung zu fördern. Er meinte, daß die iranische Regierung mehr Geld drucken könnte, vermutlich weil er davon ausging, daß die iranische Währung durch das Ergebnis der anglo-amerikanischen Erdölverhandlungen gestützt würde. Mossadegh folgte Schachts Rat, konnte jedoch seinen eigenen politischen Plan, den Iran zu einer Republik zu erklären, nicht mehr verwirklichen. Der Schah entließ ihn am 18. August 1952 und beraubte Schacht damit eines neuen Kunden.

Im September 1952 reiste Schacht mit seiner Frau nach Ägypten. Er traf am 22. September in Kairo ein, wo er als Berater des ägyptischen Finanzministers El Emari fungierte. Schachts Bankhaus in Hamburg war inzwischen eröffnet, und im demokratischen Westdeutschland war es nicht so leicht, eine einmal erteilte Genehmigung zurückzuziehen. Schachts konkrete Aufgabe in Ägypten bestand darin, die Regierung über die Plazierung einer Staatsanleihe zu beraten, mit deren Ertrag die im Zuge der umfassenden Landreform Oberst Nassers enteigneten ägyptischen Grundbesitzer entschädigt werden sollten. In Kairo wurde Schacht von der Presse über den iranisch-amerikanischen Ölkonflikt befragt. Er schlug direkte Verhandlungen zwischen dem Iran und den USA vor, wobei man allerdings »die britische Haltung berücksichtigen« müsse.[12] Schacht muß entzückt gewesen sein. Plötzlich spielte er wieder eine wichtige Rolle auf der internationalen Szene. In seinen Memoiren spricht Schacht bewundernd von dem inzwischen zum General beförderten damaligen ägyptischen Regierungschef Naguib und lobt dessen Charme und »bescheidene Zurückhaltung«. Vielleicht mangelte es Naguib an der notwendigen Durchsetzungskraft, jedenfalls wurde er kurz darauf von dem machtbewußteren Nasser entmachtet, der Ägypten schließlich in den katastrophalen Sechs-Tage-Krieg gegen Israel führte.

Das Aufsehen, das Schacht mit seiner Tätigkeit im Iran und in Ägypten erregte, verfehlte seine Wirkung in Hamburg nicht. Seine Banklizenz wurde einer Prüfung unterzogen – ein kostenträchtiges und kompliziertes Verfahren für den Hamburger Senat, das eindeutig politisch motiviert war. Kein Hamburger Volksvertreter wollte sich der »Begünstigung von Nazis« schuldig machen.

Es überrascht nicht, daß Schacht noch immer Freunde in Deutschland hatte. So etwa Dr. Wilhelm Vocke, der inzwischen die Bank Deutscher Länder führte, eine provisorische Notenbank für die westlichen Besatzungszonen, die eine ähnliche Funktion wie die alte Reichsbank erfüllte. Vocke bezeichnete Schacht bei der Anhörung am 21. November in Hamburg als »einen hervorragenden Experten mit unbestreitbaren Fähigkeiten«.[13]

AP berichtete, daß Schacht durch eine Entscheidung vom 9. Dezember 1952 seine volle Banklizenz behielt. Er war inzwischen 75 Jahre alt und wurde in dem Bericht als der Mann beschrieben, »der für Adolph [sic] Hitler mit Zahlen jonglierte«.

Schacht kehrte mit Manci wieder in den Nahen Osten zurück. Am 7. Dezember landete er in Damaskus, wo er die syrische Regierung über die Finanzierung eines Entwicklungs- und Urbarmachungsprojekts beriet.[14] Er hatte Erfolg und wurde mit der Realisierung verschiedener anderer syrischer Projekte beauftragt.

Die mageren Jahre waren endgültig vorüber. Er hatte neue Projekte schon immer gern zu Beginn eines neuen Jahres begonnen, und so eröffnete er am 15. Januar 1953 in Düsseldorf eine zweite Bank. Schacht & Co. lief nun auf vollen Touren. Ein Projekt jagte das andere. 1959 erhielt der Zweiundachtzigjährige von der philippinischen Nationalbank den Auftrag, einen Bericht über den Zustand der philippinischen Volkswirtschaft zu verfassen. 1963 beriet er die algerische Regierung, und 1964, mit siebenundachtzig, war er mit Manci nach Lima unterwegs. (Wo er natürlich »nur als Tourist« weilen wollte.)[15] Außerdem plante er, eine Palmölfabrik in Indonesien zu errichten.

Rückschläge gab es auch, aber sie waren selten. Der Romanschriftsteller Robert Daley, damals Sportjournalist für die *New York Times*, berichtete 1959, Schacht & Co. hätten angeboten, zu einem Zinssatz von 6 Prozent in Marseille ein Fußballstadion mit 100.000 Sitzen zu finanzieren, doch das Angebot sei wegen Schachts Vergangenheit abgelehnt worden.[16]

Im Jahr 1960 weihte die katholische Kirche auf dem Gelände des ehemaligen Konzentrationslagers Dachau eine Kapelle, und Schacht wurde von dem Münchener Bischof Neuhäusler als früherer Häftling des KZs zu der Feier eingeladen. Andere anwesende Ex-Häftlinge waren der französische Justizminister Edmond Michelet und der frühere österreichische Bundeskanzler Leopold Figl. Die Feier hätte Schacht bei manchen Kritikern rehabilitieren sollen, die ihn immer noch für einen Nazi hielten, doch ein gewisser brauner Makel ließ sich nie tilgen. Eine Zeitung aus dem Ruhrgebiet berichtete am 17.Juni 1952, daß Schacht ebenso wie andere frühere Regierungsbeamte der Naziära, etwa die

Staatssekretäre Lammers und Meißner, der Vizekanzler und Botschafter Franz von Papen und der Postminister Wilhelm Ohnesorge, noch immer eine stattliche Pension vom Staat beziehe.[17] Die Meldung löste beträchtliche Empörung aus. Einmal landete Schacht auf dem Rückflug von Kairo in der Schweiz und durfte den Flughafen nicht verlassen, da er in der Schweiz noch immer unerwünscht war. Er verbrachte den größten Teil der Nacht in einem Warteraum auf dem Flughafen, bis er schließlich von einem Polizisten in ein Hotel gefahren wurde. Schacht beschwerte sich laut und bitter, doch er erreichte seine Anschlußmaschine.

25

Abschlußbilanz

Hjalmar Schacht hatte mit der vielgelesenen Autobiographie *76 Jahre meines Lebens* einen genauen Bericht über seine Vergangenheit veröffentlicht. Danach schrieben viele Autoren seltsame Darstellungen seiner Taten. So wird er in zwei Büchern der Zusammenarbeit mit Otto Skorzeny, dem wohlbekannten Nazi-Haudegen und »Mussolini-Befreier«, beschuldigt. Skorzeny lebte in Spanien. Er hatte eine angebliche Nichte Schachts geheiratet und in Madrid eine Art Zentrum für ehemalige SS-Leute aufgebaut. Schacht habe, wie die Autoren behaupteten, in Madrid ein Vermögen geerbt und Skorzeny geholfen, in Spanien versteckte deutsche Finanzmittel aufzuspüren. Außerdem habe er ihm angeblich Aufträge für militärisches Material und Militärexperten aus Ägypten verschafft. Die selbsternannte Schacht-Nichte und NS-Sympathisantin Ilse von Finkenstein hatte tatsächlich Skorzeny geheiratet, war jedoch keine Nichte Schachts. Sie war entfernt verwandt mit dem Arzt der Familie Schacht, bei dem der junge Hjalmar als Gymnasiast in Hamburg gewohnt hatte. Als Schacht und Manci auf einer Geschäftsreise erstmals nach Madrid kamen, suchte Ilse Skorzeny ihre Gesellschaft und gab sich bei Madrider Ex-Nazis wie dem früheren Flieger-As Hans-Ulrich Rudel und dem belgischen NS-Kollaborateur Léon Degrelle als Schachts Nichte aus.[1] Sie legte wohl Wert auf die zweifelhafte Ehre, mit einem früheren Minister des Dritten Reichs verwandt zu sein. Da Ilse Skorzeny daran beteiligt war, früheren SS-Männern bei der Flucht zu helfen und sie nach Südamerika zu schmuggeln, hatte sie wohl gute Kontakte zu Fluchthilfeorganisationen wie Odessa. Schacht wurde beschuldigt, diese Organisationen über die Skorzenys indirekt zu unterstützen. Vermutlich war er deshalb in Indonesien von dem britischen Journalisten William Stevenson über das Thema befragt worden. Das Gerücht war hartnäckig, aber offensichtlich unwahr. Erst als Skorzeny 1975 in Madrid an Krebs starb, hörten die Beschuldigungen auf.

Mit dem Ausbruch des Kalten Krieges setzte sich in Deutschland wieder eine pragmatische Haltung durch. Konrad Adenauer, die überragende Gestalt der frühen Bundesrepublik, war für die damalige Zeit der richtige Mann. Er schaffte es, sich einerseits den alliierten Siegern zu widersetzen und andererseits, radikale demokratische und liberale Deutsche im Zaum zu halten. Unter Adenauer wurden die ehemaligen jüdischen Bürger Deutschlands finanziell entschädigt und der neue Staat Israel stark unterstützt. Zugleich beschäftigte er den politisch stark belasteten Dr. Hans Globke als seinen Staatssekretär. Globke hatte 1934 einen Kommentar zu den Nürnberger Rassengesetzen geschrieben, jenen Gesetzen, durch die alle Verfolgungsmaßnahmen gegen die deutschen Juden bis hin zur Endlösung legalisiert worden waren. Er bekleidete ab 1952 ein hohes Staatsamt und wurde im September 1968 von Bundespräsident Heinrich Lübke und Bundeskanzler Kurt Kiesinger mit einem Galadiner verabschiedet.

Der Versuch, ein geschlagenes und geteiltes Land wieder zu stabilisieren, erfordert häufig unangenehme und sogar widerliche Kompromisse. Die Regierung der Bundesrepublik machte General Reinhard Gehlen zum Chef des Bundesnachrichtendiensts, der sein Handwerk als Generalmajor in Hitlers Wehrmacht gelernt hatte. Aber auch die Regierung der Vereinigten Staaten verhielt sich nicht gerade beispielhaft, als sie Wernher von Braun rekrutierte, dessen

V-2-Raketen Tod und Verderben über britische Zivilisten gebracht hatten.

Adenauer verstand es, die kurzfristigen Anforderungen des Kalten Krieges mit seinen langfristigen demokratischen Zielen für Deutschland zu vereinbaren. Niemand hätte ihm faschistische Tendenzen oder Prinzipienlosigkeit vorwerfen können, doch er war ein Berufspolitiker mit scharfem Blick für die Überzeugungskraft guter Ergebnisse, auch wenn diese nur auf Kosten kurzfristiger Kompromisse zu erzielen waren. Männer wie Globke und Gehlen waren solche Kompromisse. Auch andere prominente, aber belastete Deutsche wurden von den Alliierten bei der hastigen Suche nach Bundesgenossen im Kalten Krieg wieder akzeptiert. Doch dies galt nicht für Schacht.

Er war wieder ein bekannter internationaler Bankier, aber Adenauer und seine politischen Freunde dachten nicht daran, ihn in der Bundesrepublik eine wichtige Rolle spielen zu lassen. Sie hüteten sich, den ehrgeizigen, unberechenbaren und widerspenstigen Brummbär Hjalmar Horace Greeley Schacht um seine Meinung oder Hilfe zu bitten. Er hatte gegen alle früheren deutschen Regierungen gekämpft, und die neue Bundesrepublik brauchte Hilfe, nicht beißende Kritik.

Schachts Bank blieb bis 1963 im Geschäft. Er wurde einigermaßen reich, aber keineswegs friedlicher.

Kleinere Länder zogen ihn noch immer zu Rate, wenn sie in einer Finanzkrise steckten, doch die großen Länder wie sein eigenes ignorierten ihn, und dasselbe galt auch für die großen Bankiers. Wie Ron Chernow in seiner Geschichte der vornehmen jüdischen Bankiersfamilie Warburg berichtet, wurde Siegmund Warburg in Hamburg irgendwann in den fünfziger Jahren von Schacht zu einem Gespräch eingeladen. Der Bankier nahm die Einladung an, und Schacht »kroch förmlich vor Siegmund« und redete »nervös und weitschweifig über ein Finanzierungsprojekt auf den Philippinen«. Warburg versprach, sich die Sache zu überlegen, kam jedoch nie wieder auf die Angelegenheit zurück.[2] Ähnlich scheinen sich auch die anderen großen Bankiers jener Zeit verhalten zu haben.

Die Schachts lebten in einer hübschen Wohnung in einem vornehmen Viertel Münchens, und sie kauften ein Sommerhaus am Chiemsee und versuchten ihre Familie um sich zu versammeln. Schachts älteste Tochter Inge van Scherpenberg, deren Mann nun im diplomatischen Dienst der Bundesrepublik arbeitete, schenkte ihm vier Enkelkinder. Konstanze heiratete Michaele Spadafora, einen Italiener aus edler Familie, aber die Ehe zerbrach, als Konstanze ihn wegen eines anderen Mannes verließ. Cordula wurde Rechtsanwältin im München, entfremdete sich jedoch etwas von Manci, die 1997 ihren neunzigsten Geburtstag feierte.

Schacht blieb bis zu seinem Todestag energiegeladen. Nach 1963 hielt er häufig Vorträge und stand der Presse und privaten Autoren für zahlreiche Kommentare und Interviews zur Verfügung. Im Frühjahr 1963 hatte er in Washington D.C. einen Fernsehauftritt. Cordula begleitete ihren Vater nach Amerika, während Manci in München blieb, weil der Sender nur zwei Flugtickets geschickt hatte. Cordula hätte die Reise genossen, wenn ihr Vater sie nicht pausenlos belehrt und an ihr herumerzogen hätte. Der achtzigjährige Schacht war kein einfacher Mensch. Nur Manci schien mit ihm umgehen zu können; sie war der einzige Mensch, von dem er sich etwas sagen ließ.

In den sechziger Jahren nutzten viele Dokumentaristen von Film und Fernsehen die vermutlich letzte Gelegenheit, noch Interviews mit Überlebenden aus Hitlers Hofstaat zu machen, und Schacht gehörte wie auch Speer zu ihren gefragten Gesprächspartnern. Ja, er hatte zu tun, aber nicht auf die Art und auf der Ebene, die er bevorzugt hätte. Interviews und Vorträge sind nie ein befriedigendes letztes Kapitel im Leben eines Mannes, der einst am Sturm und Drang großer internationaler Ereignisse beteiligt war.

Schacht konzentrierte sich immer mehr auf Manci.

Sie lebten jetzt allein in einer angenehmen Wohngegend östlich der Isar. Das vierstöckige Gebäude war modern und elegant gebaut und hatte einen Aufzug. Neben einem der Klingelknöpfe an der Haustür stand schlicht »Dr. Schacht« – keiner der vielen Ehrentitel mehr, die einst seinen Namen geschmückt hatten. Die Wohnung war eindeutig nach Mancis Geschmack eingerichtet, mit ihrer Lieblingsfarbe Rosa in allen Schattierungen. Das Ehepaar verbrachte immer weniger Zeit in seinem Sommerhaus am Chiemsee und begnügte sich mit wenigen in München verbliebenen Freunden. Schacht war auf seine alten Tage recht ungesellig geworden und hatte keine Freude mehr am lockeren, belanglosen Gespräch.

Eines Abends im Jahr 1970 waren die Schachts bei einem alten Freund zu einem Geburtstagsessen eingeladen. Hjalmar murrte. Er hatte keine Lust, auszugehen und Konversation zu machen. Obendrein war auch noch Smoking vorgeschrieben. Manci redete ihrem dreiundneunzigjährigen Mann gut zu und sagte, sie könnten ihren Gastgeber doch nicht enttäuschen. »Schließlich ist er heute achtzig geworden.« Brummend machte sich Schacht daran, sich umzuziehen. Als er in die Hose stieg, verlor er das Gleichgewicht und stürzte. Manci half ihm in einen Sessel, aber er hatte sich offensichtlich ernsthaft verletzt und litt schon bald unter großen Schmerzen. Manci rief den Hausarzt Dr. Hans Huber. Er kam sofort und wußte sogleich, daß sich Schacht das Hüftgelenk und vermutlich noch andere Knochen gebrochen hatte. Huber bestellte einen Krankenwagen und sagte zu seinem Patienten: »Um Himmels willen, Dr.

Schacht, warum setzen Sie sich nicht hin, wenn Sie Ihre Hose anziehen?« Als Schacht aus der Wohnung getragen wurde, sagte er mit deutlichem Zorn: »Warum zum Teufel haben Sie mir nicht gesagt, daß ich mich hinsetzen soll, wenn ich meine Hose anziehe?« Er hatte wie immer das letzte Wort haben müssen.

Hjalmar Schacht starb kurz nach der Einlieferung ins Krankenhaus. Der Mann, der Hitlers Zorn und das alliierte Strafgericht überlebt hatte, erlag einer Embolie. Sein Todestag war der 4. Juni 1970.

Der alte Bankier wurde auf dem Münchener Ostfriedhof beerdigt. 150 Trauergäste, darunter der Präsident der Bundesbank und andere Prominente aus der Finanzwelt der Bundesrepublik, gaben ihm das letzte Geleit. Wie die *New York Times* berichtete, war »der braune hölzerne Sarg mit Blumen überhäuft«. Auf einer Beileidskarte stand: »Einem Gefährten in schwerer Zeit – Stiftung 20. Juli.«

Am 20. Juli 1944 hatte Claus Graf Schenk von Stauffenberg vergeblich versucht, Adolf Hitler zu töten.

Epilog

Fragen

Mir blieb noch eine halbe Stunde bis zu meinem Rendezvous mit der neunzigjährigen Manci Schacht. Ich brauchte etwas Zeit zum Nachdenken, bevor ich sie aufsuchen würde. Also ging ich in eine kleine Konditorei um die Ecke, wo es herrliche bayrische Torten und starken Kaffee gab. Das Café war leer, abgesehen von einem älteren, gutgekleideten Ehepaar, das offensichtlich an seinem Stammplatz saß. Die Eheleute sprachen mit norddeutschem Tonfall und waren sehr freundlich zu der jungen Bedienung. Noblesse oblige. Sicher kannten sie Manci Schacht. In diesem Stadtviertel, das gegenüber dem Stadtzentrum auf dem Ostufer der Isar liegt, gibt es viele wohlhabende Pensionäre, und sie sind alle miteinander bekannt.

Zufällig war ich am Ende des Krieges mit einer Gruppe Soldaten, die alle dem militärischen Nachrichtendienst der USA angehörten, in einer Villa ganz in der Nähe einquartiert gewesen.

Zur Sache. Bald würde ich den Klingelknopf mit dem Namensschild »Dr. Schacht« drücken und Fragen stellen müssen.

Ich versuchte, eine Liste zusammenzustellen.

Wenn man eine Biographie schreibt, ordnet man die Fakten chronologisch und stellt sie in den Kontext der historischen Ereignisse. Außerdem versucht man zu rekonstruieren, wie die Leute gedacht haben. Das ist nicht leicht. Selbst die jüngste Geschichte ist manchmal schwer zu schlucken.

So ist es kaum zu glauben, daß der amerikanische Senator Joseph McCarthy vor nur 40 Jahren normale Amerikaner dazu brachte, ihre Grundsätze zu verraten und andere Amerikaner zu ächten, nur weil diese sich weigerten, »zu denken, wie sie denken sollten«. McCarthy war damals für viele ein Held.

Also dann, die Fragen:

Ich würde nach den Vorurteilen fragen, zu denen sich Schacht selbst bekannt hatte. Oder nicht?

Genau wie mein Vater habe ich Schachts Einstellung zu den Juden immer unannehmbar gefunden. Wer wie er einzig und allein das Christentum als die Grundlage der deutschen und vermutlich sogar der europäischen Kultur akzeptiert, der beraubt sich zu vieler großartiger Werke in Malerei, Theater, Musik, Architektur und Literatur. Also ergab es wohl keinen Sinn, die Frage zu stellen. Sie würde nie verstanden werden.

Auch Schachts Demokratieverständnis war mangelhaft, aber dasselbe ließ sich bis zur Einführung des Frauenwahlrechts und der Bürgerrechtsgesetzgebung auch von den Amerikanern sagen.

Wie stand es mit seinem ungeheuren Ehrgeiz? Er hatte ihn offen zugegeben und für einen löblichen Zug gehalten. Er wurde in eine gebildete Familie hineingeboren, die aber unter ständigen Geldsorgen litt. Vermutlich ist es verzeihlich, daß er sich schwor, nie an Geldmangel zu leiden. Vielleicht wollte er sich auch der adligen Familie seiner Mutter ebenbürtig erweisen oder den Makel einer Mesalliance tilgen. Alles verständlich, doch der Ehrgeiz seiner Jugend wurde für ihn zu einer lebenslangen Leidenschaft. Sein Geltungsbedürfnis war immens. Er war süchtig nach Anerkennung. So süchtig, daß er sich wutentbrannt beschwerte, als seine Leistungen nicht im *Völkischen Beobachter* gewürdigt wurden, obwohl er das Parteiorgan der Nazis von Herzen verabscheute.

War er ein Genie?

Er hatte sich 1923 einen internationalen Ruf erworben, als er zur Bekämpfung der galoppierenden Inflation mit diktatorischen Vollmachten ausgestattet wurde. Warum er Reichswährungskommissar wurde, ist bis heute eine offene Frage. Einige vertreten die Ansicht, Jakob Goldschmidt habe Schacht auf diese Weise loswerden und gleichzeitig gute Beziehungen zur Regierung knüpfen wollen. Jedenfalls hatte Goldschmidt die Regierung dazu bewegt, Schacht mit dem Amt zu betrauen.

War Schacht ein Neuerer?

Kein Zweifel, aber trotz all dem Wirbel, den er verursachte, blieb er ein zutiefst konservativer Bankier, ein Anhänger des Goldstandards, der Exportförderung, des Profitprinzips und solider akzessorischer Sicherheiten. Als junger Journalist und Lobbyist, der in relativer Armut lebte, hatte er gelernt, daß man sich einen Frack leihen muß, wenn man keinen besitzt. Was machte es schon, wenn ein Geschäft auf einer Illusion basierte, solange es sich nur als erfolgreich erwies.

War er ein Patriot?

Patriotismus war die Rechtfertigung für fast all seine öffentlichen und privaten Entscheidungen, und auch seine Verteidigungsstrategie in Nürnberg war darauf gegründet. Im kaiserlichen Deutschland bewies man seinen Patriotismus in der Regel, indem man sein Leben auf dem Schlachtfeld riskierte, doch Schacht trug nie eine Uniform. Seine Rüstung war der Stehkragen; er gehörte nie der Gemeinschaft an, die auf dem Exerzierplatz gestiftet wird. Wollte er der Welt beweisen, daß es mehr als einer Uniform bedurfte, um seinem Land zu dienen? Patriotismus wurde seine Leidenschaft. Internationale finanzwirtschaftliche Intrigen, Schlachten mit Staatsmännern des Auslands, Kämpfe mit den Führern der Weimarer Republik, seine frühe Unterstützung Hitlers, sein Bruch mit Hitler – was immer er tat, war durch seine persönliche Auffassung von Patriotismus motiviert.

War er mit daran schuld, daß Hitler die Welt in Angst und Schrecken versetzte?

Er wurde beim Prozeß gegen die Hauptkriegsverbrecher in Nürnberg freigesprochen, als er sich erfolgreich gegen eine so eng wie möglich gefaßte Anklage verteidigte. Die Glaubwürdigkeit des Militärgerichts hing von der Stichhaltigkeit und Durchsetzbarkeit der verhängten Urteile ab. Es konnte keinen Angeklagten verurteilen, weil er den Teufel geliebt hatte. Es konnte ihn nur verurteilen, wenn er dem Teufel bei einem klar zu bestimmenden Verbrechen geholfen hatte. Doch Schachts Verbrechen war seine Bewunderung für den Teufel gewesen.

War er je ein Nazi?

Es gab eine Zeit, in der er Hitler bewundert hatte. Natürlich hätte er von Anfang an wissen müssen, daß Hitler für Mord, Brutalität und Anmaßung stand. Die Bösartigkeit des ursprünglichen Parteiprogramms der Nazis, die frühen Manifestationen ihrer Brutalität, der »Röhmputsch«, bei dem das Ehepaar Schleicher und andere Konservative ermordet wurden, das Zusammenschlagen von Menschen auf offener Straße, die willkürlichen Verhaftungen, all dies muß Schacht schon früh die Augen geöffnet haben. Tatsächlich beschwerte er sich schon 1934 direkt bei Hitler über diese Dinge.

Er wußte, daß er es mit einem Verbrecher und seinen Handlangern zu tun hatte. Er hütete sich, in Hitlers Partei einzutreten. Er haßte den Krieg und die illegalen Exzesse der Kristallnacht, weil sie den internationalen Handel störten. Er liebte den Handel – immer und überall und mit jedem. Der Handel war seine Sprache, seine Musik, seine Religion. Hitlers primitiver Antisemitismus störte den Handel. Hitlers weitere Aufrüstung nach der notwendigen Wiederbewaffnung störte den Handel. Die Autarkiebestrebungen und Göring störten den Handel, und auch Goebbels' Propaganda schadete ihm. Schacht half einigen Juden, weil ihre Verfolgung einen internationalen Boykott hätte auslösen können. Er versuchte Hitlers Forderungen an die Reichsbank abzulehnen, weil seine Kriegsvorbereitungen inflationär wirkten und den deutschen Export ruinierten. Schließlich brach er mit Hitler, doch er hatte auch mit den Monarchisten und mit der Weimarer Republik gebrochen. Er konnte einfach nicht glauben, daß irgendeine deutsche Regierung weise, schlau und weltmännisch genug war, um das Land zu führen.

Seiner Ansicht nach konnte nur internationaler Handel, gedeckt durch militärische Macht, Deutschlands Größe erhalten, und für ihn bestand nicht der geringste Zweifel, daß nur er, Hjalmar Horace Greeley Schacht, dieses Rezept richtig umzusetzen verstand. Selbst nach seiner Entlassung konnte er es nicht ertragen, daß der Mann in der Reichskanzlei so dumm war, die Einsichten seines klügsten Ministers einfach zu mißachten.

Würde ich Manci eine dieser Fragen stellen? Niemals! Außerdem glaubte ich, die Antworten inzwischen zu kennen. Ich bezahlte für Kaffee und Kuchen und verließ das hübsche kleine Café und seine verführerischen Gerüche. Das alte Ehepaar nickte mir freundlich zu, als ich ging.

Einige Minuten später drückte ich den Klingelknopf neben dem Namenszug »Dr. Schacht«. Manci war noch immer eine große, schöne, elegante und überaus charmante Frau. Sie hatte einen hervorragenden Tee gemacht, und ihr Kuchen war köstlich. Wir plauderten eine Weile unverbindlich. Ich fragte sie nach ein paar Einzelheiten über das Zusammenleben mit ihrem Mann, über die gemeinsamen Reisen, über die Kinder und über die Umstände seines Todes.

Es war leicht zu erkennen, warum Hjalmar Schacht sie geliebt hatte.

Anhang

Bibliographie

Bower, Tom, *The Pledge Betrayed: America and Britain and the Denazification of Postwar Germany*. Garden City, New York, 1982.

Chernow, Ron, *Die Warburgs: Odyssee einer Familie*, Berlin 1994.

Classen, Werner. *Fourier*, Zürich 1977.

Dawes, Rufus C., *Wie der Dawesplan zustande kam*, Stuttgart 1926.

Der Prozeß gegen die Hauptkriegsverbrecher vor dem Internationalen Militärgerichtshof, 42 Bde., Nürnberg 1948.

Dodd, Martha, *Through Embassy Eyes*, New York 1939.

Duggan, Steven, *A Professor at Large*, New York 1943.

Eckhardt, Wolf von und Sander L. Gilman, *Bertolt Brechts Berlin: A Scrapbook of the Twenties*, New York 1975.

Engelmann, Bernt, *Deutschland ohne Juden*, Köln 1988.

Feis, Herbert, *1933: Character in Crisis*, Boston 1966.

Fest, Joachim C., *Das Gesicht des Dritten Reiches. Profile einer totalitären Herrschaft*, München 1963.

– *Hitler*, Frankfurt/M, Berlin, Wien 1973.

– *Staatsstreich*, Berlin 1994.

Fischer, Albert, *Hjalmar Schacht und Deutschlands »Judenfrage«*, Köln 1995.

Fromm, Bella, *Als Hitler mir die Hand küßte*, Berlin 1993.

Gisevius, Hans Bernd, *Bis zum bittern Ende*, 2 Bde., Zürich 1946.

Hassell, Ulrich von, *Die Hassell-Tagebücher 1938–1944: Deutscher Widerstand 1937–1945*, Berlin 1988.

Heiden, Konrad, *Adolf Hitler. Das Zeitalter der Verantwortungslosigkeit*, Zürich 1936

Hemingway, Ernest, *By-Line: Ernest Hemingway*, New York 1967.

Higham, Charles, *Trading with the Enemy: An Exposé*. New York 1983.

Höhne, Heinz, *Canaris: Patriot im Zwielicht.* München 1984.
– *Die Machtergreifung: Deutschlands Weg in die Hitler-Diktatur*, Hamburg 1983.
– *Der Orden unter dem Totenkopf. Die Geschichte der SS*, Gütersloh 1967.
Huddleston, Sisley, *In My Time: An Observer's Record of War and Peace*, New York 1938.
Hull, Cordell, *Memoirs*, New York 1948.
Klein, Ernst, *Road to Disaster*, London 1940.
Klemperer, Viktor, *Ich will Zeugnis ablegen bis zum letzten: Tagebücher*, 2 Bde., Berlin 1995.
Krockow, Christian von, *Die Deutschen in ihrem Jahrhundert 1890–1990*, Hamburg 1994.
Lange, Annemarie, *Berlin in der Weimarer Republik*, Berlin 1987.
Mann, Golo, *Deutsche Geschichte des 19. und 20. Jahrhunderts*, Frankfurt 1966.
Maser, Werner, *Nürnberg: Tribunal der Sieger*, Düsseldorf, Wien 1977.
Metcalfe, Philip, *Berlin 1933: das Jahr der Machtergreifung; Lebensläufe zu Beginn des Nationalsozialismus*, Stuttgart 1989.
Mofatt, J. P., *The Moffat Papers*, Cambridge 1995.
Mühlen, Norbert, *Der Zauberer. Leben und Anleihen des Dr. Hjalmar Horace Greeley Schacht*, Zürich 1938.
Papen, Franz von, *Der Wahrheit eine Gasse*, München 1952.
Pentzlin, Heinz, *Hjalmar Schacht*, Berlin 1980.
Persico, Joseph E., *Nuremberg*, New York 1994.
Peterson, Edward N., *Hjalmar Schacht: For and Against Hitler*, Boston 1954.
Picker, Henry, *Hitlers Tischgespräche*, Stuttgart 1976.
Prüfer, Carl, *Diaries*, Kent, Ohio, 1988.
Przybylski, Peter, *Täter neben Hitler*, Berlin 1990.
Quinn, William, *Wild Bill Remembers*, Fowlerville, Michigan, 1991.
Schacht, Hjalmar, *Abrechnung mit Hitler*, Hamburg/Stuttgart 1948.
– *Grundsätze deutscher Wirtschaftspolitik*, 2 Bde., Oldenburg 1932.
– *Zins oder Dividende*, Rede vor der Deutschen Handelskammer in Basel am 11. Dezember 1933, Berlin 1933.

– *1933: Wie eine Demokratie stirbt*, Düsseldorf 1968.
– *76 Jahre meines Lebens*, Bad Wörishofen 1953.
Schmidt, Paul, *Statist auf diplomatischer Bühne 1923–1945*, Bonn 1951.
Simpson, Amos E., *Hjalmar Schacht in Perspective*, New York 1969.
Snowden, Philip, *Autobiography*, London 1934.
Sonnleithner, Franz von, *Als Diplomat im Führerhauptquartier*, München 1989.
Speer, Albert, *Erinnerungen*, Frankfurt/M 1976.
Stahlberg, Alexander, *Die verdammte Pflicht: Erinnerungen 1932–1945*, Berlin 1987.
Stevenson, William, *The Bormann Brotherhood*, New York 1973.
Tansill, Charles Callan, *Die Hintertür zum Kriege*, Düsseldorf 1956.
Taylor, Telford, *The Anatomy of the Nuremberg Trials*, New York 1992.
Tetens, Tete Harens, *The New Germany and the Old Nazis*, New York 1961.
Weitz, John, *Hitler's Diplomat*, New York 1992.
Zentner, Christian und Friedemann Bedürftig, *Das Große Lexikon des Dritten Reiches*, München 1985.

Anmerkungen

Kapitel 2

1 Schacht, Hjalmar, *76 Jahre meines Lebens*, S. 27.
2 Mühlen, Norbert, *Der Zauberer*, S. 14.
3 Ebenda.
4 Schacht, Hjalmar, *76 Jahre meines Lebens*, S. 25.
5 Ebenda, S. 37.
6 Ebenda, S. 39.
7 Ebenda, S. 51.
8 Ebenda, S. 80.
9 1929 erhielt das Johanneum anläßlich seiner Vierhundertjahrfeier vom inzwischen wohlhabenden und erfolgreichen Hjalmar Schacht eine Stiftung, von deren jährlichem Ertrag jeweils zwei Abiturienten ein Auslandsaufenthalt ermöglicht werden sollte.
10 Schacht, Hjalmar, *76 Jahre meines Lebens*, S. 61.
11 Ebenda, S. 60.
12 Ebenda, S. 66.
13 Ebenda, S. 83.
14 Ebenda, S. 109.
15 Ebenda, S. 100.
16 Ebenda, S. 101.
17 Ebenda, S. 110.
18 Ebenda.
19 Ebenda, S. 111f.
20 Ebenda, S. 113.
21 Ebenda, S. 113f.
22 Ebenda, S. 157.

Kapitel 3

1 von Krockow, Christian, *Die Deutschen*, S. 41.
2 Ebenda, S. 60.
3 Schacht, Hjalmar, *76 Jahre meines Lebens*, S. 119.
4 Ebenda.
5 Ebenda, S. 122.
6 Ebenda, S. 123.
7 Ebenda, S. 125.
8 Ebenda, S. 128.
9 Mühlen, Norbert, *Der Zauberer*, S. 19.
10 Schacht, Hjalmar, *76 Jahre meines Lebens*, S. 129.
11 Ebenda, S. 151.
12 Ebenda, S. 134.
13 Ebenda, S. 138.
14 Ebenda, S. 141.
15 Ebenda.
16 Ebenda, S. 161.
17 Ebenda, S. 154.
18 Ebenda, S. 157.

Kapitel 5

1 Peterson, *Hjalmar Schacht*, S. 24.
2 Ebenda, S. 25.
3 Mühlen, *Der Zauberer*, S. 21.
4 *Der Prozeß gegen die Hauptkriegsverbrecher vor dem Internationalen Militärgerichtshof*, Nürnberg 1948, Bd.XIII.
5 Schacht, *76 Jahre meines Lebens*, S. 179.
6 Ebenda, S. 156.
7 Mann, Golo, *Deutsche Geschichte des 19. und 20. Jahrhunderts*, S. 626.
8 Schacht, *76 Jahre meines Lebens*, S. 186.
9 Ebenda, S. 194.
10 Ebenda, S. 205.

Kapitel 6

1 Eckhardt, Wolf von und Sander L. Gilman, *Bertolt Brecht's Berlin*, S. 17.
2 Mühlen, *Der Zauberer*, S. 21.
3 Schacht, *76 Jahre meines Lebens*, S. 216.
4 Ebenda, S. 215.
5 Ebenda, S. 217.
6 Ebenda, S. 218.
7 Peterson, *Hjalmar Schacht*, S. 27.
8 Schacht, *76 Jahre meines Lebens*, S. 223.
9 Mühlen, *Der Zauberer*, S. 22f.
10 *Review of Reviews* (November 1924), S. 541.
11 Schacht, *76 Jahre meines Lebens*, S. 232.
12 *Review of Reviews* (November 1924), S. 540f.
13 Ebenda, S. 541.
14 Schacht, *76 Jahre meines Lebens*, S. 235.
15 Mühlen, *Der Zauberer*, S. 29.
16 Ebenda, S. 27.
17 Schacht, *76 Jahre meines Lebens*, S. 229.
18 Ebenda, S. 239.

Kapitel 7

1 Schacht, *76 Jahre meines Lebens*, S. 243f.
2 *Current History Magazine* (März 1924), S. 1071.
3 Schacht, *76 Jahre meines Lebens*, S. 263.
4 Klein, Ernst, *Road to Disaster*, S. 248.
5 Schacht, *76 Jahre meines Lebens*, S. 254.
6 Ebenda, S. 240.
7 Dawes, Rufus C, *Wie der Dawesplan zustande kam*, S. 99f.
8 *Fortnightly Review* (1. August 1924), S. 165.
9 *New York Times* (3. November 1924), S. 35:3.
10 Chernow, Ron, *Die Warburgs*, S. 344.
11 Schacht, *1933*, S. 15.

Kapitel 8

[1] Schacht, *76 Jahre meines Lebens*, S. 276.
[2] Ebenda, S. 291.
[3] *New York Times* (31. August 1926), S. 4:3.
[4] *New York Times* (26. März 1926), S. 4:3.
[5] *Literary Digest* (28. Mai 1927), S. 8.
[6] Peterson, *Hjalmar Schacht*, S. 71.
[7] Schacht, *76 Jahre meines Lebens*, S. 296.
[8] Ebenda, S. 294.
[9] *New York Times* (12. Juni 1926), S. 5:6.
[10] Schmidt, Paul, *Statist auf diplomatischer Bühne*, S. 165ff.
[11] Huddleston, Sisley, *In My Time: An Observer's Record of War and Peace*.
[12] Die Übersetzung stammt von Schacht selbst: Siehe *76 Jahre meines Lebens*, S.307.
[13] Simpson, Amos E., *Schacht in Perspective*, S. 31.
[14] *New York Times* (2. Dezember 1928), S. 5:2.
[15] *New York Times* (9. April 1929), S. 6:1.
[16] Schacht, *76 Jahre meines Lebens*, S. 309.
[17] Ebenda.
[18] Peterson, *Hjalmar Schacht*, S. 92.
[19] Ebenda, S. 92.
[20] *Review of Reviews*, (Juli 1929), S. 90.
[21] Schacht, *76 Jahre meines Lebens*, S. 310.
[22] Ebenda, S. 317.
[23] Ebenda, S. 318.
[24] Engelmann, Bernt, *Deutschland ohne Juden*, S. 369.
[25] Peterson, *Hjalmar Schacht*, S. 96.
[26] Mühlen, Norbert, *Der Zauberer*, S. 36f.
[27] *New York Times* (9. März 1930), S. 9:1.
[28] Schacht, *76 Jahre meines Lebens*, S. 327f.
[29] Ebenda, S. 329.
[30] Mühlen, Norbert, *Der Zauberer*, S. 37.
[31] Fromm, Bella, *Als Hitler mir die Hand küßte*, S. 32.

[32] Ebenda, S. 296.
[33] *New York Times* (11. März 1930).

Kapitel 9

[1] Snowden, Philip, *Autobiography.*
[2] Schacht, *76 Jahre meines Lebens*, S. 337.
[3] Simpson, *Schacht in Perspective*, S. 63.
[4] Peterson, *Hjalmar Schacht*, S. 102.
[5] Duggan, Steven, *A Professor at Large*, S. 63.
[6] Schacht, *76 Jahre meines Lebens*, S. 346.
[7] Ebenda, S. 349.
[8] Ebenda, S. 351.
[9] Mühlen, *Der Zauberer*, S. 39.
[10] Schacht, *76 Jahre meines Lebens*, S. 352.
[11] *New York Times* (5. März 1931), S. 24.
[12] Mühlen, *Der Zauberer*, S. 39.
[13] Mühlen, Norbert, *Schacht: Hitler's Magician*, New York, 1939, S. VIII.
[14] *Der Prozeß gegen die Hauptkriegsverbrecher vor dem Internationalen Militärgerichtshof*, Nürnberg 1948, Bd.?, Dokument 451.
[15] *New York Times* (15. Juli 1931), S. 16:3.
[16] Lange, Annemarie, *Berlin in der Weimarer Republik*, S. 910.
[17] *New York Times* (13. Oktober 1931), S. 1:3.
[18] Simpson, *Schacht in Perspective*, S. 73, Anm.97.
[19] Weitz, John, *Hitler's Diplomat*, S. 55.
[20] Schacht, *76 Jahre meines Lebens*, S. 372.
[21] Höhne, Heinz, *Die Machtergreifung*, S. 245.
[22] Marsh, David, *Die Bundesbank*, München, 1992, S. 144+392, Anm. 97.
[23] Fischer, Albert, *Hjalmar Schacht und Deutschlands »Judenfrage«*, Köln 1995, S. 77.
[24] Schacht, *76 Jahre meines Lebens*, S. 374.
[25] Ebenda, S. 375.
[26] Schacht, *1933*, S. 68.

[27] Fest, Joachim, *Hitler*, S. 485, Anm.162.
[28] Höhne, *Die Machtergreifung*, S. 254f.

Kapitel 10

[1] Schacht, *Abrechnung mit Hitler*, S. 13.
[2] Schacht, *76 Jahre meines Lebens*, S. 451.
[3] *New York Times* (17. Oktober 1932), S. 10:6.
[4] *New York Times* (23. November 1932), S. 1:3.
[5] *New York Times* (10. März 1933), S. 24:4.
[6] Höhne, *Die Machtergreifung*, S. 281.
[7] Ebenda.
[8] Stahlberg, Alexander, *Die verdammte Pflicht. Erinnerungen 1932 bis 1945*, S. 39.
[9] Schacht, *76 Jahre meines Lebens*, S. 381.
[10] Alte Kämpfer waren NSDAP-Mitglieder, die der Partei schon vor 1933 beigetreten waren und Mitgliedsnummern unter 300.000 hatten.
[11] Schacht, *76 Jahre meines Lebens*, S. 382.
[12] Ebenda, S. 383.
[13] Schacht, *1933*, S. 70f.
[14] *Business Week* (12. April 1933).

Kapitel 11

[1] Schacht, *76 Jahre meines Lebens*, S. 385.
[2] Metcalfe, Philip, *Berlin 1933*, S. 139.
[3] *New York Times* (7. Mai 1933), S. 1:7.
[4] Schacht, *76 Jahre meines Lebens*, S. 389.
[5] Moffat, J.P., *The Moffat Papers*, S. 94f.
[6] Schacht, *76 Jahre meines Lebens*, S. 391.
[7] Hull, Cordell, *Memoirs*, S. 237.
[8] Feis, Herbert, *1933: Character in Crisis*, S. 137ff.
[9] Chernow, *Die Warburgs*, S. 476.
[10] Ebenda.
[11] Picker, Henry, *Hitlers Tischgespräche*, S. 233.

[12] *New York Times* (25. August 1933), S. 1:2.
[13] *New York Times* (16. Oktober 1933), S. 25:6.
[14] *New York Times* (12. Dezember 1933), S. 12:4.
[15] *Newsweek* (30. Dezember 1933), S. 23.
[16] Mühlen, *Der Zauberer*, S. 57.
[17] Wistrich, Robert S., *Who is Who in Nazi-Germany*, Routledge 1995, S. 202.
[18] NCA Dokument 3726-PS VI, S. 473 in: Simpson, *Schacht in Perspective*.

Kapitel 12

[1] Simpson, *Schacht in Perspective*, S. 87.
[2] *New York Times* (23. Februar 1934), S. 32:1.
[3] Mühlen, *Der Zauberer*, S. 58.
[4] *New York Times*, (28. März 1934) S. 19:5.
[5] *New York Times*, (26. Mai 1934) S. 26F.
[6] Mühlen, *Der Zauberer*, S. 64.
[7] Ebenda, S. 64f.
[8] *New York Times* (17. Juni 1934), S. 16:2.
[9] Franz von Papen, *Der Wahrheit eine Gasse*, S. 346ff.
[10] Heinz Höhne, *Der Orden unter dem Totenkopf. Die Geschichte der SS*, S. 92f.
[11] Ebenda, S. 121, und Konrad Heiden, *Adolf Hitler. Das Zeitalter der Verantwortungslosigkeit*, Bd. 1, Zürich 1936, S. 445f.
[12] Schacht, *76 Jahre meines Lebens*, S. 404ff.
[13] Ebenda, S. 406f.
[14] Ebenda, S. 403f.

Kapitel 13

[1] Schacht, *76 Jahre meines Lebens*, S. 409.
[2] Ebenda, S. 410.
[3] Ebenda, S. 410f.
[4] *Lokalanzeiger*, (17. August 1934).
[5] *New York Times*, (23. August 1934), S. 10:3.

6 *Foreign Affairs 13*, Nr.1 (Oktober 1934), S. 4.
7 Schacht, *76 Jahre meines Lebens*, S. 413f.
8 Mühlen, *Der Zauberer*, S. 86.
9 Schacht, *76 Jahre meines Lebens*, S. 417.
10 Mühlen, *Der Zauberer*, S. 123f.
11 Ebenda, S. 126f.
12 Ebenda, S. 76f.
13 Ebenda, S. 130ff.
14 Ebenda, S. 145f.
15 Ebenda, S. 146f.
16 Ebenda, S. 148.
17 *New York Times* (5. März 1935), S. 3:4–6.
18 Schacht, *76 Jahre meines Lebens*, S. 423–429, 435 und 438.
19 Fischer, *Hjalmar Schacht und Deutschlands »Judenfrage«*, S. 155.
20 Schacht, *76 Jahre meines Lebens*, S. 440–443.
21 *New York Times* (18. August 1935), S. 1:4.
22 Schacht, *76 Jahre meines Lebens*, S. 448f.
23 Ebenda, S. 443f.
24 Ebenda.
25 *New York Times* (1. Dezember 1935), S. 35:1.
26 Schacht, *76 Jahre meines Lebens*, S. 457.

Kapitel 14

1 *The Commonweal* (18. November 1935), S. 610.
2 *Newsweek* (9. Mai 1936), S. 20.
3 Schacht, *76 Jahre meines Lebens*, S. 464.
4 *New York Times*, (2. Mai 1936), S. 3:1.
5 *New York Times*, (25. April 1936), S. 9:1.
6 Picker, *Hitlers Tischgespräche*, S. 233.
7 *Great Britain and the East* (27. August 1936), S. 296.
8 *The Forthnightly* 383 (Juni), S. 432ff.
9 Schacht, *76 Jahre meines Lebens*, S. 464f.
10 Simpson, *Schacht in Perspective*, S. 129.

Kapitel 15

1 Schacht, *Abrechnung mit Hitler*, S. 15.
2 Mühlen, *Der Zauberer*, S. 203.
3 Martha Dodd, *Through Embassy Eyes*, S. 234–240.
4 Schacht, *76 Jahre meines Lebens*, S. 466–469.
5 *Literary Digest* (27. Februar 1937), S. 36.
6 Werner Classen, *Fourier*, S. 379.
7 *New York Times*, (17. Januar 1937), S. 33:2.
8 *New York Times*, (26. Mai 1937), S. 12:4.
9 *New York Times*, (9. Juli 1937), S. 12:3.
10 Mühlen, *Der Zauberer*, S. 184f.
11 AP (16. September 1937).
12 Schacht, *76 Jahre meines Lebens*, S. 469f.
13 Ebenda, S. 473f
14 Fest, *Hitler*, S. 747.
15 *Time*, (8. November 1937), S. 23.
16 AP (30. Dezember 1937).
17 Schacht, *76 Jahre meines Lebens*, S. 457.

Kapitel 16

1 Interview des Autors mit Reinhard Spitzy.
2 Schacht, *76 Jahre meines Lebens*, S. 488f.
3 Ebenda, S. 489f.
4 Ebenda, S. 154f.
5 Charles Callan Tansill, *Hintertür zum Kriege*, S. 75.
6 IMT, Bd. XII, S. 502, zitiert nach: Joachim Fest, *Das Gesicht des Dritten Reiches*, S. 223.
7 Ernest Hemingway, *By-Line: Ernest Hemingway*, S. 291.
8 Heinz Höhne, Canaris, *Patriot im Zwielicht*, S. 370.
9 Hans Bernd Gisevius, *Bis zum bittern Ende*, Bd.2, S. 69.
10 Fest, *Hitler*, S. 776.
11 Ulrich von Hassell, *Die Hassell-Tagebücher*, S. 51.
12 Ebenda, S. 57.
13 Schacht, *76 Jahre meines Lebens*, S. 481f.

[14] Ebenda, S. 493f.
[15] Gisevius, *Bis zum bitteren Ende*, Bd.2, S. 86.
[16] AP (10. Januar 1939).
[17] Picker, *Hitlers Tischgespräche*, S. 456; siehe auch S. 305 und 340f.

Kapitel 17

[1] Schacht, *Abrechnung mit Hitler*, S. 20
[2] Schacht, *76 Jahre meines Lebens*, S. 495f.
[3] *Time* (30. Januar 1939), S. 19.
[4] Hassell, *Die Hassell-Tagebücher*, S. 80.
[5] Schacht, *76 Jahre meines Lebens*, S. 498f.
[6] Ebenda, S. 513.
[7] Heinz Höhne, *Der Orden unter dem Totenkopf*, S. 281f.
[8] Picker, *Hitlers Tischgespräche*, S. 234.
[9] *New York Times* (1. Dezember 1942), S. 13:4.
[10] Schacht, *76 Jahre meines Lebens*, S. 518f.
[11] Ebenda, S. 520.
[12] Ebenda, S. 520f.

Kapitel 18

[1] Schacht, *76 Jahre meines Lebens*, S. 521.
[2] Charles Higham, *Trading with the Enemy*, S. 180.
[3] Schacht, *76 Jahre meines Lebens*, S. 523f.
[4] Peter Przybyski, Täter neben Hitler, S. 235
[5] Schacht, *76 Jahre meines Lebens*, S. 526f.
[6] OSS reoprt nos. 2896, 88254, 24728.
[7] A. Kraut und R. Breitmann in: *Commentary* (1. September 1993), zitiert nach: *New York Times* (28. September 1993).
[8] Walter Laqueur, Leo Baeck Memorial Lecture 23 (1979), S. 3–28.
[9] Schacht, *76 Jahre meines Lebens*, S. 528ff.
[10] Ebenda, S. 532.
[11] Ebenda.
[12] Christian Zentner und Friedemann Bedürftig, *Das Große Lexikon des Dritten Reiches*, S. 220f.

[13] *New York Times* (10. April 1943), S. 2:2.
[14] Carl Prüfer, *Diaries*, S. 73f.
[15] Schacht, *76 Jahre meines Lebens*, S. 531.
[16] Peterson, *Hjalmar Schacht*, S. 320.
[17] Gisevius, *Bis zum bittern Ende*, Bd.2, S. 298.
[18] *New York Times* (7. Januar 1944), S. 4:4.
[19] *New York Times* (10. Januar 1944), S. 2:4.
[20] Joachim Fest, *Staatsstreich*, S. 131.
[21] Ebenda, S. 203.
[22] Eine gegenüber dem Autor 1944/45 häufig gemachte Aussage.
[23] *New York Times* (16. April 1944), S. 6:1.
[24] *New York Times* (28. Juli 1944), S. 4:1.
[25] Schacht, *Abrechnung mit Hitler*, S. 99.
[26] Schacht, *76 Jahre meines Lebens*, S. 534.
[27] Peterson, *Hjalmar Schacht*, S. 337.
[28] *New York Times* (11. Oktober 1944), S. 6:1.
[29] *New York Times* (28. Juli 1944), S. 4:2.

Kapitel 19

[1] Picker, Hitlers Tischgespräche, S. 234.
[2] Peterson, *Hjalmar Schacht*, S. 536.
[3] Victor Klemperer, *Tagebücher*, Bd.2, S. 559, 575.
[4] Schacht, *76 Jahre meines Lebens*, S. 539.
[5] Ebenda, S. 540.
[6] Ebenda, S. 541ff.
[7] Ebenda, S. 544ff.
[8] Ebenda, S. 560.

Kapitel 20

[1] *New York Times*, (15. Mai 1945), S. 4:2.
[2] *New York Times*, (30. August 1945), S. 1:7.
[3] Schacht, *76 Jahre meines Lebens*, S. 563ff.
[4] Ebenda, S. 565.
[5] Heinz Pentzlin, *Hjalmar Schacht*, S. 265.

Kapitel 21

[1] Schacht, *76 Jahre meines Lebens*, S. 568f.
[2] Interview des Autors mit dem Augenzeugen Mark Lynton (damals britischer Major).
[3] William Quinn, *Wild Bill Remembers*, S. 192f.
[4] Der Autor war Augenzeuge.
[5] Schacht, *76 Jahre meines Lebens*, S. 570 und 568.
[6] Ebenda, S. 571f.
[7] Persico, *Nuremberg*, S. 117.
[8] Schacht, *76 Jahre meines Lebens*, S. 580f.

Kapitel 22

[1] Franz von Sonnleithner, *Als Diplomat im »Führerhauptquartier«*, S. 261.
[2] Werner Maser, *Nürnberg. Tribunal der Sieger*, S. 452f.
[3] *Der Prozeß gegen die Hauptkriegsverbrecher*, Bd.13, S. 66f.
[4] Albert Speer, *Erinnerungen*, S. 111.
[5] Schacht, *76 Jahre meines Lebens*, S. 600.
[6] Ebenda, S. 601.
[7] *Der Prozeß gegen die Hauptkriegsverbrecher*, Bd.12, S. 259f.
[8] Schacht, *76 Jahre meines Lebens*, S. 615f.
[9] Ebenda, S. 589.
[10] Ebenda, S. 591.
[11] Ebenda, S. 600.
[12] Tom Bower, *The Pledge Betrayed: America and Britain and the Denazification of Postwar Germany*, S. 324.

Kapitel 23

[1] Maser, *Nürnberg*, S. 482.
[2] *New York Times*, »Letters« (28. Juni und 2. Juli 1947).
[3] Schacht, *76 Jahre meines Lebens*, S. 640 und 642.
[4] UPI, zitiert nach der *New York Times*, 31. Dezember 1948, S.5:5.
[5] Ebenda, S. 645.

Kapitel 24

1 Schacht, *76 Jahre meines Lebens*, S. 662.
2 Ebenda, S. 663f.
3 William Stevenson, *The Bormann Brotherhood*, S. 130f.
4 Schacht, *76 Jahre meines Lebens*, S. 672.
5 Reuters (13. September 1951) unter Berufung auf Radio Jakarta.
6 *New York Times* (4. November 1951), S. 3:2.
7 *New York Times* (27. November 1951), S. 10:4.
8 Schacht, *76 Jahre meines Lebens*, S. 668f.
9 AP (16. Januar 1952).
10 *New York Times* (25. Juni 1952), S. 5:2.
11 Reuters (18. Juli 1952).
12 UPI (25. September 1952).
13 *New York Times* (22. November 1952).
14 AP (9. Dezember, 1952).
15 AP (4. Juni 1964).
16 *New York Times* (26. Oktober 1959), S. 44:4.
17 T. H. Tetens, *The New Germany and the Old Nazis*, S. 218.

Kapitel 25

1 Interview des Autors mit Manci Schacht, 24. Oktober 1996.
2 Ron Chernow, *Die Warburgs*, S. 792f.

Register